ESSAIS
DE LOGIQUE.

OUVRAGES DU MÊME AUTEUR :

De Petri Rami vita, scriptis, philosophia, Paris, Joubert, 1848, 1 vol. in-8° (*épuisé*).

De la Psychologie d'Aristote, Paris, Joubert, 1848, 1 vol. in-8° (*épuisé*). Ouvrage couronné par l'Académie française.

Ramus (Pierre de la Ramée), sa vie, ses écrits et ses opinions Paris, Meyrueis et Cie, 1855, 1 vol. in-8°.

Pour paraître prochainement :

Études de psychologie, pour faire suite à la Psychologie d'Aristote et aux Essais de logique.

ESSAIS
DE LOGIQUE

LEÇONS FAITES A LA SORBONNE DE 1848 A 1856

PAR

CHARLES WADDINGTON

AGRÉGÉ DE LA FACULTÉ DES LETTRES DE PARIS

> Rationem, quo ea me cumque ducet,
> sequar. (Cic., Tusc. quæst., II, 5).

PARIS

A. DURAND, LIBRAIRE, | HACHETTE ET Cie, LIBRAIRES,
7, rue des Grès-Sorbonne. | 14, rue Pierre-Sarrazin.

1857.

A

M. URVOY DE SAINT-BÉDAN,

Ancien membre de la Chambre des députés et du Conseil général de la Loire-Inférieure.

Hommage de Reconnaissance.

AVANT-PROPOS.

Attaché en 1848 à la Faculté des lettres de Paris, en qualité d'agrégé de philosophie, j'y ai fait pendant six années consécutives un cours libre, gratuit, sans aucun espoir d'avancement, sans autre ambition que de faire mon devoir, en ne laissant point tomber par ma faute une institution qui était une des espérances de la philosophie, et qui avait été représentée avec tant d'éclat par des hommes tels que M. Franck, M. Jules Simon, M. Emile Saisset.

Comme mes maîtres et mes aînés, j'ai toujours tâché dans mes leçons d'éclairer la philosophie par son histoire; mais je me suis placé, si je l'ose dire, à un point de vue particulier, qui peut se définir en peu de mots. En étudiant tour à tour l'histoire de la logique et celle de la psychologie, mon dessein a été de donner satisfaction à un petit nombre d'esprits sérieux qui souhaitent de voir succéder ces histoires spéciales de nos sciences à des généralités un peu vieillies sur les différentes époques et les différents systèmes de la philosophie. C'est avec l'intention de répondre autant qu'il était en moi à ce besoin légitime et chaque jour mieux senti de faire servir l'histoire à l'avancement de chacune des parties de la philosophie, que j'ai pris pour sujet de mes cours d'abord la logique, puis la psychologie. Le moment est peut-être venu de soumettre au public compétent les principaux résultats de cet enseignement. Les Essais dont se compose ce volume se rattachent tous à la logique : ils résument, en leur conservant parfois leur forme primitive, les leçons que j'ai consacrées aux études logiques en général, mais surtout à la question si essentielle de la méthode.

Deux choses semblent nécessaires de nos jours en philosophie : un caractère moral dans les doctrines qu'elle professe, un caractère scientifique dans la manière dont elle les établit. Telle a été la double préoccupation qui a présidé à la composition de ces Essais, et l'on en remarquera peut-être la trace dans les pages sur la méthode en psychologie ou sur la méthode du panthéisme, et dans la leçon sur le fondement de la propriété que j'ai cru pouvoir y ajouter, d'après les conseils du philosophe éminent qui présidait le concours où elle fut prononcée, et dont je serais fier d'obtenir encore une fois le suffrage. Partout, je l'espère, on reconnaîtra l'amour de la vérité, un inviolable attachement à la philosophie, et le désir sincère de mettre en pratique la belle parole de Cicéron qui sert d'épigraphe à ce livre, en suivant jusqu'au bout la raison, soit qu'elle affirme avec une entière assurance ce qu'elle connaît pleinement, soit qu'arrivée au terme de ses efforts légitimes, elle marque elle-même les limites de la certitude et de la science.

Strasbourg, le 24 décembre 1857.

CH. WADDINGTON.

ESSAI I.

DE L'UTILITÉ DES ÉTUDES LOGIQUES[1].

Messieurs,

Au moment de mêler ma faible voix à celle de tant de professeurs renommés et pleins d'autorité, j'éprouve le besoin de vous dire avec quel profond respect j'aborde cette chaire. Les souvenirs que j'y rencontre me paraissent tellement imposants, que jamais, je crois, je n'aurais osé y porter la parole, si je ne m'étais senti soutenu par la bienveillance de mes aînés, par les conseils et les encouragements de mes maîtres. Mais c'est à une source plus haute encore, si je l'ose dire, que j'ai puisé la confiance qui me manquait : c'est dans le propre sentiment de mon devoir que je trouve la force de l'accomplir. Il s'agit en effet de braver un injuste préjugé, en rappelant à la jeunesse qui fréquente cette antique Sorbonne les titres effacés d'une science bien chère aux étudiants d'un autre âge, et que notre temps verrait peut-être utilement refleurir. Il s'agit de faire revivre dans cette *Faculté des arts* une étude qui a été sa gloire pendant des siècles, et qui

[1] Discours prononcé à la Sorbonne, le jeudi 12 décembre 1850, pour l'ouverture du Cours complémentaire de philosophie.

n'a pas mérité, que je sache, l'abandon et l'oubli. Peut-être les amis de la philosophie me sauront-ils quelque gré d'avoir entrepris cette œuvre difficile. Puissé-je n'être pas jugé trop inférieur à la tâche que je me suis imposée !

Il y a quelques années déjà, un savant professeur, membre de l'Institut, a interprété dans une enceinte voisine les Analytiques d'Aristote que, grâce à lui, nous pouvons aujourd'hui lire en français. Mais lorsque ce courageux et unique exemple nous a été donné, il y avait trois siècles que la logique n'avait pas eu à Paris les honneurs de l'enseignement public. Reléguée depuis trois cents ans dans l'intérieur des colléges, et là même réduite à des proportions de plus en plus étroites, elle a eu successivement à lutter contre le mépris, la haine, le dégoût, l'indifférence.

Notre siècle lui-même, tout en reconnaissant le caractère sérieux et élevé de cette étude, l'a traitée jusqu'ici en science morte. On la respecte en général, mais de loin ; on l'admire dans le passé, on en fait l'histoire, suivant le goût dominant de notre époque, mais on ne la cultive pas elle-même ; on s'attache à ce qu'elle a été, sans paraître songer à ce qu'elle pourrait être. Sans être d'humeur chagrine, on peut dire que notre génération, chaque jour plus insouciante des choses de l'esprit, s'adonne chaque jour davantage à la pratique et à la vie matérielle ; il ne nous suffit plus de savoir qu'une chose est noble et belle ; nous demandons avant tout si elle est utile et à quoi elle sert. Or, il faut bien l'avouer, entre toutes les sciences qui composent le domaine si vaste de la philosophie, il n'en est pas une peut-être qui ait une plus grande réputation d'inutilité que la logique. De là cette injurieuse ignorance où l'on se complaît à son égard. Le grand nombre, qui ne sait de quoi il s'agit, en est encore à répéter des plaisanteries, spirituelles jadis, mais qui ont beaucoup vieilli, et qui sont aujourd'hui sans objet; néanmoins les fameux mots *Barbara, Celarent*, etc., sont encore en possession d'égayer la foule des personnes qui savent lire, et qui sont en général de l'avis du bourgeois gentilhomme, disant à son maître de philosophie : « Ces mots-là sont trop rébarbatifs. » D'autres, plus équitables, consentent à reconnaître que la discipline logique a pu exercer à une autre époque une bienfaisante influence, que par elle l'Université de Paris a été longtemps la capitale de l'Europe philosophique, qu'elle a entretenu la vie au moyen âge, qu'elle a formé l'esprit nouveau, et que notre langue même lui doit en grande partie sa clarté et sa précision; mais, à leurs yeux, c'est une étude qui a fait son temps et qu'il est puéril de vouloir restaurer aujourd'hui. Enfin, l'on rencontre dans le monde quelques hommes éclairés, qui ont entendu dire et qui redisent volontiers que la logique est une science certaine, qu'elle a des parties comparables à la plus solide et à la plus subtile géométrie ; ceux-là considèrent la logique comme la science philosophique la plus autorisée ; ils l'estiment sur parole et ne demanderaient pas mieux que de la croire bonne à quelque chose.

Mais comment le public croirait-il à l'utilité d'une étude que les philosophes eux-mêmes renoncent presque tous à défendre? Que dis-je? ils semblent en ignorer l'objet et le domaine; au moins ne sont-ils pas d'accord sur ce point fondamental. Les uns, historiens de la logique plutôt que logiciens, et trop enclins à suivre l'opinion du vulgaire ou même de quelque grand philosophe étranger, confondent la logique avec la scholastique, qui est un de ses abus, et prétendent, en plein XIXe siècle, ramener cette science à je ne sais quelle algèbre stérile et futile, qu'ils se croient obligés d'appeler, d'après un certain jargon, science des lois *formelles* du raisonnement ou de la pensée. Les autres, fidèles à la tradition constante de la philosophie depuis Aristote jusqu'à Descartes, et depuis Descartes jusqu'à nos jours, persistent à définir la logique comme la définissait Port-Royal : « L'art de bien conduire sa « raison dans la connoissance des choses, tant pour « s'instruire soi-même que pour en instruire les autres. » Pour ces derniers, la logique n'est pas occupée à décrire la pensée, mais à la diriger ; elle ne cherche pas comment on pense, mais comment on doit penser. Pour qui la comprend ainsi, son utilité ne saurait être un instant douteuse ; elle est aussi manifeste à ce second point de vue qu'elle l'était peu dans la première hypothèse. Pour ma part, je le déclare hautement, si la logique se bornait à renfermer dans des expressions générales et dans des formules sèches et abstraites les lois prétendues *formelles* de la pensée, ce travail me paraîtrait curieux, mais de nul profit, et je n'oserais y inviter personne. Mais bien loin de consentir à dégrader ainsi l'art de penser en n'y voyant qu'une misérable mnémonique, je crois que la logique est une science du premier ordre, qui, après avoir mesuré les forces, déterminé les conditions et fixé les limites de l'esprit humain, lui prescrit des règles de conduite et lui enseigne la méthode qu'il doit suivre. Ayant une telle conviction, je n'hésite pas à soutenir que cette étude est une des plus utiles que l'on puisse faire. C'est sur ce point que j'appellerai aujourd'hui votre attention, Messieurs, sans me dissimuler les inconvénients d'un tel sujet qui, par un fâcheux privilége, semble tenir à la fois du paradoxe et du lieu commun.

J'essaierai d'abord de montrer en général l'utilité de la logique; je rechercherai ensuite de quelle manière cette science doit être entendue et traitée pour porter tous ses fruits.

I.

La logique, ai-je dit, est l'art de penser ou de connaître. Cet art est-il possible? Telle est la première question qui se présente, et qui n'a rien de surprenant de nos jours, mais qui, en vérité, est nouvelle et inouïe en philosophie. Jusqu'ici tous les philosophes avaient toujours pensé qu'il existe une science qui possède le secret de toutes les autres et qui leur sert à toutes d'instrument. Il est vrai qu'ils lui ont donné des noms différents : Socrate et Platon l'appelaient dialectique; pour Aristote, c'était l'analytique; avec les stoïciens, le nom de logique a prévalu. Je ne parle pas de la canonique des épicuriens. Au moyen âge, la logique était appelée l'organe de la science. Chez les philosophes modernes, la question de la méthode, étudiée pour elle-même, a été souvent détachée de la logique, dont elle est cependant une partie essentielle, si même elle n'est pas la logique tout entière; mais dans les temps modernes comme dans l'antiquité, après comme avant le *Discours de la méthode*, toute grande école de philosophie a sa dialectique, sa méthode, son art de penser. Il est vrai encore que la logique s'est toujours mesurée à ceux qui la cultivaient : aux esprits paresseux, aux épicuriens anciens et modernes, il a suffi d'un petit nombre de préceptes simples et d'une application facile, tandis que les fortes générations, les penseurs vigoureux se sont toujours imposé de longs exercices et une mâle discipline. Mais qu'ils l'aient faite sérieuse ou frivole, tous les philosophes jusqu'ici attachaient à la logique une égale importance. Si une telle étude n'est d'aucune utilité, expliquez-moi donc, je vous prie, cette longue suite de libres penseurs appliqués à une recherche sans profit. Il n'est guère dans la nature de l'homme de poursuivre avec une telle persévérance ce qu'il croit ne devoir jamais rencontrer. Si l'on doute aujourd'hui, si l'on met en question l'existence d'un art de penser, serait-ce que l'heure du découragement serait venue ? Chose singulière, c'est le siècle qui a proclamé le plus haut le progrès, qui vient le nier, là où il est le plus évident : dans la philosophie, dans la science ! En effet, n'est-ce pas nier le progrès, la perfectibilité de notre intelligence et de nos sciences, que de soutenir qu'il est impossible de nous rendre meilleurs et plus parfaits ? Mais c'est apparemment que nous sommes aussi raisonnables qu'il est possible de l'être ? Flatter ainsi notre faible raison, ce n'est pas la servir, c'est la trahir, en la livrant à son ennemi le plus dangereux, l'orgueil, dont l'exaltation est si voisine des précipices.

Je n'exagère pas, Messieurs : depuis deux siècles, mais surtout de nos jours, on élève sans cesse contre la logique cette objection qu'elle n'apprend pas, qu'elle ne peut pas apprendre à raisonner. Ce n'est pas un art ou une science, dit-on, c'est la nature elle-même qui fait de nous des êtres pensants. C'est donc une prétention ridicule de vouloir nous rendre raisonnables.

La réponse est fort simple. On ne prétend pas donner à l'homme le raisonnement, mais lui enseigner à le bien employer. La logique ne tente donc pas l'impossible, comme on l'insinue pour la couvrir de ridicule ; mais de même que la géométrie ne redresse que les esprits droits, de même la logique ne rend raisonnables que ceux qui ont des dispositions à le devenir. Or, à mon avis, ce n'est pas se montrer fort raisonnable que de croire qu'on l'est assez. Aussi les plus grands hommes se sont-ils bien gardés d'ordinaire d'exprimer un pareil sentiment ; c'est dans le vulgaire seulement que l'on rencontre cette outrecuidance. Il semblerait pourtant que les esprits d'élite pourraient, plus que d'autres, se passer de culture.

Dira-t-on que la multitude des hommes fait toujours de sa raison le meilleur usage ? Voici ce qu'on lit à ce sujet dans la Logique de Port Royal : « Il est étrange combien c'est une qualité rare que cette exactitude de jugement....... Il n'y a point d'absurdités si insupportables qui ne trouvent des approbateurs. Quiconque a dessein de piper le monde est assuré de trouver des personnes qui seront bien aises d'être pipées ; et les plus ridicules sottises rencontrent toujours des esprits auxquels elles sont proportionnées.... Cette fausseté d'esprit n'est pas seulement cause des erreurs que l'on mêle dans les sciences, mais aussi de la plupart des fautes que l'on commet dans la vie civile, des querelles injustes, des procès mal fondés, des avis téméraires, des entreprises mal concertées. » Je ne sais si de nos jours les jugements faux et les erreurs de tout genre se rencontrent moins souvent qu'au xviie siècle ; mais j'avoue que je suis prêt à répéter avec Arnauld et Nicole que « le sens commun n'est pas chose si com-« mune qu'on le pense. »

Supposons cependant que tout le monde soit pourvu de bon sens, que même cette précieuse qualité soit également partagée entre tous les hommes, ainsi que l'assure Descartes, peut-être avec une secrète ironie. Est-ce un motif pour nous enorgueillir, pour négliger toute discipline et renoncer à tout progrès ? Le même Descartes nous donne à tous cette leçon : « Ce n'est « pas assez d'avoir l'esprit bon, le principal est de « l'appliquer bien. » Mais voici un autre témoin : Pascal, qui s'est tant moqué des *baroco*, Pascal entend si peu proscrire la logique elle-même que, dans le passage le plus célèbre de ses écrits, il fait du bien penser le premier et le plus essentiel de nos devoirs : « Travail-« lons donc à bien penser, dit-il ; voilà le principe de « la morale. » Ainsi Descartes et Pascal, ces deux adversaires de la scholastique, reconnaissent tous deux l'existence d'un art de penser ; il est vrai qu'ils le conçoivent autrement que les scholastiques, et ils ont bien raison. Ils ne blâment que l'abus de ces formules qui chargent la mémoire sans rien dire à l'esprit ; ce qu'ils veulent, ce qu'on doit vouloir avec eux, c'est que par une étude profonde et pratique de nos facultés intellectuelles, nous soyons mis en état de les régler, de faire à chacune sa part et de nous rendre propres à toute science et à toute bonne vérité.

Pour faire comprendre la possibilité et l'utilité de cette étude, il suffit d'invoquer l'exemple de la rhétorique et de la morale. Osera-t-on soutenir que les préceptes soient inutiles pour bien parler ou pour bien écrire? Par eux, il est vrai, on n'acquiert pas l'éloquence, qui est un don naturel; mais on peut cultiver, polir, perfectionner les dispositions que l'on tient de la nature. Vous ne pouvez nier la rhétorique, sans nier la supériorité d'un orateur accompli sur le paysan du Danube. De même vous ne pouvez nier la morale, sans nier du même coup que l'homme puisse devenir meilleur et croître de vertu en vertu. Sans doute on n'invente pas la distinction du bien et du mal, et il est même fort heureux que chacun la possède et la conserve gravée au fond du cœur, en dépit des passions et des systèmes; mais une éducation morale bien entendue et bien conduite peut nous habituer à mettre le bien où il est véritablement, et à voir le mal tel qu'il est.

Il en est de la logique comme de la morale et de la rhétorique, avec lesquelles elle offre les analogies les plus frappantes: c'est la même cause, la même utilité, les mêmes avantages. Elle ne crée pas l'homme intellectuel; mais elle peut le fortifier et le perfectionner par le moyen de certains préceptes d'une solidité incontestable, et que l'expérience des siècles et la sagacité des plus grands esprits ont éprouvés et vérifiés. Ces règles [1] sont puisées dans le spectacle même des erreurs et des progrès de l'esprit humain. Comme en effet il nous arrive de penser, tantôt bien, tantôt mal, on peut, par une observation patiente, retrouver la marche

---

[1] Sur la nature de ces règles, voir plus loin, Essai II, fin.

légitime de l'esprit, et l'on peut aussi découvrir les causes des erreurs que l'on a commises, soit dans la vie, soit dans la science, soit dans le raisonnement, soit dans l'appréciation des faits, soit enfin dans les généralisations appuyées sur ces faits. On peut donc établir, d'après une expérience certaine, des règles dont personne ne saurait révoquer en doute la parfaite justesse. Ces règles et ces préceptes une fois connus, on peut, en les appliquant assidûment, les faire passer en habitude et en nature; et c'est par une telle pratique et par de telles habitudes qu'on se rend en quelque sorte incapable de déloyauté, de sophisme et d'erreur. On ne sait pas tout encore; mais du moins on n'affirme pas le faux, et l'on n'en sait que mieux ce que l'on sait. Pour prétendre se passer de la logique, il faut posséder la science parfaite, ou n'aimer point la vérité.

On se fait en général l'idée la plus inexacte des règles de la logique, ou plutôt de la manière de les appliquer. A entendre ceux qui les attaquent et même quelques-uns de ceux qui les défendent, il semble qu'on soit obligé de les retenir par la mémoire et de les avoir toujours présentes à l'esprit, rangées en ordre comme des livres dans les rayons d'une bibliothèque, de telle sorte qu'au besoin on puisse aisément retrouver la règle que l'on a occasion d'appliquer. Rien n'est plus faux : ce n'est pas ainsi que l'entendent les logiciens; leur art n'exige pas ce prodigieux exercice de mémoire, ni cette attention impossible à tout objet de notre pensée, à tout jugement de notre esprit, mais il exerce l'intelligence tout entière et entreprend la réforme des habitudes ou des instincts vicieux qui s'y rencontrent. Il n'y a pour cela qu'une méthode, mais elle est infaillible : c'est de substituer à l'habitude mauvaise une autre habitude, et cela par un moyen très-simple, par la répétition fréquente de l'acte meilleur auquel on veut s'accoutumer. C'est ainsi, c'est en procédant pour les actes de l'intelligence comme nous le faisons tous les jours pour certains mouvements du corps, que l'on parvient à former ces habitudes logiques si justement vantées, qui étendent la capacité de l'esprit, en même temps qu'elles le fortifient et le préservent des faux pas.

Toutes les générations qui ont honoré et cultivé les études logiques, ont reconnu qu'elles contribuaient au progrès de l'intelligence, et que, par exemple, elles introduisaient dans nos idées et dans notre langage l'ordre, la clarté, la précision, la solidité, la justesse. A vrai dire, il n'y a pas une qualité intellectuelle que ces études ne puissent entretenir et développer chez ceux qui en ont le germe. De sages préceptes, si l'on y joint une pratique assidue, peuvent nous inculquer profondément toutes ces vertus scientifiques : l'exactitude des définitions, la rigueur du raisonnement considéré soit dans sa forme, soit dans les objets sur lesquels il porte, l'emploi régulier de la méthode inductive, une juste et exacte mesure de liberté et de déférence à l'autorité du témoignage, la clarté des idées, la précision des termes, la subtilité pour démêler les difficultés de tout genre, la sagacité pour inventer des arguments, etc., etc. Je m'arrête : il serait trop long d'énumérer tous les avantages que l'on peut retirer d'une bonne discipline logique. Aussi bien n'ai-je pas la prétention d'épuiser ce sujet ; je ne puis qu'en indiquer les points principaux.

On néglige aujourd'hui, on dédaigne ce que l'on prisait tant jadis. En est-on plus sage, ou même plus savant? Les théories aventureuses, dans la science ou dans la vie pratique, sont-elles devenues plus rares, et le bon sens plus commun qu'à d'autres époques? La suite dans les idées, la justesse des appréciations, la profondeur des vues, la rigueur et la solidité du raisonnement, sont-elles des habitudes de peu de prix, ou pensons-nous les posséder à leur degré le plus éminent? Or, comment nier que ces habitudes puissent être entretenues et confirmées, sinon créées, par cette éducation logique dont je tâchais tout à l'heure d'exposer les principes? Chacun des procédés naturels de l'intelligence est susceptible d'être observé, dirigé, perfectionné, réformé s'il y a lieu, depuis le raisonnement jusqu'à l'imagination, depuis les sens et la mémoire jusqu'à la raison elle-même, dans ce qu'elle a de plus élevé et de plus pur.

La plus sublime de nos conceptions, celle qui est la règle et la loi suprême de notre intelligence, la notion de Dieu elle-même, est susceptible de progrès. Je n'entends pas seulement parler ici des progrès de l'idée abstraite, mais bien de la croyance en Dieu. Combien d'hommes relèguent dans les régions froides et stériles de l'abstraction une conviction qui devrait leur descendre au cœur et les posséder tout entiers! Une logique bien faite ne saurait-elle donc nous apprendre comment s'opère une si excellente transformation? Quel est ce merveilleux travail de l'esprit qui change l'idée en croyance, je veux dire en une croyance aussi raisonnable qu'ardente? Pourquoi a-t-on pu dire avec raison que « les grandes pensées viennent du cœur,» et comment est-il vrai aussi de dire que certaines pensées, au lieu d'effleurer seulement l'esprit, le pénètrent tout entier; s'y établissent souverainement, et deviennent la source féconde de nos sentiments, de nos affections et de notre vie morale?

En agitant ces graves et délicates questions, la logique nous élève jusque dans le domaine de la religion naturelle. Mais c'est à la morale qu'elle est surtout liée d'une manière étroite. La solution des grands problèmes de la morale dépend en effet de la logique, non pas seulement comme une science dépend de sa méthode, mais d'une autre manière encore, parce que sous toutes les questions logiques se cache la grande question de notre destinée intellectuelle, qui n'est qu'un fragment de notre destinée totale. L'homme est surtout un être moral, mais à la condition d'être intelligent. Privé de toute connaissance, la vertu elle-même lui serait inaccessible. Voilà sans doute ce qui faisait dire à Pascal que travailler à bien penser était le principe de la morale.

Ce caractère moral de la logique est surtout remarquable lorsqu'elle entreprend de montrer que l'esprit humain est capable de la vérité. En nous enseignant à nous servir du doute pour nous en délivrer, en faisant la guerre au scepticisme, elle nous rend, pour la vie même, le plus signalé service; car, il en faut convenir, le doute nous dispose assez mal à l'action; pour être brave et forte, la volonté a besoin d'être soutenue par la certitude. Sans une conviction profonde, sans ardeur pour s'en former une, l'esprit est comme paralysé. Tout le reste s'en ressent. Les idées flottent; la volonté indécise perd toute énergie. L'âme s'affaisse;

incapable de croire, elle l'est bientôt même de douter, et tombe dans l'indifférence, c'est-à-dire dans une apathie qui est une anticipation de la mort, ou plutôt une mort continuelle de l'âme, pire que la mort véritable qui ne frappe que le corps et ne dure qu'un moment. On s'imagine encore vivre, quand on est plongé dans les faits et mêlé à leur mobilité qui se détruit elle-même ; mais ce n'est qu'une illusion. On se dit positif et l'on se vante d'échapper à l'inconstance, alors qu'on s'attache à ce qui passe et qu'on néglige les choses intelligibles qui ne passent point; mais ce n'est qu'une inconséquence et une folie. La logique, qui sait ce que peut donner la réflexion, appuyée sur le sens commun et éclairée par l'histoire, la logique qui connaît les ressources de l'esprit humain et qui en mesure la capacité, peut aussi le guérir de la maladie du doute, et lui inculquer de nouveau le besoin et l'amour de l'idée, de la croyance, de la vie intellectuelle. En retrempant ainsi la foi dans sa vraie source, elle rend l'homme capable du progrès moral pour lequel il est né, pour lequel il doit combattre. En nous restituant la faculté de croire, elle nous démontre que le sentiment inné, universel, qui nous pousse vers la vérité, n'est pas une funeste illusion de notre part ni une affreuse ironie du Créateur, mais une sainte et légitime espérance. Elle accroît ainsi notre confiance en Dieu et en notre raison, sans toutefois lui permettre de franchir ses justes limites.

Le passage de l'adolescence à la jeunesse réfléchie est un temps d'exubérantes aspirations; le jeune homme livré à lui-même accueille avidement toute doctrine qui se présente à lui; plus curieux d'abord de nouveauté que de vérité, il n'est pas d'idée fausse ou exagérée qu'il ne soit exposé à recevoir comme bonne et excellente. Une étude suffisamment prolongée de la logique peut prévenir un tel danger, en réglant cette première ambition, et en mettant à la place d'une inconstante curiosité l'amour patient et courageux de la science. Celui qui sait les conditions et la valeur du savoir humain, sent tout le prix d'une conviction raisonnable, et s'il ne possède pas encore la vérité, il la cherche du moins dans la voie où elle se trouve. Il est en état, mieux que personne, de procéder régulièrement à cette recherche : il connaît ses puissances, il saura donc s'en servir; il connaît les obstacles, il saura les vaincre.

Une connaissance complète et pratique de tout l'esprit humain nous met aussi en garde contre un défaut bien commun à toute époque, mais surtout de nos jours, où chaque homme se renferme de plus en plus dans l'étude exclusive d'un art ou d'une science. Chacun s'habitue si bien à la méthode spéciale dont le mécanisme lui est familier, qu'il prétend l'appliquer à toutes choses, s'exposant ainsi aux erreurs les plus grossières et les plus ridicules. Il y a bien des siècles déjà que cette maladie est connue et que le remède en a été indiqué. « Il nous semble, dit Aristote, que tout doit être enseigné de la manière à laquelle nous sommes accoutumés..... Quelques-uns, trop habitués aux études mathématiques, ne veulent rien admettre que ce qui est démontré à la manière des mathématiciens; d'autres, ayant cultivé exclusivement le raisonnement analogique, ne veulent que des exemples; pour d'autres, dont l'imagination a été exercée aux dépens du jugement, il faut le témoignage d'un poëte. Il en est qui veulent qu'on leur explique et qu'on leur développe tout, tandis que d'autres, soit par légèreté, soit par impuissance de suivre un long raisonnement, trouvent tout développement ennuyeux..... Il est d'un homme raisonnable de ne demander en chaque matière que le degré d'exactitude dont elle est susceptible; il serait également absurde de vouloir qu'un mathématicien fît de la rhétorique et d'exiger d'un orateur des démonstrations en forme..... C'est pourquoi, dit encore le même Aristote, nous devons nous exercer et habituer à différentes sortes et degrés d'évidence, suivant la nature de chaque objet[1]. » Or, Messieurs, nulle étude n'est plus propre que celle de la logique à donner cette précieuse habitude, puisqu'elle n'est renfermée exclusivement dans aucune méthode particulière, et qu'elle traite de tout procédé de connaissance, nous montrant à quels objets il s'applique, dans quelle mesure et à quel moment on doit l'employer.

Cette étude si générale, qui cultive et nous apprend à cultiver harmonieusement toutes nos facultés intellectuelles, est d'une utilité chaque jour plus manifeste, en présence de ce débordement d'éducations professionnelles de toutes sortes qui semblent prendre à tâche de nous isoler de plus en plus les uns des autres, en faisant de nous des instruments appropriés à certains usages, au lieu de nous traiter en hommes capables de toute œuvre humaine. Aujourd'hui comme autrefois, et plus qu'autrefois, on tombe dans ce dé-

---

[1] Métaph., II, 3, 14; Mor. à Nic., I, 1, trad. de M. Peisse.

faut si bien décrit par la Logique de Port-Royal : « On se sert de la raison comme d'un instrument pour acquérir la science, et l'on devroit se servir, au contraire, des sciences comme d'un instrument pour perfectionner sa raison. »

La logique est accusée, comme toute étude libérale, de ne former ni des mathématiciens, ni des physiciens, ni des industriels, ni des commerçants ; cela vient tout simplement de ce qu'elle vise plus haut, et de ce qu'elle aspire à former de bons esprits, des esprits sains et droits. Le reproche qu'on lui adresse est donc mérité, mais c'est, à vrai dire, un titre d'éloge. Il ne faut pas d'ailleurs en exagérer la portée. Si la logique ne nous prépare point directement à une science particulière, elle nous prépare à toutes en nous rendant capables de nous y appliquer utilement. Dans l'intérêt même des sciences, il ne faut point faire fi de cette logique générale, ni se borner, comme le veulent quelques savants, à pratiquer exclusivement une méthode spéciale. Chaque science, j'en conviens, nous prépare à elle-même. C'est l'étude des mathématiques, par exemple, qui fait les bons mathématiciens : car c'est en forgeant, comme le dit Socrate, que l'on devient forgeron. Mais comme les sciences ne sont que les applications de notre intelligence aux divers objets que nous pouvons connaître, chacune d'elles, prise à part, ne s'adresse qu'à un seul de ces objets et ne répond qu'à une seule face de la pensée humaine. Comme elle ne cultive que certaines facultés, il peut arriver et il arrive souvent qu'elle les surexcite au détriment de toutes les autres ; mais ce qui n'arrive jamais, c'est qu'elle nous mette elle-même en garde contre ses propres tendances. Toute science, lorsqu'elle est étudiée à l'exclusion des autres, a ses dangers qu'elle ignore, et dont par conséquent elle ne saurait nous préserver ; chacune a ses défauts, qu'elle est incapable de corriger elle-même. J'en citerai quelques-uns, en m'attachant de préférence aux études qui sont le plus en honneur de nos jours, et en usant à leur égard d'une liberté que nul ne prendra, je l'espère, pour de la malveillance. Quelle malveillance pourrait ressentir un philosophe à l'égard d'une science, quelle qu'elle soit, quand il est certain que c'est la philosophie qui a donné naissance à la plupart des sciences, et que celles même qui sont nées en dehors de son action directe doivent à des philosophes la forme qu'elles ont aujourd'hui et que nous admirons tous si volontiers ? Je prendrai donc pour exemples les mathématiques, les sciences physiques et naturelles et l'histoire.

« Nul n'entre ici qui n'est géomètre. » Ce mot célèbre, qu'une vieille tradition attribue à Platon, demeure pour les philosophes de tous les temps comme un avertissement de ne jamais oublier les grands mérites d'une étude qui donne à l'esprit de si excellentes qualités : la patience dans les recherches et la continuité de l'attention, le besoin de se rendre compte, la foi dans le raisonnement et par suite dans la raison elle-même, enfin cette conviction si précieuse, qu'il existe des vérités absolument certaines et dont la possession ne saurait nous être disputée. Pour ma part, je suis bien loin de vouloir contester un seul des services rendus à l'esprit humain et à la philosophie par les sciences mathématiques. Mais comment méconnaître les dangers qu'entraînerait une application exclusive à ces études ? A pratiquer sans cesse et uniquement le procédé de démonstration, n'est-il pas évident que l'esprit contractera l'habitude fâcheuse de tout démontrer, en sorte qu'il entreprendra de prouver même ce qui n'aura pas besoin de preuve ? L'abus de l'évidence déductive peut à la longue nous rendre incapables de toute autre évidence, et nous faire négliger un bon nombre de nos meilleures facultés : l'observation d'abord, surtout cette observation que chacun peut si facilement s'appliquer à soi-même, puis l'induction, seul procédé légitime des sciences physiques, la mémoire des faits, la foi au témoignage, enfin l'imagination poétique. Bien peu de facultés au contraire trouvent un aliment dans les mathématiques : l'attention, le raisonnement, l'abstraction, y sont cultivés, mais d'une manière incomplète, exclusive, et partant dangereuse. L'esprit qui s'est adonné uniquement aux mathématiques, n'est donc discipliné que par un très-petit nombre de côtés. La culture qu'il a reçue étant très-bornée, les facultés qui n'ont pas été exercées se sont engourdies, ou bien elles ont pris d'elles-mêmes un développement désordonné, sans règle ni mesure. De là, pour rester dans la sphère purement intellectuelle, de là un double danger auquel échappent rarement les mathématiciens qui ne sont que mathématiciens : d'une part, une crédulité excessive, s'ils portent en dehors de leur science spéciale la modestie qui sied toujours si bien au savant ; et d'autre part, l'excès contraire, une étroite et opiniâtre incrédulité pour tout ce qui ne se prouve point géométriquement.

Les sciences physiques et naturelles, à leur tour, n'impriment-elles pas à notre intelligence une direction exclusive, et s'il est vrai que la philosophie morale peut, jusqu'à un certain point, imiter leur méthode, ne voit-on pas aussi combien ceux qui s'y sont appliqués sans réserve sont exposés au triste égarement du matérialisme? Je n'insiste pas sur ce point: il ne serait que trop facile de montrer par de nombreux exemples un danger si manifeste.

Enfin l'histoire, qui est une des gloires du temps où nous vivons, et à qui nous devons la résurrection des études philosophiques en France au xixe siècle, l'histoire, en étendant nos connaissances, ne les fortifie pas toujours ; en nous inspirant son impartialité, elle nous fait tomber souvent dans l'indifférence ; en nous habituant à tout retrouver dans le passé, elle nous empêche parfois de bien connaître le présent ; et si elle cherche dans des faits accomplis sans retour l'unique leçon de l'avenir, elle finit par nous repaître de chimères qui, pour être vieilles, n'en sont pas moins dangereuses. Mais, pour me borner à la philosophie, et sans vouloir signaler tous les abus qui peuvent naître de l'étude, si instructive d'ailleurs, des opinions et des systèmes, je crains fort que les philosophes, toujours préoccupés de savoir ce qu'ont pensé les anciens, ne s'inquiètent plus assez de savoir ce qu'ils doivent penser eux-mêmes et enseigner aux autres.

Il en est de même de toutes les sciences. Chacune en effet ne s'attachant qu'à un objet, ignore ou néglige tous les autres ; chacune exerçant une seule faculté, laisse de côté une grande partie de l'intelligence ; chacune enfin, dans cette concurrence d'ambitions légitimes, tend à envahir la vie tout entière.

Aucune de ces sciences ne saurait donc se limiter

elle-même. Mais, dira-t-on peut-être, chacune aura son correctif dans l'existence simultanée de toutes les autres. Pas le moins du monde, Messieurs. Voyez plutôt ce qui se passe de nos jours, où certes l'on peut dire que toutes les sciences sont cultivées et portées plus loin qu'elles ne l'ont jamais été. A les considérer séparément, jamais l'état des sciences n'a paru plus satisfaisant. Mais l'ensemble présente aux yeux les moins prévenus un aspect très-fâcheux. Pour qui s'élève un peu par la pensée, tous ces petits progrès de détail accomplis chaque jour sous nos yeux, et qui ne sont après tout que des applications (surprenantes, il est vrai, et inattendues) des anciennes découvertes ; tous ces petits progrès ne sauraient compenser le désordre incroyable dont les connaissances humaines nous offrent aujourd'hui le spectacle. Dans l'isolement presque hostile des *spécialités,* comme on dit aujourd'hui, chaque science, ayant son objet propre, se retranche dans sa méthode particulière, parle une seule langue et ignore toutes les autres. Il résulte de là d'abord une préoccupation excessive des petites choses : les savants se perdent dans les infiniment petits, celui-ci dans ses coquillages, celui-là dans d'insignifiantes statistiques ; les idées générales tendent à disparaître, et avec elles la science dont elles sont l'âme. La science semble avancer, tandis qu'en réalité elle recule ; c'est une machine qui fonctionne, mais où l'esprit n'est plus. Puis, entre les différentes sciences, quel défaut d'harmonie et d'entente ! quelle anarchie ! quelle confusion ! Qui pourrait s'y reconnaître ? Personne ne sait aujourd'hui où en est la science humaine, personne ne nous le dira.

Ainsi, dans chaque branche du savoir humain, décadence manifeste de l'esprit scientifique, et dans l'ensemble confusion déplorable : tel est le double mal qui gagne de plus en plus les sciences ; mal sans remède aux yeux de beaucoup de gens, puisque le seul moyen d'y parer serait, à ce qu'il semble, de posséder toutes les sciences, ce qui devient chaque jour plus impossible à un seul. Eh bien ! comme si le mal eût été prévu, le remède en a été donné, le jour même où l'esprit humain est né à la réflexion. Ce jour-là, en effet, une science a été fondée, qui, de tout temps appliquée aux premiers principes, a eu de tout temps pour mission principale de marquer l'unité de notre intelligence dans toutes ses œuvres. Cette science, mère commune de toutes les autres, est la philosophie qui, après leur avoir donné l'impulsion première, surveille leur marche, toujours prête à enregistrer et à généraliser leurs découvertes, comme à corriger leurs erreurs et à redresser leurs méthodes. Il est vrai qu'elle n'a pas toujours rempli ce rôle salutaire avec la même fidélité et la même vigueur ; mais elle ne l'a jamais abdiqué, elle ne l'abdiquera jamais. De nos jours, la philosophie tient toutes les sciences par leur racine commune, la psychologie. Elle doit faire plus encore : ce n'est pas assez qu'elle leur fournisse un point de départ assuré ; il lui reste à se saisir d'elles et à les pénétrer plus intimement par leurs méthodes. Dans ce temps de décomposition où toutes les sciences particulières sont, pour ainsi dire, éparpillées au hasard, il importe de les rallier, de les rassembler et de les unir. Il faut pour cela corriger ces méthodes exclusives qui faussent la science elle-même, sans profit pour la branche que l'on prétend cultiver uniquement. Il les faut réduire toutes à la méthode universelle dont elles sont des parties, et qui donnera un jour à l'homme toute la science dont il est capable. Vous voyez où j'en veux venir : la philosophie appliquée à une telle étude, c'est précisément la logique, à laquelle seule il appartient de traiter des méthodes et de dominer par là toutes les sciences écloses de l'esprit humain. Par elle seule nous pouvons les gouverner; elle seule peut nous apprendre à les contrôler, à les mettre chacune à sa place, à les renfermer dans leurs limites respectives; elle seule enfin peut régénérer l'esprit scientifique et ramener l'unité qui se perd.

Tels sont, Messieurs, les principaux avantages que la logique peut procurer en tout temps, et particulièrement de nos jours. Voyez combien j'en ai énuméré (au risque de vous paraître bien long, et sans avoir tout dit encore), depuis ces qualités en quelque sorte élémentaires : la clarté, la justesse des idées et des expressions, jusqu'à cette élévation de la pensée et cette profondeur des vues qui nous permettent d'embrasser d'un coup d'œil l'ensemble des sciences humaines et de mesurer de haut les progrès accomplis et ceux qui restent à accomplir. Voilà, dis-je, tous les avantages que peut nous procurer la logique, et qu'elle nous procurera en effet, — à une condition pourtant, c'est que nous nous y prêterons. Nul ne devient vertueux ni sage malgré lui. Les préceptes de la logique, comme les prescriptions de la morale, ne produisent leurs bons effets que chez ceux qui, les ayant adoptés sérieusement, les mettent en pratique. Les règles les plus certaines, les plus incontestables et les plus incontestées en théorie, ne valent pour la pratique que lorsqu'elles y sont appropriées par un exercice assidu. A une bonne théorie logique il faut donc ajouter, pour la rendre utile, un indispensable complément, je veux dire une longue et forte gymnastique de l'intelligence. Mais tout homme qui voudra y mettre un temps suffisant, pourvu qu'il ait dans l'esprit quelque justesse et quelque élévation, est assuré de recueillir de ses études logiques tous les fruits qu'elles promettent. Du temps et de la patience, voilà ce qu'on nous demande : je sais que dans le siècle où nous vivons, ce sont choses assez difficiles à obtenir; mais je sais aussi que dans ce siècle on comprend encore le dévouement à la science, et je crois que la philosophie doit avoir bon espoir.

J'ai essayé de montrer ce que l'esprit gagne à pratiquer la discipline logique ; je n'insisterai pas sur ce qu'il lui en coûte de la négliger. Que dire de ce mépris pour ce qui est bon et excellent, de cette légèreté superbe qui ne doute de rien, et qui nous lance sans guide dans les régions de l'inconnu? Celui qui poursuit la solution des plus difficiles problèmes sans s'être fait préalablement une habitude de réflexion, ne s'expose-t-il pas de gaieté de cœur à toutes les déceptions de l'esprit? Comment échappera-t-il à ce danger si commun et si fatal, qui consiste à s'éprendre follement des premières idées venues, qu'il faudra désapprendre plus tard : rêves brillants d'une jeune imagination, auxquels il faut renoncer quand la raison arrive, et qui souvent emportent avec eux la faculté même de croire. Si l'on rencontre juste, c'est un bonheur, mais ce n'est ni de la sagesse ni même de la science ; car il n'y a science que de ce dont on peut rendre compte. L'instinct est sûr, nous dit-on, il ne trompe jamais. On oublie que ce n'est pas ici une affaire de sentiment, mais de raisonnement. C'est de réflexion et non d'instinct que vit la science; c'est donc la réflexion qu'il faut perfectionner en nous, et la logique est le seul moyen connu pour cela. Qui sait d'ailleurs si ce qu'on appelle instinct n'est pas quelque habitude vicieuse contractée à notre insu? Est-il d'un être raisonnable de penser ainsi au hasard? La force qui s'ignore tente l'impossible et s'épuise par son effort même : la vraie puissance ne se rencontre qu'avec la mesure et la prudence. C'est le plus aimable des poëtes qui nous le dit, et je suis heureux de pouvoir mettre sous son patronage une vérité si importante :

> Vis consili expers mole ruit sua;
> Vim temperatam Di quoque provehunt
> In majus.

II.

Je vous ai dit, Messieurs, les promesses de la logique; il me reste à vous dire de quelle logique j'ai entendu parler.

Il y a une bonne logique, et il y en a aussi une mauvaise. La bonne est celle qui produit ou peut produire tous les effets que j'ai si longuement décrits; la mauvaise est celle qui est incapable de les produire, parce qu'elle n'y vise point. Cette mauvaise logique, indigne d'un tel nom, et qui en a reçu d'autres à différentes époques, prétend se substituer à la science. Elle aspire à une vérité plus qu'humaine, et elle croit la trouver en elle-même. Follement éprise de ses procédés et de ses méthodes, elle ne voit rien au delà; elle adore l'instrument et néglige le but. Mais son moindre vice est d'empêcher la science. Cette logique, qui rend logicien peut-être, mais non savant, ni surtout philosophe, fausse l'esprit et peut le conduire à toutes les aberrations. Elle existe à côté de nous, mais elle s'est rencontrée plusieurs fois dans l'histoire. La première fois qu'elle paraît, c'est en Grèce; elle s'appelle sophistique. Plus tard, au moyen âge, c'est la scholastique. De nos jours enfin, elle a reparu plus ambitieuse et plus dangereuse que jamais. J'ajoute qu'elle se comprenait mieux autrefois qu'aujourd'hui. Je comprends, par exemple, sans vouloir la justifier absolument, la folie des sophistes qui, tout surpris des effets de leur dialectique oratoire, s'écoutent raisonner, s'admirent même alors qu'ils déraisonnent, et se montrent si naïfs jusque dans leur mauvaise foi. Je comprends mieux encore ces demi-barbares du moyen âge qui, ne connaissant qu'une science humaine, celle du raisonnement, et la trouvant dans un tel état de perfection, s'adonnent tout entiers à l'analyse du syllogisme, s'y absorbent, et rendant à cette science une sorte de culte, la mettent en des formules qui sont comme leur *credo* scientifique. Je comprends, dis-je, la scholastique et ses excès, quoique je me souvienne qu'elle a failli étouffer l'intelligence, après l'avoir exercée si utilement. Mais ce que j'avoue ne pas comprendre, après tant de progrès accomplis, c'est l'engouement d'un peuple voisin pour une dialectique qui divinise les idées humaines, et qui, ne sachant ni affirmer ni douter à propos, finit par tout confondre et, sous prétexte de rétablir l'unité de la pensée, aboutit à la négation universelle : digne résultat d'une doctrine qui érige en système l'orgueil humain, et qui substitue l'adoration de nos rêves à l'amour solide et pur de la vérité.

Ne saurait-on concevoir une saine logique qui, en proposant à nos efforts un but légitime et bien défini, montrerait à la science ses véritables voies et serait à l'esprit un secours, non un obstacle ou un danger? Supposez, je vous prie, que nous soyons mis en état de connaître l'idéal de raison et de science où l'homme est appelé par sa nature : cet idéal si supérieur à ce que nous sommes, et si inférieur à la vérité absolue qui est en Dieu et ne peut être qu'en lui seul. En nous donnant cette précieuse connaissance de ce que nous pouvons et de ce que nous ne pouvons pas, on nous enseignerait de la manière la plus efficace notre dignité à la fois et notre faiblesse. En décrivant cet idéal dont nous avons des notions si vagues et souvent si fausses, on donnerait au savant, au philosophe, une juste confiance dans les forces de l'esprit humain, et en même temps on lui inculquerait cette vertu si difficile et si rare, la modestie. A la lumière de notre véritable idéal, la logique pourrait nous tracer, sans pédanterie comme sans légèreté, nos devoirs intellectuels : elle nous apprendrait à nous servir du raisonnement et de l'abstraction, sans jamais y voir autre chose que des moyens et des instruments; soupirant sans cesse après cette science meilleure dont notre science actuelle n'est qu'une faible image, elle nous ferait souhaiter ardemment de sortir des procédés et des formules, pour nous élever aux idées et jusqu'à la vérité elle-même.

Pourrait-on nier l'utilité d'une logique ainsi entendue

et ainsi faite? N'est-il pas évident que la pensée constamment présente du but où l'on aspire empêcherait ces puérils ou funestes égarements que nous reprochions tout à l'heure à la sophistique, à la scholastique dans sa décadence et à la dialectique d'un peuple voisin? Tout dépend de la notion que l'on se forme de l'idéal humain : celui qui le connaît bien sait où il va et ne peut s'égarer; celui qui l'ignore va au hasard, s'agite en vain, et finit par tomber dans le découragement ou dans l'idolâtrie de sa propre pensée. Se faire une notion exacte et vraie de notre idéal de science, tel est donc le problème : car, je l'ai démontré, tout est là.

Eh bien! Messieurs, ce problème n'est pas insoluble, et je ne vous propose point de poursuivre une chimère. Ce dont je vous parle existe, et il y a une méthode sûre pour le trouver. L'idéal, suivant moi, est la plus excellente comme la plus haute de toutes les vérités. Ce n'est pas le réel sans doute, si nous bornons la réalité au présent, mais ce n'est pas non plus l'impossible; c'est simplement le désirable, c'est l'avenir, c'est le but plus ou moins éloigné, mais réalisable, d'une légitime ambition. L'idéal de l'homme, ou son type de perfection, c'est ce qu'il est en puissance de devenir. Or, ce que nous pouvons devenir est indiqué par ce que nous sommes; notre idéal résulte de notre nature même une fois connue, et la connaissance de notre nature, je dis de notre nature intellectuelle et morale, s'appelle d'un seul mot la psychologie. La psychologie, voilà la lumière qui doit éclairer et guider la science logique à toute époque, mais singulièrement en France au dix-neuvième siècle. Il y aurait de l'ingratitude à ne pas reconnaître les services rendus à la philosophie de notre temps par la science de l'âme; et lorsqu'une fois on a su apprécier les heureux effets de cette grande étude, il y aurait folie à n'en pas faire l'application à la logique.

Si l'on en croit ces deux génies divins, Socrate et Descartes, c'est dans la psychologie, c'est dans cette science si simple et si profonde, si ancienne et si nouvelle, qu'il faut chercher les premiers éléments de la science universelle à laquelle l'homme aspire. Autant il serait insensé de prétendre, après le sophiste Protagoras, que l'homme est la règle et la mesure de toutes choses, autant il est juste de dire que, dans cette foule d'objets auxquels s'applique notre curiosité, ce que nous connaissons le mieux, c'est encore nous-mêmes. Se connaître soi-même est donc le premier pas à faire, l'étude première et indispensable. Or, on ne sait pas assez dans le monde combien la science expérimentale de l'âme humaine a été sérieusement étudiée de nos jours; on ne sait pas assez qu'elle possède des analyses et des théories qui ne le cèdent en rigueur à celles d'aucune autre science reposant sur l'observation. Grâce à la psychologie, grâce aux développements qu'elle a pris de notre temps, on peut dire que la connaissance de Dieu et celle de nos devoirs, la morale et la théodicée, se trouvent comme renouvelées.

L'homme est un être essentiellement religieux ; à aucune époque il n'a été dépouillé de l'idée de la Divinité ; mais cette précieuse semence n'a pas toujours été cultivée comme elle aurait dû l'être, et lorsqu'on parcourt l'histoire des opinions humaines sur la nature et les attributs de Dieu, on rencontre à chaque pas les erreurs les plus grossières odieusement mêlées à la vérité la plus sublime. Pour ne parler que des philosophes, il est deux écueils qu'ils ont bien rarement évités : l'abstraction et l'anthropomorphisme, alternative fâcheuse, mais inévitable pour quiconque ignore ou connaît mal notre nature.

Je m'explique. Prenons d'abord un philosophe qui, sans s'inquiéter de ce qui est, cherche, par une méthode ambitieuse et hypothétique, à pénétrer directement la nature du premier principe de toutes choses, de l'Être suprême, infini, éternel, immuable. Préoccupé de ces caractères tout métaphysiques, tout abstraits de la Divinité, il y fera consister son essence; puis, effrayé d'une telle conception qui, en lui disant comment Dieu est, ne l'instruit pas de ce qu'il est, il s'écriera : « Dieu n'est rien de ce que nous connaissons; un abîme sépare l'infini et le fini; il n'y a donc rien de commun entre l'Être nécessaire et les êtres contingents, finis et imparfaits; aucune de nos qualités ne lui convient; il ne nous est semblable en rien, et nous n'en pouvons rien dire, sinon qu'il est. Peut-être même est-ce aller trop loin, peut-être est-il au-dessus de l'être. » En effet, Messieurs, un Dieu avec qui nous n'avons rien de commun, que nous ne pouvons ni aimer ni connaître, qui est l'inaccessible, l'indicible, un tel Dieu est pour nous comme s'il n'était pas; il ne nous est rien; il n'est pas; c'est un Dieu mort. Croire en Dieu de cette manière, c'est véritablement le nier : car on donne son nom à un pur néant d'existence, orné de qualités, impossibles sans un sujet où elles résident. Voilà les effets de l'abstraction en théodicée.

Considérons maintenant un autre philosophe, celui

qui a étudié l'homme, mais dans un mauvais esprit et avec le dessein arrêté d'y trouver toute cette perfection dont il porte l'idée en lui-même. Sous l'empire d'une telle préoccupation, il sera forcément conduit à fausser la notion de Dieu. Dieu pour lui sera un homme parfait. Puis, s'il est conséquent, ce philosophe, ou plutôt ce flatteur de la nature humaine, soutiendra qu'il n'y a pas d'autre Dieu que l'homme, et s'il n'ose s'adorer lui-même, il adorera l'humanité-Dieu. C'est là le dernier terme de l'anthropomorphisme.

Tels sont les dangers qui nous menacent quand nous abordons ces redoutables problèmes : d'une part, l'abstraction, qui nous fait concevoir un Dieu mort; d'autre part, l'anthropomorphisme, avec un Dieu imparfait, c'est-à-dire qui n'est pas davantage le vrai Dieu.

Une exacte psychologie nous sauvera de ces deux abîmes d'impiété. Il nous suffit de savoir qu'il y a des êtres contingents, pour être assurés qu'ils ont une cause qui leur est supérieure ; mais l'existence de notre âme nous démontre seule invinciblement au-dessus de nous un Dieu spirituel et moral. Si nous sommes intelligents, ne fût-ce qu'un peu, il faut que Dieu le soit aussi, et il le sera infiniment, à moins qu'on ne se résigne à concevoir un effet sans cause, ou même supérieur à sa cause. Écoutez à ce sujet les admirables lignes de Bossuet que je vais vous lire : « Si nous étions tout seuls intelligents dans le monde, nous seuls nous vaudrions mieux, avec notre intelligence imparfaite, que tout le reste qui seroit tout à fait brut et stupide ; et on ne pourroit comprendre d'où viendroit, dans ce tout qui n'entend pas, cette partie qui entend, l'intelligence ne pouvant pas naître d'une chose brute et insensée. Il faudroit donc que notre âme, avec son intelligence imparfaite, ne laissât d'être par elle-même, par conséquent d'être éternelle et indépendante de toute autre chose; ce que nul homme, quelque fou qu'il soit, n'osant penser de soi-même, il reste qu'il connoisse au-dessus de lui une intelligence parfaite, dont toute autre reçoive la faculté et la mesure d'entendre[1].» Appliquons le même raisonnement à l'homme tout entier. Nous trouvons en nous-mêmes, à côté de la pensée, la liberté; nous sommes aussi capables d'amour, même de quelque justice et de quelque bonté. Dieu, qui nous a donné tout cela, le possède donc en lui-même; et comme il est l'être absolument parfait, il est parfaitement et absolument bon, libre et juste. Ces attributs moraux de l'Être suprême sont établis, on le voit, de la manière la plus simple à la fois et la plus solide par la connaissance des faits de notre nature. Ainsi, Dieu n'est plus pour le philosophe le principe abstrait de toutes choses, mais bien l'auteur libre et la providence du monde, le bienfaiteur suprême à qui nous devons et pouvons donner notre amour, notre adoration, exprimée en des prières et en un culte de vérité et de charité.

Par la psychologie, nous saurons encore nous garantir de cet autre excès qui consiste à concevoir Dieu tellement semblable à nous, que ce ne soit autre chose que l'homme divinisé. Il faut avoir bien peu ou bien mal étudié l'homme, pour tomber dans une erreur aussi grossière. Oui, sans doute, l'homme est ce qu'il y a de plus excellent sur la terre que nous habitons; oui,

---

[1] Connoissance de Dieu et de soi-même, ch. IV, § 6.

sans doute, nous pouvons constater en nous-mêmes la présence du divin : car nous en participons essentiellement ; il intervient dans toute grande et bonne pensée, dans tout acte d'amour pur, en un mot dans tout ce que nous faisons de bien, et que nous serions incapables de faire sans lui. Une analyse un peu profonde de la nature humaine ne peut manquer d'y trouver tout cela. Mais quelle conséquence en devons-nous tirer ? Est-ce là être Dieu ? Non, évidemment : c'est être secouru de Dieu, voilà tout. Notre raison elle-même, dont nous sommes fiers et à bon droit, notre raison est une lumière d'en haut et le premier don de la grâce divine. Ainsi, jusque dans nos plus hautes perfections, nous avons la preuve manifeste de notre insuffisance. Une fois pénétrés de ce sentiment, nous ne sommes plus en danger, ce semble, de nous adorer nous-mêmes. Nous savons nous tenir à notre rang d'êtres imparfaits et perfectibles. Dieu seul est parfait, et c'est de lui que vient toute perfection dans les êtres créés. C'est ainsi que la connaissance exacte de ce que nous sommes nous conduit à un Dieu vivant, personnel et libre, qui est l'absolue perfection, et dont nous ne possédons en nous qu'une incomplète image.

Lorsque la notion philosophique de Dieu a été réformée par une saine psychologie, la morale peut agiter sans crainte le problème de notre destinée. Elle possède en effet tous les éléments dont résulte la solution de ce problème. Elle sait ce qu'est l'homme et quel est son auteur ; elle peut nous donner, sur ce double fondement, l'espoir légitime d'un immortel avenir : croyance sainte et salutaire, dont les effets sont si puissants pour la vie même d'ici-bas !

A ne considérer que la vie présente, abstraction faite de ses conséquences ultérieures, la morale, éclairée par la psychologie, est en état de nous enseigner et nos droits et nos devoirs. Je ne dis point qu'elle nous les révèle, mais qu'elle nous les enseigne, c'est-à-dire qu'elle les établit à nos yeux sur leur véritable base. Il y a une époque dans la vie où nos croyances sont mises, pour ainsi dire, à l'épreuve. Les croyances morales, comme les croyances religieuses, courent alors les plus grands dangers. Lorsque le jeune homme qui entre dans la société civile y voit les faits en contradiction avec le droit, il est facilement troublé, et, s'il a l'âme faible, s'il est mal préparé pour une telle épreuve, il perd dans la pratique la distinction du bien et du mal, du juste et de l'injuste. Nous avons un moyen infaillible de nous prémunir contre cet écueil : c'est de transformer l'instinct en raison, c'est de nous rendre compte des vérités morales, c'est d'expliquer par leurs principes nos droits et nos devoirs. Or, ces principes sont encore en nous-mêmes, dans la nature et les caractères essentiels de la personne morale, douée de raison, de conscience et de liberté. La liberté morale, ce dogme philosophique des temps modernes, cette vérité intime que notre conscience atteste, que la psychologie analyse, et qui jamais, j'ose le dire, n'a été mieux étudiée ni mieux décrite qu'à notre époque[1], la liberté morale est le premier fondement de toutes les libertés et de tous les droits comme de tous les

---

[1] Voir les analyses de M. Cousin (Cours, 1re série, t. IV, p. 541-574; 2e série, t. II, p. 341 et suiv., etc.) et de M. Jouffroy Mélanges, Cours de droit naturel, Nouveaux mélanges, *passim*). Cf. Debs, Tableau de l'activité volontaire et libre, etc.

devoirs. La philosophie n'a pas toujours l'honneur d'enseigner à l'homme ses devoirs pour la première fois ; mais elle lui donne, pour les accomplir, le plus grand des motifs : faire le bien pour le bien. Aidé d'un si beau principe, le sens moral est fort contre les passions : il peut lutter avec elles et en triompher.

Voilà les enseignements de la vraie philosophie, fondée sur la psychologie. Ces vérités ne sont pas nouvelles, grâce à Dieu : elles ne sont point le privilége de notre époque ; ce qui est nouveau, ce qui est propre à notre temps, c'est la manière dont on les présente, appuyées enfin sur l'observation de la nature humaine, seul fondement légitime des sciences morales. Cette méthode, assez souvent préconisée dans les siècles précédents, n'a guère été pratiquée jusqu'ici en philosophie ; et par le peu que je vous en ai dit, vous pouvez vous faire une idée des résultats qu'elle donnerait, si tous les philosophes, d'un commun accord, s'efforçaient de mettre à profit le beau précepte de Socrate et l'exemple, imparfait encore, de Descartes. La logique en particulier, sous l'influence d'une telle méthode, subirait, on peut le dire, une véritable révolution. Chose singulière, il n'y a peut-être pas un seul grand logicien qui ait expressément appliqué la psychologie à la logique. Il est cependant bien aisé d'apercevoir le lien intime qui unit ces deux études. Jugez-en, Messieurs.

Il y a longtemps qu'on distingue en logique ces trois choses : la nature, la science et la pratique. Par la nature, on entend ici la manière dont l'esprit pense et raisonne de lui-même antérieurement à toute règle, en dehors de toute méthode inventée par la réflexion.

La science logique contient les préceptes : elle décrit la méthode que nous devons suivre dans la construction de la science. Enfin la pratique se compose de tous les exercices propres à convertir les règles de l'art en habitudes de l'esprit. Il est bien clair que ces trois moments de la pensée qui résument tout son développement logique, se succèdent dans l'ordre où je viens de les énumérer. Mais ce qu'il importe surtout de constater, c'est qu'ils se supposent dans l'ordre inverse, la pratique devant se conformer à la théorie, et celle-ci à son tour devant se régler sur la nature, non pour la copier servilement, mais pour savoir ce dont elle est capable et lui prescrire les lois qui lui conviennent. La science logique n'est autre chose que l'esprit humain découvrant le secret et la mesure de ses forces naturelles et les dirigeant en conséquence. Si donc nous voulons connaître la vraie logique à laquelle doit se plier notre raison, voyons d'abord l'esprit humain à l'œuvre, et pour mesurer sa puissance, analysons ses merveilleux procédés. Mais pour cela laissons d'abord de côté les méthodes vicieuses appliquées jusqu'ici à la logique. Demandons la connaissance de la nature humaine à la psychologie, non à des systèmes plus ou moins ingénieux, mais qui ont fait leur temps. Il ne s'agit pas aujourd'hui de faire revivre les hypothèses idéologiques de Condillac, ce philosophe plus ami de la simplicité que de la profondeur, et dont les arrangements artificiels offrent tant de vraisemblance et si peu de vérité. Il ne s'agit pas non plus d'étudier exclusivement l'esprit humain dans les chefs-d'œuvre des temps passés, ainsi que le voulait Ramus, raisonnant en humaniste plutôt qu'en philosophe. Enfin, ce n'est pas extérieurement, ce n'est pas du dehors ni dans des œuvres mortes qu'il faut étudier l'homme, si l'on veut connaître la pensée, le raisonnement et leurs conditions naturelles. C'est en lui-même qu'il faut observer l'esprit humain ; c'est au moment où il agit qu'il faut le regarder agir ; en un mot, c'est par la conscience, c'est en soi-même que chacun doit observer la nature humaine. Par cette méthode seulement, nous pouvons espérer d'aller plus loin qu'Aristote, soit en trouvant des règles qu'il a ignorées, soit surtout en apprenant ce que toute autre méthode est incapable de faire comprendre : je veux dire la véritable valeur des règles mêmes qu'il a connues.

Il est impossible de traiter de la logique sans parler d'Aristote, et c'est justice : car c'est à lui qu'elle doit son existence comme science distincte. Avant lui, on ne trouve que la dialectique de Platon, ce passage inspiré du réel à l'idéal, de l'humain au divin, qui contient tant de vérité et si peu de science. Il était réservé au grand disciple de Platon, à ce génie sévère autant que vaste et profond, d'être le législateur de la pensée grecque, avant de devenir au moyen âge le précepteur du genre humain. Aristote a si fortement assis la théorie logique du raisonnement dont il est l'auteur, qu'il a établi du même coup la logique elle-même de la manière la plus solide. Les logiciens de Port-Royal, qui lui sont si peu sympathiques, sont obligés d'avouer que « le corps des préceptes lui appartient. » Mais s'il est vrai qu'il a donné un corps à une science jusque-là sans nom ou sans autorité, il faut reconnaître aussi qu'il ne l'a pas achevée et qu'il est loin d'en avoir dit le dernier mot. La syllogistique, à laquelle il s'est à peu près borné, n'est pas la logique, mais seulement une de ses parties les plus considérables. Je trouve même un défaut à cette incomparable analyse du syllogisme : il lui manque d'être appuyée sur une véritable psychologie. Aristote a constamment étudié le raisonnement sous sa forme parlée, qui est le syllogisme, n'arrivant ainsi à la pensée qu'à travers le langage : travail prodigieux, et qui accroît encore à mes yeux son mérite comme inventeur d'une théorie qu'il semble avoir portée à sa perfection ; mais, en vérité, il n'était pas besoin de prendre un tel détour pour deviner l'esprit humain, puisque chacun le porte en lui-même et peut apercevoir sans effort, par la méthode la plus simple et la plus directe, ce qui a tant exercé la sagacité d'Aristote.

Il y avait donc quelque chose à faire en logique en dehors d'Aristote, et en effet cette science a reçu après lui quelques développements ; mais le grand, le véritable progrès est encore à réaliser : l'application de la psychologie à une science qui en dérive immédiatement et qui ne peut être vivifiée que par elle. Par la psychologie seule on peut justifier les accroissements donnés à la logique dans les temps modernes, et espérer de lui en donner de nouveaux. Permettez-moi en finissant, Messieurs, de vous exposer brièvement quelques-uns de ces progrès accomplis déjà, ou que la psychologie peut nous faire accomplir. Je raconte seulement ou j'indique, je ne démontre pas ; je ne veux que faire comprendre par quelques exemples ce que peut notre méthode pour le renouvellement de la logique.

1. L'habitude de pénétrer jusqu'à la pensée même,

sans s'arrêter à ce qui lui est extérieur, a déjà banni et doit bannir à jamais de cette étude les formules mnémotechniques. Ce langage étrange a dû disparaître, du moment où l'on a compris qu'il n'exprimait aucun des faits réels de l'intelligence; et depuis Port-Royal, les logiciens français se sont toujours montrés jaloux de parler un langage humain.

2. L'art de penser, s'il prend pour guide une psychologie exacte et complète, ne saurait se borner aux règles du raisonnement : à côté de ce procédé, il doit une place à tous ceux qui ont un rôle dans le travail de l'intelligence : l'expérience, la mémoire, l'induction, le langage, la foi au témoignage de nos semblables, toutes ces manières de penser et de connaître ont droit de cité en logique, et bon gré mal gré, la plupart y ont déjà fait invasion.

3. En traçant les règles de la vraie méthode, la logique rencontre le chapitre si considérable de nos erreurs. Là, si elle s'inspire de la psychologie, elle ne cherchera plus dans le langage ni dans la forme seulement les causes de nos erreurs, mais bien dans la pensée elle-même; et, sans trop s'arrêter à la manière dont les conséquences ont été déduites, elle saura remonter jusqu'aux principes et y démêler le faux d'avec le vrai.

4. Serait-ce aller trop loin que de demander à la philosophie de notre temps ce que toute grande philosophie a donné : une classification des sciences humaines? La logique, aidée de la psychologie, pourrait tenter cette œuvre si utile. Avec ce secours, en effet, on pourrait laisser de côté les vieilles classifications, fondées sur la nature des matières dont traite chaque science, comme si plusieurs sciences ne pouvaient pas

s'appliquer à une même matière, ou bien sur les procédés mis en œuvre, comme si un procédé intellectuel était la propriété exclusive d'une science quelconque. Les véritables objets des sciences, ceux qui leur appartiennent en propre, ce sont les questions que chacune d'elles agite : c'est là ce qu'il faut classer, et par là toutes les sciences. La tâche est difficile ; elle n'en est que plus belle.

5. Enfin, pour remédier à toutes les imperfections qui se remarqueraient encore dans une logique ainsi faite, il faudrait, suivant le projet si souvent annoncé par les philosophes, et que le génie abstrait de Kant n'a pu exécuter, il faudrait, dis-je, essayer de tracer les limites du savoir humain, conformément à l'idéal de science que nous devons poursuivre sans nous lasser jamais. Si nous savions une fois ce que peut le génie de l'homme, et le terme précis où il doit borner son ambition, nous jugerions beaucoup mieux sans doute de la valeur de nos sciences ; nous apprécierions plus sainement et notre force et notre faiblesse. La logique, science humaine comme toutes les autres, nous dira ce que valent toutes les sciences et ce qu'elle vaut elle-même. Elle nous élèvera sans nous enfler, suivant le conseil de Pascal ; elle nous fera éviter ainsi ce double écueil, une excessive confiance et un lâche découragement, les exaltations fébriles et les doutes pusillanimes, deux dangers qui se tiennent de plus près qu'on ne pense.

Voilà la logique telle qu'on doit la désirer, et telle qu'on pourrait la faire, si l'on y appliquait la psychologie.

Ai-je besoin d'ajouter, Messieurs, que je n'ai nulle-

ment la prétention de mener à fin une pareille tâche?
Ma plus haute ambition serait de la rendre plus facile
à quelque autre, si elle devait être l'œuvre d'un seul.
Mais il faudra sans doute que plusieurs y travaillent;
je m'estimerai donc trop heureux si mon appel est entendu des amis de la philosophie, et si les modestes
et obscures leçons que je pourrai faire ici, sous les
auspices de mes maîtres, ont pour effet de ramener
quelques personnes à une science trop longtemps négligée parmi nous.

ESSAI II.

DE L'OBJET DE LA LOGIQUE.

Il y a vingt-deux siècles qu'Aristote a fait de la logique une science, qui depuis lors n'a cessé d'être enseignée en Europe par une longue suite de professeurs et d'écrivains, avec un ensemble dont l'histoire de la philosophie ne donne pas un autre exemple. Il semble donc que le domaine, le caractère et les attributions d'une telle science devraient être désormais au-dessus de toute controverse, et cependant, quelque surprenant que cela puisse paraître, il n'est pas rare de voir s'élever sur l'objet même de la logique des discussions qui ne sont point sans gravité, soit que l'on considère les conséquences du parti qu'on embrasse, soit qu'on s'arrête seulement aux noms des combattants. Je n'en donnerai pour preuve que la célèbre polémique instituée par M. William Hamilton contre les logiciens anglais les plus distingués, et notamment contre M. Whately, le savant archevêque de Dublin. Dès l'année 1840, le public français a été initié à ces débats par une excellente publication de M. Louis Peisse [1]. Cette polémique

[1] Fragments de philosophie, par M. W. Hamilton, traduits de l'anglais par M. Louis Peisse, avec une préface, etc.; Paris, Ladrange, 1840, 1 vol. in-8° de CXXXIX et 390 pages.

se poursuit encore, quoique avec moins d'éclat, non-seulement en Angleterre ou en Écosse, mais même en France et en Allemagne, et l'on ne saurait aujourd'hui aborder l'étude de la logique sans rencontrer aussitôt deux écoles rivales, entre lesquelles il faut prendre parti : car il ne s'agit pas entre elles de questions secondaires ou dont l'examen puisse être ajourné sans inconvénient; il s'agit de la science tout entière et de l'esprit dans lequel elle veut être étudiée.

Commençons par donner une idée sommaire des deux systèmes qui sont en présence. Des deux côtés on fait du raisonnement, ou même de la pensée en général, la matière de la science logique; mais les uns veulent que le logicien trace les règles qui doivent conduire l'esprit à la vérité, tandis que les autres prétendent qu'il se retranche dans la théorie et qu'il ne s'inquiète même pas de l'erreur et de la vérité, mais seulement des lois nécessaires qui président à la formation de la pensée, et en particulier du raisonnement. Pour les premiers, la logique est une science essentiellement pratique, et la plupart la définissent volontiers l'art de penser, sans trop se laisser troubler par les difficultés de grammaire que soulève cette expression; pour les autres, c'est essentiellement une pure théorie, une analyse de la pensée, non réelle, mais possible ou *formelle*, et ils la définissent la science des lois formelles de la pensée.

C'est à la dernière opinion que se range M. Hamilton, et la juste autorité qui s'attache aux travaux de ce philosophe semble devoir faire pencher la balance en sa faveur. Nous ne pensons pas cependant qu'il soit permis de trancher par ce seul argument une question d'une telle importance pour l'étude et pour les destinées de la logique, et nous nous proposons de la discuter ici avec les développements qu'elle réclame.

Au fond, toute la controverse roule sur une définition. Comment la fixer? On a le choix pour cela entre deux méthodes. Il y a d'abord un procédé très-simple, et qui dispense de longues recherches; c'est de tout ramener à une explication de mots, et de dire : voilà dans quel sens nous entendons ce terme. Les écrivains de Port-Royal ont mis à la mode ce procédé, qu'ils appellent définition des noms, en admettant avec une trop facile complaisance qu'il est permis à chacun, pour son usage particulier, et pourvu qu'il en avertisse les autres, d'attribuer à un mot la première signification venue, sans se mettre en peine si les autres le prennent dans le même sens[1]. De cette manière, il faut en convenir, on trouvera aisément une issue aux difficultés les plus sérieuses, ou plutôt on aura supprimé toute difficulté : personne même, à ce qu'il semble, n'y pourra rien trouver à redire. Cependant, si ce procédé est commode, il est, par contre, passablement arbitraire et même tyrannique. En effet, n'y a-t-il pas quelque chose d'illusoire dans la distinction inventée, ou plutôt renouvelée par Port-Royal? Un mot exprime toujours quelque chose, et quand cette chose existe depuis des siècles, on n'a pas le droit d'en parler, comme si l'on venait de l'inventer, sans tenir compte de ce qu'elle a été jusque-là. D'ailleurs, sous prétexte de n'exprimer qu'une opinion personnelle, et qui, à ce titre, paraît incontestable, on finit le plus souvent par vouloir imposer aux autres cette défini-

---

[1] La Logique ou l'art de penser, Ire partie, ch. XII.

tion, qu'on n'a pas pris la peine d'accorder avec l'opinion commune.

L'autre méthode qui s'offre à nous consiste, au contraire, à chercher une définition qui ne soit pas celle de tel ou tel, mais du plus grand nombre, et, s'il est possible, de tout le monde. J'ai dit : *tout le monde;* mais qu'on veuille bien m'entendre ; qu'est-ce que tout le monde ici? Qui s'agit-il de consulter? Ceux qui savent de quoi il est question, ou ceux qui ne le savent point? Socrate, ce grand chercheur de définitions, nous engage à préférer le témoignage de ceux qui savent, et c'est aussi ce qu'exprime le vieux proverbe : *cuique in sua arte credendum.* C'est donc aux logiciens qu'il faut demander ce qu'on doit entendre par logique. Si après examen on découvre qu'ils sont tous d'accord, il n'y aura qu'une chose à faire : recueillir fidèlement l'opinion qu'ils ont tous exprimée sous des formes diverses. Si, au contraire, ils diffèrent entre eux, non-seulement pour l'expression, mais pour le fond même des choses, il faudra discuter leurs opinions, afin de choisir la meilleure en connaissance de cause.

Prenons d'abord l'avis de l'auteur de l'Organon. Voici comment s'exprime Aristote au début des Analytiques: « Il faut dire avant tout la matière et l'objet de cette étude: elle porte sur la démonstration et traite de la science démonstrative. » Pour quiconque a lu, même superficiellement, les divers traités dont se compose l'Organon, il est incontestable que les Analytiques résument tout ce que plus tard on est convenu d'appeler la logique d'Aristote; car la logique existait avant d'avoir un nom. Il résulte de là, par une conséquence assez évidente, que la définition qu'on vient de lire s'applique, dans la pensée d'Aristote, à la logique elle-même. Or, toute science reposant, selon lui, sur la démonstration[1], s'occuper de la démonstration, c'est s'occuper de la méthode des sciences. L'Analytique, c'est-à-dire la logique dans la langue d'Aristote, est donc une théorie de la science ou de la méthode qu'il y faut appliquer. En d'autres termes, c'est une étude qui a pour objet de régler l'emploi de la pensée, au moins en matière scientifique.

Telle est l'opinion d'Aristote, sincèrement interprétée, et que confirme d'ailleurs le contenu des Premiers et surtout des Derniers Analytiques[2]. Nous ne sommes plus au temps où le moindre texte de ce philosophe était considéré comme un oracle, que l'on devait accepter aveuglément. Je ne le cite donc pas avec l'intention de couper court par là à toute discussion et à toute recherche; mais si ce philosophe n'est plus dictateur en philosophie, ni même en logique, son jugement sera toujours d'un grand poids dans une science qu'il a le premier constituée et organisée, quoiqu'il ne lui ait point donné le nom par lequel on la désigne le plus ordinairement, et il n'est pas indifférent de savoir ce qu'est à ses yeux cette science. Suivant lui, c'est un art de penser à l'usage des savants et des philosophes, et en l'appelant *analytique,* il l'oppose comme une méthode certaine à la *dialectique* de Socrate et de Platon, dont il n'admet le légitime usage qu'en matière probable ou contingente.

On doit ajouter à l'autorité d'Aristote celle de ses

[1] Morale à Nicomaque, l. VI, c. 6; Grande Morale, 1, 35, etc.
[2] Pour de plus amples développements, voir l'Essai V sur la méthode déductive, d'après les Analytiques d'Aristote.

deux grands devanciers : car il serait par trop rigoureux de leur refuser une place dans l'histoire de la logique, sous prétexte qu'ils n'ont connu et célébré que la dialectique. A ce compte, on vient de le voir, il faudrait retirer à Aristote lui-même le titre de logicien. Mais si l'on veut bien avouer que l'analytique était pour lui ce que fut la logique pour ses successeurs, on ne saurait non plus s'empêcher de reconnaître que cette même analytique a eu pour antécédent la dialectique de Socrate et de Platon.

Socrate a fondé la philosophie chez les Grecs, parce qu'il a fondé parmi eux la méthode. On avait vu avant lui de grands talents de réfutation et d'exposition : d'abord les subtiles argumentations par lesquelles Zénon d'Élée réduisait ses adversaires au silence et qui lui ont fait attribuer l'invention de la dialectique ; et, plus tard, les fameuses exhibitions des sophistes. Le premier, Socrate pratiqua des procédés réguliers de recherche et de découverte. Il avait, à l'exemple de Zénon, sa méthode de réfutation, cette ironie si célèbre qui se jouait de la plus habile rhétorique, et obligeait les sophistes eux-mêmes à confesser leur ignorance. Mais sa véritable méthode était la μαιευτική, cet art inimitable d'accoucher les esprits, et de leur faire produire comme d'eux-mêmes et par une sorte de réminiscence la vérité et la science dont ils ont le pressentiment. L'induction et la définition y figuraient comme procédés essentiels. Je ne dois pas m'y arrêter en ce moment ; une seule chose importe ici : c'est de constater la préoccupation qui portait un si grand philosophe à faire une théorie et comme une science de la science, destinée à nous faire savoir au moins une chose : « que nous ne savons rien, » mais destinée aussi à rendre le philosophe meilleur dialecticien (διαλεκτικώτερον), en lui enseignant à s'élever du particulier au général et « à disserter par genres et par espèces. »

Platon va plus loin. Il veut savoir : il aspire à posséder la vérité, l'être lui-même. De là la dialectique avec ses deux parties, l'une critique, qui rappelle l'ironie de Socrate ; l'autre positive, qui est à la fois la méthode et la science, l'amour et la possession de l'idée, c'est-à-dire du vrai, du beau et du bien. La dialectique de Platon, comme le reconnaît M. Hamilton [1], « est une méthode, non pas formelle, mais réelle ; » elle enseigne à monter les degrés du vrai par la pensée qu'anime l'amour, et à les redescendre par divers procédés, dont le principal est la division.

Aristote a reproduit toute la partie scientifique des deux méthodes que nous venons de rappeler ; il les résume et prétend les dépasser dans ses Analytiques. Si donc Socrate, Platon et Aristote eussent connu le mot de logique, il est évident qu'ils l'auraient employé dans la même acception, pour désigner un art de vérité, une science de la science. Chacun d'eux, il est vrai, entend cette étude à sa manière, mais tous les trois lui attribuent le même objet et le même caractère ; tous les trois en font le guide et l'instrument de la philosophie.

La revue de toutes les grandes écoles et de tous les grands philosophes jusqu'à nos jours conduit au même résultat. Après Aristote, comme avant lui, tout le monde en philosophie sent le besoin d'une méthode et, par conséquent, d'une science de la méthode, qu'elle s'ap-

---

[1] Fragments, etc., trad. de M. Peisse, p. 202, 203.

pelle dialectique, analytique, logique, ou même canonique, suivant l'expression adoptée par les partisans d'Épicure. Avec les stoïciens paraît et commence à prévaloir le mot de logique, pour désigner l'art de raisonner qu'ils ont hérité d'Aristote, et dont ils font si grand cas, qu'à leurs yeux c'est le soutien et comme le nerf de la philosophie. Puis vient l'innombrable série des péripatéticiens anciens et modernes, grecs, latins, arabes, occidentaux, interprètes plus ou moins fidèles de la pensée d'Aristote, mais qui par eux-mêmes n'ont aucune autorité.

Au moyen âge, deux hommes se distinguent de la foule des scholastiques par une grande hardiesse et une certaine originalité. A ce titre, et à cause de leur grande réputation comme dialecticiens, Abélard et Raymond Lulle méritent de nous arrêter un instant. Le premier a donné au douzième siècle le signal de l'émancipation des intelligences; c'est de lui que date le premier éveil de l'esprit de liberté en Europe, et c'est principalement par son influence que la logique, considérée comme instrument de toute recherche, prit une importance capitale et devint le grand intérêt intellectuel du moyen âge. Il voyait dans la dialectique une méthode : elle était pour lui « l'institutrice de toutes les sciences, » et il en fit l'application à la plus haute de toutes, à la théologie, au risque de se voir accusé devant les conciles et foudroyé par l'éloquence plus orthodoxe de saint Bernard. Raymond Lulle, esprit plus aventureux qu'Abélard, et dont la vie ne fut guère moins romanesque, est surtout fameux par son *Ars magna* et son *Ars universalis*, tentative originale, bien qu'assez peu féconde, pour faire avancer toutes les sciences au moyen de la dialectique, entendue comme un art de la vérité (ars inventiva veritatis).

La logique, jusqu'ici, est donc étudiée par les philosophes en vue de la science, parce qu'elle a pour objet de lui tracer une méthode. La scholastique elle-même, tant qu'elle a foi dans la valeur et la portée de son étude favorite, fonde sur elle toutes ses espérances de progrès et de découvertes, et c'est elle, on le sait, qui appelle *Organon* ou instrument par excellence les traités logiques d'Aristote. Mais là où dominait le commentaire, la pensée ne pouvait guère se développer, gênée qu'elle était par les habitudes routinières de ce bon vieux temps, comme on dit quelquefois, et par les défiances plus ou moins fondées des autorités temporelles ou ecclésiastiques. C'est surtout vers la fin du quatorzième siècle et pendant toute la durée du quinzième que la paresse des uns et la timidité des autres laissèrent s'établir le funeste usage d'étudier la logique pour elle-même, et de la renfermer dans les formes du raisonnement, sans lui permettre aucune entreprise, soit en politique, soit en théologie, soit même en une science quelconque. On connaît l'arrêt aussi ridicule qu'odieux rendu à Senlis, en 1473, par le roi Louis XI, contre ceux qui tenteraient de sortir des étroites limites d'un nominalisme formel. Triste époque, qui marque la décadence de la scholastique, et où les rares esprits qui avaient conservé la saine tradition, étaient contraints de rompre avec leurs maîtres et avec la foule de leurs contemporains, pour se reléguer dans une opposition incomprise, jusqu'au jour où la renaissance rendit peu à peu à l'esprit humain la conscience de sa liberté et de ses droits. Alors paraissent des logiciens distingués, tous animés du désir de restituer à l'art de penser ses anciennes attributions et son caractère essentiel. Je veux parler de Rodolphe Agricola, de Laurent Valla, de Louis Vivès, de Jean Sturm, et surtout de celui que l'Allemagne salua du nom de *Platon français* et qui eut la gloire, pendant trois quarts de siècle, de diviser l'Europe entre Aristote et lui. Après avoir tenté, avec un courage héroïque, de remplacer la logique morte du moyen âge par une dialectique puisée dans les chefs-d'œuvre de l'esprit, et destinée à en susciter de nouveaux, Ramus avait dessein de montrer la puissance de la méthode dans toutes les sciences humaines, en grammaire, en rhétorique, en mathématiques, en physique, en morale, en politique, sans parler de la théologie. Il périt à la tâche; mais il eut gain de cause auprès de la postérité. La méthode fut désormais une partie essentielle de la logique, tant pour ceux qui demeuraient dans les limites du syllogisme et de la démonstration, comme Hobbes et Gassendi, que pour ceux qui préconisaient une méthode nouvelle, comme Bacon et Descartes [1].

[1] Qu'il me soit permis de relever ici en passant une critique qui, de divers côtés, a été adressée à l'auteur de *Ramus, sa vie, ses écrits et ses opinions*, et qui se trouve reproduite dans un savant article de M. Emile Saisset (Revue des Deux Mondes du 1er mars 1856). On accorde que Ramus était un honnête homme, on consent même à l'admirer pour des vertus qui ne sont plus guère de notre temps : la droiture, le désintéressement, la pureté des mœurs; mais on lui conteste ses titres philosophiques, et jusqu'à son influence en Europe, et l'on déclare qu'on lui préfère Pomponat et Vanini, Campanella, Bruno, Montaigne et Rabelais, c'est-à-dire des hommes qui ont pu avoir plus d'esprit, d'érudition ou de talent d'écrire que Ramus, mais qui n'ont rien laissé en philosophie. Je n'ai pu rencontrer sans surprise de telles assertions

Le titre du *Novum Organum* dit à lui seul toute la pensée de Bacon. En exposant une méthode fondée sur le procédé inductif, il voulait introduire une nouvelle logique, capable, disait-il, de régénérer les sciences en réformant l'esprit humain lui-même. La logique dans son ensemble doit, suivant lui, nous apprendre quatre choses : l'art de trouver la vérité et celui d'en bien juger, l'art de la retenir et celui de la transmettre à nos semblables[1]. Descartes à son tour vint confirmer cette conquête de la logique, en lui donnant pour objet propre la méthode. « La première partie de mes essais, dit-il dans la préface des Principes de philosophie, fut un discours touchant la méthode pour bien conduire sa raison et chercher la vérité dans les sciences, où je

sous une telle plume; car je m'assure que tout homme du métier, qui aura accordé un peu d'attention à Ramus et au ramisme, sera obligé en conscience de souscrire à ce que j'ai dû dire de l'homme et de la doctrine, après les avoir étudiés plusieurs années. En fait, aucune partie de la philosophie n'a été cultivée avec succès à l'époque de la renaissance, si ce n'est la logique, à moins qu'on n'accepte comme une métaphysique sérieuse et solide les brillantes rêveries de Jordano Bruno, qui d'ailleurs fut le contemporain de Bacon. Or, en logique, dans la science de la méthode, Ramus est, avec Bacon, le plus illustre précurseur de Descartes, et son influence immédiate a été incomparablement supérieure à celle de tout autre philosophe du seizième siècle. Au fond, je n'ai pas voulu dire autre chose, et ce sont là des faits que je n'ai peut-être pas réussi à mettre en lumière, mais qui avaient été relevés avant moi par bien d'autres, et en particulier par Brucker. Je n'ai donc fait que reproduire le jugement de l'histoire, qui proclame Ramus, Bacon et Descartes les trois réformateurs de l'art de penser. Voir l'ingénieuse et savante dissertation publiée sous ce titre à Iéna, il y a plus d'un siècle : C. Breithaupt, De tribus logicæ instauratoribus, Ramo, Verulamio, Cartesio (1712, in-4°).

[1] De dign. et augm. scient., l. V, c. 1.

mis sommairement les principales règles de la logique.» Ainsi, dans l'intention de leurs auteurs, le Discours de la méthode et le Novum Organum sont des traités de logique, et il y a quelque chose de singulier pour le moins à retrancher du nombre des logiciens des hommes tels que Bacon et Descartes, lorsqu'ils prennent eux-mêmes ce titre, et qu'ils l'appuient sur les monuments immortels de leur génie.

La logique, renouvelée par ces grands hommes, est désormais rentrée en possession de son légitime domaine, témoin le nom significatif d'art de penser adopté par Arnauld et Nicole. Je pourrais ici multiplier les preuves, les cartésiens étant unanimes sur ce point; mais je me bornerai à citer trois hommes éminents de cette école: Clauberge, Malebranche et Bossuet. Le premier, auteur d'une logique trop peu étudiée et trop peu connue[1], s'est proposé, comme l'annonce le titre de son ouvrage, d'expliquer la manière de découvrir et de transmettre la vérité (modum inveniendæ ac tradendæ veritatis), et il y procède par une véritable critique de la faculté de penser, passant en revue l'erreur, l'oubli, l'ignorance et toutes les autres imperfections de la connaissance humaine. C'est à une étude du même genre qu'est consacrée la Recherche de la vérité, ce chef-d'œuvre d'esprit, de grâce, d'élévation et de profondeur, que les juges les plus compétents considèrent comme un ouvrage de logique écrit sur un plan psychologique[2]. Enfin, Bossuet, dans l'avant-propos qui se lit en tête de sa Logique, caractérise

[1] Logica vetus et nova, etc., edit. secunda, Amstel., 1658, in-12.
[2] Damiron, Essai sur l'hist. de la philosophie au XVIIe siècle, l. VI, t. II, p. 380, 437.

nettement cette science « nécessaire à la vie humaine, » qui a pour objet « de diriger l'entendement à la vérité, » et qu'il compare volontiers à la morale. « Elles ont leurs règles et leurs préceptes, dit-il, et c'est en quoi elles consistent principalement, de sorte qu'elles sont de ces sciences qui tendent à l'action et qu'on appelle pratiques. Selon cela, la logique peut être définie une science pratique par laquelle nous apprenons ce qu'il faut savoir pour être capables d'entendre la vérité.... En moins de mots, c'est une science qui nous apprend à bien raisonner. »

Locke se rapprochait de cette manière de voir, comme on peut s'en assurer par son Essai sur l'entendement humain, dont une bonne partie traite de la méthode et de l'art de penser. C'est sans doute à cause de sa prédilection pour la nouvelle logique qu'il se sentait tant de répugnance pour l'ancienne; au moins cette explication paraît-elle plus vraisemblable que celle de Leibniz, attribuant à l'ignorance ce dédain de la scholastique : *Sprevit logicam, non intellexit*, dit-il de Locke, et M. Hamilton ne manque pas de se prévaloir de cet arrêt plus que sévère, pour ruiner l'autorité d'un philosophe qui ne veut pas que la logique se borne à une étude formelle des lois de la pensée. Mais Leibniz lui-même est-il beaucoup plus favorable à la thèse du logicien d'Édimbourg? Loin de là, voici dans quels termes il défend la logique ancienne : « C'est, dit-il, une espèce de mathématique universelle, dont l'importance n'est pas assez connue, et l'on peut dire qu'un art d'infaillibilité y est contenu, pourvu qu'on sache et qu'on puisse bien s'en servir.... Rien ne serait plus important que d'argumenter en forme, selon la vraie logique, c'est-à-dire pleinement quant à la *matière*, et clairement quant à l'ordre et à la force des conséquences. »

Wolf[1], quoique un peu trop mathématicien parfois, s'attache si bien au côté pratique de la logique, qu'il cherche à en montrer l'usage dans la conduite de la vie, dans les discussions littéraires et jusque dans la manière de lire l'Écriture sainte.

A partir de Kant, la scène change, au moins en apparence. Ce grand esprit, après avoir d'abord tenu peu de compte des travaux d'Aristote, avait fini par accepter sa théorie du raisonnement comme une science faite et à laquelle on ne pouvait espérer d'ajouter jamais rien. Aussi sa Logique proprement dite n'est-elle qu'une reproduction plus ou moins fidèle des idées de l'Organon. Mais au delà et au-dessus de la science fondée par Aristote, il s'efforça de découvrir une science différente et supérieure; au lieu du raisonnement, il entreprit d'étudier la raison et les modes nécessaires de la connaissance. De là la Critique de la raison pure, avec ses catégories et ses formes de la pensée, et cette philosophie qui, en cherchant à faire la part exacte de la raison, à côté de la sensibilité et de l'entendement, finit par aboutir au scepticisme, faute d'avoir osé affirmer du premier coup, en face d'un siècle voué à l'expérience, les vérités fondamentales qui président à nos jugements comme à notre conduite. Or, ce criticisme, cette philosophie transcendantale, voilà la vraie logique de Kant et sa vraie méthode : il la veut *a priori*, mais avec un dessein avoué de l'appliquer et d'orga-

---

[1] Logique ou Réflexions sur les forces de l'entendement humain et sur leur légitime usage dans la connaissance de la vérité.

niser par elle la science. Seulement, elle aboutit au scepticisme, parce qu'elle est fondée sur la séparation de deux choses qu'on a le droit de distinguer, mais qui sont indissolubles dans le fait de la connaissance : savoir la vérité connue et la pensée qui connait. Celle-ci d'ailleurs ne connait que selon certaines conditions, que Kant et ses imitateurs appellent ses *formes,* et c'est là l'objet propre de sa double logique, de celle qu'il enseignait sous ce nom, et de celle qui, sous le nom de criticisme, est devenue sa philosophie tout entière.

Quoique Hégel ait retenu en partie le langage de Kant, ses vues sur la logique sont tout autres. Il n'entre pas dans le plan de cette étude d'en faire ici l'exposé : aussi bien avons-nous, d'une part, l'excellente Histoire de la philosophie allemande de M. Willm[1], et, de l'autre, l'élégante traduction de la Logique subjective par M. Jean Wallon. Contentons-nous de remarquer que, pour Hégel, la logique ou science de l'idée pure a pour objet à la fois la forme absolue de la pensée et la vérité elle-même, et qu'elle joue dans son système à peu près le même rôle que chez Aristote la méthode ou la démonstration, identique à la chose démontrée. Aussi Hégel s'occupe-t-il sans cesse de la vérité et de la fausseté des notions, des jugements et des raisonnements : ce qui est contraire à l'esprit d'une science formelle, suivant M. Hamilton. Recueillons encore en passant cet hommage rendu à l'auteur de l'Organon : « La logique, dit Hégel, conserve dans le système de Kant et des autres philosophes la forme qu'Aristote lui a donnée, lorsqu'il a décrit, et pour ainsi dire ra-

---

[1] Voir le t. IV, p. 125 et suiv.

conté, comme simples faits psychologiques, les opérations de l'entendement[1]. »

En France, le cartésianisme avait été remplacé par une autre philosophie, sans que la logique eût changé d'objet et de caractère. Condillac suivit, sur ce point, l'exemple de Descartes et de Port-Royal. On a de lui, entre autres ouvrages de logique[2], un Art de raisonner, qui traite des moyens de se procurer l'évidence ou d'y suppléer au besoin, et un Art de penser, où il se propose de donner à l'esprit les trois choses qui lui sont nécessaires, « l'accroissement, la nourriture et l'action, » et de lui enseigner « les moyens les plus propres à acquérir des connaissances. » Lorsque l'école de Condillac, à son tour, dut céder la place à une école spiritualiste, la logique, d'abord négligée, reprit bientôt son rang, et il suffit de jeter les yeux sur les programmes d'études de l'Université depuis bientôt un demi-siècle, pour comprendre de quelle manière cette science y a été entendue et traitée, grâce à la pensée qui a si longtemps et si glorieusement inspiré l'enseignement philosophique en France. M. Cousin n'a pas seulement donné à la logique une place de plus en plus considérable : il a fait plus encore, en lui imprimant un double caractère qu'elle n'a pu perdre dans ses récentes et prodigieuses métamorphoses : grâce à lui, elle est partout considérée comme une science dérivée de la psychologie, et dont le but est de former des esprits sains et droits. Je citerai particulièrement deux auteurs qui ont exprimé avec plus d'autorité que tous

---

[1] La Logique subjective de Hégel, traduite par H. Sloman et J. Wallon (Paris, 1854, in-8°), p. 12.
[2] Cours d'études, 1780, in-8°, t. III.

les autres cette manière de voir. « La logique, dit M. Damiron, est l'art dont l'objet est de diriger l'entendement dans la recherche de la vérité; » il n'hésite pas à la rattacher à la morale, « comme tout art qui se propose sous quelque rapport la perfection de notre nature, » et il en décrit excellemment, dans sa Préface, la valeur scientifique et l'utilité pratique[1]. Quelques années plus tard, M. Duval Jouve a embrassé dans un même ouvrage, comme il le dit lui-même, la description psychologique de l'intelligence et la direction de cette même faculté : mais la première de ces deux études le conduit à la seconde, qui est véritablement pour lui l'objet de la logique[2].

En Angleterre, sous l'influence de Locke, la logique ancienne fut encore plus délaissée qu'en France, sans qu'on eût songé à lui substituer quelque autre discipline de nature à exercer suffisamment les esprits. De là, un long discrédit et une longue ignorance, jusqu'au jour où les Éléments de logique du Dr Whately vinrent, comme on l'a dit, « communiquer subitement une nouvelle vie à cette étude expirante[3]. »

Vers le même temps, parut M. W. Hamilton qui, s'inspirant malheureusement du criticisme de Kant, prétendit réduire la logique à une théorie des lois formelles de la pensée, sans aucun regard à aucune question, ni à aucune matière. Cependant, ce même

[1] Cours de philosophie, 3ᵉ partie, Logique; Paris, 1836, in-8°.
[2] Traité de logique, Paris, Ladrange, 1844, in-8°.
[3] Le meilleur et presque le seul traité de logique qui ait encore paru aux États-Unis (Elements of logic, etc., 1844, in-8°), est dû à la plume de M. Henry P. Tappan, de New-York. L'induction, le témoignage, etc., y trouvent place à côté du syllogisme, et l'ouvrage donne de la logique une idée peu différente de la nôtre.

philosophe admettait, à côté de la logique pure, qui est toute formelle et *a priori*, une logique appliquée. Il ne voulait pas, en 1833, que la logique fût de la moindre utilité, sous peine de déchoir ; mais en 1836, il ne put de sang-froid laisser dire par les professeurs de Cambridge que les mathématiques sont l'exercice le plus utile pour la discipline et le perfectionnement de l'esprit, et il soutint très-vivement contre eux la prééminence de la logique, non comme science pure, mais comme moyen d'éducation, et ce n'est pas un des morceaux les moins remarquables entre ceux dont nous devons la traduction à M. Peisse. Cette évolution singulière doit-elle être considérée comme un progrès dans les idées de M. Hamilton, ou faut-il croire qu'entraîné dans cette polémique par son humeur critique à la fois et par l'amour de sa science de prédilection, il aura commis, à son insu, une de ces contradictions si fréquentes dans l'histoire des philosophes et de leurs systèmes ? Quoi qu'il en soit, on pourrait objecter aux partisans de M. Hamilton son exemple et ses aveux, et le ranger lui-même parmi la foule de ceux qui, depuis Socrate jusqu'à nos jours, ont admis un art de penser, une science pratique de la méthode, applicable à la vie humaine et à la conduite de notre esprit, et dont le nom le plus usité est celui de logique. Il semble bien, en effet, que ce soit là le résultat le plus incontestable de la revue que nous venons de faire.

Cependant, l'opinion contraire étant représentée par un certain nombre d'écrivains estimables, on lui doit l'honneur d'un examen spécial ; et si les noms de Kant et de Hamilton sous lesquels elle s'abrite ne suffisent pas pour la faire adopter, au moins faut-il expliquer pourquoi on la rejette. Cela est d'autant plus nécessaire que cette définition a pour elle l'attrait de la nouveauté, et que certaines personnes peuvent être tentées d'y voir un progrès, malgré les inconvénients qui s'y remarquent avant tout examen : car elle a le triple défaut d'être d'invention récente, de se présenter sous une apparence technique et même pédantesque, et enfin de ne point offrir du premier coup une notion claire et précise. Mais considérons premièrement les avantages que l'on croit pouvoir rencontrer dans la théorie nouvelle.

D'abord, ceux qui déclarent la logique absolument étrangère à toute matière, à toute science particulière, paraissent mieux que d'autres en position de maintenir son caractère général et philosophique, et leur pensée, à ce point de vue, a un air d'élévation capable de séduire certains esprits.

Puis, si la formule de ces philosophes est tout à fait rébarbative, on ne peut leur contester du moins une rigueur peu ordinaire dans l'explication et le développement de cette formule, et à ce signe on est tenté de les reconnaître pour les vrais représentants de la logique. Pour montrer que je ne prête pas gratuitement ce mérite à M. Hamilton, il me suffira de citer les lignes suivantes, empruntées à ses Fragments de philosophie (traduction de M. Peisse, p. 210) : « Une définition qui se borne à affirmer que la logique est la science qui a pour objet le procédé du raisonnement, n'est pas du tout une définition de cette science ; elle ne contient pas la qualité différentielle qui distingue la logique des autres sciences ; elle ne prévient pas, et même elle suggère les opinions les plus erronées sur sa nature. D'autres sciences, telles que la psychologie et la métaphysique, ont pour objet, parmi les autres facultés, l'opération du raisonnement, considérée seulement dans sa nature réelle ; la logique, au contraire, a aussi le raisonnement pour objet, mais seulement dans sa possibilité formelle ; en fait, elle n'a, à proprement parler, rien à faire avec le procédé ou opération, elle ne s'occupe que de ses lois. » Assurément on ne peut s'exprimer d'une manière plus précise, et c'est une qualité que les lecteurs de M. Hamilton sont habitués à rencontrer dans tous ses écrits.

Un autre préjugé favorable à la définition dont nous faisons ici la critique, c'est que, par son moyen, on espère n'être jamais exposé à confondre la logique avec les autres sciences, telles que la psychologie et la métaphysique, qui traitent aussi du raisonnement et de la pensée. Si en effet la logique suppose la connaissance d'une certaine matière, on craint qu'elle ne devienne « un appendice précaire, une suite accidentelle de toutes les sciences auxquelles cette connaissance peut être empruntée, » tandis que l'indépendance de la logique est manifeste, si elle traite *a priori* de la pensée abstraite et pure de toute matière.

Enfin, quelque idée qu'on se fasse de la logique, on devra toujours avouer que l'étude préconisée par M. Hamilton en fait réellement partie: en sorte que le titre de logicien qu'il serait en droit, à son point de vue, de refuser à plusieurs de ses adversaires, ne saurait lui être contesté par ceux-ci en aucune façon, le caractère pratique de l'art de penser n'excluant en rien les profondes spéculations sur la nature, les conditions, la portée et la légitimité absolue de nos diverses opérations.

Mais, d'un autre côté, si la nouvelle manière d'entendre la logique devait faire considérer les plus grands maîtres de cette science comme n'en ayant pas su le premier mot, qui n'hésiterait à porter un tel jugement? Qui aurait la hardiesse, j'ai presque dit le pédantisme, de soutenir que jusqu'à M. Hamilton, ou même jusqu'à Kant, nul grand philosophe des temps modernes n'a rien compris à cette science, que la scholastique seule en a eu l'intelligence, et qu'Aristote lui-même l'a confondue, tantôt avec la grammaire, tantôt avec la métaphysique ou avec toute autre partie de la philosophie, faute d'avoir su quel était l'objet de son étude? Il y a là quelque chose de paradoxal, qui doit mettre en défiance quiconque ne tient pas à se séparer sans raison de l'opinion commune. Je n'insisterai pas sur l'école de Locke et sur celle de Condillac, quoiqu'elles puissent se vanter d'avoir produit des logiciens de quelque valeur, depuis S'Gravesande jusqu'à Destutt de Tracy. Il est clair que personne dans ces deux écoles n'a entendu la logique comme M. Hamilton et ses partisans. Mais comment souffrir que l'auteur du Discours de la méthode soit rayé de la liste des logiciens? Or, cela paraît inévitable dans l'hypothèse de M. Hamilton; car qu'y a-t-il de commun entre la Méthode de Descartes et les lois formelles de la pensée? Il en est de même d'Arnauld, de Nicole, de Malebranche, de Spinoza et de tous les cartésiens. Mais, sans parler de ceux que n'exclut pas expressément M. Hamilton, que dire de Bacon, qui n'a traité que de l'induction en logique, non pas de cette espèce d'argument inductif qui se fait par l'énumération des parties et qui est le constant objet de ses railleries, mais de la méthode d'interprétation de la nature, procédé original qu'il opposait au syllogisme et dont il a fait la matière de son Novum Organum. Si cette induction ne rentre pas dans le domaine de la logique, que deviennent les légitimes prétentions de ce philosophe comme logicien? Or, notre auteur répète sur tous les tons (l. c., p. 244 et suiv.) que l'induction, comme méthode inventive, « sort de la sphère d'une science critique, » et que considérée comme « une conclusion matérielle du particulier au général, garantie par les analogies générales de la nature,... elle n'est pas proprement un procédé logique, etc. » A quoi pensait donc Bacon, lorsqu'en traitant de la méthode inductive, il se flattait d'apporter à la science logique un grand accroissement? Évidemment il n'y entendait rien, et ses critiques contre les scholastiques « prouvent seulement qu'il donnait le nom de *dialectique* à l'*ontologie* (l. c., p. 224, note). » Voilà comment M. Hamilton apprécie l'œuvre originale de Bacon. Mais son opinion sur Aristote ne doit pas être seulement indiquée ou analysée : car ce qu'il en dit passe toute croyance. Il faut transcrire ses assertions sur le contenu de l'Organon (l. c., p. 218) :

« En fait, dit-il, les neuf dixièmes et les dix-neuf vingtièmes de ces livres traitent de matières qui, en les supposant logiques, sont des sujets non de logique pure, mais seulement de logique appliquée ; et nous n'hésitons pas à affirmer, sans vouloir déprécier le mérite de ce philosophe, que les notions inexactes qui ont régné et règnent encore à l'égard de la nature et du domaine de la logique, doivent être principalement attribuées à son exemple et à son autorité. Le livre des Catégories, offrant seulement une classification objective des choses réelles, n'est pas logique, mais métaphysique¹. Les deux livres des Derniers Analytiques, ayant pour unique objet le nécessaire ou le démonstratif, sortent des limites d'une science formelle, et il en est de même des huit livres des Topiques qui ne traitent que du probable, de ses accidents et applications. Les deux livres mêmes des Premiers Analytiques, où il est question du syllogisme pur, sont pleins de discussions extralogiques, comme, par exemple, toute la doctrine de la modalité des syllogismes fondée sur la distinction de leur matière pure, nécessaire et contingente; la question de la vérité ou de la fausseté réelles des propositions, et la propriété, si illégitimement attribuée au syllogisme, de pouvoir tirer une conclusion vraie de prémisses fausses; la distinction de l'enthymème d'après le caractère extraformel de ses prémisses, comme un raisonnement déduit de signes et de probabilités; le syllogisme physiognomonique, etc., etc. Il en est de même du livre Περὶ ἑρμηνείας, et c'est pire encore dans celui des Sophismes. Si donc Aristote fit plus qu'aucun autre philosophe pour les progrès de la science, il contribua aussi plus qu'aucun autre à l'étouffer sous un bagage étranger, etc. »

En vérité, on se demande si quelqu'un, avant M. Hamilton, a compris et délimité la logique comme lui.

---

[1] Cette assertion a rencontré plus d'un contradicteur. « Les catégories, dit avec raison M. de Rémusat, peuvent être considérées tour à tour comme des manières de penser et comme les conditions des choses. C'est sous le premier point de vue, j'en demande pardon à sir W. Hamilton, qu'elles me semblent présentées dans la Logique d'Aristote; c'est sous le second qu'elles sont envisagées dans sa Métaphysique. » Revue des Deux Mondes du 1ᵉʳ avril 1856, p. 501.

Qui trouvera grâce devant cette inexorable critique? Kant lui-même n'a-t-il pas admis dans l'étude formelle de la pensée un mélange de métaphysique? « Kant, dont les vues sur le domaine et la nature de cette science étaient particulièrement exactes, et dont la sagacité, jointe à celle d'Aristote, permettait de tout espérer, Kant, dis-je, loin d'éliminer la modalité des syllogismes et des propositions, sanctionna son droit d'occupation en en déduisant, comme d'un élément essentiel de la logique, la dernière de ses quatre catégories génériques ou formes fondamentales de la pensée (l. c., p. 225 et 226). » Ce philosophe est cependant la seule autorité considérable que M. Hamilton puisse alléguer en sa faveur; car je ne pense pas que l'on accorde un grand crédit aux scholastiques plus ou moins oubliés, sinon inédits, qu'il invoque sans cesse, et qui, à l'en croire, « eurent sur le domaine de la logique des notions plus exactes que ceux qui les méprisent aujourd'hui, sans connaître leurs ouvrages (l. c., p. 223). »

On a vu avec quelle vivacité M. Hamilton défend le domaine et la juridiction de la logique. Si l'on ne craignait de lui manquer de respect, on serait tenté de lui appliquer le reproche que les écrivains de Port-Royal adressaient à Ramus et aux ramistes : « L'arrangement de nos diverses connoissances est libre comme celui des lettres d'une imprimerie; chacun a droit d'en former différents ordres, selon son besoin, quoique, lorsqu'on en forme, on doive les ranger de la manière la plus naturelle. Il suffit qu'une matière nous soit utile pour nous en servir et la regarder non comme étrangère, mais comme propre; c'est pourquoi on trouvera ici quantité de choses de physique, de morale et de métaphysique...... Tout ce qui sert à la logique lui appartient, et c'est une chose entièrement ridicule que les gênes que se donnent certains auteurs,..... qui prennent autant de peine pour borner les juridictions de chaque science, et faire qu'elles n'entreprennent pas les unes sur les autres, que l'on en prend pour marquer les limites des royaumes et régler les ressorts des parlements[1]. »

Il ne faut pourtant pas, j'en conviens, que cette liberté légitime dans l'arrangement de nos connaissances dégénère en une confusion d'idées qui nous serait tout à fait préjudiciable. Il n'est donc pas sans utilité de définir l'objet de chaque science, sauf à la traiter ensuite de la manière qu'on jugera la plus commode et la plus claire. On pourrait croire d'ailleurs qu'il n'y a ici qu'une différence de point de vue ou d'intention, mais que, traitée de l'une ou de l'autre manière, la logique conserve la même étendue et s'occupe des mêmes procédés de l'esprit. Il n'en est rien cependant, et la question maintenant est de savoir si la définition que nous discutons ne renferme pas cette science dans des limites par trop étroites. Si elle exclut de son domaine ceux qui paraissaient s'y être établis le plus solidement, ce ne peut être qu'à la condition d'en bannir les questions qui, traitées par ces philosophes d'une manière originale, leur avaient valu droit de cité en logique. Si Bacon, si Descartes, si Locke, Malebranche et tant d'autres ne sont plus comptés parmi les logiciens, c'est que l'induction ne fait point partie de cette science, c'est que la question de la méthode ne doit plus lui être at-

[1] La Logique, etc. Premier discours.

tribuée, c'est qu'elle n'a pas à s'enquérir des causes et des remèdes de nos erreurs. Si Aristote et Kant lui-même ne sont pas à l'abri de la critique, c'est parce qu'ils ont tenu compte de la différence du vrai et du faux, contrairement à l'esprit d'une science formelle. Les principes de M. Hamilton ont donc pour conséquence évidente de resserrer considérablement l'étude de la logique, et cette conséquence a été aperçue et naïvement confessée par un de ses plus habiles disciples, M. H. L. Mansel, en des termes assez explicites[1].

On peut être curieux de savoir, après tant d'exclusions, ce que comprendra la *province* de la logique, pour prendre une expression favorite de M. Mansel, et dans quelle mesure elle pourra encore traiter les grandes questions qu'elle embrasse, savoir : 1º Jusqu'à quel point, de quelle manière et à quelles conditions l'homme peut-il connaître la vérité ? 2º A quelles règles doit-il soumettre ses facultés pour acquérir la science ou pour la transmettre, dans son ensemble ou dans ses parties ? 3º Quels remèdes ou quelles précautions le mettront à l'abri de l'erreur ? Supposez qu'on applique ici la règle du pur formel : aucune de ces questions, prise dans sa généralité, ne pourra figurer en logique ; car elles supposent toutes celle-ci : qu'est-ce que la vérité ? et, suivant M. Hamilton, le logicien ne doit pas s'occuper du vrai et du faux. Il en sera de même de toutes les questions particulières relatives à l'emploi de nos procédés et de nos méthodes spéciales : car une science formelle n'étudie point les méthodes ;

[1] Prolegomena logica, an Inquiry into the psychological character of logical process (Oxford, 1851, in-8º), p. X.

elle ne trace point de règles et ne donne point de conseils ; elle ne cherche que des lois qui régissent la pensée d'une manière inflexible et universelle, quand elle s'égare, comme lorsqu'elle nous donne la vérité, des lois formelles et subjectives, qui ne portent que sur la pensée pure, sans égard à son objet. La différence est profonde, on le voit; mais tandis que le développement de la définition commune nous représente une grande et belle science, traitant de notre destination et de nos devoirs comme êtres intelligents, que nous donnera l'autre définition? Après qu'on aura retranché de la logique tout ce qui lui appartenait jadis, la recherche d'un critérium, la définition de la science humaine, l'étude de la méthode en général aussi bien que de toutes les méthodes particulières, et toutes les questions qui se rattachent à la vérité et à l'erreur, à la certitude, à la croyance, au doute, aux qualités et aux défauts de l'esprit, en un mot, à la discipline ou à l'éducation de la pensée; lorsqu'on aura retranché tout cela, encore une fois, que restera-t-il? J'ai beau chercher : je ne vois plus que la théorie du syllogisme; encore la faudra-t-il réduire beaucoup, pour qu'elle puisse tenir dans ce lit de Procuste. En effet, la distinction du certain et du probable étant étrangère à une étude purement formelle, si vous traitez encore du raisonnement en logique, ce sera à la condition de ne parler ni des sophismes, ni des arguments en matière probable, ni même de la démonstration : car on ne peut dire un mot de la démonstration, sans faire mention de la certitude de ses principes et de la nature des vérités qu'elle démontre. Non-seulement vous devrez laisser de côté les divers emplois du raisonnement, les conseils pour l'invention ou la disposition des arguments dans les exercices dialectiques, l'étude des modales, et tout ce qui suppose immédiatement quelque distinction entre le vrai et le faux, entre le contingent et le nécessaire; mais vous ne sauriez étudier sans scrupule certaines formes du procédé déductif, telles que les syllogismes hypothétiques, le dilemme, la réduction à l'absurde, etc., puisqu'il est impossible, dans ces sortes d'arguments, de faire abstraction de la valeur intrinsèque des propositions qui leur servent de prémisses.

La théorie du syllogisme simple, voilà, ce semble, l'unique étude du logicien. Mais comment se renfermerait-il dans des bornes si étroites? « Ce serait réduire singulièrement la logique, dit M. de Rémusat, que d'en faire une algèbre du syllogisme, conçue en dehors de l'esprit humain et de la nature des choses, sans indiquer le moins du monde ni à quoi elle peut servir, ni comment on s'en sert, ni comment on doit s'en servir, et nous absolvons très-volontiers Aristote du reproche d'avoir traité successivement de la forme et de la matière de la science. La logique n'a été que trop souvent séparée de la raison[1]. » Le philosophe que nous venons de citer, et dont le témoignage est ici d'autant plus considérable qu'il fait de très-grandes concessions à la doctrine de M. Hamilton, ne peut s'empêcher de reconnaître dans son beau livre sur Bacon, que « personne n'a pu encore se condamner au système cellulaire de la logique pure, et considérer exclusivement la forme du raisonnement, sans jeter un

---

[1] Revue des Deux Mondes du 1ᵉʳ avril 1856, p. 501.

regard sur sa matière[1]. » M. Hamilton lui-même n'entend point se borner à la théorie du syllogisme : il y ajoute l'analyse des notions et des jugements, mais c'est évidemment en tant qu'ils servent au raisonnement. Bien entendu, il ne s'agit pas des jugements d'induction, de mémoire ou de perception, mais de ceux qui résultent de la comparaison des notions entre elles. Ces notions ou idées, à leur tour, quelles sont-elles? La logique n'ayant pas le droit de regarder à l'objet de la pensée, ne saurait employer ni admettre aucune idée concrète : car toute idée de ce genre est inséparable de son objet. Elle ne portera même sur aucune connaissance, de quelque nature qu'elle soit : car une connaissance ne se peut concevoir sans quelque chose à quoi elle se rapporte. Quelles seront donc les idées dont il sera permis de s'occuper en logique?

Il y a dans notre esprit des notions dont la nature a paru tellement ambiguë et problématique, que les philosophes ont discuté pendant des siècles pour savoir si elles représentent quelque chose de réel, ou si elles sont de pures créations de notre fantaisie : ce sont les idées abstraites de genres et d'espèces. Ce n'est pas par de telles notions que débute la connaissance : elles n'en sont pas le premier degré, mais le second, et c'est pour ce motif que les scholastiques les ont appelées *notions secondes*. Ces idées, que M. Hamilton décrit d'ailleurs avec une précision parfaite, sont, suivant lui, la seule matière de la logique, et elle n'en doit point sortir ; elle ne peut même pas les vérifier, ni en discuter l'origine.

Voilà donc la logique condamnée de nouveau à repo-

---

[1] Bacon, sa vie, son temps, sa philosophie, etc., p. 318.

ser sur le vide, comme avant Bacon ; la voilà redevenue « une chose aérienne » et sans appui dans la réalité. Singulier idéal pour un logicien digne de ce nom, c'est-à-dire pour un homme amoureux de la vérité et qui est pressé de savoir s'il la pourra jamais posséder parfaitement, et comment il doit se diriger pour y atteindre! Comme ce philosophe va tomber de haut! Au lieu d'agiter ces importants problèmes, qui s'étendent aussi loin que sa pensée, et même au delà, il va se renfermer dans l'examen des notions secondes, il étudiera les combinaisons possibles des universaux et les conclusions formelles que l'on en peut tirer. Oui, cela lui sera permis, et pourquoi? Parce que ces universaux peuvent être considérés abstraction faite de leurs objets, et cela pour une raison qu'on ne dit pas expressément, mais qui est assez claire : c'est qu'on n'attribue à ces notions d'autre réalité que celle qu'elles ont dans l'esprit ; c'est-à-dire, en d'autres termes, que, pour être logicien, il va falloir être ou conceptualiste ou nominaliste, et que, si par hasard on est réaliste, si l'on croit avec Platon et avec Leibniz qu'il y a dans les idées générales autre chose que des mots ou même que des conceptions arbitraires de l'esprit, aussitôt l'on cesse d'être logicien, puisqu'on a cessé de voir dans les notions secondes quelque chose de purement formel. Voilà le magnifique résultat du criticisme en logique; nous revenons aux plus mauvais jours du moyen âge, nous retombons dans cette science verbale à laquelle Ramus faisait une si rude guerre, et qui passait pour avoir été à jamais enterrée par Bacon et Descartes. Faire ainsi rétrograder l'esprit humain est une entreprise ridicule, contre laquelle je proteste pour ma part, au nom du sens commun, comme au nom de l'histoire, au nom de la philosophie et de l'esprit des temps modernes.

En vain M. Hamilton fait-il de louables efforts pour étendre le domaine de la logique ; en vain lui donne-t-il pour objet la pensée en général, en la définissant la science des lois formelles de la pensée. Il est forcément conduit à amoindrir, non-seulement la logique tout entière, mais même la théorie du raisonnement, au profit de laquelle semblait avoir été faite cette réduction. Entendre la logique comme il le fait, c'est lui ôter l'existence. Cette noble science, une fois desséchée par la stérile conception du formel, perd sa force et sa substance, et n'est plus que l'ombre d'elle-même : à sa place, il ne reste qu'une définition pompeuse et un cadre vide[1].

Lorsque les écrivains de Port-Royal, dans leur désir de simplifier la logique, entreprirent de l'exposer de telle sorte « qu'elle n'incommodât longtemps personne, ceux qui sont un peu avancés pouvant la lire et apprendre en sept ou huit jours, » cette prétention parut singulière et paradoxale ; mais tout dépend de ce qu'on met dans un livre ou dans une science, et je ne crains pas d'affirmer que la logique, réduite aux questions que lui assigne M. Hamilton, pourrait s'enseigner en deux ou trois heures.

Le plus difficile peut-être serait de faire comprendre

---

[1] « Sir William Hamilton définit la logique, la science des lois formelles, non du raisonnement, mais de la pensée. Cependant, malgré cette définition qui semble reculer les limites de la science, ... il la réduit à ce qu'on pourrait appeler *une procédure de la raison.* » Ch. de Rémusat, art. déjà cité, p. 499, 500.

ce que c'est qu'une étude *formelle* de la pensée. Cette expression semble être plutôt empruntée à un certain jargon qu'à la langue commune et traditionnelle des grands philosophes. Bien entendu, il ne s'agit point de la forme opposée au fond, ni du langage extérieur opposé aux actes intimes de la pensée. La forme, ici, est opposée à la matière; serait-ce donc une formule d'origine aristotélique? Pas davantage, quoique au premier abord cette conjecture soit assez vraisemblable. En admettant que, pour l'auteur des Analytiques, le syllogisme soit une forme ou emploi déterminé des propositions qui en sont la matière, cette première détermination n'est que provisoire; ce n'est encore que le genre de la démonstration, c'est-à-dire la matière dont la démonstration est la forme supérieure. La forme par excellence pour Aristote, en matière syllogistique, est la science démonstrative. Est-ce là la forme de M. Hamilton? Loin de là, il la répudie, comme entachée de *matière*. Ce qu'il entend par le *formel* n'est parfaitement intelligible qu'à ceux qui ont traversé la philosophie de Kant, et qui ont pris avec ce philosophe l'habitude de considérer abstraitement certaines notions ou concepts *a priori*, dans une indépendance fictive à l'égard de leurs objets, à peu près comme les géomètres raisonnent sur leurs définitions idéales, abstraction faite des figures réelles. Ces concepts, quelle qu'en soit l'origine, sont liés entre eux par des rapports que l'on suppose également réglés par des lois inhérentes à leur nature, sans qu'on ait à tenir compte, pour les concevoir, d'aucun objet ni d'aucune circonstance psychologique, ni d'aucune condition quelconque. Ce sont là les lois formelles de la pensée, seul objet de la logique pure, et Kant ajoute que c'est une science exacte et *a priori*[1]. S'il en est ainsi, on comprend M. Hamilton disant que la logique ne s'occupe point de la pensée réelle, mais seulement possible; rien de plus juste : car la pensée, ainsi définie, est placée dans des conditions purement hypothétiques et sans aucun rapport avec la réalité. Ce que l'on ne conçoit pas aussi bien, c'est comment cette théorie pourra jamais s'appliquer aux sciences. Lorsqu'on a ainsi rompu avec la vie réelle de l'esprit humain, il est à craindre qu'on ne lui soit devenu étranger, et c'est une mauvaise méthode pour agir sur le monde que de s'en imposer d'abord l'absolue ignorance. La Critique de la raison pure ne prouve-t-elle pas sans réplique que l'étude de la pensée *a priori* n'est pas un moyen sûr de découvrir comment elle s'applique aux divers objets et jusqu'à quel point elle en a le droit. Kant y a échoué, et il n'en pouvait être autrement. Ayant séparé deux choses qui devaient tout au plus être distinguées, la pensée en puissance, c'est-à-dire sans objet actuel, et la pensée en acte, qui est toujours relative à quelque vérité, il n'a pu réunir plus tard les deux termes de la connaissance ; il a abouti au scepticisme le plus irrémédiable, et il n'en est sorti que par une inconséquence palpable, à peine colorée par la vaine distinction d'une raison spéculative et d'une raison pratique.

Il est vrai que M. Hamilton, pour rentrer dans le sens commun, ajoute à la logique pure une logique appliquée ; mais cette addition est illusoire et illégitime. Sous prétexte d'assurer à la logique une absolue indépendance (comme s'il y avait une seule science indé-

[1] Kant, Critique de la raison pure, analytique transcend., l. I.

pendante!), on lui a ôté toute solidarité, toute parenté avec les sciences, et par conséquent toute utilité véritable. Jamais aucune application ne pourra sortir de l'analyse d'une pensée purement formelle, c'est-à-dire autre que la pensée dont traite la psychologie. Celle-ci seulement est réelle et applicable à la réalité. Que si l'on prétend que la pensée formelle n'est pas en dehors de la nature humaine, que devient alors cette distinction entre la logique et la psychologie, à laquelle on attachait tant de prix tout à l'heure? La logique n'est plus qu'un détail de la psychologie, et non une science spéciale, méritant un nom spécial.

Il est évident que sous cette définition se cache une intention systématique, et cette intention, nous la connaissons maintenant : c'est de construire la logique de telle sorte qu'on en fasse une science exacte de la pensée. Assurément, rien ne serait plus désirable; mais atteindra-t-on ce but par l'analyse de lois dites formelles, c'est-à-dire absolues à la fois et subjectives? Où sont ces lois? En a-t-on découvert jusqu'ici une seule à laquelle on puisse attribuer ce double caractère? Le syllogisme lui-même ne conclut pas d'une manière exclusivement formelle, *ratione formæ*, comme on se plaît à le dire, mais aussi en vertu de sa matière, *vi materiæ,* puisque, pour raisonner, il faut des termes ou objets, et certaines relations entre ces termes : autrement, il n'y aurait point de conclusion. Il n'y a ici d'autre loi formelle que la puissance de l'esprit qui aperçoit l'espèce dans le genre, la partie dans le tout, la conséquence dans les principes, et cette prétendue loi formelle implique elle-même le rapport objectif et vrai qui est le fondement de notre certitude. Les seules lois absolues que nous connaissions, les axiomes, sont des vérités indépendantes de notre pensée, et si on les réduit à n'être que des formes de l'esprit, ce caractère de subjectivité pure qu'on leur assigne par hypothèse rend illusoire toute tentative de philosophie dogmatique et de logique appliquée. Une étude *a priori* des lois de l'esprit et du jugement est une chimère inventée par Kant, propre à son système, et adoptée trop légèrement après lui : car, encore une fois, elle repose sur une distinction factice, qui exclut la vérité et tout dogmatisme raisonnable. C'est une définition sceptique, et qui ne saurait convenir qu'à des sceptiques.

En résumé, on ne peut définir la logique la science des lois formelles de la pensée, sans s'exposer aux inconvénients suivants :

1º On contredit l'opinion commune et celle des plus grands philosophes;

2º On dénie le titre de logiciens à ceux qui semblent l'avoir le mieux mérité;

3º On retranche de la logique presque toutes les questions qui lui ont appartenu de temps immémorial, et en la réduisant à une partie des actes du raisonnement, on laisse de côté les procédés qui ont le plus grand besoin de règles;

4º On parle un langage technique, obscur, équivoque;

5º On confond la logique avec une partie de la psychologie, ou bien on lui ôte tout rapport avec les sciences : on supprime donc son caractère pratique et ses applications;

6º Si la logique doit ignorer tous les objets de la

pensée et l'existence même de la vérité, elle enfantera nécessairement le criticisme ou scepticisme transcendantal ;

7º Enfin, cette définition est celle d'une école, non celle de tout le monde.

L'autre définition présente, au contraire, tous les avantages qui manquent à celle-là. Vous contentez-vous de dire que la logique est l'art de penser, c'est-à-dire une science pratique qui a pour objet de diriger notre entendement, vous exprimez en termes clairs, simples, précis, nullement ambitieux, l'opinion de Socrate et de Platon, d'Aristote, de Bacon, de Descartes, de Leibniz, de Wolf, de Condillac, de tous ceux enfin qui se sont occupés de logique : car vous n'en excluez aucun, non pas même ceux qui l'entendent d'une manière étroite et exclusive. Pour s'être bornés à une partie plus ou moins restreinte de la science, ils n'y ont pas moins conquis une place distinguée, tantôt en approfondissant, comme Kant, à un point de vue spécial, des questions inexplorées, tantôt en apportant, comme M. Hamilton, une lumière inattendue dans des matières que l'on pouvait croire épuisées.

Dans l'hypothèse que je combats, on ne saurait comprendre comment, depuis tant de siècles, la presque totalité des philosophes a cru à l'existence d'une science pratique sous le nom de logique. Dans notre sens plus large, on s'explique parfaitement quelques diversités : on conçoit que l'art de penser ou la méthode des philosophes ait varié avec leurs systèmes eux-mêmes, que leur logique ait été tour à tour abstraite et sèche, littéraire ou mathématique, empirique ou idéaliste, sceptique ou éclectique, ou enfin critique et formelle, suivant les systèmes qu'elle représente. Dans toutes ces philosophies, la logique est une législation de la pensée; mais chacune se fait certaines idées, qui lui sont propres, sur la nature et la portée de cette étude. La logique, entendue comme l'art de penser, embrasse tout ce qui, de près ou de loin, peut servir à la bonne direction de l'esprit, puisque tel est le problème qu'elle agite, problème intéressant, élevé, et qu'aucune autre science ne peut revendiquer. Son objet propre étant, non l'analyse, mais la direction de la pensée, elle se distingue de la manière la plus simple de toute autre étude qui, à un autre point de vue, porterait aussi sur la pensée. On ne saurait donc la confondre, ni avec la métaphysique, à laquelle elle conduit, ni avec la psychologie, dont elle s'approprie les résultats en en tirant les conséquences.

Remarquons en terminant que la logique ne cherche pas seulement les lois, mais les règles de la pensée. Il est vraiment étrange qu'une distinction si élémentaire ait échappé à un esprit aussi pénétrant que M. Hamilton. Les lois de la pensée sont les conditions de toutes sortes dans lesquelles nous pensons, et c'est à la science de l'âme qu'il appartient véritablement de les décrire. Dégager ces lois essentielles, en distinguer les applications diverses, constater les circonstances les plus favorables au développement légitime de nos facultés intellectuelles, transformer en règles ou préceptes ces observations généralisées, enfin vérifier ces règles par la pratique, telle est la tâche du logicien. Il n'entreprend pas de refaire l'esprit humain, mais bien de le diriger vers le but que lui assigne sa nature. La logique ne fait rien contre notre nature, mais souvent elle la redresse et la corrige. Aussi ses règles ne sont-elles point la copie des lois décrites par la psychologie. Ces lois naturelles, encore une fois, lui servent de point de départ. C'est comme une matière sur laquelle elle travaille. Connaissant les éléments de vérité dont dispose l'esprit humain, les limites qu'il ne peut dépasser et les conditions imprescriptibles de tout son développement, la logique s'efforce de tirer le meilleur parti possible de ces données, de ces conditions et de ces limites. Tel est le problème qu'elle se propose, tel est le sens des règles et des conseils auxquels elle aboutit et qui s'appliquent immédiatement à la conduite de notre esprit, soit qu'il cherche la vérité, soit qu'il la possède, soit qu'il demeure dans la sphère paisible de la science, soit qu'il descende dans la région ténébreuse et tourmentée de l'opinion.

ESSAI III.

DE LA DÉCOUVERTE DU SYLLOGISME.

De nos jours, on ne croit guère aux découvertes, au moins en philosophie. Imitateurs des anciens, habitués à retrouver chez eux la plupart de nos idées, surtout dans l'ordre intellectuel et moral, nous nous persuadons aisément que ce qu'ils nous ont légué, ils l'avaient reçu eux-mêmes de leurs devanciers; et lorsqu'on vient nous dire que le même homme qui a donné à la théorie logique du raisonnement la forme qu'elle a conservée pendant vingt-deux siècles, est aussi le premier qui ait fait un syllogisme avec une pleine connaissance de ce qu'il faisait, une telle assertion nous paraît prodigieuse; il nous répugne d'admettre un fait qui semble unique dans l'histoire de la science; nous le déclarons incroyable, et pourtant ce prétendu paradoxe est une vérité aussi réelle, aussi authentique qu'aucune autre en ce genre. Je me propose d'en rappeler brièvement les preuves : après quoi, je rechercherai comment Aristote a pu être conduit à cette merveilleuse découverte.

I.

On doit remarquer d'abord que ce philosophe revendique formellement la gloire de s'être appliqué le premier à l'étude du syllogisme; et, pour apprécier toute la valeur de son assertion, il n'en faut pas seulement peser les termes, il faut encore en considérer le caractère exceptionnel. Aristote en effet n'a parlé qu'une fois de lui-même et de ses propres travaux; une seule fois il s'est permis, en constatant le résultat de ses efforts, de réclamer l'indulgence de la postérité. Or, ce n'est ni pour son Histoire des animaux, ni pour aucun de ces traités de physique, de métaphysique, de rhétorique, de poétique ou de morale, sur lesquels ont vécu si longtemps les philosophes, les érudits, les littérateurs, ni enfin pour tant de sciences qui avant lui n'étaient qu'ébauchées, et qu'il semble avoir créées de nouveau, tant il les a développées et enrichies; ce n'est, dis-je, pour aucun de ces chefs-d'œuvre, pour aucune de ces conceptions immortelles, c'est uniquement pour sa théorie du syllogisme : là seulement il croit avoir rendu un service à l'esprit humain, et il déclare, à la fin de sa Logique, dans l'épilogue célèbre du traité Des sophismes, que c'est ce qui lui a coûté le plus de temps et de peine.

« On voit, dit-il, que nous avons entièrement terminé notre tâche; nous ne saurions cependant passer sous silence le caractère particulier[1] de ce travail.

Parmi toutes les découvertes, il en est qui, transmises par ceux qui tout d'abord les avaient élaborées, se sont encore accrues entre les mains des derniers venus, tandis que d'autres (et ce sont les plus anciennes) n'ont guère pris au début qu'un accroissement assez

[1] Τὸ συμβεβηκός, dit modestement Aristote; c'est, suivant lui, un *accident* pour la science du raisonnement, d'avoir eu pour interprète tel philosophe plutôt que tel autre.

faible et toutefois beaucoup plus utile que tout leur développement ultérieur : car le principal en toute chose c'est le commencement, comme on dit; aussi est-ce le plus difficile. En effet, les germes les plus féconds ne sont-ils pas précisément ceux qui, par leur peu d'apparence, échappent le plus à l'observation? Sont-ils une fois découverts, il est bien plus aisé de leur donner de l'accroissement et d'en tirer tout le reste. Voilà ce qui a eu lieu pour la rhétorique et pour presque toutes les autres sciences...... Mais, pour la présente étude, on ne peut pas dire que telle partie eût été cultivée, et telle autre non : avant nous, il n'y avait absolument rien....... Il y avait sur la rhétorique des travaux nombreux et anciens; mais sur l'art de raisonner, n'ayant absolument rien avant nous, nous n'avons pu qu'exposer les résultats de nos longues et pénibles recherches. Vous donc qui en avez pris connaissance, si vous croyez que cette étude, malgré sa récente origine, soutienne la comparaison avec les autres sciences qui se sont accrues par des labeurs successifs, il ne vous reste plus, ainsi qu'à nos auditeurs, qu'à montrer tout ensemble de l'indulgence pour ce qui manque à notre œuvre, et de la reconnaissance pour les découvertes qu'elle met au jour. »

C'est ainsi que s'exprime Aristote, et si l'on doute de son témoignage, au moins ne peut-on se méprendre sur la portée de ses paroles. On ne conçoit pas que ce langage ait paru à Dugald Stewart « un peu obscur et équivoque, » et que ce philosophe ait pu supposer que la réclamation d'Aristote se rapporte uniquement à l'ingénieux traité Des sophismes. Il est impossible de s'arrêter à une telle conjecture, en présence de cette affirmation explicite et sans réserve : « Sur l'art de raisonner (περὶ τοῦ συλλογίζεσθαι), il n'y avait absolument rien avant nous. » C'est donc des Analytiques et des Topiques qu'il est question, aussi bien que du traité par lequel se termine cette suite de chefs-d'œuvre qu'on appelle l'Organon.

Si tel est le sens incontestable des paroles que nous venons de citer, elles contiennent un témoignage positif et d'une valeur considérable ; car alors, ainsi que l'a reconnu D. Stewart lui-même, « il faudrait posséder des preuves d'une évidence irrésistible pour contredire l'assertion directe d'Aristote. Il serait tout à fait inconcevable en effet qu'il eût sciemment cherché à cacher ou à déguiser la vérité, à une époque où il ne manquait pas en Grèce de philosophes à la fois très-capables de reconnaître la fraude et très-disposés à la dénoncer[1]. » L'antiquité grecque et romaine tout entière vient ici déposer en faveur d'Aristote, tantôt par un silencieux acquiescement, tantôt par une admiration dont les expressions aussi éclatantes que nombreuses confirment et justifient ses prétentions. Ce n'est guère qu'à partir de la Renaissance que des érudits un peu sceptiques ou des adversaires plus ou moins habiles du péripatétisme se sont avisés d'élever des doutes sur ce point. Deux arguments principaux résument toute leur polémique ; les réfuter, ce sera établir définitivement qu'Aristote est bien l'inventeur du syllogisme, comme nous l'enseigne la tradition commune, d'accord avec ses propres paroles.

On allègue, en premier lieu, non-seulement l'invraisemblance du fait (ce qui ne prouverait rien, « le vrai pouvant quelquefois n'être pas vraisemblable »), mais

---

[1] Philosophie de l'esprit humain, part. II, ch. III, sect. III, p. 214 du tome II, trad. de M. L. Peisse.

même son absolue impossibilité. L'esprit humain, a-t-on dit, est naturellement actif, et de plus il est doué de la conscience de ses actes : il est donc impossible, à une époque quelconque de l'histoire, de découvrir une faculté qui ne se serait pas encore exercée et qui, par conséquent, ne serait point connue ; de tout temps, les hommes ont raisonné, sachant fort bien qu'ils raisonnaient, et y mettant même un certain art ; la prétention qu'on attribue à Aristote est donc ridicule et insoutenable.

Telle est la première objection : voici la réponse très-simple qu'on y oppose.

Ce qui est naturel à l'homme, ce sont ses facultés, mais non leur emploi régulier et méthodique. La conscience qu'il a d'abord de ses actes est vague et confuse, tant qu'il n'y a pas appliqué la réflexion, et, il faut bien en convenir, c'est rarement et assez tard qu'on s'avise de se rendre compte de la marche de l'esprit et de soumettre à l'analyse ses diverses opérations. Sans maître, une telle entreprise est des plus ardues ; et lors même qu'on aurait pris pour guide le philosophe le plus habile et le plus consommé, on risquerait encore de se tromper sur la nature et les conditions de nos divers procédés intellectuels. Or, il ne s'agit pas ici de faire un raisonnement, ni même de croire qu'on en fait un, mais de savoir comment on raisonne. Ce n'est pas une conscience vague de cette opération que l'on attribue à l'auteur de l'Organon, quoiqu'il ait sans doute commencé par là comme tous les hommes ; c'est une analyse approfondie, chose assez rare en tout temps et en tout pays ; c'est plus encore, une théorie exacte, une description savante et vraie du raisonnement. Combien de facultés de l'esprit, combien de ses procédés naturels attendent encore une telle analyse! Où trouver un semblable travail pour l'imagination, par exemple, ou même pour l'induction? Décrire le raisonnement et le ramener au syllogisme n'était donc pas une œuvre que pût faire le premier venu, et si l'on est tenté de rejeter comme invraisemblable la découverte attribuée à Aristote, ce n'est certes pas à cause de son extrême facilité : car on ne voit pas que, même de nos jours, le nombre soit très-grand de ceux qui en possèdent la parfaite intelligence [1].

En second lieu, on s'est efforcé de retrouver, ne fût-ce que par hypothèse, quelque théorie du syllogisme antérieure à celle d'Aristote, et qui aurait pu lui servir de modèle. L'Orient surtout, avec sa philosophie mal connue, pouvait prêter aux conjectures, et l'on ne s'en est pas fait faute.

C'est un missionnaire français, le père Pons, qui paraît avoir donné le premier éveil aux savants d'Europe, en leur signalant l'existence et l'usage du syllogisme parmi les brahmanes indiens. La lettre où il consignait ce fait curieux était écrite de Karikal au père du Halde, le 23 novembre 1740, c'est-à-dire, comme le remarque M. Barthélemy Saint-Hilaire [2], quarante-quatre ans avant la fondation de la Société asiatique de Calcutta, et quatre-vingt-trois ans avant les travaux de

---

[1] Je ne veux ni ne dois citer personne ; mais combien de nos meilleurs écrivains en philosophie confondent sans cesse les *termes* avec les *propositions*, un *enthymème* avec une consécution immédiate, ou bien encore une proposition *particulière* avec celle dont le sujet est individuel, etc., etc.

[2] Premier Mémoire sur le Sânkhya, Paris, 1852, in-4°, p. 263, 264, note relative au père Pons, jésuite.

Colebrooke. Seulement je me permettrai de faire remarquer au savant traducteur de l'Organon et du Nyâya, que le nom et les travaux du P. Pons n'étaient pas aussi ignorés qu'il paraît le croire, et que Dugald Stewart en fait mention, dans le chapitre même que je citais tout à l'heure.

En 1786 et 1794, sir William Jones constatait à son tour que les brahmanes disputaient dans les formes de la logique, et il ajoutait que, suivant une tradition très-répandue dans le Pendjâb et dans plusieurs provinces de la Perse, Callisthène aurait envoyé à son oncle Aristote, entre autres curiosités indiennes, un *système technique de logique*, que les brahmanes lui auraient communiqué, et qui serait devenu la base de sa fameuse méthode. Il est vrai que tout cela était emprunté à un écrivain musulman d'une époque assez moderne, et dont l'autorité n'était guère considérable. Pour réfuter ces allégations, il suffisait de dire que, parmi les musulmans, les traditions fabuleuses abondent, et que leurs conquêtes dans l'Inde et la vénération dont leurs docteurs entourèrent de tout temps le nom d'Aristote fournissent une explication très-simple, non seulement du récit concernant Callisthène, mais même de la connaissance actuelle du syllogisme dans ces contrées éloignées[1]. D'ailleurs, tant qu'on ne pouvait indiquer avec précision un monument qui pût être considéré comme le modèle de l'Organon, on en était réduit à des discours en l'air et à des assertions sans valeur. Mais l'ignorance même où l'on était à l'égard de la philosophie des Indous favorisait les suppositions et les paradoxes de cette sorte,

---

[1] Dugald Stewart, ibid., p. 211, 212.

en laissant toujours planer quelque obscurité ou même quelque incertitude sur les origines du syllogisme.

Tel était encore l'état de la question, quand parurent, de 1824 à 1829, les Mémoires insérés par Colebrooke dans le recueil des *Transactions* de la Société asiatique, et où pour la première fois on avait sous les yeux des extraits méthodiques et des analyses raisonnées de nombreux ouvrages de philosophie sanscrite. M. Abel Rémusat, dans le Journal des savants, et M. Cousin, dans ses cours de 1828 et 1829, firent aussitôt connaître au public français les résultats de ces précieuses recherches, et l'on conçut une haute idée de l'originalité et de la puissance du mouvement philosophique dont l'Inde avait été le théâtre. On était surtout frappé des analogies qu'une analyse habile faisait ressortir entre ces doctrines nouvellement exhumées et les systèmes qui ont joué le rôle le plus brillant dans l'histoire de l'esprit humain. Il était naturel que Colebrooke, en sa qualité de premier traducteur des philosophes indiens, fût disposé à retrouver chez eux les idées et les doctrines des philosophes de la Grèce, et en particulier d'Aristote. Sur sa parole on dut croire que les catégories et le syllogisme étaient décrits tout au long dans le Nyâya de Gotama, c'est-à-dire dans le plus considérable et presque le seul ouvrage de dialectique qui ait été jusqu'ici retrouvé au delà de l'Indus. M. Cousin lui-même, n'ayant sous les yeux que les travaux de l'indianiste anglais, reproduisit ses assertions et contribua plus que personne à les populariser. Voici comment il s'exprimait dans la seconde série de ses Cours (édition de 1847), t. II, p. 132-133 :

« Le second point du Nyâya sur lequel j'appelle votre attention est celui où il est question de la preuve ou de nos moyens de connaître..... L'entier développement d'un argument a cinq termes. Les voici, avec l'exemple de Colebrooke :

1º La *proposition*, la thèse que l'on veut prouver : Cette montagne est brûlante ;

2º La *raison*, le principe sur lequel repose l'argument : Car elle fume ;

3º L'*exemple :* Or, ce qui fume est brûlant, témoin le feu de la cuisine ;

4º L'*application* (l'application au cas spécial dont il s'agit) : Il en est de même de la montagne qui fume ;

5º La *conclusion :* Donc cette montagne est brûlante.

Tel est l'argument entier que l'on appelle particulièrement *nyâya*, à savoir, raisonnement complet ; et il paraîtrait que l'école dialectique de Gotama a reçu son nom de l'argument même qui est le chef-d'œuvre de la dialectique. Mais on n'énumère pas toujours les cinq termes du nyâya, et on le réduit aux trois derniers : « Ce qui fume est brûlant, témoin le feu de la cuisine ; il en est de même de la montagne qui fume ; donc cette montagne est brûlante. » Ainsi réduit, le nyâya n'est guère moins qu'un vrai syllogisme régulier. C'est là, du moins, l'opinion de Colebrooke, que nous devons suivre, faute de connaître le monument original. Voilà donc aussi, avec les catégories, le syllogisme dans l'Inde. De là ce problème historique : Le syllogisme péripatéticien vient-il de l'Inde, ou l'Inde l'a-t-elle emprunté à la Grèce ? Les Grecs sont-ils les instituteurs ou les disciples des Indous ?

Voilà ce qu'écrivait M. Cousin en 1829 ; mais en 1847, de nouveaux travaux ayant été publiés sur ce sujet, il crut devoir ajouter une note ainsi conçue : « Un savant mémoire de M. B. Saint-Hilaire [1] a démontré que le Nyâya ne contient pas la vraie théorie du syllogisme, et que Colebrooke a beaucoup exagéré l'analogie que sur quelques points le système de Gotama peut présenter avec cette théorie. »

Il appartenait à celui qui a entrepris de nous donner en français les œuvres d'Aristote, et qui avait déjà si bien établi l'originalité de ce philosophe en logique, de compléter sa thèse en l'étendant de l'Europe à l'Asie, et en faisant justice des conjectures téméraires qui faisaient honneur aux gymnosophistes de l'invention du syllogisme, pour en frustrer l'auteur des Analytiques.

En supposant que la dialectique Nyâya soit réellement antérieure à l'Organon, et qu'on y trouve le syllogisme et les catégories, la tradition concernant Callisthène n'explique pas encore d'une manière suffisante comment Aristote aurait pu mettre à profit la généreuse abnégation de son neveu et la surprenante obligeance des prêtres indiens. Au moins devait-on dire « comment Aristote comprit sur-le-champ la langue dans laquelle ce système était écrit, ou comment les brahmanes apprirent, dans leurs courtes relations avec le neveu d'Aristote, assez de grec pour lui traduire les ouvrages qu'ils lui remettaient. » En somme, « ce récit n'est que ridicule et ne vaut pas la peine d'être discuté [2]. » Mais que serait-ce, si l'œuvre du fabuleux Gotama ne contenait pas ce que Colebrooke croyait y voir, et si le fameux syllogisme à cinq parties du Nyâya se résolvait en cinq preuves distinctes, et dont la réunion en un seul argument ne se trouve indiquée nulle part dans cet ouvrage? C'est ce

---

[1] Mém. de l'Acad. des sciences mor. et polit., t. III, p. 147-250.
[2] B. Saint-Hilaire, ibid., p. 224 et suiv.

que le mémoire de M. Saint-Hilaire démontre sans réplique.

« Les *membres*, dit Gotama, sont : la proposition, la raison, l'éclaircissement, l'application et la conclusion. » Ce terme technique de *membres* a pu tromper Colebrooke, et il a compris qu'il s'agissait des membres du nyâya (argument); or, ce n'est pas l'auteur qui le dit, mais les commentateurs, tous d'une date postérieure à Aristote. Mais Colebrooke va plus loin encore, lorsqu'il ajoute que ce prétendu nyâya en cinq parties est un syllogisme régulier. Cette double interprétation paraît assez peu conforme au texte. « D'abord, l'auteur ne désigne pas les cinq membres qu'il énumère sous une dénomination commune qui les comprenne tous. En second lieu, rien n'indique que Gotama pensât à faire un seul topique ou argument de ces cinq membres. Le topique pour lui, c'est le membre, et non la réunion des membres; seulement il en reconnaît cinq espèces. Ainsi, il n'y a point d'idée générale, point d'expression générale qui, dans le soutrâ original, réponde à l'idée ou à l'expression de syllogisme. Le sens du mot sanscrit (*membre*, *fragment*) est presque absolument opposé à celui du mot grec qui, de quelque manière qu'on l'analyse, exprime toujours réunion, assemblage, collection.... Si l'on compare le système si vaste, si complet de l'Organon, à cette indication si étroite, si peu exacte de l'auteur indien, on a vraiment peine à concevoir comment Colebrooke a pu retrouver le syllogisme dans ces cinq membres informes de l'assertion du Nyâya.... Quant aux autres formes du raisonnement, le Nyâya n'en fait aucune mention[1]. »

---

[1] Mém. de l'Acad. des sciences mor., t. III, p. 197 et suiv.

Pour tous ces motifs, et par d'autres raisons encore, le savant Mémoire de M. Saint-Hilaire aboutit à cette conclusion certaine, que « le Nyâya n'a rien de commun avec l'Organon. »

Que dirons-nous maintenant de l'hypothèse qui veut qu'Aristote ait emprunté sa logique à l'Orient? L'Orient ici, c'est l'Inde; car personne jusqu'ici ne s'est avisé de placer en Chine le berceau du syllogisme, et je n'imagine pas qu'on attache une grande importance aux relations présumées d'Aristote avec les juifs, cette nation essentiellement religieuse ne s'étant appliquée que très-tard à la philosophie et surtout à la logique. Le seul pays philosophique de l'Orient qui aurait pu fournir des lumières à la Grèce, encore une fois, c'est l'Inde; et dans l'Inde, le seul système de logique où Aristote aurait pu puiser étant le Nyâya, il est évident pour tout esprit non prévenu que l'Orient n'est pour rien dans l'invention du syllogisme.

Retournons en Grèce : c'est là, et nulle part ailleurs, qu'on peut espérer de découvrir les antécédents de la logique d'Aristote. Ce philosophe, a-t-on dit, n'a pas inventé l'art de penser; cet art existait avant lui, sous le nom de dialectique, et peut-être n'a-t-il fait que recueillir en une espèce de bibliothèque logique les travaux de ses prédécesseurs, en sorte qu'il serait moins l'auteur que l'éditeur des traités divers dont se compose l'Organon. Peut-être même la déclaration qui se lit à la fin du traité Des sophismes n'est-elle pas d'Aristote, non plus que ce traité lui-même, placé par lui à la fin de sa collection.

Cette hypothèse ingénieuse, émise par Ramus pour le besoin de sa cause, dans sa longue et véhémente polémique contre les partisans de la scholastique, renverse l'autorité d'Aristote, sans attaquer sa bonne foi, puisqu'elle rejette sur quelque obscur anonyme la honte d'un plagiat commis envers le genre humain encore plus qu'envers un logicien quelconque, le syllogisme étant supposé connu de tout temps. Mais si elle épargne le caractère d'Aristote, elle fait à son génie une injure imméritée, contre laquelle j'ai eu déjà l'occasion de m'élever avec toute la force dont je suis capable[1]. Sans revenir ici sur les preuves de l'authenticité de l'Organon, si bien déduites par M. Saint-Hilaire dans son Mémoire sur la Logique d'Aristote, et tout en demeurant dans la question plus étroite des origines du syllogisme, on doit constater ce fait, remarqué par tous les historiens sérieux de la philosophie, que ni le mot de syllogisme ni la description du procédé qu'il exprime ne se trouvent en Grèce avant Aristote, à moins qu'on n'ait le parti pris de les retrouver partout : car, avec un parti pris, tout est possible, et plutôt que d'en avoir le démenti, on remontera par delà les temps historiques, jusqu'à des personnages mythologiques, que l'on décorera du nom de logiciens. Ainsi font Ramus et Gassendi pour Prométhée, dont ils nous parlent comme s'ils avaient lu ses œuvres.

Je laisse de côté ces divagations bizarres, et je conclus de tout ce qui précède que nul ne saurait disputer à Aristote son principal titre comme logicien, ni contester la parfaite vérité de ses paroles : « Avant nous, il n'y avait absolument rien sur le syllogisme. » Il me reste seulement à rechercher comment il a pu être conduit à cette découverte, et en me livrant à cet examen,

[1] Ramus, sa vie, ses écrits et ses opinions, IIe part., p. 375.

j'espère en faire sortir des conséquences de quelque intérêt pour l'histoire de la logique, et qui auront peut-être un mérite assez rare en pareille matière, celui de la nouveauté.

II.

C'est chez le prédécesseur immédiat d'Aristote, chez le philosophe dont il avait suivi pendant vingt années les leçons, ou, si l'on veut, les doctes entretiens, c'est dans la dialectique de Platon que je crois apercevoir et que je vais essayer de montrer le germe imperceptible, mais fécond, de la pensée qui a produit les Analytiques.

Rien n'est plus opposé au premier abord que la philosophie de Platon et celle d'Aristote. Quoique au fond il y ait entre eux plus de ressemblance qu'Aristote ne le croyait lui-même, on ne saurait méconnaître la différence de ces deux génies, en qui se trouvent comme personnifiées deux tendances très-diverses de l'esprit humain, de sorte qu'on a pu dire avec raison : « Tout homme naît platonicien ou aristotélicien. »

Cet antagonisme se trahit, non-seulement dans les doctrines, mais dans la forme même dont elles sont revêtues. « Aristote, dit M. Cousin[1], a créé presque la prose didactique ; car autant l'idéal domine dans le style de Platon, autant la rigueur domine dans celui d'Aristote. Mais comme on reproche à Platon dans quelques endroits un peu de luxe poétique, on peut aussi reprocher à Aristote une extrême sécheresse. Si l'un abuse de l'abstraction et de la généralisation, l'autre abuse de l'analyse, de ce talent de décomposition à l'infini, qui,

---

[1] Cours, 2ᵉ série, t. II, p. 184 (édit. de 1847).

s'exerçant à la fois sur les idées et leurs signes, aboutit quelquefois à une subtilité excessive, et réduit tout méthodiquement en une poussière imperceptible. »

Qu'on nous permette de citer encore quelques lignes de ce parallèle qui se rapportent plus directement à notre sujet. « Platon s'était surtout occupé de dialectique. Il excelle dans la polémique contre toute vue particulière; son grand objet est de montrer l'inconsistance des notions particulières et de conduire aux idées, base de toute certitude et de toute science. Platon est essentiellement réfutatif. Aristote est moins dialecticien que logicien. Il ne réfute pas, il démontre, ou, du moins, la réfutation ne joue chez lui qu'un rôle secondaire dans la démonstration, tandis que dans Platon la réfutation est la démonstration tout entière. Aussi l'un procède par le dialogue, si propre à la réfutation, et voile son but dogmatique; l'autre commence par l'établir, et y marche ouvertement par la dissertation régulière et la grande voie de la démonstration. Platon se sert davantage de l'induction, Aristote de la déduction: aussi en a-t-il perfectionné l'instrument, en donnant les lois du syllogisme régulier [1]. »

Ces derniers mots caractérisent parfaitement, dans leurs différences essentielles, les méthodes d'exposition des deux philosophes. C'est sans doute cette opposition si manifeste qui aura détourné les historiens de la philosophie de rechercher dans la dialectique de Platon l'origine de l'analytique d'Aristote; et cependant, je n'hésite pas à le dire, c'est là qu'est la vérité : par ce moyen seulement on peut remonter jusqu'à la première

---

[1] Cours, 2e série, t. II, p. 180.

conception du syllogisme, et refaire en quelque sorte le travail qui en a amené la découverte.

Quand on parle de la dialectique de Platon, on a surtout en vue, d'ordinaire, la partie ascendante de cette méthode, c'est-à-dire celle où l'esprit s'élève, par des abstractions et des inductions successives, des choses sensibles aux idées dont elles participent immédiatement, puis de ces idées à d'autres, jusqu'à l'idée des idées, qui est l'être véritable et le bien. Rien, dans cette marche de l'esprit, ne ressemble à la méthode déductive et ne peut en suggérer la pensée. Mais il n'en est pas de même d'une autre partie de la méthode de Platon, la partie descendante, c'est-à-dire celle où le philosophe, une fois en possession des principes des choses, prétend fournir l'explication des êtres réels à l'aide des idées, considérées comme genres et comme espèces, et cela par deux procédés spéciaux, dont l'un, la définition, consiste « à faire *de plusieurs un,* » tandis que l'autre, qui est la division, « fait *avec un plusieurs.* »

Platon attachait plus d'importance que ses modernes interprètes à ces deux procédés, parce qu'ils étaient à ses yeux les seuls moyens d'enseigner la vérité une fois connue, et il a consacré plusieurs de ses dialogues à en expliquer les règles et l'usage. N'est-il pas naturel de penser qu'Aristote, préoccupé comme il l'était de l'enseignement de la science, a dû étudier plus spécialement dans la méthode de Platon la partie qui répondait le mieux aux besoins d'un esprit essentiellement dogmatique? Et, s'il en est ainsi, ne peut-on pas supposer encore que, devenu le rival de son maître, il trouva bientôt un défaut de rigueur dans sa méthode et entreprit de donner, sinon à la définition, du moins à la division dialectique, l'exactitude qui lui manquait, et qui obligeait le philosophe à solliciter l'assentiment de son interlocuteur par des interrogations pressantes, au lieu de lui imposer sa doctrine au nom de la vérité, établie avec autorité? On sait avec quelle force Aristote insiste, quand l'occasion s'en présente, sur cette différence essentielle, suivant lui, entre la dialectique, qui interroge, et l'analytique, qui démontre. Mais il lui arrive aussi plus d'une fois de dire que la dialectique est une préparation utile pour la vraie méthode et pour la science véritable[1]. Ne serait-ce pas sa propre histoire qu'il nous aurait donnée là? N'est-ce pas la dialectique en effet qui l'a préparé et conduit à l'analytique, et ce degré supérieur d'exactitude et de rigueur où il pense avoir élevé la méthode de son maître, n'est-ce pas précisément le syllogisme? Si cette dernière conjecture est fondée, il est évident que la théorie du syllogisme a un antécédent dans l'histoire, et que cet antécédent est la division par genres et par espèces, telle que l'entendait et la pratiquait Platon.

Mais il est temps sans doute de laisser, à notre tour, la forme interrogative et de renoncer aux hypothèses, pour nous attacher aux faits et aux textes authentiques, afin d'en tirer, s'il est possible, la démonstration de ce que nous venons d'avancer.

Pour établir que la division dialectique de Platon est l'origine du syllogisme, il suffira, je crois, de deux arguments, dont l'un me paraît sans réplique, puisque c'est le témoignage assez peu suspect d'Aristote lui-même; l'autre, qui s'y ajoutera en manière d'éclair-

---

[1] Voir particulièrement les Topiques, l. I, c. 1.

cissement, sera tiré d'une analyse comparée des deux procédés en question.

§ 1. Témoignage d'Aristote.

Je négligerai à dessein un certain nombre de textes qui pourraient figurer ici, parce que, pour être bien assuré qu'Aristote a reconnu lui-même dans la division dialectique, non-seulement une méthode rivale de la sienne, mais encore, ce qui nous importe davantage, un procédé dont on pouvait tirer le syllogisme, on ne doit pas s'en tenir à de simples allusions, ni même à des passages plus précis, mais qui se trouveraient égarés dans des discussions étrangères à la logique, et dont pour cela même on pourrait contester toute la portée. En conséquence, je me bornerai à l'Organon, et dans l'Organon, aux Analytiques. C'est là, en effet, c'est au centre de la doctrine logique d'Aristote que se trouvent les traces de la division dialectique de Platon; c'est au milieu même de sa double théorie du syllogisme et de la démonstration qu'Aristote se souvient du procédé imparfait qui fut son point de départ : et il s'en souvient pour lui adresser des critiques, mais aussi pour confesser que ce procédé, tout défectueux qu'il est, est *une partie de sa méthode*.

Il y a tout un chapitre des premiers Analytiques, le 31e du premier livre, qui est consacré à la division par genres. Dans les trente chapitres qui précèdent, Aristote a exposé la théorie du syllogisme simple : il en a expliqué la formation, les figures et les modes; puis il a indiqué une méthode générale pour faire des syllogismes, c'est-à-dire pour découvrir les moyens termes ou preuves pour toute question, en quelque matière que ce soit; et c'est après qu'il a ainsi traversé la partie la plus originale de cette théorie qu'il fait ce retour vers la dialectique de Platon, dans les termes suivants, que je reproduis d'abord sans commentaire, en soulignant seulement les endroits qui m'ont paru les plus décisifs.

« Il est aisé de voir que *la division par genres est une faible partie de la méthode que l'on vient d'exposer : car cette division est comme un syllogisme impuissant ;* elle suppose ce qui est à démontrer, et *elle conclut toujours un des termes supérieurs.* Ce premier défaut a échappé à tous ceux qui ont employé cette méthode, et qui en ont fait un moyen de persuader, comme si elle eût été capable de fournir une démonstration de l'être et de l'essence; c'est pourquoi, tout en divisant, ils n'ont pas compris ce qu'il était possible de prouver (συλλογίζεσθαι), ni que cela se pouvait de la manière que nous venons de dire. Ainsi, dans les démonstrations, quand il s'agit de prouver un attribut (d'un sujet), il faut toujours que le moyen, par lequel se fait le syllogisme, soit moins étendu que le grand terme et qu'il ne lui soit point attribué universellement; la division fait tout le contraire : elle prend l'universel pour moyen...... De cette manière, ceux qui emploient la division sont toujours conduits à prendre pour moyen le genre, et pour termes le sujet et les espèces. Enfin, ils disent que ceci est un homme ou la chose en question, quelle qu'elle soit, sans montrer clairement que cela est nécessaire. C'est qu'ils font tout à fait fausse route, *ne se doutant point des ressources qu'ils ont à leur portée.* Il est évident que, par leur méthode, on ne peut ni établir une conclusion négative, ni fournir une preuve soit sur l'accident, soit sur le propre, soit sur le genre, soit même lorsqu'on ignore si un sujet a telle ou telle qualité, comme quand on demande, par exemple, si le diamètre est ou non incommensurable. En effet, s'il est admis que toute étendue est commensurable ou incommensurable et que le diamètre est une étendue, il est prouvé par là (συλλελόγισται) que le diamètre est commensurable ou incommensurable. Mais si l'on admet qu'il est incommensurable, on suppose précisément ce qu'il fallait prouver. On ne peut donc le démontrer par cette méthode : car c'est bien ainsi qu'elle procède, et par conséquent elle rend impossible la démonstration.... Il est donc évident que ce mode de recherche ne convient pas à toute question, et qu'il ne s'applique même pas utilement là où il paraît le mieux à sa place. »

Ce passage est capital, comme il est aisé de s'en apercevoir. En voici un autre, tiré du second livre des Derniers Analytiques, et qui a aussi son importance.

« La méthode de division ne prouve pas non plus (οὐδὲ συλλογίζεται), ainsi qu'il a été dit dans l'analyse des figures (du syllogisme); car elle ne tire jamais nécessairement une conséquence de certaines données, et elle ne démontre pas plus que l'induction. En effet, *il ne faut pas que la conclusion soit la réponse à une interrogation ou le simple effet d'une concession : elle doit résulter nécessairement des principes posés, quand même l'interlocuteur ne l'accorderait pas.* L'homme est-il un animal ou non? Supposer qu'il est un animal, ce n'est pas l'avoir prouvé. Autre exemple : tout animal est terrestre ou aquatique; on a admis que l'homme est sur la terre; mais qu'il soit tout à la fois animal et terrestre, c'est ce qui ne résulte pas nécessairement des données, et on le suppose encore. Que le nombre des divisions soit plus ou mois grand, peu importe, il en est toujours de même. Ceux qui procèdent ainsi ne sauraient donc parvenir à une preuve, *là même où elle est possible* (καὶ τῶν ἐνδεχομένων συλλογισθῆναι). Ces fautes que l'on commet dans la division pourraient être évitées..; mais néanmoins, ce n'est pas un syllogisme, et si elle fournit une connaissance, elle ne la démontre pas..... Celui qui établit une définition par voie de division ne fait pas un syllogisme; car il en est de ces sortes de définitions comme de ces conclusions sans moyen terme dont la formule est: si telle chose est, telle autre en résulte; on peut toujours demander pourquoi. — Qu'est-ce que l'homme? Un animal mortel, ayant des pieds, bipède, sans ailes. Pourquoi cela? peut-on dire à chaque qualité qu'on ajoute. On dira bien, et l'on croira démontrer par la division, que tout animal est mortel ou immortel; mais cette expression complexe n'est point une définition, de sorte que, même *quand on démontre par la division,* la définition où elle aboutit n'est jamais un syllogisme[1]. »

Dans un autre endroit du même traité, Aristote signale l'importance de la division pour la définition, et même pour la démonstration de l'essence. « *Les divisions par espèces sont utiles pour cette méthode. Jusqu'à quel point démontrent-elles?* c'est ce que nous avons dit plus haut; mais *elles servent du moins de cette manière à prouver l'essence.....* C'est encore par la division seulement que l'on peut ne rien omettre dans l'essence...

---

[1] Derniers Analytiques, l. II, c. 5.

En procédant ainsi, on peut être certain de n'avoir rien omis; sinon, il y a inévitablement omission et ignorance, etc.[1] »

A ces textes on en pourrait ajouter quelques autres; mais ceux qu'on vient de lire suffisent pour établir : 1° que, pour Aristote, la division dialectique est une partie, si faible qu'elle soit, de la méthode syllogistique; 2° que l'on peut faire des syllogismes au moyen de la division; 3° qu'elle peut servir non-seulement à la définition, mais même à la démonstration de l'essence, ou syllogisme scientifique. Ces assertions, textuellement empruntées à l'auteur des Analytiques, contiennent cet aveu précieux à recueillir, que la division dialectique lui a été utile pour construire la double théorie du syllogisme et de la démonstration. On ne doit pas objecter les vives et nombreuses critiques qu'il adresse ensuite à la méthode de division. Ces critiques portent moins sur le procédé lui-même que sur l'usage qu'en faisaient les disciples de Platon, et s'il insiste tellement sur les défauts de leur méthode, c'est qu'il a à cœur de montrer que Speusippe et les autres académiciens n'ont pas su tirer de la division tout le parti que lui-même en a tiré.

Il ne nous reste plus qu'à étudier le procédé dialectique de Platon dans son rapport avec le syllogisme, pour nous assurer qu'Aristote, une fois décidé à faire de la division par genres quelque chose de plus exact et de plus rigoureux, a pu, sans grand effort, découvrir dans cette voie le procédé syllogistique.

---

[1] Derniers Analytiques, l. II, c. 13, p. 96, col. b, et 97, col. a.

§ 2. Parallèle entre le syllogisme et la division.

Platon attribuait une grande valeur à la division par genres, comme le prouvent les dialogues du Sophiste et du Politique, consacrés à l'explication de cette méthode. Entre tous les exemples qu'il en donne, voici, je crois, le plus clair.

Il s'agit (dans le Sophiste) de définir la pêche à l'hameçon, que, par une supposition préliminaire, on a reconnue pour une espèce d'art. L'art comprend deux espèces : il consiste à faire ou bien à acquérir. Dans laquelle de ces deux espèces rentre la pêche à l'hameçon ? C'est ce qu'on ne sait pas par la division ; car on n'a le droit d'en rien conclure, sinon que la pêche à l'hameçon est un art de faire, ou un art d'acquérir. Pour aller plus loin, il faut admettre par hypothèse qu'elle est un art de la seconde espèce. Or, l'art d'acquérir se divise à son tour en deux espèces : il procède par un consentement mutuel ou par la violence. On suppose alors que la pêche à l'hameçon est de la seconde espèce. L'art d'acquérir avec violence est encore divisé en deux espèces, suivant qu'on a recours à la force ouverte ou à la ruse : dans le premier cas, c'est un combat ; dans le second, c'est une chasse. A cette nouvelle division succède une autre supposition, après laquelle vient une autre division, et ainsi de suite, jusqu'à ce qu'on ait obtenu la définition cherchée. Voici le résumé que donne Platon lui-même de tout ce travail (Trad. de M. Cousin, p. 175) : « En divisant en deux parties l'art en général, nous y avons trouvé l'art d'acquérir ; dans l'art d'acquérir, l'art d'acquérir par violence ; dans l'art d'acquérir avec violence, la chasse ;

dans la chasse, la chasse aux animaux; dans la chasse aux animaux, la chasse dans le fluide; dans cette dernière espèce de chasse, nous avons pris la division inférieure, qui est la pêche; dans la pêche avec du fer, la pêche avec des crocs; enfin, l'espèce de la pêche avec des crocs, qui consiste à blesser le poisson en le tirant de bas en haut, empruntant son nom à ces circonstances mêmes, s'est appelée la pêche à l'hameçon. »

Cette citation suffit pour faire comprendre et la nature de la division par genres et le reproche qu'Aristote adresse à cette méthode, d'être une continuelle pétition de principe, ce qui est très-vrai, si l'on veut y retrouver le syllogisme. Mais pour entrer tout à fait dans la pensée d'Aristote, et surtout pour comprendre de quelle manière il a pu passer de la division au syllogisme, il faut choisir quelqu'un des exemples que lui-même a proposés.

Veut-on établir que l'homme est mortel, en partant du genre animal, auquel on admet que l'homme appartient? Ce genre contient deux espèces : tout animal est mortel ou immortel. Or, il est facile de voir que cette division peut bien servir à démontrer quelque chose, savoir que l'homme étant animal est mortel ou immortel; mais elle ne démontre pas ce qui est à prouver, savoir que l'homme est mortel; pour l'admettre, il faut faire une hypothèse. Donc, de deux choses l'une; dit Aristote avec raison : « Ou la division suppose ce qui est à démontrer, ou elle conclut toujours un terme supérieur, » c'est-à-dire plus général que celui dont il s'agit. Voici d'où vient ce double défaut. La division, considérée comme syllogisme, procède toujours par propositions universelles affirmatives, et par conséquent dans la première figure; et tandis qu'un syllogisme de cette sorte doit employer un moyen terme qui soit une espèce du grand terme (ou attribut de la conclusion), la division, au contraire, prend pour moyen un genre : ce qui doit conduire à une conclusion trop générale ou à une pétition de principe ; car, comme Aristote le fait observer ailleurs, le genre n'est pas le principe de l'espèce, c'est l'espèce qui est le principe et la raison d'être du genre, comme elle en est la réalité. En effet, l'existence du genre animal ne démontre pas du tout l'existence de l'espèce homme ; mais l'homme étant, l'animal existe nécessairement. Voici, du reste, les deux syllogismes, l'un vicieux, l'autre légitime, que l'on peut construire par la méthode de division :

1° *Tout animal est mortel ou immortel ;*
   Tout homme est animal ;
   Tout homme est mortel (pétition de principe évidente).
2° *Tout animal est mortel ou immortel ;*
   Tout homme est animal ;
   Donc *l'homme est mortel ou immortel.*

Ce second syllogisme conclut régulièrement, mais en passant par dessus la conclusion demandée (l'homme mortel), ou, suivant les expressions d'Aristote, en concluant un terme supérieur, parce qu'on a pris pour moyen terme le genre animal, qui comprend et dépasse le terme *mortel*, de manière qu'il comporte l'attribut général *mortel ou immortel*. Si, au contraire, on avait pris une espèce du genre *mortel*, par exemple *doué de sensation*, un syllogisme où cette espèce servirait de moyen prouverait ce qui est en question.

   Tout ce qui est doué de sensation est mortel ;
   Tout homme est doué de sensation ;
donc *Tout homme est mortel.*

Dans cet exemple, il s'agissait de démontrer un attribut de l'homme qui ne lui appartient pas en tant qu'animal, et ce dernier terme était trop général pour servir de moyen. Il en serait autrement si l'on considérait l'homme en tant qu'animal, et si l'on voulait démontrer un attribut impliqué dans celui-là, par exemple qu'il est vivant. On aurait en effet le syllogisme :

Tout animal est vivant ;
Tout homme est animal ;
donc *Tout homme est vivant.*

Ici, c'est le genre animal qui est moyen ; mais ce terme, qui est genre par rapport à l'homme, est espèce par rapport au terme vivant. Donc, c'est toujours l'espèce qui sert de moyen, et qui donne la conclusion cherchée, par un progrès de l'espèce au genre, l'espèce *homme* impliquant le genre *animal*, lequel implique le genre *être vivant*, dont il est une espèce. Ainsi, en divisant en ses espèces, non pas le genre le plus élevé, mais celui qui doit être l'attribut de la conclusion, on peut arriver à construire un syllogisme sur toute question posée, et c'est ce qu'on n'avait pas vu avant Aristote.

Si nous revenons maintenant à l'exemple proposé par Platon, et que nous le corrigions dans le sens des critiques que nous venons d'expliquer, on comprendra encore mieux peut-être en quoi les deux méthodes se ressemblent et en quoi elles diffèrent, et comment la division dialectique a pu devenir le syllogisme. Le but d'Aristote est de prouver tout ce que Platon suppose, et cela, en employant les mêmes termes, fournis également par la division, mais disposés dans un ordre différent, en sorte qu'au lieu du genre, ce soit l'espèce qui serve de moyen terme, de la manière suivante :

Platon a d'abord admis par hypothèse que la pêche à l'hameçon est un art; puis, ayant divisé l'art en deux espèces, suivant qu'il consiste à produire ou à acquérir, il suppose que la pêche à l'hameçon est un art de la seconde espèce. Mais si cette dernière hypothèse est reconnue vraie, la première peut être démontrée, en suivant un autre ordre d'exposition, c'est-à-dire en remontant de l'espèce au genre, au lieu de descendre du genre à l'espèce. En effet, étant admis que la pêche à l'hameçon est un talent d'acquérir, comme ce talent est une espèce d'art, il en résulte nécessairement que la pêche à l'hameçon est aussi un art.

Après avoir supposé que la pêche à l'hameçon est un art d'acquérir, Platon descend de ce genre à ses deux espèces, savoir : l'art d'acquérir par un consentement mutuel ou par la violence, et il suppose que la pêche à l'hameçon est de la seconde espèce. Aristote, admettant provisoirement cette dernière hypothèse, s'en servira pour démontrer la première, toujours en vertu de son principe que l'espèce implique le genre et en est la preuve. Puis, en continuant de même à prouver chacune des hypothèses de la division dialectique par l'hypothèse suivante, prise pour vraie, il arrivera à une dernière et unique supposition, ou plutôt au principe immédiat que fournit l'expérience ou la considération attentive du sujet. Ce principe une fois admis, tout le reste en résulte nécessairement, au lieu de dépendre du bon vouloir de celui à qui l'on présentait successivement toutes ces suppositions, et qui pouvait toujours demander : pourquoi? On voit clairement par cet exemple comment on peut faire des syllogismes au moyen de la division, quoique la division par elle-même ne prouve pas et ne soit qu'un syllogisme impuissant. Ainsi se trouve encore justifiée cette autre assertion d'Aristote, qu'il en est toujours de même, quel que soit le nombre des divisions.

Pour achever ce parallèle des deux méthodes, je vais réduire en deux tableaux, d'abord la série des suppositions contenues dans l'exemple que j'ai tiré du Sophiste, et ensuite la série de ces mêmes suppositions démontrées d'après le procédé d'Aristote, et composant un sorite renversé.

A. *Procédé dialectique de Platon.*

1re supposition ou concession : La pêche à l'hameçon est un art ;

1re division : L'art consiste à faire ou à acquérir ;

2e supposition : La pêche à l'hameçon est un art d'acquérir ;

2e division : L'art d'acquérir procède par consentement mutuel ou par violence ;

3e supposition : La pêche à l'hameçon procède par violence ;

3e division : L'art d'acquérir par violence est de deux espèces : combat ou chasse ;

4e supposition : La pêche à l'hameçon est une chasse ;

4e division : La chasse est de deux sortes : elle recherche des êtres inanimés ou des animaux ;

5e supposition : La pêche à l'hameçon est une chasse aux animaux ;

5e division : La chasse aux animaux se fait ou sur terre ou dans un fluide, contre des animaux marcheurs ou des animaux nageurs ;

6ᵉ supposition : La pêche à l'hameçon est une chasse aux animaux qui nagent ;

6ᵉ division : La chasse aux animaux qui nagent est double : dans l'air ou dans l'eau (celle de l'oiseleur ou celle du pêcheur) ;

7ᵉ supposition : La pêche à l'hameçon se fait dans l'eau ; en un mot, c'est une pêche ;

7ᵉ division : La pêche se fait de deux manières : ou avec des rets, ou avec du fer ;

8ᵉ supposition : La pêche à l'hameçon est une pêche avec du fer ;

8ᵉ division : La pêche avec du fer a lieu de nuit ou de jour ;

9ᵉ supposition : La pêche à l'hameçon a lieu de jour ;

9ᵉ division : La pêche avec du fer pendant le jour est de deux espèces : elle emploie des harpons et frappe le poisson de haut en bas, ou elle emploie l'hameçon et tire le poisson de bas en haut ;

10ᵉ supposition : La pêche à l'hameçon est cette dernière espèce de pêche avec du fer, qui a lieu de jour et en tirant le poisson de bas en haut.

B. *Procédé déductif d'Aristote.*

1ʳᵉ conclusion : La pêche est un art :
   mineure : car elle est une espèce du talent d'acquérir,
   majeure : lequel est une espèce d'art.

2ᵉ conclusion :   C'est un art d'acquérir :
car c'est une espèce du talent d'acquérir par violence,
lequel est un art d'acquérir.

3ᵉ conclusion :   C'est un art d'acquérir par violence :
car c'est une espèce de chasse,
laquelle est une espèce de l'art d'acquérir avec violence.

4ᵉ conclusion :   C'est une chasse :
car c'est une espèce de la chasse aux animaux,
laquelle est une espèce de chasse.

5ᵉ conclusion :   C'est une chasse aux animaux :
car c'est une espèce de chasse aux animaux nageurs,
laquelle est une espèce de chasse aux animaux.

6ᵉ conclusion :   C'est une chasse aux animaux nageurs :
car c'est une espèce de la pêche,
laquelle est une espèce de chasse aux animaux nageurs.

7ᵉ conclusion :   C'est une pêche :
car c'est une pêche avec du fer,
laquelle est une espèce de pêche.

8ᵉ conclusion :   C'est une pêche avec du fer,
car c'est une espèce de la pêche avec du fer qui se fait pendant le jour,
laquelle est une espèce de la pêche avec du fer.

9ᵉ conclusion :   C'est une pêche avec du fer, pendant le jour :

car elle se fait en tirant le poisson de bas en haut,

ce qui est une espèce de la pêche de jour.

La dernière supposition est la seule qui ne se démontre pas ; c'est la donnée première, la notion immédiate de la pêche à l'hameçon. En la prenant pour principe, on aura le sorite suivant, où je supprime l'énoncé des majeures :

La pêche à l'hameçon se fait en tirant de bas en haut le poisson :
Donc, elle a lieu de jour :
Donc, elle se fait avec du fer :
Donc, elle est une espèce de pêche :
Donc, c'est une chasse aux animaux nageurs :
Donc, c'est une chasse aux animaux :
Donc, c'est une chasse :
Donc, c'est un art d'acquérir de force :
Donc, c'est un art d'acquérir :
Donc, c'est un art.

Les majeures sous-entendues ont toutes été fournies par la division, supposée exacte : ce procédé n'est donc pas un syllogisme, mais il donne le moyen d'en faire, pourvu qu'on procède de l'espèce au genre, et non du genre à l'espèce.

Cependant la méthode de division, même ainsi entendue et corrigée, n'est qu'une partie de la méthode syllogistique. En effet, dans la question : l'homme est-il vivant ? quand on a divisé le genre *vivant* en ses espèces : *animal, plante*, etc., pourquoi choisir pour moyen terme l'une de ces espèces plutôt qu'une autre ?

On prend pour moyen l'espèce *animal*, parce que cette espèce est genre par rapport à l'homme ; mais comment a-t-on reconnu ce rapport ? Par une autre division, très-différente de la première. Des deux-termes de la question : *homme, vivant*, le dernier a été divisé en ses espèces, et le premier, au contraire, en ses genres : car, si l'espèce est, en un sens, une partie du genre, le genre à son tour est, en un autre sens, une partie de l'espèce. L'homme étant, les genres suivants existent en lui et par lui : animal, mortel, bipède, doué de sensation, raisonnable, etc. Il y a donc aussi une division de l'espèce en ses genres, comme il y a une division du genre en ses espèces, et ces deux divisions réunies font trouver le moyen terme, c'est-à-dire le syllogisme lui-même.

Ainsi, pour reprendre notre premier exemple, si l'on veut prouver que la pêche à l'hameçon est un art, on divise premièrement l'attribut *art* en ses antécédents ou espèces : art de faire, art d'acquérir, chasse, etc., et l'on divise le sujet *pêche à l'hameçon* en ses genres ou conséquents : pêche avec du fer, pêche en général, chasse, etc. Le terme *chasse* qui se trouve être à la fois un antécédent ou espèce de l'attribut et un conséquent ou genre du sujet, servira de moyen terme ou de preuve, parce que le sujet, étant contenu dans ce terme, est nécessairement contenu dans le genre dont ce terme est une espèce ; et ainsi l'on aura le syllogisme :

La chasse est un art ;
La pêche à l'hameçon est une chasse ;
donc *La pêche à l'hameçon est un art.*

En résumé, une double division est nécessaire pour

former un syllogisme. L'attribut de la question proposée étant divisé en ses espèces (ou antécédents) et le sujet étant divisé en ses genres (ou conséquents), tout terme qui se trouvera à la fois sur ces deux listes pourra servir de moyen, et autant il y aura de ces termes, autant il y aura de démonstrations possibles de la conclusion demandée.

Je n'insiste pas sur les procédés analogues par lesquels Aristote a comblé une autre lacune qu'il avait signalée dans la division dialectique, considérée comme méthode de démonstration, c'est-à-dire de ne prouver jamais la négative et de se borner là aussi à une supposition gratuite. Les détails qui précèdent suffisent pour caractériser dans ses traits principaux la méthode d'invention syllogistique exposée par Aristote dans les chapitres 27, 28, 29 et 30 du premier livre des Premiers Analytiques. « Par cette méthode, dit-il, une fois les principes admis pour chaque objet, nous pouvons nous charger d'en tirer des démonstrations régulières. Si dans la description des choses on n'a laissé de côté aucun de leurs attributs réels, nous pourrons, pour tout ce dont il y a une démonstration, la découvrir et l'exposer; et si quelque sujet répugne par sa nature à toute démonstration, nous pourrons rendre cela même évident. » C'est alors qu'il ajoute : « Il est aisé de voir que la division par genres est une petite partie de cette méthode, » et si l'on veut encore quelqu'un de ces mille traits qui attestent la préoccupation dominante d'un écrivain, il vient d'appeler sa propre méthode, par une autre réminiscence de Platon, « une *chasse* aux principes[1], » empruntant à son maître une de ses expressions favorites.

[1] Premiers Analytiques, l. I, c. 30.

Le rapprochement qu'on vient de faire, d'après les indications d'Aristote, entre le syllogisme et la division dialectique aura contribué, je l'espère, à éclaircir quelques-unes des assertions de notre philosophe; et s'il n'est pas démontré avec une entière évidence que la division a été la seule origine du syllogisme, on doit du moins comprendre pourquoi Aristote, à propos du syllogisme et de la démonstration, revient ainsi sur la division dialectique : c'est parce que les défauts mêmes de cette méthode lui ont suggéré l'idée d'une méthode plus rigoureuse, qui au fond se réduit à un emploi plus régulier du même procédé. Il est donc établi, avec toute l'évidence qu'un tel sujet comporte, qu'Aristote a pu être conduit à cette découverte par l'examen et la critique de la dialectique platonicienne, et que c'est jusqu'ici la seule origine que l'on puisse assigner au syllogisme. C'est la conséquence incontestable de tout ce qui précède, et si elle est aussi vraie qu'elle doit paraître vraisemblable, elle détruit le reproche que Bacon adresse à Aristote d'avoir suivi envers ses prédécesseurs la politique des princes ottomans envers leurs frères, dont ils se débarrassaient en les mettant à mort. Cette accusation est aussi ridicule qu'odieuse. Sans doute, Aristote a l'ambition de surpasser ses devanciers, mais il les cite et fait même l'histoire de leurs travaux. Il est vrai qu'il ne tient pas en grande estime les sophistes, les philosophes de Mégare, ou même les disciples de Platon, ses médiocres adversaires; mais il cite souvent Anaxagore, et toujours avec admiration; il cite Socrate, et il avoue qu'on lui doit l'art des définitions et celui des inductions régulières; enfin il cite Platon, il se déclare son ami, tout en le combattant au nom de la vérité, et ce n'est pas sa faute si jusqu'à présent on n'a pas reconnu qu'il lui avait emprunté la première idée du syllogisme : car il indique assez clairement, ce me semble, les liens qui rattachent ce procédé à la division dialectique.

Il nous reste à écarter, en finissant, une objection qui pourrait se présenter à l'esprit du lecteur. Après avoir assisté au travail d'analyse auquel nous nous sommes livré, et avoir retrouvé, sans trop d'efforts peut-être, le syllogisme qui était en germe dans le procédé platonicien, il pourrait être tenté de se dire : N'est-ce que cela ? Qu'y a-t-il donc de si merveilleux dans cette découverte ?

Le merveilleux, répondrai-je, c'est que personne encore n'eût fait cette découverte, et qu'Aristote en ait eu l'idée le premier ; or, c'est là une gloire qui lui reste, et qu'on ne peut lui dérober.

Mais ce n'est pas tout. En rencontrant ce procédé nouveau, il a eu un autre mérite, celui d'en comprendre l'importance et l'usage. Il ne s'est pas borné à produire un argument inusité jusque-là, en concurrence avec l'*Electre*, l'*Achille*, le *voilé* ou le *menteur*, ou tout autre argument, bon ou mauvais, des dialecticiens d'Élée ou de Mégare. Il a su, et il a prouvé que le syllogisme était l'argument par excellence, la forme à laquelle pouvait et devait se ramener toute déduction, toute preuve, toute démonstration. Ajoutez à cela l'analyse qu'il en a donnée, et la netteté avec laquelle il en a décrit la nature et la formation ; les espèces, les transformations et les emplois divers. Enfin, ce procédé, entre ses mains, n'est point demeuré stérile : il en a fait une méthode, admirablement exposée dans les Derniers Analytiques, et au moyen de cette méthode, distinguée avec profondeur de la dialectique et de la sophistique, il a traité les sciences, le premier de tous les Grecs, d'une manière scientifique, donnant le précepte et l'exemple de l'exposition qui convient à la vérité supposée connue.

En un mot, il est notre maître dans la théorie de la démonstration aussi bien que dans celle du syllogisme, et son génie n'éclate pas moins dans le développement de sa première découverte que dans cette découverte elle-même, où il a pu être aidé, je le répète, par la méthode de Platon, sans perdre pour cela son titre d'inventeur original et profond.

ESSAI IV.

DE LA NOUVELLE ANALYTIQUE DE SIR WILLIAM HAMILTON.

Parmi les causes qui ont retardé les progrès de la logique dans les temps modernes, il faut placer au premier rang deux préjugés qui règnent encore de nos jours, dans le monde et dans l'école, en dépit de la raison et de l'expérience. L'un de ces préjugés est que la logique se borne à la théorie du raisonnement; l'autre, que cette théorie ayant été achevée par Aristote, il n'y a lieu d'y apporter aucune modification. Ce n'est pas seulement le vulgaire, mais aussi des philosophes en assez grand nombre qui sont imbus de ces opinions, et qui en conséquence n'hésitent pas à répudier les meilleures conquêtes de l'esprit moderne. Pour ces philosophes attardés, c'est en vain que Bacon a doté la logique d'une province nouvelle, en y ajoutant l'induction scientifique; c'est en vain que Descartes l'a renouvelée tout entière, en y introduisant, sous le nom de méthode, une critique de l'entendement, la détermination de ses limites et de sa portée légitime, la recherche des causes et des remèdes de nos erreurs, et tant d'autres problèmes d'un intérêt à la fois plus général et plus immédiat que les questions par trop techniques où se renfermaient les docteurs du moyen âge. On doit s'étonner qu'après Bacon et Descartes, après Malebranche et Port-Royal, Wolf et Kant, la logique puisse encore être définie, comme si nous vivions en pleine scholastique, l'art ou la science du raisonnement. Mais l'esprit de routine va plus loin encore : non content de confondre l'art de penser avec une de ses parties, il soutient hardiment que l'Organon en est le dernier mot, et qu'Aristote n'a rien laissé à faire à ses successeurs. Cette seconde erreur est pour le moins aussi grave et aussi préjudiciable que la première : en même temps qu'elle donne un démenti à l'évidence des faits et au témoignage irrécusable de l'histoire, elle est de nature à paralyser tous nos efforts pour sortir des ornières de la scholastique. Il nous importe donc de nous affranchir de ce préjugé aussi bien que de l'autre, et c'est le principal but que nous nous sommes proposé dans cet Essai.

Qu'il y eût quelque chose à faire en logique ou même dans la description du raisonnement après Aristote, cela ne saurait être douteux pour quiconque a lu deux fois les Analytiques. J'admets qu'à une première lecture on soit tout entier à la surprise et à l'admiration devant ce puissant effort d'analyse, et qu'on s'imagine avoir touché, avec l'auteur, aux dernières limites de la science du raisonnement. Mais en y regardant de près, et surtout en tenant compte des travaux postérieurs, on ne saurait nier qu'il fût possible de perfectionner l'œuvre d'Aristote. Sans parler du mode d'exposition qui assurément a pu être amélioré, ni d'un certain nombre d'erreurs de détail qui se sont glissées dans ce chef-d'œuvre de la sagacité humaine, ni des subtilités gratuites qu'on y rencontre en plusieurs endroits, n'est-il pas certain qu'Aristote avait laissé de côté, peut-être sciemment, trois modes sur cinq qui appartiennent à la quatrième figure du syllogisme, et que Théophraste, Eudème et Galien, qui leur donnèrent une place en logique, comblèrent par là une lacune dans la description du syllogisme? On ne peut pas soutenir que les autres lacunes de cette théorie aient été aussi heureusement réparées, par exemple l'analyse des syllogismes par hypothèse, qu'Aristote annonce dans les Premiers Analytiques et qu'il n'a donnée nulle part; mais on peut croire qu'elles disparaîtront un jour, à moins que, par un respect superstitieux pour le premier inventeur, on n'aille jusqu'à prétendre que, ce qu'il n'a pas vu, nul ne saurait le découvrir après lui.

Les essais, même les plus infructueux en apparence, de Boëce ou d'Abélard, de Ramus ou de Gassendi, fourniraient au besoin la preuve que la théorie du syllogisme a pu s'accroître après Aristote. Mais, pour nous convaincre de la possibilité, sinon de la facilité de faire avancer même cette partie de la science dont on a dit que, par un privilége unique, elle avait été achevée du premier coup, il est inutile de recourir à des époques reculées ou à des écrivains déjà anciens. Il suffit de jeter un coup d'œil sur les travaux d'un savant dont la mort récente a été un deuil pour la philosophie, mais surtout pour la logique, dont il était le plus éminent interprète en Europe.

M. Hamilton était nourri d'Aristote; mais il procédait aussi de Reid et de Kant : il avait emprunté à l'un sa psychologie si sage et si profonde dans sa simplicité; il avait retenu de l'autre, avec des vues très-ingénieuses et souvent très-exactes, une manière exclusive et compassée d'entendre certaines parties de la philosophie. L'idée qu'il se fit de la logique était étroite et fausse, je crois l'avoir démontré; mais dans ce domaine restreint où il se renfermait volontairement, il a été sans rival de nos jours, et il a mérité d'être considéré comme le continuateur original d'Aristote, et presque comme l'inventeur d'une nouvelle Analytique. Tel est du moins le titre sous lequel un de ses disciples a publié, il y a quelques années, un aperçu de ses doctrines logiques [1]. Ce titre, accepté par le philosophe d'Édimbourg, est une sorte de défi à l'auteur de l'Organon, et sans doute il est permis de le trouver trop ambitieux; mais il faut avouer que personne n'a mieux mérité que M. Hamilton d'en voir décorer ses inventions: car personne n'a fait subir à la syllogistique une modification plus profonde. En effet, sans admettre que toutes les nouveautés qu'il a enseignées soient des vérités acquises à la science, il paraît impossible de contester les résultats suivants:

1º Il a complété la théorie de la proposition, en portant à huit le nombre des propositions que l'on peut construire avec deux termes, tandis que, jusqu'à lui, les logiciens n'en reconnaissaient que quatre, ou tout au plus cinq;

2º Il a réduit à une seule toutes les règles de conversion des propositions;

3º Il a mis en lumière le rôle de la compréhension dans le procédé syllogistique, où Aristote et ses disciples n'avaient guère considéré que l'extension;

4º Enfin, il a inventé le système de notation le plus ingénieux et le plus simple pour désigner chacune de

---

[1] M. Baynes, *Essay on the new Analytic of Logical Forms* (1850). M. Hamilton renvoie plus d'une fois ses lecteurs à cet écrit, qu'il appelle *excellent*, pour y trouver le développement de ses propres idées en logique.

ses huit propositions, leurs rapports, leurs combinaisons, toutes les figures et tous les modes du syllogisme : il n'a besoin pour cela que d'un petit nombre de lettres, avec quatre lignes droites, dont trois horizontales et parallèles, et une verticale.

On pourrait encore mentionner comme une découverte la science profonde et depuis longtemps perdue du vrai sens et du véritable emploi des termes de la logique. Il y avait plusieurs siècles qu'on n'avait manié cette langue comme a su le faire M. Hamilton.

Être original à ce point en logique est une rareté qui semblait devoir attirer l'attention de tous les hommes instruits, et qui n'a pas été assez remarquée en France. Les amis de la philosophie parmi nous savaient bien, depuis l'excellent volume publié par M. Peisse en 1840, qu'il y avait en Écosse, à Édimbourg, un critique du premier ordre, un philosophe qui, à la sagesse traditionnelle des successeurs de Reid, joignait la plus forte érudition et une connaissance peu commune d'Aristote. Cependant, lorsqu'en 1851 et en 1852, j'essayai d'apprécier devant mes auditeurs de la Sorbonne les opinions particulières de M. Hamilton en logique, je m'aperçus bientôt que ces opinions leur étaient absolument inconnues, et qu'il fallait traiter ce philosophe comme un ancien, en interprétant sa doctrine comme s'il eût vécu au temps de Chrysippe et de Carnéade, ou dans le pays de Confucius. Ce n'est qu'en 1856 qu'un juge plus compétent et mieux écouté du public, M. Charles de Rémusat, a consacré aux travaux de sir William Hamilton quelques pages aussi agréables qu'instructives, où il a fait connaître aux nombreux lecteurs de la Revue des Deux Mondes les principaux titres du célèbre professeur d'Édimbourg, en insistant, avec une réserve qui n'exclut pas la force, sur sa science et son originalité en logique. « Personne, dit-il avec raison, ne la sait comme lui, hors son traducteur, M. Peisse. Il croit même lui avoir fait faire un progrès en découvrant une erreur dans Aristote. » Et plus loin, le même écrivain ajoute, d'un ton à faire croire à son approbation : « Son enseignement comme professeur de logique aura produit un effet bien inattendu dans notre siècle, un mouvement dans une science immobile.... Il a été amené à penser, contre l'avis d'Aristote, que le prédicat, dans les propositions tant affirmatives que négatives, n'était point exclusivement de telle ou telle quantité, ou pouvait être formellement soit universel, soit particulier ;.... en réfléchissant sur la nature intime du syllogisme, il croit être parvenu à en simplifier la théorie, à construire une nouvelle analytique des formes logiques et à concevoir une notation relativement simple, un diagramme qui les représente à l'œil par des lignes géométriques, etc. »

Mon dessein n'est pas de développer ici tout ce que M. de Rémusat indique d'une manière si délicate au public lettré. C'est une tâche que je n'ai pas le loisir d'entreprendre, mais qui, je l'espère, tentera quelqu'un de mes confrères. Une traduction des écrits logiques de M. Hamilton serait à elle seule un service rendu à la philosophie française. Il suffit à mon ambition d'avoir été des premiers à les connaître et à les estimer à leur juste valeur. Je me bornerai donc à reproduire ici une partie des détails où je suis entré dans mes cours à la Faculté des lettres de Paris, d'abord sur la théorie de la proposition, puis sur ce que le logicien écossais appelait le syllogisme inductif.

I.

De la proposition[1].

Pour se rendre compte des modifications apportées par M. Hamilton à la théorie commune de la proposition, il faut se rappeler les principes qui la régissaient autrefois, et dont une épreuve vingt fois séculaire semblait avoir consacré à jamais l'infaillibilité.

Tous les logiciens depuis Aristote étaient d'accord pour admettre quatre espèces de propositions simples, distinguées entre elles non-seulement par leur qualité, c'est-à-dire par l'affirmation et la négation, mais encore par leur quantité, c'est-à-dire par l'emploi universel ou restreint de leur sujet; et les noms qui avaient prévalu pour désigner ces quatre propositions étaient les suivants : 1° proposition universelle affirmative (Exemple : Tout plaisir est un bien) ; 2° proposition universelle négative (Ex : Aucun plaisir n'est un bien) ; 3° proposition particulière affirmative (Ex : Quelque plaisir est un bien) ; 4° proposition particulière négative (Ex : Quelque plaisir n'est pas un bien.)

Nous devons remarquer ici, pour plus d'exactitude, que les mots : *qualité* et *quantité* ne sont point d'Aristote, et que les termes καθόλου et ἐν μέρει qu'il emploie pour exprimer la quantité des propositions eussent été mieux traduits par les mots : *total* et *partiel*, que par ceux d'*universel* et de *particulier*, qui ont quelque chose

---

[1] La théorie logique que l'on va discuter se trouve dans le volume intitulé : Discussions on Philosophy and Litterature, Education and University Reform, etc., by sir W. Hamilton (London, 1852, in-8°, 758 p.), de la p. 116 à la p. 174, et de la p. 614 à la p. 652.

d'équivoque et qui ont donné l'occasion à quelques logiciens modernes de supposer des propositions *individuelles*, c'est-à-dire qui ont pour sujet un individu, et non une espèce ou un genre, tandis qu'avec la terminologie des Premiers Analytiques il n'y a pas lieu de distinguer par là les propositions, mais seulement par cette unique circonstance, que leur sujet, individu, espèce ou genre, est pris tout entier ou partiellement. Aussi les philosophes les plus exacts ont-ils toujours rejeté l'addition proposée par Ramus, puis par les auteurs de la Logique de Port-Royal, attendu que leurs propositions *propres*, *singulières* ou *individuelles*, suivant le nom qu'on voudra leur donner, rentrent aussi bien que les propositions *générales* et *spéciales* dans l'une des deux divisions tracées avec tant de netteté par l'auteur des Analytiques.

Une proposition étant admise avec un rapport déterminé entre ses deux termes, les logiciens savent en déduire par divers procédés plusieurs autres propositions, sans faire intervenir d'autres données et sans avoir recours à un moyen terme. Tantôt ils tirent d'une proposition universelle la particulière qui y est contenue, comme, par exemple, lorsque ayant affirmé que : Tout plaisir est bon, ils en tirent cette conséquence immédiate : Quelque plaisir est bon. Tantôt ils passent d'une proposition à la négation de celles qui lui sont opposées, comme contraire ou comme contradictoire ; si par exemple on leur accorde que : Tout plaisir est un bien, la vérité de cette proposition entraîne la fausseté de celle-ci : Aucun plaisir n'est un bien, et de cette autre : Quelque plaisir n'est pas un bien. Enfin, il leur arrive aussi, pour le besoin de l'argumentation, de renverser dans ses termes une proposition donnée, en prenant pour sujet l'attribut et pour attribut le sujet, comme lorsqu'ils tirent de cette proposition : Aucun plaisir n'est un bien, cette autre proposition de même qualité, qui lui est à la fois réciproque et identique : Aucun bien n'est un plaisir. Ce dernier procédé est ce qu'on appelle *conversion des propositions*, et voici les règles bien connues qu'en en donnait jusqu'ici :

1º La proposition universelle négative se convertit simplement en ses propres termes, c'est-à-dire en une autre proposition universelle et négative. Exemple : Aucun plaisir n'est un bien ; convertissez : Aucun bien n'est un plaisir.

2º La proposition universelle affirmative se convertit partiellement, c'est-à-dire en une particulière affirmative. Ex : Tout homme est animal ; convertissez : Quelque animal est homme, et non pas : Tout animal est homme ; car, en affirmant que l'homme est animal, on a entendu dire seulement qu'il était une espèce du genre animal.

3º A plus forte raison, la proposition particulière affirmative ne se pourra-t-elle convertir qu'en une particulière affirmative. Ex. : Quelques plaisirs sont des biens ; convertissez : Quelques biens sont des plaisirs.

4º Quant à la proposition particulière négative, elle ne se convertit nullement. Ex. : Quelques hommes ne sont pas grammairiens ; vous ne sauriez convertir cette proposition ni en celle-ci : Aucun grammairien n'est homme, ni en cette autre : Quelques grammairiens ne sont pas hommes ; car il se peut qu'il n'y ait de grammairiens que parmi l'espèce humaine. Donc il n'y a point de conversion légitime de la proposition particulière négative, puisqu'on n'en saurait tirer rigoureusement ni une universelle ni une particulière.

On doit ajouter à ces règles une exception d'assez grande importance et dont il est très-souvent question, soit dans les Premiers, soit dans les Derniers Analytiques. Cette exception porte sur cette espèce de propositions universelles affirmatives, dans lesquelles le sujet et l'attribut, étant de même extension, peuvent être pris l'un pour l'autre. Telles sont les définitions, que l'on reconnaît précisément à ce signe que leurs termes sont réciproques, la définition pouvant, comme on dit, se prendre pour le défini. Ex. : Tout triangle est un polygone de trois côtés; vous convertissez : Tout polygone de trois côtés est un triangle ; les propositions universelles affirmatives de cette sorte se convertissent donc en leurs propres termes, contrairement à la seconde règle générale.

En résumé, les propositions étant de quatre espèces, il y en a qui se convertissent dans leurs propres termes : ce sont les universelles négatives, les particulières affirmatives et un certain nombre d'universelles affirmatives. Il y en a ensuite qui se convertissent partiellement, savoir la plupart des universelles affirmatives. Troisièmement enfin, il y en a qui ne se convertissent en aucune façon, et ce sont les particulières négatives.

Voilà, dans ce qu'elle a de plus saillant, l'ancienne théorie de la proposition. Voici maintenant celle que M. William Hamilton prétend y substituer.

Il invoque d'abord un principe, qu'il considère comme un axiome, et qu'il est en effet impossible de lui contester : c'est que « le logicien doit exprimer d'une manière explicite dans le langage ce qui est implicitement dans la pensée. » C'est en vertu de ce principe qu'Aristote veut qu'on dise : *Tout* A est B, ou *Quelque* A est B, et non pas seulement : A est B, afin que l'on sache jusqu'à quel point l'esprit applique au sujet A l'attribut B. Eh bien, dit à son tour M. Hamilton, ce n'est pas seulement le sujet qui a une quantité dans votre pensée, c'est aussi l'attribut ou prédicat. Un jugement, dans l'esprit, est une équation entre tel sujet et tel prédicat, et les deux termes de la pensée sont également déterminés. Il doit en être de même de la proposition, puisqu'elle est dans le langage ce qu'est le jugement dans la pensée.

Cela posé, lorsqu'on dit : Tout triangle est un polygone de trois côtés, on laisse à deviner s'il s'agit de tous les polygones de trois côtés ou de quelques-uns seulement. Si vous pensez ce prédicat comme égal et réciproque au sujet en extension et en compréhension, pourquoi ne diriez-vous pas, comme en effet vous le pensez : *Tout* triangle est *tout* polygone de trois côtés ? De cette manière vous supprimez l'équivoque, et l'on comprend que vous ayez le droit de convertir cette proposition, en disant : *Tout* polygone de trois côtés est *tout* triangle. Car il est évident que vous n'affirmez que ce que vous aviez affirmé d'abord, rien de nouveau, rien de plus, rien de moins.

Mais voici une autre proposition où le sujet est encore pris dans sa totalité : *Tout* homme est animal. Qu'est-ce à dire ? s'agit-il de *tout* animal ? Non, mais de *quelque* animal. Donc, encore une fois, l'attribut a une quantité dans l'esprit, et cette quantité est équivalente à celle du sujet. On doit donc dire, puisqu'on le pense :

Tout homme est *quelque* animal, et l'on peut convertir cette proposition, puisque les quelques animaux que l'on a pensés comme attribut, sont précisément les hommes. On a donc la proposition : *Quelques* animaux sont hommes.

Cette proposition, à son tour, comment l'énoncer, si l'on veut qu'elle exprime la quantité de l'attribut aussi bien que celle du sujet ? Il est évident qu'elle doit être ainsi formulée : *Quelques* animaux sont *tous* les hommes, ou *Quelque* animal est *tout* homme ; car l'espèce du genre animal que l'on pense comme sujet sous cette expression : *quelque* animal, est l'espèce humaine tout entière et sans restriction. Il n'est pas moins évident que la conversion légitime de cette proposition nous rendra notre proposition de tout à l'heure : *Tout* homme est *quelque* animal.

Dans ce dernier exemple, le sujet et l'attribut étaient opposés par la quantité ; il n'en est pas ainsi de cette proposition : *Quelques* hommes sont vertueux, qu'il faut traduire : *Quelques* hommes sont *quelques* vertueux (ou *des* êtres vertueux) : car il ne s'agit pas ici de tout le genre *vertueux*, mais d'une espèce de ce genre. La conversion légitime donne une proposition de même sorte : *Quelques* êtres vertueux sont *quelques* hommes (ou *des* hommes).

Voilà donc jusqu'ici quatre espèces de propositions affirmatives : la 1re, que M. Hamilton appelle *toto-totale*, et dont les termes sont tous les deux employés sans restriction ; la 2e, qu'il nomme *toto-partielle*, pour marquer que le sujet y est pris tout entier et l'attribut en partie, ἐν μέρει, comme disait Aristote ; la 3e est *parti-totale*, c'est-à-dire que le sujet y est pris partiellement et l'attribut totalement ; dans la 4ᵉ enfin, qui est dite *parti-partielle*, les deux termes sont pris avec restriction ou partiellement. Toutes ces propositions, nous l'avons vu, se convertissent simplement en leurs propres termes.

Il en est de même, suivant M. Hamilton, des propositions négatives, dont il distingue aussi quatre espèces, savoir :

1º La proposition *toto-totale*, qui se convertit en une *toto-totale*. Exemple : *Aucun* être libre n'est *aucun* être inintelligent ; convertissez : *Aucun* être inintelligent n'est *aucun* être libre.

2º La proposition *toto-partielle*, qui se convertit en une *parti-totale*. Ex : *Aucun* homme n'est *quelque* savant, c'est-à-dire savant d'une certaine manière ; convertissez : *Quelque* savant n'est *aucun* homme, c'est-à-dire qu'une certaine science ne se rencontre chez aucun homme.

3º La proposition *parti-totale*, qui se convertit en une *toto-partielle*. Ex : *Quelque* homme n'est *aucun* vertueux, c'est-à-dire nullement vertueux ; convertissez : *Aucun* être vertueux n'est *quelque* homme, c'est-à-dire dans une certaine espèce du genre homme.

4º La proposition *parti-partielle*, qui se convertit en une autre *parti-partielle*. *Quelques* grammairiens ne sont pas *quelques* savants, c'est-à-dire savants d'une certaine manière ; convertissez : *Quelques* savants ne sont pas *quelques* grammairiens, c'est-à dire : ne se rencontrent pas dans une certaine espèce de grammairiens.

En résumé, au lieu de quatre propositions, M. Hamilton en compte huit ; mais par contre, au lieu des trois règles de conversion qu'enseignaient avant lui tous les logiciens, il n'en admet qu'une seule, très-claire et très-évidente, savoir, que toute proposition formulée suivant ses prescriptions se convertit simplement en ses propres termes, le sujet et le prédicat conservant toujours la quantité qui leur a été une fois assignée par l'esprit.

Ces deux modifications sont l'origine de toutes celles que le philosophe écossais a cru pouvoir proposer dans la théorie commune du syllogisme. Aussi n'ont-elles pas été admises sans contestation par tous ceux qui s'occupent de ces matières. Elles ont rencontré surtout un adversaire décidé dans M. de Morgan, professeur de mathématiques à l'université de Cambridge. Celui-ci, ayant présenté ses objections dans un mémoire [1] lu à la Société philosophique de Cambridge, puis inséré dans le tome IX des Transactions de cette Société, M. Hamilton lui répondit avec une grande vivacité, et cette polémique est un des morceaux les plus remarquables de ses Discussions de philosophie [2]. Nulle part, il n'a déployé plus de véritable profondeur dans l'analyse du jugement et de la proposition ; jamais non plus il n'a usé avec autant de rigueur des droits de la critique : car, non content de faire éclater l'immense supériorité de son talent et de sa science, il accable son adversaire sous les reproches trop bien démontrés de légèreté et d'ignorance.

Entre autres objections dirigées par le mathématicien de Cambridge contre la nouvelle Analytique, on doit remarquer celles qui ont pour but de réduire le nombre des propositions, en les ramenant toutes aux quatre

---

[1] On the symbols of Logic, the theory of the syllogism, etc.

[2] Appendix II. Logical (B), de la p. 621 à la p. 652 (édit. de 1852). On Affirmation and Negation, — on propositional forms, — on breadth and depth, — on syllogism and syllogistic notation, etc.

espèces généralement reconnues. C'est ainsi qu'en analysant la première des huit propositions de M. Hamilton : *Tout x est tout y*, M. de Morgan soutient qu'elle n'est pas simple, mais complexe, et qu'elle se décompose en deux autres, savoir : *Tout x est quelque y*, et *Quelque y est tout x*. Il attaque de même la huitième proposition, la négative parti-partielle : *Quelque x n'est pas quelque y*, et déclare que ce n'est pas une proposition simple et naturelle, mais dérivée et bâtarde (spurious).

M. Hamilton défend vigoureusement ces deux propositions. En ce qui concerne l'affirmative toto-totale, il en maintient l'existence légitime au double point de vue de la psychologie et de la logique : il montre sans réplique combien il est naturel à l'esprit, une fois en possession des concepts de triangle et de polygone trilatéral, d'en affirmer directement l'identité, sans avoir recours à aucun autre jugement ; et il achève de prouver le caractère logiquement simple d'une telle proposition, en faisant voir qu'elle peut être niée ou contredite par une seule proposition simple, et non par plusieurs ni par une proposition complexe.

Il n'établit pas moins victorieusement l'existence réelle et distincte de la négative parti-partielle, en appelant l'attention de son adversaire sur le sens et la portée de cette sorte de propositions. En effet, c'est par de tels jugements et par de telles propositions que nous affirmons que quelques individus pris dans une espèce sont différents de quelques autres individus de la même espèce. Loin d'être une invention de la logique, ces propositions sont d'un emploi vulgaire ; elles se produisent fréquemment dans la langue commune, et lorsque Sganarelle dit avec une dignité comique : « Il y a fagots et fagots, » il ne fait pas autre chose qu'une de ces distinctions faciles, naturelles, immédiates, qui rentrent sous la formule générale de M. Hamilton : Quelque A n'est pas quelque (autre) A.

Le logicien d'Édimbourg a évidemment raison sur presque tous les points de cette controverse. Mais nous regrettons qu'il ne se soit pas borné à défendre ses propres théories, et qu'il se soit montré à son tour agressif et même injuste. Quand même il serait démontré que M. de Morgan aurait eu le double tort de ne point comprendre la portée de la nouvelle Analytique, et d'en être demeuré à la syllogistique de Lambert et de Ploucquet, il n'en serait pas moins un habile mathématicien, et il serait toujours très-dur de lui appliquer le mot de Warburton par lequel se termine ce morceau : « C'est une chose notoire, que le plus vieux mathématicien de l'Angleterre en est le pire logicien [1]. »

En général, M. Hamilton est trop tranchant dans ses assertions, et il se fait une trop haute idée de ses découvertes. Ne suffisait-il pas à sa gloire d'avoir renouvelé la théorie de la proposition? Était-il nécessaire d'attribuer à ses devanciers des erreurs qu'ils n'ont jamais commises? « On voit, dit-il avec une certaine pompe dans une note de ses Discussions de philosophie (p. 162, 163), on voit que, dès l'année 1833, j'étais délivré de l'erreur d'Aristote et des logiciens qui prétendent que le prédicat, dans les propositions affirmatives, ne peut être formellement que particulier, etc. » Non-seulement l'erreur que l'on prête ici à Aristote n'est exprimée nulle part dans ses écrits, mais encore

---

[1] « It is a thing notorious, that the oldest mathematician in England, is the worst reasoner in it. »

elle est expressément contredite par la théorie que donne ce philosophe des propositions universelles affirmatives à termes réciproques. Ces propositions sont celles que M. Hamilton appelle toto-totales, et ce sont, à coup sûr, les plus importantes parmi celles qu'il croit ajouter au domaine de la logique. Ici, comme pour la quatrième figure du syllogisme, Aristote avait laissé quelque chose à faire; mais ici encore, il avait fait lui-même le premier pas et le plus décisif dans la voie des perfectionnements que comportait sa théorie. Il avait même connu et employé la règle qui a guidé M. Hamilton dans toutes ses recherches, et qui consiste à reproduire explicitement dans le discours tout ce qui est dans la pensée d'une manière implicite. Il est donc tout à fait injuste, pour ne pas dire davantage, après avoir emprunté à Aristote ce principe et le précédent, d'ajouter « qu'il faut bien les admettre, *malgré Aristote et ceux qui le répètent*[1]. »

Ces observations n'enlèvent pas à M. Hamilton son mérite et son originalité comme logicien; mais elles peuvent servir à le mettre à sa véritable place parmi les interprètes et les continuateurs d'Aristote, au rang des Théophraste, des Eudème et des Galien, et peut-être au-dessus : car la théorie du syllogisme dépend de celle de la proposition, et les modifications qu'il a fait subir à cette dernière ont plus d'importance que l'analyse de la quatrième figure, ou même que la théorie perdue des syllogismes hypothétiques.

M. Hamilton ne garde pas non plus la juste mesure, lorsqu'il entreprend de faire valoir ses découvertes, en leur prêtant une étendue et une portée excessives. Je ne

[1] Discussions on philosophy, etc., p. 614.

m'arrêterai pas à le démontrer ; je me bornerai à reproduire brièvement dix-huit conséquences qu'il prétend tirer de ses principes, et qu'il a lui-même indiquées plutôt que développées [1].

1º Les termes qui, dans une proposition, ne sont point accompagnés d'un signe qui exprime leur quantité (comme *tout*, *quelque*, *aucun*), ne sont point pensés pour cela sans quantité ;

2º Toute proposition exprime une équation entre son sujet et son prédicat ;

3º Les trois espèces de conversion de proposition se réduisent à une seule, la conversion simple ;

4º Toutes les règles générales du syllogisme catégorique se réduisent à une règle unique ;

5º De cette seule règle se déduisent toutes les espèces et variétés du syllogisme ;

6º Toutes les lois particulières du syllogisme doivent être abrogées ;

7º Trois figures seulement sont possibles pour le syllogisme, et la quatrième est définitivement exclue de la logique ;

8º Il est inutile, et même absurde, de réduire les syllogismes des autres figures à ceux de la première ;

9º Chaque figure a un principe organique ;

10º La nouvelle théorie donne seule le nombre exact des modes légitimes ;

11º Elle augmente ce nombre ;

12º Elle fait voir qu'il est le même dans toutes les figures ;

13º Elle montre l'équivalence respective des modes et leur identité virtuelle sous la diversité de leurs formes ;

[1] *Discussions on philosophy*, etc., p. 614, 615.

14° Dans la deuxième figure et dans la troisième, les deux extrêmes ayant une même relation avec le moyen, il n'y a pas, comme dans la première figure, opposition ou subordination entre un terme majeur et un terme mineur;

15° Par conséquent, dans ces deux figures, il n'y a point de majeure et de mineure déterminées, et il y a deux conclusions indifférentes, tandis que, dans la première, les prémisses sont déterminées et ne donnent qu'une conclusion prochaine;

16° La troisième figure étant celle où domine la compréhension, est plus appropriée à l'induction;

17° La deuxième, où l'extension domine, est plus appropriée à la déduction;

18° La première figure, où la compréhension et l'extension sont en équilibre, est commune à l'induction et à la déduction indifféremment.

Cette sorte de programme peut servir à donner une idée des travaux à la fois et des prétentions de M. Hamilton en logique. Si quelques-unes de ces prétentions paraissent exorbitantes et inadmissibles, au moins doit-on reconnaître l'importance logique des questions qu'il soulève, et l'ingénieuse hardiesse de ses solutions. Il serait trop long de les discuter en détail; j'examinerai seulement ce qui concerne l'induction réduite au syllogisme; mais avant d'aborder cette étude, je ne puis m'empêcher de relever en peu de mots ce qu'il y a d'excessif dans cette assertion : « Toute proposition exprime une équation entre son sujet et son prédicat. »

M. Hamilton me semble avoir exagéré une vérité, comme il arrive parfois aux esprits les plus pénétrants. Dans toute proposition, en effet, l'esprit établit une sorte d'équation entre la quantité du sujet et celle de l'attribut ; cet attribut est affirmé de ce sujet dans la mesure et suivant l'extension où ce sujet a été pensé. Mais il y a loin de là à une équation absolue entre les deux termes que le jugement unit ou sépare. Une telle équation, prise à la rigueur, serait la négation de toute découverte et de tout progrès dans la pensée. L'esprit qui observe ou qui réfléchit ne va pas ainsi toujours du même au même : il découvre tantôt un attribut dans un sujet, et tantôt un sujet sous un attribut, et ces deux notions sont toujours distinctes, quoique, pour entrer en un même jugement, elles doivent être ramenées, pour ainsi dire, à une commune mesure, à savoir une même quantité ou extension. Par là, elles sont semblables et même égales, mais par là seulement, et si par hasard M. Hamilton a entendu quelque chose de plus, si, comme je le crois, il a voulu indiquer une équation absolue ou une identité véritable entre les termes du jugement et de la proposition, alors, je ne crains pas de le dire, il est tombé à son tour dans l'erreur, en substituant à la marche et au progrès de l'esprit humain, qui va sans cesse du connu à l'inconnu, je ne sais quel exercice stérile qui consiste à aller toujours du même au même, dans toute la rigueur de cette expression, et conformément à cette loi chimérique d'identité que certains logiciens lui imposent comme règle unique, fatale, imprescriptible. Non, l'esprit humain n'est pas condamné à tourner dans un cercle de notions restreintes et identiques. Chaque jugement nouveau qu'il porte ajoute à ses connaissances, et la vérité qui lui est accessible s'étend fort au delà des limites qu'on prétend lui tracer.

Mais revenons au point spécial que nous nous sommes

proposé de traiter : étudions l'application que fait M. Hamilton de sa théorie au procédé inductif.

II.

Du syllogisme dit inductif [1].

Reconnaissons avant tout que l'induction de M. Hamilton n'est pas celle dont il est question dans le Novum Organum et qui, grâce à Bacon, fait désormais partie de la logique, malgré la résistance désespérée des nouveaux scholastiques de notre siècle. M. Hamilton est malheureusement du nombre : il s'obstine à n'admettre en logique que les résultats obtenus, comme il dit, *ratione formæ*, « la conséquence étant nécessairement renfermée dans la conception même des prémisses ; » et en vertu de cet arrêt arbitraire, il exclut de cette science l'induction proprement dite, ainsi qu'un autre procédé, qu'il appelle aussi de ce nom, je ne sais pourquoi, et qu'il définit « méthode objective de rechercher les faits particuliers, comme base préparatoire de la conclusion. »

Il y a cependant, suivant lui, une sorte d'induction qui est exclusivement propre à la logique, mais dont la nature a été entièrement méconnue par presque tous les logiciens. Il la définit « une conclusion formelle de l'individuel à l'universel, légitimée seulement par les lois de la pensée, et abstraction faite des conditions de toute matière particulière, » et il en explique la nature de manière à prouver qu'il a en vue ce que les scholastiques

---

[1] Les pages qui suivent se rapportent à une partie du morceau intitulé : *Logique*, dans les Fragments traduits par M. Peisse, de la p. 242 à la p. 254.

appelaient induction parfaite ou argumentation par énumération des parties, c'est-à-dire un raisonnement qui consiste à affirmer ou à nier d'un tout ce qui a été affirmé ou nié de toutes ses parties, comme dans l'exemple suivant :

La logique, la métaphysique, la physique et la morale sont utiles;

or, *ce sont là toutes les parties de la philosophie;*

donc *la philosophie est utile;*

ou dans cet autre :

L'idée de Dieu ne dérive ni du toucher, ni du goût, ni de l'odorat, ni de l'ouïe, ni de la vue;

or, *ce sont là tous les sens;*

donc *l'idée de Dieu ne dérive point des sens.*

A vrai dire, un raisonnement de cette sorte ressemble plutôt à la première opération de l'arithmétique qu'à tout autre procédé de l'esprit, et c'est encore une question de savoir jusqu'à quel point on peut le ramener, soit à l'induction, soit même au syllogisme régulier. Depuis Aristote, qui doutait que ce fût un syllogisme, jusqu'à Bacon, qui s'indigne qu'on lui donne le nom d'induction, tous les logiciens en ont été plus ou moins embarrassés, et je ne connais guère que Clauberge qui en ait fait une étude approfondie avant M. Hamilton. La théorie de ce dernier est de beaucoup supérieure à toutes les autres par la netteté, la rigueur et la précision, comme on va le voir tout à l'heure. Mais avant de la discuter, et pour en mieux comprendre les défauts et les mérites, il ne sera pas inutile de rappeler les principales critiques qui ont été dirigées, à des points de vue très-différents, contre ce prétendu syllogisme inductif.

L'auteur du Novum Organum, nous l'avons déjà dit,

refuserait volontiers le nom d'induction à cette conclusion des parties au tout. « Cette sorte d'induction, dit-il, qui procède par voie de simple énumération, est une méthode d'enfants : elle ne mène qu'à des conclusions précaires, et qui courent les plus grands risques de la part du premier exemple contradictoire qui peut se présenter[1]. » Ainsi, suivant Bacon, cette forme d'argumentation, prise comme induction, est puérile, précaire, et peut être renversée par le premier exemple contradictoire. Mais qu'importe à M. Hamilton que son syllogisme inductif soit une induction méprisable ou vicieuse ? Si c'était une véritable induction, nous savons ce qu'il en ferait. S'il consent à l'étudier en logique, c'est parce qu'il y voit un syllogisme. C'est donc à ce point de vue qu'il faut nous placer, en nous réservant d'apprécier ailleurs la valeur et l'usage de ce même procédé dans la méthode inductive[2].

Aristote a consacré un chapitre de ses Premiers Analytiques (le 23e du livre II) à une comparaison du syllogisme avec l'induction mise sous forme d'argument. L'induction ainsi considérée n'est plus à ses yeux qu'un argument *oratoire*, et s'il lui applique le nom de syllogisme, c'est avec de telles restrictions et il y voit tant de difficultés, qu'il paraît presque impossible de prendre à la lettre cette concession.

D'abord, l'induction n'emploie pas régulièrement le moyen terme. En effet, soit le terme A (longève), qui contient le terme B (sans fiel), lequel contient le terme C (homme, cheval, mulet, etc.). Un syllogisme régulier construit avec ces données prouverait A de C, au moyen

---

[1] Novum Organum, l. I, aph. 105, trad. de M. Riaux.
[2] Voir plus loin le § 1er du chap. II de l'Essai VI.

de B. Le syllogisme par induction, au contraire, prouve B de A, au moyen de C : car il se fait par énumération ; au lieu de procéder du genre à l'espèce et du contenant au contenu, il procède des espèces au genre et des parties au tout qui les contient, ce qu'Aristote exprime en disant qu'il « démontre le grand terme du moyen à l'aide du petit terme. »

En second lieu, pour que la conclusion soit légitime, il faut penser le petit terme C comme la collection de toutes les parties du moyen terme B; car l'induction, mise en forme, ne peut donner qu'un syllogisme de la troisième figure, tel que celui-ci :

C (homme, cheval, mulet, etc.) est A (longève);
C (homme, cheval, mulet, etc.) est B (sans fiel);
donc B est A (tous les animaux sans fiel sont longèves).

Or, la conclusion ne saurait être universelle, lorsque le moyen terme est deux fois sujet, à moins qu'il ne soit réciproque avec le petit terme, c'est-à-dire de même extension. Si donc l'induction a embrassé tous les cas particuliers de B dans le terme C, alors, mais alors seulement, elle donne un résultat légitime.

Mais, même dans ce cas, elle n'est pas un syllogisme proprement dit : car, suivant l'expression énergique d'Aristote, l'induction est « le syllogisme de la proposition indémontrable (ou sans moyen, ἀμέσου.) »

La plupart des commentateurs ont conclu de là qu'Aristote ramenait l'induction au syllogisme. Pour moi, j'avoue que la lecture de ce chapitre me laisse une impression toute différente. « En un sens, dit Aristote en terminant, l'induction est le contraire du syllogisme, » et je crois que les remarques qui précèdent sont de nature à faire ressortir l'impossibilité de transformer l'induction en un véritable syllogisme.

Comment M. Hamilton va-t-il lever ces difficultés et répondre à ces objections? Nous lui avons déjà rendu cette justice qu'il ne s'obstine pas, comme les scholastiques, à réduire toute induction, bon gré mal gré, au syllogisme ordinaire, mais qu'il se borne à la seule forme sous laquelle l'induction offre une apparence de raisonnement. Puis, il tient compte des différences signalées par Aristote ; il les développe lui-même avec sa force accoutumée, tout en essayant de leur donner un tour favorable à son opinion. Enfin, il propose une théorie très-savante, sinon tout à fait neuve, du syllogisme inductif, dans son opposition, mais aussi dans sa ressemblance avec le syllogisme déductif. Voici comment il résume cette théorie, fondée sur l'analyse des notions du *tout* et des *parties*.

« Si tels sont la nature et les rapports du tout logique et de ses parties, on voit évidemment quelles doivent être les conditions sous lesquelles les deux modes de conclusion logique sont possibles. L'un de ces modes, celui qui procède du tout aux parties, est le raisonnement déductif, ou le syllogisme proprement dit ; l'autre, celui qui procède des parties au tout, est le raisonnement inductif. Le premier est gouverné par cette règle : ce qui appartient ou n'appartient pas au tout contenant, appartient ou n'appartient pas à chaque partie et à toutes les parties contenues ; le second, par celle-ci : ce qui appartient ou n'appartient pas à toutes les parties constituantes, appartient ou n'appartient pas au tout constitué. Ces règles déterminent exclusivement toute conclusion formelle : les outrepasser ou les violer, c'est outrepasser ou violer la logique; toutes deux sont également absolues. La corrélation des deux modes devient surtout frappante, si on emploie les mêmes signes pour formuler l'opération ascendante du syllogisme inductif, et l'opération descendante du déductif.

Inductif.	*Déductif.*
X, Y, Z sont A;	B est A;
X, Y, Z sont (le tout) B;	X, Y, Z sont (en) B;
donc B est A.	donc X, Y, Z sont A.
ou bien:	*ou bien:*
A contient X, Y, Z;	A contient B;
X, Y, Z constituent B;	B contient X, Y, Z;
donc A contient B.	donc A contient X, Y, Z.

Ces deux syllogismes présentent, chacun dans son espèce, une figure naturelle et parfaite; c'est ce qu'on ne contestera pas du moins du déductif, qui est de la première figure, etc. »

M. Hamilton se fait à lui-même cette objection connue, que son syllogisme inductif conclut universellement dans la troisième figure, ce qui est contraire aux règles de cette figure; mais il la discute et la résout d'une manière originale. Avant lui, les logiciens se contentaient de faire remarquer que les termes de la mineure sont réciproques, le tout B étant identique à la somme des parties X, Y, Z : de là une conversion légitime de la mineure en une proposition universelle affirmative, où le moyen terme devenait attribut, et une conclusion régulièrement obtenue par un syllogisme de la première figure (en *barbara*), de la manière suivante:

X, Y, Z sont A;
B est X, Y, Z;
donc B est A.

Ce n'est pas ainsi que l'entend M. Hamilton. Il soutient même que ce prétendu perfectionnement du syllogisme inductif en est une *perversion contre nature*, « parce que dans la mineure convertie les parties constituantes sont changées en un tout contenant, et que le tout contenant devient un sujet contenu sous ses parties constituantes. » En conséquence, il maintient hardiment la légitimité de son syllogisme inductif dans la troisième figure, en s'opposant à toute conversion, attendu que, suivant lui, personne ne contestera une conclusion établie comme il suit :

X, Y, Z sont (en) A ;
X, Y, Z sont (le tout) B ;
donc (le tout) B est (en) A.

Il ne faut donc pas, dit-il, apprécier l'argument inductif, comme on l'a toujours fait, d'après le type du déductif, dont il est l'inverse à plusieurs égards. En effet, l'ordre des propositions y est renversé, comme on l'a vu plus haut ; le moyen terme du procédé inductif est le petit terme du déductif, et, ce qui est surtout remarquable, les parties étant conçues dans le syllogisme inductif comme constituant le tout, sont la notion déterminante, tandis que, dans le syllogisme déductif, les parties étant conçues comme contenues dans le tout, sont la notion déterminée. Cependant les deux procédés sont légitimes ; ils concluent tous les deux régulièrement, et, malgré leurs différences manifestes, ils sont soumis à un principe commun, en sorte qu'on doit les considérer comme deux formes opposées d'un même procédé, le syllogisme. Pour l'un et pour l'autre, « la perfection de la figure consiste en ce que le moyen terme doit être la notion déterminée dans la *proposition* (ou majeure), la notion déterminante dans l'*assomption* (ou mineure). »

Cette théorie est aussi simple qu'ingénieuse : elle constate la rigueur du procédé par lequel on affirme du tout ce qui a été affirmé de toutes les parties, et en conséquence elle reconnaît et établit en logique ce mode de raisonnement, avec ses règles particulières, en opposition avec celles du syllogisme proprement dit. Mais le principe commun auquel M. Hamilton ramène ces deux arguments et sous lequel il prétend effacer leurs différences, est-il de nature à satisfaire entièrement les logiciens? En supposant même qu'il ne soulève aucune objection, donne-t-il le moyen de retrouver dans l'argument inductif de M. Hamilton tout ce qui constitue et caractérise essentiellement un syllogisme? Voilà ce qu'il s'agit d'examiner, et je demande la permission d'exposer brièvement mes doutes à cet égard.

1. Si l'on admet la légitimité de la conclusion inductive dans la troisième figure, sans conversion de la mineure, c'est évidemment à la condition de laisser tout à fait de côté les notions reçues sur les figures du syllogisme et sur les règles dont elles dépendent; et l'on se demande alors jusqu'à quel point on peut construire un véritable syllogisme en dehors de ces règles et de ces figures. Il ne suffit pas d'en appeler à ces termes abstraits : la notion *déterminante* et la notion *déterminée*. Dans l'application, ces termes ont quelque chose de vague et d'équivoque, la notion qu'on appelle déterminante étant aussi déterminée, et réciproquement, en sorte que la perfection de la figure serait bien difficile à reconnaître par ce moyen.

2. En second lieu, lorsqu'on fait de l'argument inductif et de l'argument déductif deux formes d'un seul et même procédé, qu'on appelle syllogisme, on emploie ce terme d'une façon arbitraire, et contrairement à l'usage, qui réserve le nom de syllogisme au raisonnement déductif, c'est-à-dire à celui qui procède du genre à l'espèce, ou du contenant au contenu. Ce n'est pas à cette sorte de raisonnement que M. Hamilton réduit l'induction parfaite; lui-même en fait loyalement l'aveu. S'il en est ainsi, sa théorie du syllogisme inductif ne fournit pas la solution du problème que les logiciens s'étaient proposé, puisqu'il s'agissait pour eux d'expliquer par le syllogisme ordinaire l'argument tiré de l'énumération des parties. Mais sans doute cette théorie a une plus grande importance aux yeux de M. Hamilton : car elle semble démontrer que l'ancien problème était mal posé et même insoluble, l'induction parfaite ne pouvant jamais être réduite au syllogisme proprement dit. Pourquoi donc lui en imposer le nom, et nous donner lieu de croire qu'on a opéré cette réduction vainement tentée jusque-là?

3. On nous répondra sans doute qu'il y a deux formes de raisonnement, très-différentes, il est vrai, mais qui représentent deux aspects de ce procédé. A la bonne heure; personne n'a jamais contesté la certitude de la conclusion obtenue par l'énumération des parties; c'est donc un raisonnement légitime, de l'aveu de tous. Est-ce un syllogisme? là est toute la question. M. Hamilton ne craint pas de se mettre en opposition avec les idées reçues, nous en avons donné la preuve. Il semble pourtant retenir encore la vieille définition qui considère le syllogisme comme la réunion de trois propositions telles

que, les deux premières étant admises, la troisième en résulte nécessairement. Il paraît aussi admettre que le lien logique de ces trois propositions est ce que tout le monde appelle le moyen terme. Eh bien! ces notions élémentaires et essentielles sont inconciliables avec sa théorie de l'argument inductif. Reprenons en effet l'exemple cité plus haut, et nous verrons combien il est difficile d'y retrouver les trois propositions et le moyen terme sans lesquels il n'y a point de syllogisme.

X, Y, Z sont (en) A ;
X, Y, Z, sont (le tout) B ;
donc (le tout) B est (en) A.

Au premier abord, il n'y a là que trois propositions; en réalité, il y en a bien davantage. Logiquement, une proposition simple n'a qu'un sujet et qu'un attribut; sinon, elle est composée, c'est-à-dire multiple. Si je dis : Le singe est animal, j'énonce une proposition; mais si je dis : Le singe et le chien sont des animaux, j'en énonce deux. De même si l'on affirme de l'homme qu'il est intelligent, on n'exprime qu'un jugement; mais si l'on affirme qu'il est intelligent et libre, on émet, sous une forme abrégée, deux propositions que le logicien doit toujours distinguer ; et, en général, autant on aura de sujets différents avec un même attribut ou d'attributs différents dans un même sujet, autant on aura de propositions distinctes. Si ce principe est vrai, il y a dans le prétendu syllogisme inductif de M. Hamilton une multitude de propositions, et non pas seulement trois. Donc, cet argument n'est pas un syllogisme simple, non plus que l'argument déductif qu'il prend pour exemple, pour le comparer à l'induction parfaite ;

B est (en) A ;
X, Y, Z sont (en) B ;
donc X, Y, Z sont (en) A.

4. Ce dernier raisonnement est un syllogisme composé; on peut très-aisément le ramener à un certain nombre de syllogismes simples, qui sont tous très-concluants, et dont il est, pour ainsi dire, la somme (B est en A ; or, X est en B ; donc X est en A ; et de même pour Y, pour Z, et pour tous les autres termes que l'on peut supposer après ces trois-là). L'argument inductif qu'on proposait tout à l'heure n'étant pas un syllogisme simple, peut-être dira-t-on que c'est un syllogisme composé, comme l'argument déductif que nous avons sous les yeux. Mais cela est tout à fait insoutenable : car si l'on met en forme les arguments élémentaires, au lieu d'obtenir des raisonnements valables et des conclusions nécessaires, il est évident qu'on aura de purs sophismes :

X est (en) A ;   *ou bien :* Y est (en) A ;
X est (une partie de) B;   Y est (en) B;
donc B est (en) A.   donc B est (en) A.

La conclusion régulière serait : *quelque* B est (en) A, et les arguments particuliers construits sur ce modèle seraient purement déductifs, procédant du contenant au contenu, comme le syllogisme ordinaire, et n'offrant aucune analogie avec l'induction parfaite. Ce dernier argument, si on le décompose, perd donc aussitôt toute rigueur, ou cesse d'être lui-même.

Ainsi, le syllogisme inductif de M. Hamilton n'est ni un syllogisme simple ni un syllogisme composé. Ce n'est pas un syllogisme simple, puisque la majeure (sinon les deux prémisses) peut se décomposer en un nombre indéfini de propositions, et ce n'est pas non plus un syllogisme composé que l'on puisse réduire à des syllogismes du même genre, puisque la mineure, qui exprime l'essence de l'argument inductif, et qui détermine l'idée d'un tout à l'aide de ses parties constituantes, ne saurait conserver son caractère dans les propositions partielles où elle se résout, et dont chacune détermine l'idée d'une partie à l'aide du tout qui la contient.

5. A ces objections, il n'y a qu'une réponse possible: c'est qu'on n'admet pas que, dans les prémisses, les parties X, Y, Z, etc., puissent être considérées isolément, attendu que toute la force de l'argument consiste en leur réunion dans une même pensée; on a conçu toutes ces parties ensemble, en un seul tout, et c'est uniquement de cette manière que l'on peut conclure des parties au tout qu'elles constituent. Mais alors, il est difficile de comprendre quelle instruction sortira d'un tel argument; car il reviendra à dire : B est A ; or, B est B; donc B est A, ce qui est une pure tautologie. Dans un raisonnement ainsi construit, on cherche en vain le moyen terme, et l'on voit revenir l'objection insoluble élevée par Aristote, savoir, que l'induction est un syllogisme sans moyen terme, c'est-à-dire que ce n'est pas un syllogisme.

6. Jusqu'ici, nous n'avons guère considéré que la forme de l'argument inductif, sans nous occuper des défauts qui peuvent se rencontrer dans sa matière, c'est-à-dire dans les hypothèses sur lesquelles il repose, et dont la principale est l'équivalence et la réciprocité absolue du tout et de ses parties, du genre et de ses espèces ou de ses individus. M. Hamilton ne paraît pas s'apercevoir

de la différence qui peut exister entre un genre et les individus qu'il comprend. Il est permis néanmoins de douter qu'il y ait une identité parfaite entre ces deux choses. A défaut d'autres différences, le genre a l'étendue, l'universalité, la durée, qui ne se trouvent pas dans les individus. C'est donc aller trop loin peut-être que d'identifier ces deux notions, et de soutenir que les individus constituent le genre.

En résumé, le syllogisme inductif de M. Hamilton diffère notablement du syllogisme proprement dit, et quoiqu'il porte le nom d'induction parfaite, il n'exprime pas fidèlement le procédé inductif, puisque l'essence de ce procédé est de nous conduire, non-seulement du particulier au général, mais de *quelque* à *tout* dans un genre donné. C'est pourtant une espèce de raisonnement dont l'emploi peut être parfois une redondance inutile, mais dont l'exactitude est incontestable. Ajoutons, pour rendre justice au savant logicien d'Édimbourg, que, jusqu'à lui, l'analyse de l'argument *ab enumeratione partium* était tout à fait défectueuse. Sa théorie laisse encore quelque chose à désirer, suivant nous ; mais là aussi, comme pour la proposition, il semble avoir accompli un progrès en logique. Non-seulement il a fait ressortir d'une manière tout à fait neuve la certitude de la conclusion obtenue par une énumération complète ; mais en pénétrant avec plus de profondeur qu'on ne l'avait fait avant lui dans l'analyse de ce procédé, il aura contribué à en découvrir la vraie nature, et à montrer combien les scholastiques étaient dans l'erreur, lorsqu'ils ne mettaient qu'une différence de degré entre l'induction *imparfaite*, qui est la véritable induction, et l'induction dite *parfaite*, qui n'en a que le nom.

Quoique l'étude que nous venons de faire des doctrines de M. Hamilton soit loin d'être complète, elle nous donne la preuve qu'il y aurait au moins deux chapitres nouveaux à introduire dans la science du raisonnement, telle que nous l'a léguée Aristote : d'un côté, une théorie plus exacte de la proposition; de l'autre, l'analyse d'une sorte de raisonnement jusqu'ici mal définie et mal classée, qu'on ne devrait appeler ni une induction ni un syllogisme, mais qui, sous le nom de raisonnement par équation, pourrait occuper désormais une place distincte entre le syllogisme, qui va du plus au moins, et l'induction, qui va du moins au plus. Le philosophe qui a posé les bases de cette double théorie a lui-même sa place marquée parmi les plus grands logiciens, et je suis heureux pour ma faible part de lui rendre l'hommage qui lui est dû. Mais j'ai à cœur, en terminant, de faire remarquer à quel prix ce philosophe a pu réaliser de tels progrès en logique. Croit-on que ce soit en demeurant strictement fidèle à l'idée qu'il se faisait de la logique ? Il n'en est rien ; c'est au contraire en oubliant une définition exclusive qui, en le renfermant dans des formes sèches et vides, l'eût empêché à tout jamais de faire un pas en avant ; c'est en quittant la stérile chimère d'une pensée purement formelle, pour se préoccuper de la matière et du sujet de la pensée réelle. Comment en effet est-il parvenu à se rendre compte de la rigueur et de la certitude de l'argument inductif, sinon par l'analyse des notions de *tout* et de *partie*, qui sont, suivant lui, la matière immédiate du syllogisme ? Et comment a-t-il réformé si radicalement la théorie ordinaire de la proposition, sinon par une analyse approfondie du jugement ? Ainsi donc, ce logicien si jaloux de l'indépendance de la logique n'a pas craint d'en faire *un appendice précaire* de la psychologie, en empruntant ses principes à cette science: preuve évidente de la parenté qui existe entre ces deux études et de la nécessité de féconder l'art de penser par la connaissance de notre âme. C'est, à mon sens, la leçon la plus utile que l'on puisse recueillir de cette revue rapide des travaux de sir William Hamilton.

ESSAI V.

DE LA MÉTHODE DÉDUCTIVE[1].

MESSIEURS,

Il y a un an, à pareille époque, j'adressais de cette chaire un appel aux amis de la philosophie, en faveur d'une science beaucoup trop négligée parmi nous, et qu'il était temps de remettre en honneur. Cet appel, j'ose le dire, a été entendu. Tous, vous m'avez accueilli et soutenu au premier jour par votre bienveillance, et plusieurs d'entre vous ont prêté jusqu'au bout leur attention à un enseignement de la nature la moins attrayante. Encouragé par ce début, dont le succès a dépassé mes souhaits les plus ambitieux, je me propose de poursuivre cette année des études commencées sous d'aussi heureux auspices.

Après une année entière consacrée à la théorie du syllogisme, j'avais formé le projet de vous entretenir dès aujourd'hui d'un sujet plus nouveau et à certains égards plus intéressant. Mais au moment d'aborder une partie moins aride de la logique, celle qui traite de la méthode d'induction, j'ai pensé qu'il était de mon

[1] Discours prononcé à la Sorbonne, le jeudi, 11 décembre 1851, pour l'ouverture du Cours complémentaire de philosophie.

devoir de prendre congé en quelque sorte d'Aristote et
des Analytiques. Il n'est pas inutile d'ailleurs, lorsqu'on s'est imposé une tâche difficile et de longue ha-
leine, de mesurer de temps en temps la partie de cette
tâche que l'on croit avoir accomplie : on se rend mieux
compte alors de ce qui reste à faire. Je vais donc aujourd'hui jeter avec vous un regard en arrière, moins
pour vous rappeler des leçons trop imparfaites à mon
gré, que pour vous rendre compte de mes premiers
travaux dans cette chaire, où m'a fait monter l'heureux hasard d'un concours.

En vous exposant l'année dernière les nombreux
avantages que procure l'étude de la logique, je m'ef-
forçais de vous montrer quelle en est la véritable nature, dans quel esprit, suivant quelle méthode il convient de s'y appliquer. La logique, vous disais-je, n'a
pas en vue la spéculation, mais la pratique; elle ne se
renferme pas, comme le veulent certains philosophes,
dans le pur formel, c'est-à-dire dans un petit nombre
de lois abstraites et sans application, ou dans de laborieuses minuties d'analyse que dédaigne la psychologie, et que la philosophie moderne a laissées de côté,
parce qu'elle n'y a vu que des curiosités sans nul profit.
Non, depuis qu'elle existe, la logique a un tout autre
objet. Ceux qui l'ont créée avaient la prétention, bien
ou mal fondée, de donner au raisonnement des règles,
de prescrire à la science une méthode, d'assigner à
nos facultés intellectuelles leur meilleur emploi, en un
mot, d'imposer à l'esprit humain une discipline. Telles
ont toujours été les attributions de l'art de penser, et
de tout temps les philosophes ont cru à l'existence d'un
tel art, même avant qu'on eût inventé le mot de logique

pour le désigner. Les théologiens sont d'accord avec les philosophes pour reconnaître à l'homme le pouvoir de se conduire soi-même dans la recherche du vrai. Voici, entre autres, le témoignage de Bossuet : « Il y a, dit-il, deux sciences nécessaires à la vie humaine, dont l'une apprend ce qu'il faut savoir pour entendre la vérité, et l'autre ce qu'il faut savoir pour embrasser la vertu. Il paraît donc que la logique a pour objet de diriger l'entendement au vrai, et la morale de porter la volonté à la vertu [1]. » La direction de notre entendement est en effet dans nos mains, si nous le voulons. Nous avons à choisir entre deux partis : ou d'abandonner au hasard la conduite de nos facultés, ou de nous en rendre maîtres et d'en prendre pour ainsi dire le gouvernement. Or, il ne nous est pas permis d'hésiter, car nous avons le devoir de conserver et d'étendre le domaine de notre liberté, non-seulement pour être de plus en plus maîtres de nous-mêmes, mais surtout afin de tendre avec toutes nos forces réunies vers l'idéal de perfection qu'il nous a été donné de concevoir et, jusqu'à un certain point, de réaliser. Il ne dépend pas de nous d'être intelligents; il dépend de nous de l'être comme il faut.

S'il est certain qu'il existe un art de penser régulièrement, il n'est pas moins évident que cet art doit reposer sur la description préalable de notre faculté de connaître; en d'autres termes, la psychologie est le point de départ de la logique. Toute autre méthode serait indirecte, probablement inexacte, nécessairement incomplète. Le plus sûr moyen, le seul infaillible de

[1] Logique, avant-propos (OEuvres philosophiques de Bossuet, publiées par M. de Lens, p. 279).

faire avancer cette partie de la philosophie, aussi bien que toutes les autres, est d'y appliquer la psychologie.

Voilà ce que je vous disais l'année dernière ; et j'exprimais le vœu que les philosophes, en suivant cette méthode, fissent enfin sortir la science logique de son immobilité séculaire. Adresser aux autres une telle exhortation, c'était contracter un véritable engagement. On a donc le droit de me demander aujourd'hui, non pas si j'ai rempli ce beau programme (ce serait trop exiger), mais si j'ai été fidèle à mes propres maximes, et si, en mettant la main à l'œuvre, j'ai eu du moins le mérite d'être conséquent. C'est ce que je vais examiner avec vous, Messieurs, en vous disant simplement ce que j'ai fait.

I.

Il fallait avant tout choisir le sujet sur lequel je ferais l'essai de la méthode psychologique, afin d'en montrer toute la puissance par le fait même. Mais à quelle partie de la logique convenait-il de m'attacher d'abord, sinon à celle qui a longtemps passé pour être la logique elle-même, c'est-à-dire à la théorie du raisonnement? Sans abonder dans le préjugé vulgaire qui borne l'art de penser à l'étude du syllogisme, il faut bien reconnaître qu'entre toutes les méthodes spéciales dont la logique possède une théorie, la plus ancienne, la plus célèbre et la mieux connue est la méthode déductive. Elle est encore à d'autres égards la plus digne d'attention. Si, par exemple, on considère les trois principaux groupes de sciences qui se peuvent distinguer d'après les procédés dont elles font usage : sciences de description, sciences d'induction, sciences de raisonnement, on trouvera non-seulement que le procédé déductif est l'unique et infaillible instrument de tout un ordre de sciences, de celles-là même qui passent pour les plus parfaites, mais de plus qu'il est l'auxiliaire indispensable de toutes les autres. Que deviendraient en effet tant d'hypothèses ingénieuses, si nous n'avions aucun moyen de les vérifier ou de les contrôler? Que ferait notre esprit des notions générales auxquelles il s'élève en partant de l'expérience, s'il ne pouvait redescendre de ces hauteurs dans la région des faits particuliers où nous vivons? Les grandes lois de la nature, si nous n'en pouvions tirer les conséquences, demeureraient des conceptions stériles. Toutes les sciences ont besoin de la déduction : pour les unes, elle est tout ; pour les autres, elle est la condition de leur utilité, puisqu'elle seule fait connaître les applications de leurs découvertes. Le raisonnement paraît donc être, à première vue, le procédé scientifique par excellence. La seule forme rigoureuse de ce procédé est, comme chacun sait, le syllogisme, lequel en matière scientifique s'appelle démonstration. Voilà par quel enchaînement d'idées je fus conduit à prendre pour sujet de mes leçons la théorie du syllogisme ; et comme j'avais la bonne fortune de rencontrer dans cette partie de la logique un guide excellent, j'en profitai pour abriter mon inexpérience derrière le grand nom et l'autorité incontestée du premier logicien du monde. Je donnai à mes tentatives logiques la forme d'un commentaire sur les Analytiques d'Aristote ; et adoptant pour mon cours la division même de cet ouvrage, je traitai d'abord du syllogisme en général, puis du syllogisme démonstratif en particulier.

On s'étonne souvent de la longue domination d'Aristote et de sa logique : on se demande comment tant de philosophes, durant un si grand nombre de siècles, ont pu s'accorder à le prendre pour unique maître, répétant ses paroles et bornant leur ambition à le bien comprendre, pour être en état de l'expliquer à d'autres. Cela tient à bien des causes, et singulièrement à celle-ci, qu'Aristote est le seul philosophe qui se puisse enseigner. Où trouver ailleurs, au même degré que dans ses écrits, cette pensée sûre d'elle-même, comme doit l'être celle d'un homme qui parle au nom de la vérité, ce ton net et ferme, ce style clair, énergique, magistral? Aristote, dans sa manière savante, ne donne rien à l'imagination : il explique, il démontre; il ne veut ni briller ni plaire; il n'a qu'une passion, l'amour exclusif de la science. Sa gravité est rarement aimable, j'en conviens; mais il y a toujours à s'instruire dans son commerce. Lorsque tant de qualités solides se trouvent réunies dans un homme avec le génie le plus vaste et le plus profond, elles ne peuvent pas ne pas exercer un grand empire sur les intelligences : plus on aime naïvement la vérité, plus on est disposé à s'incliner sous l'autorité d'un tel maître. Mais si Aristote a dû être enseigné dans une partie de la science, c'est dans celle-là surtout où sa supériorité est si bien reconnue qu'il l'a pour ainsi dire personnifiée en lui-même. Aussi nulle autorité humaine ne fut-elle jamais mieux assise ni plus légitime que celle d'Aristote en logique. Depuis le moyen âge, malgré la plus violente opposition, ce philosophe n'a pu être détrôné comme logicien. Seulement, comme on a peu à peu cessé de le lire, on lui a fait une royauté solitaire. On l'admire encore beaucoup de nos jours, mais le plus souvent sur parole, et sans savoir au juste ce qu'on admire. Il n'était donc pas hors de propos de rappeler les principaux titres logiques d'Aristote, dans un cours placé en quelque sorte sous son patronage.

D'abord, c'est Aristote qui a découvert le syllogisme. Ce fait, qui témoigne d'une si merveilleuse sagacité, a été vainement révoqué en doute par plusieurs savants des temps modernes. En vain ont-ils soutenu *a priori* qu'il serait inconcevable que l'esprit humain eût si longtemps ignoré le syllogisme. Eh quoi ? ne peut-on faire des syllogismes, comme ce bon M. Jourdain faisait de la prose, sans le savoir ? Qu'on ne s'y trompe pas : autre chose est raisonner ou même savoir qu'on raisonne, autre chose est connaître comment on raisonne : cette dernière connaissance n'a jamais été commune ; elle ne l'est pas même aujourd'hui, et en fait, elle n'a pas été consignée par écrit avant Aristote, au moins en Grèce. Mais, à défaut de la Grèce, n'y a-t-il pas l'Orient, l'Inde surtout, qui a produit tant de systèmes de philosophie à des dates inconnues, et qui aurait bien pu inventer et transmettre aux Grecs le syllogisme ? Quelque invraisemblable que fût cette conjecture, elle a été assez longtemps en faveur dans le monde érudit, grâce à l'ignorance où l'on était relativement aux systèmes philosophiques de l'Orient. Mais enfin la lumière s'est faite. Depuis un quart de siècle, la philosophie sanscrite a été traduite et analysée dans les langues de l'Europe ; on en connaît aujourd'hui tous les monuments et par leur nom et dans leurs traits principaux. Il a été ainsi constaté qu'un seul système de dialectique s'était produit dans l'Inde, le Nyâya de Gotama. Eh bien, cet ouvrage vient d'être soumis à une épreuve décisive par M. Barthélemy Saint-Hilaire, qui avait déjà tant fait pour l'auteur de l'Organon, et qui lui a rendu un nouveau service en établissant d'une manière péremptoire que le Nyâya ne contient la description ni du syllogisme ni d'aucun argument qui y ressemble[1]. La gloire d'Aristote en a été confirmée, et sa bonne foi est désormais au-dessus de toutes les attaques.

En effet, Messieurs, il est arrivé à ce philosophe si sévère, à cet écrivain si grave et qui ne met jamais sa personne en cause, il lui est arrivé une fois de parler de lui-même ; c'est à la fin de sa Logique, et c'est précisément pour réclamer l'indulgence et la reconnaissance de la postérité en faveur de cette invention qu'il revendique d'une manière formelle : « Avant nous, dit-il en termes exprès, il n'y avait absolument rien sur le syllogisme[2]. » Au lieu de lui disputer avec une malveillance mesquine l'honneur qui lui était dû, n'aurait-on pas mieux fait, je vous le demande, de s'attacher à ses paroles ? on se serait épargné des recherches inutiles ; et j'ajoute qu'on aurait ainsi compris ce qui de toute autre manière est incompréhensible, savoir, comment Aristote a pu être conduit à cette admirable découverte. Il n'était pas besoin pour cela d'aller en Orient pour exhumer des systèmes qu'il peut être intéressant d'étudier, mais qui sont sans valeur scientifique ; il n'était pas besoin non plus de remonter, avec Ramus et Gassendi, jusqu'à la logique par trop inédite de Prométhée. Non, pour expliquer Aristote et sa science, il suffit en général de tenir compte de deux choses, son génie d'abord, et ensuite les enseignements de son maître Platon. Il peut vous paraître singulier au premier abord que l'origine du syllogisme doive être cherchée dans les écrits du divin Platon, c'est-à-dire d'un homme

---

[1] Voir plus haut, Essai, III, § 1, p. 90-92.
[2] Traité des Sophismes, épilogue.

ennemi du technique, amoureux de l'idéal, et dont le nom semble rappeler un poëte au moins autant qu'un philosophe. Mais songez-y bien : la philosophie n'est pas une science comme une autre; elle a le privilége des conceptions les plus sublimes, et comme on l'a dit avec raison, elle ne consiste pas à savoir beaucoup, mais à se placer haut. De là vient qu'on peut très-bien être philosophe sans être tout à fait ce que le monde est convenu d'appeler un savant. Que Platon ait pris, si l'on veut, le côté poétique de la philosophie, et que dans ce sens il ait été plus philosophe que savant; encore ne faut-il pas exagérer cette appréciation, quelque juste qu'elle puisse être. Platon a ses parties sévères : l'auteur de la République, du Phèdre et du Banquet est aussi l'auteur du Ménon, du Sophiste et du Parménide. A côté de l'inspiration on rencontre chez lui la réflexion la plus profonde, et sa méthode dialectique repose sur plusieurs procédés encore très-imparfaits, mais employés avec une subtilité extrême, et dont il était possible de tirer parti pour la science; Aristote l'a bien prouvé, en faisant sortir de là sa logique tout entière. Le procédé de division dialectique en particulier est l'origine du syllogisme. Ceci, Messieurs, n'est pas une conjecture téméraire de ma part, mais un fait, dont j'ai cherché à me rendre compte, après l'avoir vu attesté par Aristote lui-même. Voici ses propres paroles au sujet de la division par genres et par espèces : « Cette méthode, dit-il, n'est qu'une bien faible partie de celle que nous venons d'exposer. » C'en est donc une partie, si faible qu'elle lui paraisse; et plus loin : « Ceux qui ont employé la division par genres n'ont pas compris comment on peut faire des syllogismes par ce moyen[1]. » La division par genres et par espèces, telle que l'enseignait et la pratiquait Platon, voilà donc l'unique antécédent du syllogisme; c'est du moins le seul qu'Aristote ait avoué, et je m'assure qu'il paraîtra suffisant à quiconque prendra la peine de rapprocher des passages d'Aristote où se lisent ces déclarations, les dialogues de Platon qui donnent des exemples de sa méthode de division. Pour ma part, après avoir fait ce travail sur le Sophiste, je suis demeuré convaincu qu'il était possible et même facile avec un peu d'attention d'apercevoir le syllogisme en germe dans le procédé dialectique de Platon. Je crois avoir démontré cette filiation, que personne, s'il m'est permis de le dire, n'avait encore mise en lumière. Mais, vous le savez, Messieurs, en me livrant devant vous à ce travail d'après les indications d'Aristote lui-même, je ne prétendais diminuer en rien son mérite. Cette découverte ne nous paraît si simple, vous disais-je, que parce qu'il s'agit pour nous de comprendre et non d'inventer. D'ailleurs, la tâche fût-elle beaucoup plus simple encore, Aristote ne peut-il pas dire comme Christophe Colomb : « Sans doute, il suffisait d'en avoir l'idée ! »

Cependant je ne me bornerai pas à cette réponse, parce que j'ai à cœur de vous faire apprécier toute la grandeur de l'œuvre logique d'Aristote. Bien d'autres avant lui, ou de son temps, ou après lui, ont imaginé ou décrit des formes d'argumentation. Pourquoi lui seul a-t-il cette gloire immense dans la théorie du raisonnement? Il faut, pour s'en rendre compte, se rappeler ce qu'ont fait tous les autres logiciens. Qu'avaient donc fait

[1] Premiers Analytiques. l. I. c. 31. pass.

les prédécesseurs et les contemporains d'Aristote? Ils avaient inventé l'un un argument, l'autre un autre, celui-ci un argument loyal et celui-là un sophisme. Les plus habiles, ajoutant leurs propres inventions à celles de leurs devanciers, employaient indistinctement, au hasard et à la file, ces moyens d'argumentation, sans presque y mettre de différence et sans en apercevoir les ressemblances intimes, sans se douter enfin que toutes ces formes diverses n'étaient pour ainsi dire que les déguisements d'un seul et même procédé, le syllogisme, qu'il s'agissait de trouver et qu'ils n'ont point connu. Ce qu'ils n'avaient pu faire, Aristote l'a fait. Son génie et sa bonne fortune l'ayant mis en possession du syllogisme, il a reconnu aussitôt que c'était l'argument premier, élémentaire, essentiel, qui était au fond de tous les autres; puis développant cette vue certaine et féconde, il a construit sur cette seule donnée toute une théorie et presque une science, présentée suivant sa méthode ordinaire d'exposition, qui est demeurée le modèle du genre, et qui consiste à embrasser d'abord son sujet par les notions les plus générales et les plus indéterminées, pour descendre de là, par une division savante, aux idées subordonnées, qui en donnent une connaissance plus exacte et plus précise. Ainsi, au début des Premiers Analytiques, on lit une définition générale, presque vague, du syllogisme; puis vient une étude de ses espèces ou figures, avec leurs subdivisions qu'on a depuis appelées *modes,* et, comme conséquence de cette étude, une définition plus précise, après que le syllogisme a été analysé sous toutes les formes qui lui sont propres, et dans toutes les hypothèses possibles, soit qu'il ait été construit avec des propositions communes, soit qu'il porte sur une matière nécessaire ou sur une matière contingente, soit enfin que les deux prémisses aient été empruntées à des matières différentes, et qu'elles soient l'une contingente, l'autre nécessaire, ou que l'une seulement appartienne à l'un de ces deux ordres de jugements, tandis que l'autre exprime une simple attribution, sans un caractère spécial de nécessité ou de contingence. Remarquez que, dans chacune de ces hypothèses, il y a trois figures à examiner, et dans chacune de ces figures, seize modes dont chacun a sa nature propre, les uns donnant une conclusion légitime d'une certaine espèce, les autres au contraire n'en pouvant pas fournir : ce qui est démontré pour chacun par plusieurs moyens. De là une complication extraordinaire, au milieu de laquelle Aristote se meut à l'aise et dont il sort sans fatigue, sans affaiblissement de sa forte pensée. Parmi tant de règles souvent minutieuses, mais par lesquelles on apprend à user du syllogisme et à n'en pas abuser, jamais chez lui la logique ne se confond avec la grammaire, comme chez les logiciens de Port-Royal par exemple. Un esprit philosophique préside à tous ces détails, les pénètre, leur imprime un tour sérieux et élevé, et les fait tous concourir à l'unité du système. Après cette description du syllogisme, où il est à la fois le plus savant, le plus complet et le plus sobre des logiciens, Aristote passe en revue tous les arguments connus et employés de son temps ; il soumet chacun d'eux à sa puissante analyse ; il y cherche, il y retrouve le syllogisme, et lui fait admirablement sa part. Or, ce n'était pas chose facile que d'apporter dans un tel travail l'exactitude qu'il y a mise : car même après lui, que font les logiciens, j'entends les plus inventifs, Ramus, Arnauld, Gassendi et tant d'autres jusqu'à nos jours? Tantôt ils étudient des syllogismes composés, sans y démêler le syllogisme simple, c'est-à-dire qu'ils ne vont pas aussi loin qu'Aristote dans la voie des simplifications légitimes; tantôt, au contraire, en le dépassant ils l'exagèrent, au point de ramener au sollygisme l'induction elle-même, qu'Aristote en avait sagement distinguée, comme un procédé original et irréductible à tout autre.

Ainsi, Messieurs, Aristote n'a pas seulement inventé le syllogisme; il a de plus compris l'importance logique de sa découverte; il a su, il a prouvé que tout raisonnement proprement dit, simple ou composé, quelle que fût sa forme apparente, s'exprimait en syllogisme; dans une matière toute neuve, il a tout connu, tout prévu, tout classé avec une perfection qui n'a été égalée par aucun de ses successeurs. C'est déjà beaucoup sans doute; car, comme l'a fort bien dit M. de Rémusat, « cette théorie du syllogisme n'aurait servi à aucune découverte, qu'elle serait encore une rare découverte, et il en resterait pour la science que le mécanisme du raisonnement a été observé et décrit par Aristote d'une manière définitive, et que, joignant la pratique à la théorie, il a, en décomposant l'instrument de la démonstration, donné un exemple de démonstration que les sciences exactes peuvent envier à la philosophie[1]. » Eh bien, Aristote ne s'en est pas tenu là, et il faut aller plus loin avec lui, si l'on veut comprendre cette vaste pensée qui remplissait Leibniz lui-même d'admiration et qui l'effrayait peut-être, quand il s'écriait : *Profundissimus Aristoteles!*

Aristote ne s'est pas contenté de faire connaître le mécanisme du raisonnement; il a suivi sa découverte dans

[1] Revue française, 1838.

toutes ses applications à la vie et à la science, à la théorie et à la pratique, à la discussion, à l'enseignement, à l'art oratoire. Les Analytiques sont principalement destinés à montrer l'usage du syllogisme pour l'argumentation et pour la science.

Dans le discours (λόγος) qui devrait être un raisonnement suivi, le syllogisme se trouve compliqué d'une foule d'éléments qui lui sont plus ou moins étrangers : inductions, exemples, descriptions, périphrases, digressions et divagations de tout genre, sans parler des passions qui y jouent un si grand rôle. Indépendamment de ce mélange, le raisonnement revêt dans le langage des formes très-diverses, et qui semblent souvent moins propres à l'exprimer qu'à le dissimuler. Il n'est pas toujours aisé de le reconnaître et de le remettre, pour l'apprécier, sous sa forme la plus simple et la plus rigoureuse ; il est surtout difficile de se défendre de tant de causes d'erreur soit dans l'expression, soit dans la pensée. Dans les Premiers Analytiques, Aristote, substituant aux exercices oratoires, sophistiques ou dialectiques, qui étaient pratiqués avant lui, l'argumentation plus solide qui repose sur le syllogisme, donne pour tout cela des conseils où il se montre plus exact qu'aucun grammairien, plus ingénieux qu'aucun rhéteur, plus subtil et plus rigoureux qu'aucun logicien.

Mais où il me paraît vraiment digne d'admiration, c'est lorsqu'il entreprend d'appliquer le syllogisme à la science. Je sais que des philosophes contemporains, abusant d'une distinction d'ailleurs légitime entre la pensée qu'ils appellent *forme* et l'objet pensé qu'ils appellent *matière*, font un crime à Aristote d'avoir traité de la démonstration en logique. Pour moi, qui soutiens que le logicien a le devoir de s'enquérir du vrai et du faux, du certain et du probable, je ne puis pas ne pas applaudir à cet heureux effort du génie qui, toujours préoccupé de la science, fait tout servir à ce but ; qui sous une forme du langage saisit l'esprit lui-même ; qui enfin, dans ce syllogisme où les autres logiciens ne voient qu'un argument, sait découvrir une méthode. La méthode, voilà l'unique objet de l'auteur des Analytiques. Cette grande et belle théorie du syllogisme, par laquelle il était déjà si supérieur aux autres logiciens, n'est pour lui que la préface des Derniers Analytiques, c'est-à-dire de ce qu'on pourrait appeler son Discours de la méthode. Là seulement est sa pensée, toute sa pensée en logique ; là seulement on a l'explication des éloges par lesquels il exalte si souvent l'analytique, en la mettant sur le rang de la science première, de la métaphysique elle-même, suivant cet axiome de sa philosophie, que la démonstration et la chose démontrée sont identiques, ou, dans un langage plus moderne, que la méthode se confond avec la science. Nul ne l'a jamais mieux prouvé que celui qui fut tout ensemble le plus grand logicien et le plus grand savant des temps anciens. Aristote a-t-il eu raison d'estimer par-dessus tout son analytique et d'y mettre sa gloire ? Avant de répondre à cette question, Messieurs, avant de décider si l'on doit le louer d'avoir aperçu dans le syllogisme la méthode démonstrative, rappelez-vous, je vous prie, qu'il a suffi d'une conception de ce genre pour immortaliser Bacon. Bacon, vous le savez, n'était pas un savant du premier ordre ; il n'a même pas parfaitement décrit l'induction ; mais il a senti, il a connu clairement que ce procédé était à lui seul toute une méthode, qu'il a préconisée avec la plus vive éloquence, et cette ardente exhortation a suffi à sa gloire. Plus heureux et plus fort que Bacon, Aristote a trouvé une méthode, et il a su en rendre compte. Il a exposé, dans une théorie aussi originale et plus profonde que celle du syllogisme, la nature et les espèces de la démonstration, les questions qu'elle traite et résout, ses éléments, ses conditions essentielles, les principes indémontrables qu'elle suppose; puis, expliquant les rapports du syllogisme démonstratif et de la définition, il a fondé sur l'alliance de ces deux procédés la seule méthode régulière que l'antiquité ait connue, une méthode qui est le secret de tout son système et qui, entre ses mains, a créé plusieurs sciences.

Je ne vous parle, Messieurs, que des Analytiques. Que serait-ce si, considérant l'ensemble des livres logiques d'Aristote, je m'attachais à faire ressortir l'ampleur sans égale de son entreprise! Ici, les catégories, effort puissant pour réduire tous les termes de la pensée à dix genres principaux, qui n'ont pas encore été remplacés; là, le premier essai méthodique de grammaire générale; ailleurs, le syllogisme et la démonstration, dont je viens de vous entretenir; puis les *Topiques*, arsenal de la rhétorique, chef-d'œuvre de sagacité, prodigieux répertoire d'idées et d'aperçus; plus loin une division des sophismes qui est demeurée classique; le tout disposé dans un ordre parfait, en allant du simple au composé: d'abord l'idée simple avec le mot qui l'exprime, puis le jugement et la proposition qui en résultent, enfin le syllogisme, composé de propositions, comme la proposition est composée de termes simples; et après la théorie, la pratique, c'est-à-dire le syllogisme en toute matière, nécessaire, probable ou douteuse. Comment vous dire d'une manière suffisante l'étendue de l'ensemble et la perfection des parties, la simplicité savante du plan, la rigueur de cette méthode appliquée à s'analyser et à se démontrer elle-même, ce style enfin si ferme, si clair, si précis, qui a fondé la prose didactique et qui a si bien incorporé le langage technique d'Aristote aux plus hautes parties de la science et de la littérature, que la connaissance de sa terminologie a été presque jusqu'à nos jours un complément indispensable des études libérales !

Quand on songe à la puissance d'esprit dont témoigne une telle œuvre, on s'étonne un peu moins de l'influence extraordinaire qu'elle a exercée pendant vingt-deux siècles. La logique d'Aristote, commentée par les Grecs, par les Romains, par les Arabes, par les nations civilisées du moyen âge, a répandu partout, avec la connaissance profonde de la plupart de nos opérations intellectuelles, un esprit de règle et de forte discipline, les habitudes et le langage de la science, et, par-dessus tout cela, l'amour austère de la vérité, que partout Aristote propose pour but à notre activité comme sa récompense la plus haute. Je compte cela dans les services rendus à l'esprit humain : tant de générations élevées dans une si noble croyance compensent bien quelques erreurs commises en physique. On a quelquefois reproché à Aristote le titre ambitieux d'*Organon* qu'il aurait donné à sa logique. Ce titre n'est pas de lui, quoiqu'il fût peut-être dans sa pensée la plus secrète : l'Organon n'a été ainsi nommé vulgairement qu'à partir du xive siècle[1], après qu'à cette école eurent

---

[1] B. Saint-Hilaire, Mém. sur la log. d'Aristote, t. I, p. 13 et suiv.

été formés les Abélard et les saint Thomas d'Aquin. Ce titre restera, comme le témoignage de la reconnaissance de tant de philosophes et de tant de générations pour qui le chef-d'œuvre logique a été en effet le seul moyen de science, le seul organe de la vérité philosophique. L'humanité tout entière s'associera à cette reconnaissance, en consacrant un nom si bien mérité.

Au souvenir de tous ceux dont Aristote a été l'oracle pendant un si grand nombre de siècles, je pourrais ajouter le récit des tentatives qui ont été faites par ses adversaires, pour renverser ou pour modifier les indestructibles théories du syllogisme et de la démonstration. Je ne veux pas insister sur la pauvreté de ces essais, quoiqu'elle prouve une fois de plus la supériorité d'Aristote. Inventeur du syllogisme, il en a porté la théorie à une telle perfection, que tout le monde l'a acceptée de lui, et que personne n'y a rien pu changer de considérable. Inventeur d'une méthode régulière de science, il l'a exposée avec une telle autorité, qu'elle n'a subi jusqu'à nos jours aucune modification.

Aristote paraît donc avoir en logique le double privilége de l'exactitude et de l'originalité. Son mérite éminent est de nous représenter le côté scientifique de la philosophie, comme Platon en représente le côté poétique. Si l'un élève l'âme, l'autre la fortifie. Si Platon nous fait entrevoir l'idéal, Aristote nous démontre ce qu'il y a de certain dans la philosophie: aussi en est-il demeuré le plus savant interprète. Je suis justifié, je pense, d'avoir pris un tel guide.

II.

Cependant, Messieurs, tout n'est pas sans reproche

dans l'Organon, même à n'y considérer que le syllogisme et la démonstration. J'ai déjà insinué que la première de ces deux théories est défectueuse en quelques endroits. Sans parler des omissions qui ont été reprochées à Aristote, mais que personne après lui n'a réparées, comme par exemple l'analyse des syllogismes hypothétiques, il est certain qu'il n'a pas décrit tous les modes possibles du syllogisme proprement dit; qu'il n'a pas distingué nettement la première et la quatrième figure; que ce qu'on a appelé la théorie des *modales* tient une trop grande place dans les Premiers Analytiques, et que l'on y rencontre plusieurs assertions un peu arbitraires. Aristote n'a pas non plus examiné en détail certaines formes d'argumentation, telles que le prosyllogisme, l'épichérème et le dilemme, quoiqu'il ait dit en passant presque tout ce qu'il est utile d'en savoir. Toutes ces imperfections ont été relevées très-souvent, et sans doute elles sont regrettables; mais peut-être n'en devait-on pas faire tant de bruit; car après tout elles portent sans exception sur des points secondaires, et qui ont fort bien pu être négligés à dessein. Un défaut qui me paraît beaucoup plus fâcheux et qui me frappe davantage, c'est la subtilité excessive de certains détails, ce luxe d'analyse, cet abus de démonstration qui consiste à prouver même ce qui n'en a pas besoin. Il est vrai qu'on peut alléguer ici plus d'une excuse en faveur d'Aristote. Il faut d'abord tenir compte de la nature même d'une science où le raisonnement joue un si grand rôle: il n'est que trop facile dans une étude de ce genre, en mathématiques par exemple, de se laisser aller à des curiosités inutiles à la science, mais où brille la faculté d'analyse déductive. Puis, comment

Aristote aurait-il échappé à cette contagion de vaine subtilité si commune chez les Grecs, surtout chez les Athéniens, et qui, après avoir produit la sophistique, atteignit les écrivains les plus distingués, Euripide, Platon lui-même? Enfin, n'était-il pas naturel et inévitable que l'inventeur du syllogisme, se complaisant dans son œuvre, en développât les différentes parties avec un peu d'excès?

Toutes ces causes suffiraient et au delà pour expliquer chez tout autre qu'Aristote les défauts que j'ai signalés. Mais pour lui, elles ne me semblent pas suffisantes. Partout ailleurs en effet que dans sa logique, il est aussi sobre de détails que profond dans ses vues; partout ailleurs, il a évité les subtilités inutiles; et dans sa logique elle-même, j'ai rappelé des preuves de la mesure avec laquelle il a développé sa découverte, là où il était le plus difficile de garder cette mesure. S'il en a manqué lorsqu'il était plus facile de le faire, c'est qu'il était sous l'empire d'une autre cause beaucoup plus puissante: je veux parler de la méthode qu'il a suivie dans cette prodigieuse analyse du syllogisme.

Le syllogisme n'est pas le raisonnement: il n'en est que la forme. Or, c'est évidemment le procédé intellectuel qu'Aristote voulait étudier: il le déclare lui-même lorsqu'il dit que c'est à la parole intérieure que s'adresse la démonstration. D'où vient donc qu'il n'a l'air de s'occuper le plus souvent que de la parole extérieure? Pour atteindre la pensée, pourquoi ce détour? Pour analyser le raisonnement, pourquoi s'arrêter au langage? Avec nos habitudes modernes de réflexion, nul logicien de nos jours ne commettrait cette faute. Telle est cependant la faute capitale et constante d'Aristote; c'est par là, on peut le dire, qu'il a payé son tribut à la faiblesse humaine. Nulle part en effet, dans sa logique, il n'observe la pensée en elle-même. Les idées ne semblent exister à ses yeux que réalisées dans des mots : pour s'en convaincre, on n'a qu'à ouvrir le traité des Catégories. Il ne voit le jugement que dans la proposition : témoin le περὶ ἑρμηνείας. De même enfin, il confond et identifie si bien le raisonnement et le syllogisme, qu'il n'a qu'un mot, συλλογισμός, pour désigner ces deux choses distinctes, un acte intime de notre esprit et le signe visible par lequel cet acte est traduit au dehors. Je reconnais qu'il peut y avoir quelque avantage à étudier ainsi la pensée dans le langage, lorsqu'elle y est fidèlement rendue. Une telle méthode peut paraître plus facile ; en nous attachant à une forme déterminée, elle empêche les divagations ; peut-être même cette attention accordée au langage a-t-elle contribué à la merveilleuse précision qu'on admire dans les écrits d'Aristote. Mais combien les inconvénients ne l'emportent-ils pas sur les avantages! D'abord, c'est un chemin détourné, indirect, et qui ne va pas jusqu'au but. Aristote y a atteint, grâce à son génie, c'est-à-dire à son instinct supérieur; mais l'instinct même heureux n'est pas la science. Ensuite, quand on cherche ainsi le raisonnement dans ses mille traductions, comment savoir laquelle est la véritable, la seule légitime ? Ici encore, c'est une sorte d'inspiration qui a guidé Aristote; et quand il a voulu transmettre cette vue profonde, mais hypothétique, il a été forcé, pour l'établir, de se livrer à un examen minutieux de toutes les formes connues du raisonnement et de la discussion, et de prouver, en les prenant une à une, que toutes elles pouvaient être ramenées au syllogisme. De là cette surabondance dont je me plaignais tout à l'heure, et qui était pour Aristote une nécessité. Eh bien, même avec ce luxe de détails, la démonstration de sa thèse principale pèche encore par deux points : premièrement, en ce que l'on n'est jamais sûr d'avoir examiné toutes les transformations possibles du syllogisme, quel que soit le nombre de celles qu'on a étudiées; secondement, en ce que, tout ce travail terminé, on n'en voit pas encore nettement le résultat, parce que nulle part on n'a rencontré une description de la faculté même dont la connaissance est à la fois le principe et le but de cette théorie tout entière.

Aristote a donc suivi dans l'analyse du raisonnement une méthode vicieuse, et qui aurait précipité tout autre que lui dans des erreurs sans nombre; il lui a fallu, pour s'en garantir, une force d'esprit incroyable, et j'avoue que c'est pour moi un grand sujet d'admiration de le voir toujours si assuré là où tant de dangers l'entourent et le menacent. Mais, en vérité, il aurait épargné à ses successeurs et à lui-même une peine inutile, s'il eût suivi la route bien plus directe qui s'offrait à lui. Au lieu de chercher la pensée dans le langage, et le raisonnement dans le syllogisme, c'était le contraire qu'il devait faire. Puisqu'il s'agissait d'un acte de l'esprit c'était l'esprit lui-même qu'il fallait interroger, et cela par le moyen le plus simple et le plus familier à l'homme je veux dire avec les yeux de l'esprit. L'homme se connaî lui-même à chaque instant, avec une certitude parfaite dans ses actes et dans ses manières d'être; cette connaissance est la première et la plus évidente de toutes celle que nous pouvons acquérir, et la condition de toute l science humaine. « Qui connaît ce qui est dans l'homme, a dit saint Paul[1], si ce n'est l'esprit de l'homme qui est en lui? » La sagesse des païens avait reconnu cette vérité et l'avait inscrite sur le temple le plus célèbre de la Grèce. Socrate en avait fait le précepte essentiel de sa philosophie. Aristote, héritier de Socrate et de Platon, aurait dû s'en mieux souvenir. Mais comment nous étonner de cet oubli de la vraie méthode, quand nous voyons les philosophes modernes faire comme les successeurs de Socrate, et cela après l'enseignement autrement clair, autrement fort, autrement explicite de Descartes? De nos jours même, nous préconisons souvent la psychologie; combien de fois l'appliquons-nous? C'est qu'il en est de la méthode dans la science comme de la vertu dans la vie, la vertu, cette méthode du bien : on se promet de la suivre, et à chaque pas on l'abandonne. Et pourtant la méthode est le salut de la pensée ; tout bon esprit se fortifie en la pratiquant ; le plus sublime génie ne la néglige pas impunément.

Sans sortir du sujet qui nous occupe, voulez-vous connaître les effets d'une bonne méthode? Vous n'avez qu'à prendre la Logique de Port-Royal et à la rapprocher de l'Organon. Certes Arnauld et Nicole ne sont pas des logiciens de la force d'Aristote; il y paraît assez dans leur œuvre, dénuée d'invention et de portée, aussi bien que de foi dans la science. Mais tout en reproduisant, avec la seule intention de la simplifier et de la rendre « plus divertissante », la théorie péripatéticienne du syllogisme, ils la présentent de telle sorte qu'ils font mieux comprendre la nature du syllogisme en deux ou trois pages qu'Aristote en un volume. D'où leur vient

---

[1] 1re Épître aux Corinthiens, c. II, v. 11.

cette supériorité inattendue? Tout simplement de l'ordre qu'ils ont adopté, expliquant d'abord la nature du raisonnement, puis celle du syllogisme, suivant l'esprit tout psychologique du cartésianisme, dont ils étaient pénétrés, peut-être sans le savoir. Car ce qu'il y a de précieux dans l'exemple que je vous soumets en ce moment, c'est qu'on y voit la méthode agissant par sa seule force, et sans que ceux mêmes qui l'emploient s'en soient rendu compte. Voici une preuve sans réplique de ce que je viens d'avancer : les logiciens de Port-Royal ont si peu su pourquoi ils traitaient d'abord du raisonnement, puis du syllogisme, qu'il ne les distinguent pas une seule fois l'un de l'autre, et qu'après avoir décrit le raisonnement comme opération de l'esprit, ils lui substituent le syllogisme sans paraître se douter qu'ils ont fait autre chose qu'une synonymie.

Si la méthode psychologique procure un si grand avantage en logique, alors même qu'on l'ignore en la suivant, que serait-ce si on la pratiquait sciemment ! Supposez qu'elle fût ainsi appliquée, je ne dis pas par un Aristote, ni même par un Arnauld, mais par le premier logicien venu : n'avons-nous pas lieu de penser qu'elle renouvellerait et la théorie du syllogisme et la logique tout entière, en la faisant sortir de ces formules stéréotypées avec lesquelles on la confond depuis si longtemps ?

Le premier changement à introduire dans la théorie du syllogisme d'Aristote porterait évidemment sur l'ordre des parties de cette théorie. L'étude psychologique du raisonnement serait faite avant tout; on saurait dès le début de quoi l'on traite et où l'on va. Le raisonnement étant une opération par laquelle l'esprit établit un rapport entre deux idées à l'aide d'une troisième qui leur a été comparée tour à tour, il est clair que ces trois termes de la pensée sont combinés deux à deux dans trois jugements, dont les deux premiers sont les principes et le troisième la conséquence. Cela posé, si l'on veut exprimer au moyen de la parole ce travail intellectuel, chaque idée étant représentée par un mot et chaque jugement par une proposition, il est encore très-clair que la traduction complète du raisonnement se composera de trois propositions où trois termes, pris deux à deux, seront disposés et entrelacés de telle sorte que, deux de ces propositions étant admises, la troisième se trouvera établie du même coup. Qui ne reconnaît là le syllogisme avec ses prémisses et sa conclusion, et qui ne voit, par ce court exposé, que le syllogisme est la seule expression fidèle et rigoureuse du raisonnement, participant de sa certitude, de son utilité, de son importance? Ainsi, par une simple réminiscence de la psychologie, on échappe à ces deux erreurs si communes, ou bien de confondre un procédé de l'esprit avec sa forme parlée, comme semblent le faire tous les logiciens depuis Aristote jusques et y compris Port-Royal, ou bien de s'imaginer, avec une grande partie du vulgaire, que le syllogisme est une espèce de raisonnement. La vérité est entre ces deux opinions. Le syllogisme n'est pas un argument particulier, puisqu'il n'y a pas un argument déductif qui ne doive et ne puisse aisément y être ramené; mais il n'est pas non plus le raisonnement lui-même : il en est la forme claire, complète, adéquate. Vous voyez, sans qu'il soit besoin de pousser plus loin cette analyse, que la nature, les lois et les propriétés du syllogisme se peuvent déduire aisément de la nature du raisonnement une fois connue. Maintenant, supposez qu'un mot ait une acception bien définie : ce mot représentera une idée, et comme il ne représentera qu'elle, il pourra nous servir à la rappeler et à la combiner avec d'autres idées. Supposez qu'un jugement, affirmatif ou négatif, soit fidèlement exprimé en une proposition qui le contienne tout entier et ne contienne que lui : vous mettez par là sous vos yeux, vous faites entrer dans vos oreilles, à la faveur de cette forme saisissable, ce qui par soi-même ne tombe sous aucun de vos sens. Cet avantage sera bien plus frappant, si, au lieu d'une seule idée ou d'un seul jugement, il s'agit de cette combinaison de jugements le plus souvent abstraits qu'on appelle raisonnement. Voilà l'unique raison pour laquelle en logique on étudie le syllogisme, et c'est encore la psychologie qui nous la fait connaître. On substitue le syllogisme au raisonnement, parce qu'il est plus facile à étudier dans le détail, et on a le droit de le lui substituer, parce que seul il l'exprime et n'exprime que lui.

Mais à quoi bon cette étude du raisonnement ou du syllogisme? Pour apprendre à bien raisonner. La théorie logique du syllogisme doit donc aboutir à des conseils, à des règles, à une méthode d'invention. Or, si toutes les fois que l'esprit raisonne, il connaît la proposition qui est à prouver, il ne s'agit pour lui que de faire passer cette proposition de l'état de question à l'état de chose démontrée ou de conclusion, et cela par l'invention d'un moyen terme. C'est ainsi que l'entend Aristote, et après lui tous les logiciens. Eh bien, il suffit de se rappeler la vraie nature du raisonnement, pour reconnaître qu'il y a lieu de réformer, pour l'agrandir, cette partie si importante de la science syllogistique. Essayons, en effet, de prendre notre entendement sur le fait, au moment où il raisonne ; voyons quelle est alors sa marche naturelle, et si elle est toujours la même. A quel propos raisonne-t-on? Souvent c'est au sujet de quelque opinion douteuse : une question s'offre à l'esprit, le divise d'avec lui-même et l'oblige, pour sortir de cette inquiétude, à prendre parti entre l'affirmation et la négation. Je m'avise, par exemple, de douter s'il m'est bon d'être doué de raison, ou, en simplifiant les termes, si la raison est un bien ; je suis conduit à chercher dans l'analyse de ces deux idées, *raison*, *bien*, une troisième idée qui y entre comme élément commun, quoique à des titres différents : je trouverai, par exemple, l'idée de *sagesse*, et une fois en possession de ce terme de comparaison, j'établirai que la raison est un bien, sur ce double principe, que la sagesse est un bien, et qu'elle est impossible sans la raison. Autre exemple : suis-je en doute pour savoir si toute passion est blâmable? En décomposant dans ses parties le terme *passion*, j'y trouverai la haine du vice, la pitié pour le malheur, l'enthousiasme pour le bien, tous sentiments dignes d'éloge, et dont chacun pourra me servir de terme moyen pour démontrer que toute passion n'est point blâmable. Tous les livres de logique contiennent de nombreux exemples de cette opération de l'esprit, par laquelle, une question étant proposée, on a recours à quelque idée intermédiaire qui en donne la solution. C'est ainsi, en effet, que l'on s'y prend pour affirmer ou nier avec confiance ce qui était d'abord douteux, mais connu jusqu'à un certain point, et l'esprit raisonne souvent de cette manière, surtout lorsqu'il le fait avec réflexion et de propos délibéré. Mais ne nous arrive-t-il jamais de raisonner autrement, je veux dire sans réflexion, sans recherche, et sans connaître d'avance la conclusion à laquelle nous devons aboutir? Je prendrai encore un exemple très-simple pour expliquer ma pensée. Je suppose que, sans avoir jamais étudié la géométrie, j'aie cependant cette notion certaine, que la ligne droite est le plus court chemin d'un point à un autre. Ayant cette notion, si je viens à considérer le plus grand côté d'un triangle, la seule idée que ce côté est une ligne droite étant rapprochée, même fortuitement, du principe que j'énonçais tout à l'heure, me conduit à cette conséquence nécessaire, que le plus grand côté d'un triangle est plus court que la somme des deux autres. Or, cette proposition m'est devenue évidente tout d'un coup, sans autre préparation; je l'ignorais tout à fait, et je viens de la découvrir : par quel procédé, je vous prie, sinon par le raisonnement? N'y a-t-il pas ici comme tout à l'heure un sujet, — ce côté du triangle, — dont on affirme un attribut, — plus court qu'une longueur donnée, — à l'aide d'un terme moyen, — la notion de la ligne droite? Dans ce cas et dans tous ceux qui lui ressemblent, il ne s'agit pas le moins du monde d'établir une thèse déjà énoncée, de démontrer ce qui était obscurément entrevu, en un mot de *prouver* ce qui était en question. C'est tout le contraire : au lieu de remonter de la conséquence à ses principes, on descend des principes à la conséquence qu'ils contenaient à notre insu; on ne prouve pas, on *déduit* dans toute la force de cette expression. Et croit-on qu'il soit bien rare de raisonner ainsi? Qu'on le sache ou qu'on l'ignore, c'est le plus fréquent et peut-être le plus utile emploi du raisonnement; tous les raisonnements involontaires se présentent à nous sous cette forme, et parmi les démonstrations scientifiques, celles-là seules sont fécondes, celles-là seules conduisent à des découvertes, qui procèdent ainsi, suivant l'objet même de la science, du connu à l'inconnu. Voilà ce que donne une analyse exacte de l'intelligence, et cette distinction incontestable, transportée de la psychologie à la logique, y donne le résultat le plus inattendu. S'il ne s'agit pas toujours, deux termes étant donnés, de trouver un moyen terme pour établir entre eux un rapport; s'il est question aussi, le moyen terme d'un syllogisme étant donné, d'en tirer ce qui y est contenu; si enfin le raisonnement ne consiste pas seulement à prouver ce qui est en question, mais aussi et surtout à déduire de principes connus des conséquences inconnues jusque-là, il en résulte que les règles du raisonnement ne sauraient se borner à l'invention de la preuve ou du moyen terme, et qu'à la vieille et superficielle méthode des lieux communs, ou même à la méthode exacte et profonde, mais étroite, proposée par Aristote au 1er livre (ch. 27 et suiv.) des Premiers Analytiques, il faut ajouter des règles plus utiles et toute une méthode d'invention déductive. Ainsi, la psychologie, après avoir assis cette vénérable théorie du syllogisme sur une base nouvelle et plus solide, lui restitue son utilité méconnue, en étendant son domaine et en la transportant de la sphère des discussions oratoires dans celle de la science.

Qu'ai-je besoin de poursuivre et de montrer longuement ce que la méthode psychologique est en état de faire pour l'avancement de l'art de penser? N'est-il pas évident pour vous que cette méthode peut enfanter des prodiges, puisqu'elle est capable de renouveler dans ses principes et dans ses plus grands résultats une science qui passait pour morte? Une telle révolution dans la syllogistique entraîne une foule de modifications partielles, qu'il n'est pas besoin de vous énumérer ; je n'ajouterai qu'un mot sur ce sujet. Avec ce guide merveilleux de l'analyse psychologique, on ne se perdra plus dans des détails oiseux, dans d'inutiles subtilités. Du jour où l'on voudra sérieusement que l'art se règle sur la nature, on ne tiendra plus compte que de ce qui intéresse l'esprit humain ; on pourra rendre raison de tout ce qui entrera dans la théorie du syllogisme ; si on juge à propos d'étudier encore les modes et les figures, on saura du moins pourquoi et dans quel but ; on saura jusqu'où l'on peut aller dans cette analyse, et où l'on doit s'arrêter ; enfin, grâce au sentiment vrai de ce qui se passe en nous, on gardera la juste mesure qu'Aristote ne pouvait observer, et que les scholastiques n'ont jamais connue.

La psychologie ne renouvellera pas seulement l'étude du syllogisme ; elle est encore appelée à perfectionner la théorie d'Aristote sur la démonstration. Cette théorie, je dois l'avouer, est beaucoup moins exacte qu'on ne serait tenté de le croire, en voyant qu'aucune modification sérieuse n'a été essayée dans cette partie de la science. On ne lit guère les Derniers Analytiques, et il en résulte qu'on n'a pas assez remarqué la relation intime qui existe entre la théorie de la démonstration d'Aristote et le reste de sa doctrine ; on ne sait pas assez que l'Analytique est liée d'une manière à peu près indissoluble à la Métaphysique, et qu'elle participe de l'imperfection du système qu'elle était destinée à établir. La méthode d'Aristote se ressent de ses origines, et c'est par là que je m'explique ses défauts.

Tous ceux qui ont étudié les systèmes philosophiques de la Grèce savent que le problème de l'essence des choses y occupe la première place. Même avant Socrate, ce problème avait été soulevé par Pythagore et par les philosophes de l'école d'Élée. Socrate, ayant à revendiquer contre les sophistes et les matérialistes la certitude de la pensée, avait essayé de rendre à la science un objet fixe, au-dessus des apparences sensibles, en s'élevant par voie d'induction à l'universel, au genre, à l'essence des êtres réels. Platon, suivant l'exemple de son maître, n'admit aussi de science que de l'universel et y chercha également la nature idéale de toutes choses. L'induction que lui avait léguée Socrate le conduisait aux genres ; sa méthode propre lui découvrait, par delà les genres, les idées ou types immortels des choses périssables ; puis d'idée en idée, il s'élevait jusqu'à la conception de l'essence suprême. Une fois en possession des idées, il les employait à définir les êtres, au moyen de la division par genres. Toute la philosophie d'Aristote, comme celle de Platon, est une réponse au problème de l'essence ; et tel a été son système, telle est aussi sa méthode. Le syllogisme remplaçant pour lui la division dialectique, est appliqué comme elle aux genres et aux espèces, c'est-à-dire aux éléments de la définition. Aristote ayant réduit tous les objets de nos recherches à un seul, l'essence, et ayant donné à la science pour instrument le syllogisme, devait dire et a dit en effet, nonseulement que le syllogisme scientifique doit employer l'essence, mais encore qu'il est destiné à la faire connaître. C'est là une erreur, une exagération évidente : car, je vous le demande, est-ce là le rôle de la méthode démonstrative, je ne dis pas dans les sciences pratiques, où il n'est guère question d'essence, mais même dans celles qui semblent prêter le plus à la théorie d'Aristote, dans la géométrie par exemple? Nullement, Messieurs ;

la nature et l'essence des figures dont la géométrie étudie les propriétés, sont données dans les définitions préliminaires sur lesquelles s'appuient les démonstrations ; elles ne sont pas elles-mêmes des objets de démonstration. Certes, Aristote n'ignore pas que l'essence appartient à la définition ; mais il voudrait, sans se l'expliquer, qu'elle fût connue à l'aide du syllogisme démonstratif. De là un parallèle des plus ingénieux entre ces deux procédés, dont il montre si bien les ressemblances, qu'il est ensuite très-embarrassé pour les distinguer l'un de l'autre. Aussi, lorsqu'il passe de sa théorie logique à la science pour laquelle elle était faite, qu'arrive-t-il ? Aristote confond absolument dans la pratique la définition et la démonstration, en sorte que sa méthode vue dans l'application ne répond plus à l'idée qu'on s'en faisait d'abord. C'est quelque chose de très-rigoureux et d'admirablement ordonné ; mais ce n'est pas la méthode démonstrative : c'est plutôt une méthode de description savante. Quelles sont en effet les sciences qu'Aristote a traitées avec une perfection inimitable ? Ce ne sont pas les mathématiques, ce n'est pas même la physique ; mais c'est tout ce qui procède à la fois par description, par division, par analyse et par définition ; c'est, en un mot, l'histoire naturelle en tout genre, celle des corps et celle des esprits, l'Histoire des animaux et la théorie du syllogisme.

Pour réparer cette méprise d'Aristote, pour remédier à tous les défauts que la critique peut relever dans sa théorie de la démonstration, il suffit de faire appel à la psychologie. Par une analyse exacte de la pensée, on rétablira la vérité des faits ; par ce moyen seulement, on pourra dresser une liste complète des problèmes que se pose l'esprit, remettre en sa place légitime la question de l'essence, bannir de la logique la confusion, trop fréquente chez les anciens, de l'abstrait et du nécessaire, rendre la démonstration à son véritable objet, et faire à chaque procédé sa part dans le travail total de l'intelligence.

Je borne ici ce que j'avais à dire de la démonstration et du syllogisme : aussi bien avais-je l'intention de vous rappeler l'esprit de ce cours, et non le détail de toutes les questions que j'y ai soulevées. Vous voyez cependant, par ce qui précède, quels sont les points principaux sur lesquels ont porté mes leçons pendant toute une année. Le sujet était sévère; les détails où j'ai dû entrer étaient souvent ingrats; j'ai été soutenu dans ma tâche par votre bienveillante attention et par cette consolante pensée, que la philosophie profite de tous les dévouements, quelque obscurs qu'ils soient. Le plus souvent je me contentais d'exposer Aristote étudié en lui-même, et non dans ses commentateurs. Parfois aussi, fort de ma conviction, j'essayais contre lui une critique toujours respectueuse, mais toujours ferme et indépendante, pratiquant à son égard une maxime que lui-même a proclamée très-haut: « Le philosophe doit s'attacher, non à ce qui est ancien, mais à ce qui est vrai. »

III.

Si la logique était uniquement l'art de raisonner, la méthode déductive étant son unique objet, je n'aurais plus qu'à recommencer demain la même étude, sauf à y apporter une attention plus curieuse, afin d'approfondir tout ce que j'ai dû me contenter d'effleurer; et certes il me resterait beaucoup à faire. Mais il n'en est pas ainsi : je n'ai jamais eu la prétention de mener à fin une pareille tâche ; mon seul dessein est, en parcourant les différentes parties de la logique, de montrer par quelques exemples l'influence trop peu étudiée de la psychologie. Or, la déduction n'est qu'une manière de penser, entre beaucoup d'autres ; outre le raisonnement, l'esprit humain a d'autres ressources, soit pour la science, soit pour la conduite de la vie ; l'art de penser est donc plus large que l'analytique, et ne saurait être borné au syllogisme. Ce point étant à mes yeux d'une certaine importance, je vous demande la permission de le développer en finissant.

La méthode démonstrative joue dans la science un rôle considérable, et j'y insistais moi-même tout à l'heure. Mais il est d'autres méthodes, sinon d'application, au moins d'invention ou de théorie. L'objet propre de la déduction est de nous faire connaître avec certitude les conséquences des principes que nous avons admis, ou des hypothèses que nous avons conçues. La démonstration, comme l'a si bien prouvé Aristote, suppose toujours des principes préalables, dont la connaissance lui échappe. Les faits, les lois, les principes premiers en tout genre, c'est-à-dire les notions dont tout le reste dépend, sont hors de sa portée. Une théorie logique de l'intelligence doit donc embrasser d'autres procédés que le raisonnement ; il n'est pas même au premier rang, comme moyen d'invention : car sa fonction scientifique n'est pas de faire des découvertes, mais de les faire valoir.

Il est encore plus facile de s'assurer que le raisonnement n'est pas tout dans la pratique. Entre toutes les opérations intellectuelles de l'homme, la déduction est à coup sûr celle qui, par sa nature, devrait influer le plus sur la vie : car c'est le procédé pratique par excellence. La perfection de la vie humaine est d'être conforme aux principes que la lumière intérieure nous révèle, et que nous savons être les meilleurs. Si donc l'homme était parfait, ou s'il n'avait d'autre faculté de penser que le raisonnement, appliqué aux notions de moralité qui lui sont naturelles, toute sa conduite dirigée d'après un même plan se composerait d'actes qui s'accorderaient tous ensemble, et qui, par l'unité du but, formeraient un système unique. En est-il ainsi, Messieurs? La question doit vous paraître singulière, presque ridicule, tant le défaut de conséquence, ou, comme on dit, de logique, est frappant dans la conduite de chacun et dans les affaires humaines en général. C'est qu'à côté de cette faculté impassible et incorruptible qu'on appelle le raisonnement, il y a d'abord les passions, ces terribles sophistes, toujours prêts à troubler notre faible jugement, ennemis invisibles et d'autant plus dangereux, qui se glissent dans notre âme presque à notre insu pour y porter le ravage, en disposant la volonté à la révolte contre le devoir et la raison. Puis, dans l'intelligence elle-même, toutes les facultés se tiennent et se développent sous l'influence les unes des autres. Le raisonnement est soumis à cette loi, et dans un esprit mal réglé il n'occupe même pas sa place légitime.

Essayons, Messieurs, de nous représenter le mécanisme général des facultés intellectuelles, de le décomposer en ses principaux éléments, et de comprendre la part de chacun d'eux, et en particulier du raisonnement, dans le travail de l'esprit. Je parle ici de l'homme, non du savant ou du philosophe; c'est le mouvement spontané de l'intelligence que je voudrais saisir et retracer, non cette marche savante qui plus tard est adaptée à la puissance de connaître.

Tout homme porte en lui le désir de savoir. Quels sont les moyens que la nature lui a départis pour atteindre à cette noble fin?

Nos premières connaissances nous viennent de ces trois sources : les sens, la conscience, la raison. Les sens sont la faculté multiple qui nous met en relation avec le monde extérieur. Cette faculté, certaine dans son principe, mais limitée dans son action et subordonnée jusqu'à un certain point aux organes qui ont été mis à son service, n'atteint son objet que d'une manière très-incomplète. Elle nous fait connaître les corps, mais nous en a-t-elle jamais révélé la nature? Nul de nous ne sait la nature des corps. Il y a plus; nous n'en percevons même pas les qualités en elles-mêmes, mais seulement l'effet de ces qualités sur nous. Par les sens, en un mot, nous ne connaissons avec certitude que ce qui nous paraît et tel qu'il doit nous paraître, dans l'état de nos organes ou instruments de perception. Mais nous avons en nous-mêmes un autre moyen d'information, la conscience, qui aperçoit avec la même certitude non-seulement nos relations, mais encore nos véritables manières d'être, et qui nous donne la connaissance plus précieuse encore et non moins véritable du sujet simple, identique et contingent, auquel appartiennent ces actes de pensée, d'amour, de liberté. Enfin, au-dessus de toute cette contingence, nous concevons par notre raison la vérité nécessaire, où nous plaçons instinctivement le principe de tout ce qui a commencé d'être. Ainsi, par le moyen de ces trois facultés, les sens, la conscience, la raison, la vérité nous apparaît naturellement sous ses deux faces, le nécessaire et le contingent, ce qui est et ce qui doit être, les faits et les principes. Mais qu'en savons-nous ? Bien peu de chose assurément. Songez en effet à tout ce qui est, et avouez avec moi que le plus savant d'entre nous n'en connaît qu'une partie imperceptible ; qui pourrait même évaluer en une fraction assez petite pour n'être pas excessive, ce que nous connaissons, comparé à ce que nous ne connaissons pas ? Tel est notre point de départ, et que voudrions-nous savoir ? Tout : la nature, l'origine, la destinée de tout ce qui nous entoure, aussi bien que de nous-mêmes. La science à laquelle nous aspirons est l'explication de tout ce que nous connaissons et de tout ce que nous ne connaissons pas, l'explication, dis-je, de tous les faits du monde physique et du monde moral par leurs principes ; et ces principes, nous n'en savons qu'une chose, mais nous sommes seuls à la savoir : c'est qu'ils existent, c'est qu'il y a une vérité suprême, éternelle, immuable, infinie, refuge assuré de notre intelligence dans cette fluctuation de phénomènes divers et périssables. Épris de la vérité sur le peu que nous en voyons, nous voudrions la posséder tout entière. Quels sont, encore une fois, nos moyens pour y atteindre ? Les voici en peu de mots.

Par la mémoire, nous conservons et rappelons les connaissances déjà acquises, en nous aidant de signes qui les fixent et les perpétuent dans notre esprit. Le langage a encore cette autre fonction d'accroître la somme de nos idées en y ajoutant celles de nos semblables, tous solidaires avec nous dans cette recherche du vrai. La comparaison multiplie toutes ces idées par la notion de leurs rapports. A l'aide de l'abstraction et de la généralisation, nous rangeons la multitude des faits réels en un certain nombre de groupes auxquels nous attribuons une existence fictive et provisoire. Ces groupes sont ensuite divisés en genres et en espèces et distribués par ordre de généralité; en un mot, nous les classons. Alors vient l'induction, qui découvre ou devine les lois propres à chaque classe de phénomènes et qui éclaire la notion des effets par celle de leurs causes. Enfin, c'est l'office du raisonnement de tirer les conséquences de ces lois et de ces principes, véritables ou présumés, pour expliquer par leur moyen toutes choses. Tout ce travail de notre intelligence se résume en un double effort : s'élever des effets aux causes, descendre des causes aux effets. Pour nous exciter et nous soutenir, deux facultés agissent en nous sans relâche : la faculté du nécessaire, la raison, lumière divine qui nous montre le but et nous y conduit, et la faculté de l'idéal, l'imagination, qui nous fait sentir les misères du réel, l'insuffisance des faits à s'expliquer eux-mêmes, et qui, en offrant aux yeux de l'esprit les splendeurs du monde intelligible, lui fait aimer la beauté éternelle des principes. De là cette activité infatigable qui s'efforce de combler pour ainsi dire l'intervalle de la terre au ciel, en élevant cet immense et fragile échafaudage de notions intermédiaires, où l'esprit monte par degrés jusqu'à la vérité pure, immuable, infinie.

En comparant la grandeur de l'entreprise avec la faiblesse des moyens, vous vous dites peut-être en vous-mêmes qu'il y a témérité à chercher une connaissance impossible, et qu'on ne peut sans folie tenter cet effort, ambitieux jusqu'à l'impiété. Mais rappelez-vous à ce sujet les belles paroles d'Aristote : «Supposons, dit-il[1], que la vie de l'entendement pur soit plus qu'humaine. Eh bien, l'homme vivra donc, non comme un homme, mais suivant ce qu'il y a en lui de divin; il s'élèvera ainsi au-dessus de l'humanité même, autant que la vertu divine de la raison est au-dessus de toute autre qualité. Pour être mortel, est-on obligé de ne penser qu'aux choses mortelles et périssables? Pourquoi ne nous serait-il pas permis d'aspirer à l'immortalité, conformément à ce qu'il y a de meilleur en nous?» En effet, Messieurs, c'est la nature, c'est Dieu lui-même, auteur de la nature, qui nous a invités à la science, en nous en fournissant les premiers éléments, en nous faisant faire les premiers pas, en nous révélant les premières lueurs de la vérité : connaissance bien imparfaite à notre gré, mais dont la possession a suffi pour nous ravir d'espérance. La nature a mis en nous la promesse de la science, ou plutôt la science elle-même, le jour où elle nous a donné ce double instrument de nos conquêtes intellectuelles : l'induction, qui cherche, découvre ou suppose, et la déduction, qui cherche aussi, qui applique et contrôle. La science n'est donc pas impie; elle est au contraire, à son origine, une sainte aspiration vers la source infinie de toute lumière comme de tout bien. Elle n'est devenue un acte libre de notre volonté qu'après avoir été un conseil de la nature. Avant toute réflexion, nous nous sommes élevés du particulier au général, image du nécessaire; avant toute réflexion aussi, nous avons essayé d'appliquer les idées aux faits, dès que nous pensions avoir saisi quelque ombre de la vérité.

[1] Morale à Nicomaque, l. X, c. 7.

Le raisonnement résume toute cette seconde partie du travail naturel de l'intelligence qui consiste à chercher les conséquences des idées nécessaires et des idées générales. La découverte, ou du moins la recherche des lois et des principes, est le partage de l'induction.

Vous voyez, Messieurs, le rôle du raisonnement; vous connaissez d'ailleurs la puissance de ce procédé, soit pour rendre utile la vérité une fois découverte, soit pour détruire l'erreur en en montrant les effets; vous savez avec quelle irrésistible évidence, avec quelle certitude infaillible il éprouve les principes par leurs conséquences. Vous pouvez juger maintenant de la part qu'on doit lui faire. Il est hors de doute que le raisonnement doit occuper une grande place dans la science humaine, mais on peut affirmer avec la même confiance qu'il n'en est pas l'unique méthode. Il est donc bien démontré que la science de la méthode, la logique, n'est pas renfermée tout entière dans l'étude du syllogisme.

Il est temps de conclure ce discours déjà trop long. Après vous avoir rappelé la double théorie d'Aristote sur le syllogisme et la démonstration, après avoir montré par divers exemples quelles modifications la psychologie pourrait introduire dans cette théorie, je viens d'établir que la logique déductive n'est pas toute la logique. Il me reste à vous dire quelle partie de cette science nous devons étudier cette année.

Après le raisonnement, je viens vous proposer l'induction. L'analyse de cette faculté pourra vous paraître plus agréable que celle du syllogisme; pour moi, je la trouve plus périlleuse. L'induction représente l'audace intellectuelle de l'homme; ses allures sont capricieuses; tantôt elle ressemble à une démonstration, tantôt elle paraît être un mouvement désordonné de l'esprit; elle a les caractères de la science et ceux de l'hypothèse; elle donne tour à tour l'erreur et la vérité; la conviction qu'elle procure est tantôt solide comme la certitude, tantôt chancelante et faible comme le doute; elle revêt toutes les formes et reçoit toutes sortes de noms : généralisation scientifique, induction proprement dite, hypothèse, théorie, conjecture, analogie, etc. Un tel procédé ne semble-t-il pas échapper à l'analyse? Où trouver un Organon pour l'induction, comme il y en a un pour le syllogisme? Malgré les secours que peut offrir Bacon dans cette étude, ce n'est pourtant pas un guide que l'on puisse suivre avec la même sécurité qu'Aristote. Mais en mettant à profit tout ce qu'il a dit, en y ajoutant tout ce que d'autres ont pu dire sur l'induction avant et après lui, en s'aidant de tout ce que fournit l'histoire de la philosophie et de tout ce que donne la philosophie contemporaine, on peut espérer d'arriver tôt ou tard à une connaissance complète, et par suite à une théorie logique de ce procédé, qui semble avoir été jusqu'ici l'écueil des logiciens aussi bien que des psychologues.

Tel sera cette année le principal sujet de nos études. Je m'efforcerai d'y apporter la juste mesure qu'il est si difficile de garder entre des hardiesses légitimes et une extravagante témérité. Tout en faisant l'éloge du procédé inductif employé régulièrement et au profit de la science, je ferai la guerre à cette fausse induction qui serait mieux nommée esprit d'aventure, et à laquelle nous avons dû de nos jours tant de théories creuses et stériles, tant de rêves ridicules, tant de folies dangereuses. A nulle autre époque il ne fut plus utile qu'aujourd'hui d'imposer à l'esprit des règles fixes, à la pensée une sage discipline, à l'ambition intellectuelle un frein salutaire. C'est le devoir du philosophe et en particulier du logicien : pour ma part, s'il plait à Dieu, je n'y faillirai point.

ESSAI VI.

DE L'INDUCTION ET DE LA MÉTHODE INDUCTIVE.

Tout procédé intellectuel peut être l'objet d'une double étude. L'une, purement psychologique, consiste à l'analyser dans sa formation et dans son développement naturel; l'autre, qui est du ressort de la logique, recherche le meilleur emploi de ce procédé et les règles auxquelles il doit être soumis pour le plus grand avantage de l'esprit humain. C'est d'après ce principe que le présent travail a été divisé en deux parties : on y considère d'abord la nature de l'induction, puis son usage et sa portée scientifique.

CHAPITRE I.

DE LA NATURE DE L'INDUCTION.

Qu'est-ce que l'induction? Telle est la première question qui se présente, et qui veut être résolue avant toute autre. Mais tout le monde sait que l'analyse du procédé inductif est si délicate, qu'elle divise encore les psychologues et les logiciens; et en pareille circonstance, quelque confiance que l'on accorde aux lumières du sens intime, il est de la prudence la plus élémentaire d'ajouter à la réflexion personnelle les travaux des philosophes anciens et modernes qui ont traité la matière.

En faisant cet appel à l'histoire, on ne prétend pas substituer le témoignage de quelque grand maître à la seule autorité que l'on doive reconnaître ici, celle de la conscience. Quand on fait profession d'appuyer la philosophie tout entière sur le sens intime et sur les vérités qu'il nous découvre avec tant d'évidence, il y aurait une contradiction par trop choquante à faire dériver ces vérités d'une source extérieure et incertaine. Mais quoi? le physicien qui n'admet que l'observation, se croit-il obligé pour cela de refaire toutes les expériences que comporte son étude, et ne reconnaît-il pour vrais que les résultats de ses recherches individuelles? Non, sans doute; il reçoit d'autrui la plus grande partie des observations sur lesquelles il fonde sa connaissance des lois de la nature; il reçoit, dis-je, ces observations toutes faites et ne les fait pas lui-même : il se borne à les contrôler. Eh bien, pourquoi n'en serait-il pas de même dans l'ordre moral? Lorsqu'il s'agit de notre nature, pourquoi les observations ne pourraient-elles pas être accumulées au profit de la science? En psychologie comme en physique, un siècle peut léguer aux suivants des faits bien étudiés et bien décrits. Or, si un tel progrès est réalisable quelque part dans la science de l'âme, n'est-ce pas surtout quand on cherche à se rendre compte d'une opération aussi importante à la fois et aussi naturelle, aussi familière et aussi compliquée tout ensemble que celle par laquelle se construisent dans notre esprit les notions abstraites et les idées générales, et dont l'induction est la forme la plus élevée? Plus l'analyse d'une telle opération est difficile, plus il importe de s'entourer des lumières de tous ceux qui en ont entrepris l'étude.

Un autre motif doit nous engager à tenir compte des opinions des philosophes : c'est qu'il ne semble pas que l'induction puisse être décrite ou même définie avec exactitude sans cette information préalable. Il est en effet telle question de pure psychologie qui, dans l'état actuel de nos connaissances, ne saurait être traitée d'une autre façon. En veut-on un exemple? En voici un assez frappant, et qui n'est pas sans analogie avec notre sujet.

Je suppose qu'on souhaite de connaître exactement cette faculté de l'esprit qui fait le poëte, l'écrivain et l'artiste, qui nuit, dit-on, à la science, et sans laquelle la science ne serait guère aimable, cette puissance d'inspiration tour à tour folle ou sublime, à laquelle nous attribuons les merveilles de l'art et les caprices de la fantaisie, et qui d'un mot s'appelle l'imagination. Dès l'abord, on rencontre une difficulté que l'histoire seule peut résoudre. L'imagination est un de ces termes qui, tombés dans le domaine commun et employés par tout le monde, offrent à l'esprit plusieurs sens et expriment des choses très-différentes. Ici, l'imagination est prise pour l'effet naturel d'une mémoire vive et prompte, qui nous retrace si bien les objets absents, qu'elle nous transporte pour ainsi dire du présent au passé, nous y absorbe et nous ôte le sentiment de la réalité qui nous entoure. Ailleurs, c'est la puissance que possède l'âme de combiner à son gré les formes sensibles et d'en faire une œuvre qui lui est propre et qui rivalise avec la nature. D'autres enfin attribuent à cette même faculté, par delà le simple possible, objet de la fiction, la pensée et l'amour de l'idéal, origine du vrai beau dans les arts. Toutes ces descriptions sont plus ou moins fidèles ; toutes reproduisent des faits réels de la nature humaine ; mais entre tous ces faits assez différents, lequel proprement doit être appelé imagination ? Qui a tort, qui a raison, de ceux qui restreignent ou de ceux qui étendent le domaine de la puissance imaginative ? Il n'y a qu'un moyen de prononcer entre eux ; il n'y a qu'une autorité qui puisse trancher ce débat : c'est l'histoire. Elle seule montrera clairement combien est arriérée l'analyse de ceux qui, à l'exemple d'Aristote et de ses disciples, ne voient dans l'imagination ou fantaisie que la représentation plus ou moins vive d'un objet absent [1]. Elle nous dira que la théorie qui en fait une faculté de combiner arbitrairement les notions expérimentales est à la fois plus moderne et plus savante. C'est celle de Descartes, qui après avoir dit comme Aristote : « Imaginer n'est rien autre chose que contempler la figure ou l'image d'une chose corporelle[2] », attribue à l'imagination le pouvoir de produire les idées qu'il appelle *factices*[3]. Les philosophes et les écrivains français, suivant les traces de Descartes, ont encore accru et enrichi la même faculté, et de nos jours on en fait volontiers le trait distinctif de l'artiste comparé au savant, à ce point qu'une œuvre d'art est pour nous une œuvre d'imagination. Or, si on l'entend ainsi, la puissance imaginative ne saurait être réduite à une simple représentation des objets sensibles, ni même à une combinaison plus ou moins variée des notions expérimentales. Elle est mieux que cela : elle devient dans une psychologie plus profonde la faculté

---

[1] Voir notre Psychologie d'Aristote, Ire partie, c. XIII.
[2] IIe Méditation.
[3] IIIe et Ve Médit., et Réponses aux objections, pass.

de l'idéal ; elle exprime ce grand et noble mouvement de l'âme qui dans le visible nous fait chercher et découvrir l'invisible, soit par une diminution et un effacement du réel, soit plutôt par une sorte de transfiguration, à l'aide de la mémoire et d'une ingénieuse comparaison qui rapproche et combine, mais surtout à l'aide de la raison qui s'unit au sentiment pour nous faire deviner le bien, le meilleur, l'idéal. Telle est à peu près la théorie de nos philosophes contemporains [1].

L'histoire est indispensable pour montrer que cette théorie est venue la dernière et résume toutes les autres, qu'elle est la seule vraie dans l'état actuel de la science psychologique, et que toute autre est incomplète et surannée. En même temps qu'elle nous donne les dates de ces diverses analyses, elle nous met en état de leur faire à toutes une part légitime : car la vérité n'est pas toujours dans les opinions les plus modernes, elle est surtout dans celles qui embrassent et concilient toutes les autres. Or, tel est assurément le caractère de notre description moderne de l'imagination : elle n'exclut rien de ce qui appartient réellement à cette faculté, et elle justifie, en les corrigeant, les anciennes théories. Il est vrai, par exemple, que l'homme qui vit avec ses rêves et dans ses souvenirs a de l'imagination : car pour rompre ainsi avec le présent et se mettre en dehors de la réalité, il faut éprouver au moins vaguement ce besoin du mieux qui trouve déjà une satisfaction à contempler un passé dégagé de ses ombres et de ses taches, ou qui, dans l'éloignement, gagne en grandeur et en puissance ce qu'il perd

---

[1] Voir les Cours de M. Cousin, 1re série, t. II, p. 144 et suiv.; l'article Imagination de M. Vacherot, dans le Dict. des sciences philosophiques, et la Logique de M. Duval-Jouve, p. 178 et suiv.

en clarté et en précision. C'est ce même besoin, plus vif et mieux senti, qui porte l'esprit à se forger des fantômes, à combiner à sa guise les éléments fournis par l'observation et la mémoire, et à se contenter du possible ou des fictions même les plus chimériques, à défaut du véritable idéal qu'un effort plus soutenu et mieux réglé lui ferait atteindre. Mais ce n'est qu'à ce dernier degré, dans la sphère de la beauté proprement dite, que la faculté imaginative se déploie tout entière avec les ressources de sa riche nature. Alors seulement, fécondée par l'amour et la possession de son divin objet, elle étale ses plus ravissantes merveilles, et nous fait comprendre tout ce que peut l'esprit de l'homme, lorsqu'un souffle d'en haut l'anime.

C'est ainsi que la psychologie peut s'aider de l'histoire, qui, en l'éclairant, lui permet de tout embrasser. Ce que nous venons de dire de l'imagination est pour le moins aussi vrai du procédé qui nous occupe. L'induction des anciens n'est pas celle des modernes, et pour donner la préférence à l'une sur l'autre, il faut évidemment en avoir fait la comparaison. On ne saurait donc mieux se préparer à l'analyse du procédé inductif qu'en étudiant sa fortune parmi les philosophes, depuis Socrate jusqu'à Bacon, et depuis Bacon jusqu'à nos jours.

§ 1.
Histoire psychologique de l'induction.

Il n'est pas de spectacle plus varié que celui des évolutions de l'esprit humain. Les libres spéculations de la philosophie échappent à toutes les règles, brisent tous les cadres et déjouent toutes les prévisions; c'est le plus souvent d'une manière inattendue que s'accomplissent les progrès de la science; nul n'en saurait décrire la marche à l'avance, tant la vérité est multiple et la pensée féconde. Tout à l'heure, en prenant pour exemple l'imagination, on a pu assister au développement de l'analyse psychologique, débutant par une vue en quelque sorte extérieure des faits, puis découvrant des éléments nouveaux et s'amplifiant peu à peu, jusqu'à ce qu'elle soit parvenue à grouper tous les faits accessoires autour du fait principal, découvert en dernier lieu et mis enfin à sa place. Pour l'induction, c'est le contraire qui arrive : c'est le fait principal qui est aperçu d'abord, et qui va se subdivisant, à mesure que l'analyse pénètre davantage dans le détail, en sorte que l'histoire du procédé inductif nous en fait voir la diminution plutôt que l'agrandissement. Il est vrai qu'en réduisant les attributions de ce procédé, on en a mieux défini l'usage, et qu'en retranchant quelque chose à son ambition primitive, on a beaucoup ajouté à sa puissance. Ce n'est pas non plus que la philosophie moderne ait resserré outre mesure son champ d'action : loin de là, il est encore très-vaste, et il serait aisé, peut-être même utile, d'y introduire certaines divisions. L'induction, telle qu'on l'entend de nos jours, est encore une des opérations les plus considérables de l'esprit humain ; car on en fait dériver la plupart des jugements marqués d'un caractère de généralité en matière contingente, et notamment ceux qui déterminent les attributs communs à toute une classe d'individus, les lois qui les régissent, les causes mêmes des phénomènes de la nature. Certes, voilà une belle part faite à un seul procédé de notre intelligence, puisqu'on range parmi ses attributions les sciences physiques et psychologiques, et cependant tout cela est peu de chose en comparaison de ce qu'on lui rapportait jadis.

Quoique l'induction ait été connue avant le syllogisme, le premier philosophe qui l'ait définie est le même qui a défini toutes choses en philosophie et dans la science universelle de son temps, celui qui a été le maître du monde lettré pendant des siècles, et dont le génie nous étonne encore aujourd'hui et nous domine souvent à notre insu : j'ai assez clairement désigné Aristote. « L'induction, dit l'auteur de l'Organon, est le passage du particulier au général [1] », et il nous apprend que Socrate en est l'inventeur, ou, si l'on veut, le premier qui ait employé sciemment et recommandé aux dialecticiens ce puissant moyen de découverte [2]. Les faits confirment cette assertion : il est impossible de trouver nulle part avant Socrate la moindre trace d'une analyse de l'induction. Si, au contraire, on étudie la doctrine de ce philosophe chez son plus fidèle interprète, c'est-à-dire dans les Entretiens mémorables de Xénophon, on y rencontre très-souvent ce « passage du particulier au général », comme dit Aristote. Le procédé inductif est proposé et pratiqué par Socrate sous des formes assez variées déjà, et qui témoignent d'une grande finesse d'observation. Tantôt, en effet, il enseigne à ses interlocuteurs à former des idées abstraites de genres, en laissant de côté les différences des êtres réels pour ne considérer que leurs caractères communs qui sont les éléments des définitions, et c'est ce qu'il fait, par exemple, lorsqu'il propose à Euthydème de définir la justice. Tantôt il établit une proposition générale à l'aide de propositions

---

[1] Ou plus exactement « de l'individuel à l'universel. » Topiques, l. I, c. 12 : Ἐπαγωγὴ δὲ (ἐστιν) ἡ ἀπὸ τῶν καθ' ἕκαστον ἐπὶ τὰ καθόλου ἔφοδος. Cf. Dern. Anal., l. I, c. 18, et Mor. à Nic., VI, 3.

[2] Métaph., l. I, c. 6, et surtout l. XIII, c. 4, p. 1078, b.

moins générales qui en font partie pour ainsi dire, comme lorsqu'il veut prouver que tout ce qui est dans l'homme a son but et sa destination; dans ce dessein, il passe en revue le corps et l'âme, et conclut pour ainsi dire des parties au tout. Enfin, s'agit-il de faire comprendre à Aristippe que le moyen le plus sûr de paraître honnête homme, c'est de l'être : il accumule des comparaisons, il prend une foule d'exemples, un pilote, un général, un économe, un administrateur, etc., et raisonnant par analogie, il fonde sa thèse générale sur des propositions particulières qui s'en rapprochent, mais qui n'y rentrent pas. Ainsi déjà dans les mains du premier qui en fit un usage réfléchi, l'induction servait à une triple fin : 1° pour former des genres ; 2° pour établir des lois générales ; 3° pour raisonner par analogie. Tels étaient les principaux usages de l'induction socratique; mais Xénophon, qui les rapporte, ne les distingue pas expressément, et l'on ne peut affirmer que Socrate en ait clairement aperçu la différence.

Platon ajoute quelque chose à Xénophon et à Socrate. Il ne se contente pas, comme ce dernier, de conduire son interlocuteur, par une série d'interrogations, à une conception générale; il analyse plus curieusement le travail par lequel l'esprit s'élève des faits aux genres et aux idées. L'individuel ne contient pas l'universel, suivant Platon; il ne le contient ni ne l'explique; mais comme les apparences visibles participent de la réalité invisible, les faits sont pour l'esprit une occasion de produire de lui-même des conceptions supérieures aux faits; de l'image il s'élève au modèle; le réel l'aide à se rappeler l'idéal. L'hypothèse célèbre de la réminiscence contient sous une forme poétique une vérité profonde et de grande importance : elle met en lumière le rôle de la raison, de cette faculté du nécessaire, qui seule peut nous faire concevoir quelque chose d'universel et de permanent. Cette doctrine était en germe dans la maïeutique de Socrate; mais c'est Platon qui a eu l'honneur de l'exposer; c'est lui qui le premier a fait voir que le passage qui s'opère dans l'esprit humain du particulier au général a son principe dans la raison, animée, il est vrai, et soutenue par le besoin ou l'amour du beau et du bien, et que le rôle des sens et de l'observation se borne à fournir une occasion qui excite l'esprit à concevoir la vérité nécessaire.

L'analyse qu'Aristote a donnée de l'induction présente à peu près les mêmes caractères, mais avec un progrès manifeste dans le détail. Aristote est le génie de l'analyse. Il marque pour ainsi dire le point culminant de la science grecque, en psychologie aussi bien qu'en logique. En ce qui concerne l'induction, il a défini le premier ce procédé, qui n'avait pas encore reçu un nom; il a décrit ce qu'on n'avait fait qu'entrevoir avant lui; il a essayé de donner, sans métaphores poétiques, une théorie exacte de l'induction, distinguée nettement de la définition, du raisonnement et de l'expérience; enfin, poursuivant les travaux de ses prédécesseurs, il a indiqué les diverses manières dont l'esprit s'élève du particulier au général. Au-dessus de la sensation et de l'expérience qui atteignent l'universel d'une certaine façon, mais sans le savoir, l'induction nous révèle, par la vertu de l'entendement, les genres auxquels se rattachent tous les êtres observables. Puis, dans les genres, l'induction, toujours aidée de l'expérience, nous découvre les principes propres auxquels s'applique la définition, tandis que par une opération toute intellectuelle nous concevons les principes communs ou axiomes qui président à la démonstration. Indépendamment de ces usages scientifiques, l'induction se présente encore dans le discours comme un puissant instrument de discussion, lorsque, lui donnant l'apparence du syllogisme, on l'emploie à démontrer une proposition générale à l'aide de tous les cas particuliers qu'elle contient, ou lorsque l'on passe d'un genre à un autre genre voisin, à l'aide d'exemples ou d'analogies. Sous toutes ces formes, l'induction, résultant d'un besoin de connaître qui est inné dans l'homme, nous est présentée par Aristote comme un mouvement de l'esprit qui succède à la sensation, à la mémoire et à l'expérience, mais qui n'aboutit à la pleine connaissance de l'universel que sous l'action de l'entendement pur et divin, faculté sublime dont nous participons toutes les fois que nous pensons la vérité éternelle, et qui connaît seule ce qui est partout et toujours. Ainsi Aristote maintient, en la présentant à sa manière, la vue profonde et vraie de son maître. Cette analyse de l'induction est la meilleure et la plus complète que l'on puisse rencontrer jusqu'à Bacon. Après Aristote, en effet, la pensée grecque se repose, pour ainsi dire, de la métaphysique et de la philosophie spéculative : aussi ne fait-on guère que répéter Aristote ou Platon. Sans parler des écoles empiriques qui négligent volontiers l'induction, les stoïciens mettent les idées générales dans la raison; mais la raison, chez eux, ne se distingue des sens par aucune conception qui lui soit propre : elle n'ajoute à la sensation que son énergie, son activité, sa vertu de transformation et d'assimilation. Quant aux philosophes de l'école d'Alexandrie, on doit mentionner, dans cette histoire de l'induction, l'effort qu'ils tentèrent pour élever le nécessaire au-dessus de l'abstrait : effort puissant, mais inutile ; car une fois qu'on a donné pour objet à la raison les notions générales, suivant la doctrine commune de Socrate, de Platon et d'Aristote[1], toute idée rationnelle étant abstraite, la première de toutes, celle de l'être nécessaire, se réduit à la notion du genre suprême et de l'être en soi, c'est-à-dire d'un pur néant revêtu d'un semblant d'existence[2] : de là ce Dieu abstrait et mort, où la raison naturelle et le sentiment religieux cherchaient en vain le créateur du monde, et qui devait disparaître devant le Dieu vivant du christianisme.

Les discussions auxquelles se livrèrent les docteurs du moyen âge touchant les idées générales, ne doivent pas nous arrêter. Il faut cependant remarquer que d'une part les réalistes maintinrent le caractère rationnel de ces notions, tandis que, de leur côté, les nominalistes mettaient en lumière l'importance du langage pour l'emploi des idées abstraites. Les scholastiques, d'ailleurs, paraissent avoir surtout considéré l'induction sous la forme qu'ils appelaient *argumentum ab enumeratione partium*.

Quant aux libres penseurs de la Renaissance, les plus indépendants, tels que Ramus et Bruno, ne trouvèrent rien à changer à l'opinion reçue. Suivant ces deux phi-

---

[1] Quand Aristote dit expressément : « Les notions universelles sont nécessaires » (Dern. Analyt., II, 13, édit. de Berlin, p. 96, col. b, l. 3), il est tout à fait d'accord avec Socrate et Platon, et sa pensée ne diffère en rien de la leur.

[2] Voir plus loin l'Essai VIII, sur la méthode du panthéisme.

losophes, lorsqu'on passe, en jugeant, de l'universel au particulier, on déduit; quand on passe du particulier à l'universel, on induit. « Dans le premier cas, dit Bruno, on change une pièce d'or en monnaie; dans le second, on échange la monnaie contre une pièce d'or[1]. » Ces comparaisons peuvent servir à faire comprendre que l'esprit s'enrichisse surtout par l'induction (*ditescit*), mais elles ne tiennent pas lieu d'une théorie de ce procédé.

On le voit donc, tous les philosophes sont unanimes, depuis Socrate jusqu'à Bacon, pour définir l'induction de la même manière; tous d'un commun accord nous la représentent comme la faculté de connaître l'universel, à l'aide du particulier ou de l'individuel. Mais comment s'opère ce passage et, pour ainsi dire, cette ascension? C'est ce qu'aucun d'eux ne nous apprend, de sorte qu'on est en droit de dire qu'ils n'ont pas distingué nettement les diverses opérations qui ont pour caractère commun de nous faire concevoir quelque chose de permanent et d'universel, au moyen de phénomènes variables et concrets. Cependant ces opérations doivent être assez nombreuses, à en juger par tout ce que contient l'universel. Qu'on essaie de s'en rendre compte, et l'on reconnaîtra bientôt que la définition ancienne de l'induction ne s'applique pas à un procédé unique, mais bien à une foule de procédés; car il y a passage du particulier au général dans une multitude de cas, et si l'on tient à ne pas briser cette unité confuse, il faudra donc y faire rentrer tous les actes intellectuels que voici :

1° La formation des idées abstraites de classes, de genres et d'espèces;

2° La notion de l'idéal, vrai ou fictif;

[1] C. Bartholmèss, *Jordano Bruno* (1847, in-8°), t. II, p. 276.

3º Les conceptions rationnelles ou axiômes ;

4º Les conjectures sur la nature de tous les êtres ;

5º La connaissance de leurs propriétés générales ;

6º La découverte des lois et des causes des phénomènes naturels ;

7º Toutes les hypothèses et toutes les erreurs marquées d'un caractère de généralité ;

8º Le raisonnement par analogie ;

9º L'argument appelé *exemple ;*

10º L'argument par l'énumération des parties.

Cette énumération, peut-être incomplète, fait assez voir le défaut de la célèbre définition donnée par Aristote, puis adoptée par tous les anciens, et que l'on entend répéter encore quelquefois de nos jours. Il était impossible que l'esprit analytique de la philosophie moderne laissât subsister une telle confusion ; aussi le vaste domaine de l'induction fut-il bientôt divisé et réparti entre diverses facultés ou opérations de l'intelligence. Peut-être quelques lecteurs s'attendent-ils à voir ce progrès réalisé dans le Novum Organum. Il n'en est pas tout à fait ainsi. Assurément Bacon a bien mérité de l'induction, mais c'est plutôt par les règles qu'il lui a tracées que par l'étude psychologique qu'il en a faite. Ce n'est pas qu'il ait omis de l'analyser : loin de là, il en a très-bien démêlé la nature et les éléments essentiels ; il a insisté le premier avec une grande force sur les conditions expérimentales de ce procédé appliqué à la science, et en même temps il y a aperçu et signalé une sorte de combinaison de l'expérience avec la raison [1]. De cette analyse il lui eût été facile de tirer une définition : car le procédé qu'il décrit est une opération par laquelle l'esprit, à l'aide d'ob-

[1] Novum Organum, l. I, aphor. 95.

servations plus ou moins nombreuses, retenues par la mémoire, mises en œuvre par la comparaison et l'abstraction, affirme d'un genre tout entier ce qui a été observé sur quelques faits ou individus de ce genre. Telle est bien l'induction de Bacon, et pourtant il ne la définit ainsi nulle part, mais il semble s'en tenir à la vieille définition. En dépit de sa propre analyse, qui ne convient qu'à une seule espèce de généralisation, il semble, à l'entendre, que l'induction soit encore pour lui ce qu'elle était pour les anciens : il lui rapporte encore et les notions abstraites, et les propositions générales, et les axiomes les plus élevés, en un mot tout l'universel. De là vient sans doute qu'il exalte à l'excès la puissance de sa méthode, quoiqu'elle ne s'applique à l'induction que dans un sens beaucoup plus restreint. C'est un défaut depuis longtemps remarqué dans le Novum Organum, de tenir moins qu'il ne promet ; il tient beaucoup cependant, ainsi que nous le verrons bientôt.

Chose singulière, les philosophes qui ont le moins étudié l'induction sont précisément ceux qui ont le plus contribué aux progrès de la psychologie sur ce point. Mais c'est par cela même qu'ils ont omis, méconnu ou négligé ce procédé, qu'ils ont pu lui donner ce qui lui manquait, savoir des limites précises et des attributions mieux définies. En effet, l'induction, telle qu'on l'entendait jusque-là, étant une collection de procédés très-divers, que devait faire une analyse exacte ? Distinguer ces divers moyens de généralisation, donner à chacun son nom particulier, et, par des retranchements successifs, réduire enfin l'induction à son objet propre. Or, à la rigueur, ce travail pouvait se faire par des analyses partielles et isolées, et sans embrasser dans son ensemble « le passage du particulier au général. » C'est ainsi que s'expliquent les progrès accomplis dans ce genre par des philosophes tels que Descartes, Locke, Leibniz, Euler, dont les écrits ne contiennent pas une seule fois, à ma connaissance, le mot d'*induction*[1].

La plus fâcheuse des confusions que je signalais tout à l'heure était assurément celle de l'abstrait et du nécessaire ; car il en résultait qu'on faisait dériver de la même origine l'idée de Dieu et les notions générales de nombre, d'étendue, d'égalité, de figure, etc. Un même procédé expliquait donc la conception si prompte et si facile des principes universels de la raison et la production tardive et laborieuse des notions abstraites dont se compose la science, et qui sont pour ainsi dire la propriété de quelques hommes.

Il appartenait à Descartes, au vrai fondateur de la psychologie et de la philosophie moderne, de faire cesser cette confusion,

> Descartes, ce mortel dont on eût fait un dieu
>   Chez les païens, et qui tient le milieu
>   Entre l'homme et l'esprit.....

Tout le monde sait comment l'auteur du Discours de la Méthode et des Méditations entend l'idée nécessaire de l'Être infini et parfait. Cette idée ou plutôt cette croyance lui paraît être tellement spontanée, tellement naturelle, tellement primitive, qu'il ne saurait s'en rendre compte ni par l'expérience, ni par la réflexion, ni par une combinaison ou une accumulation des données de l'expérience ; cette croyance est en nous tout

---

[1] On pourrait relever aisément plus d'un fait analogue, et même encore plus curieux. Hobbes, par exemple, ce prétendu disciple de Bacon, ne nomme pas l'induction dans toute sa logique.

d'abord, et ne résulte pas d'un travail de l'esprit humain; elle nous est supérieure, et si elle ne nous était donnée, nous ne serions pas capables de l'inventer; c'est la dot de l'esprit humain, à qui elle est naturelle et *innée*, suivant la forte expression de Descartes. Or, les idées innées ne sont pas un simple rajeunissement des hypothèses idéalistes de l'antiquité, comme par exemple la réminiscence de Platon. Descartes a montré par ce moyen la distinction fondamentale de l'infini et de l'indéfini, ou, en d'autres termes, du nécessaire et de l'abstrait; il a rendu par là un éminent service à la science de l'esprit humain, et en particulier il a fait faire un pas à la théorie de l'induction. Car cette découverte psychologique oblige tous les philosophes qui la comprennent et qui l'acceptent, à expliquer par deux origines différentes, d'une part les idées et jugements nécessaires, attribués désormais à la raison, de l'autre les notions générales qui demeurent l'œuvre propre de l'induction.

C'est sans doute aussi sous l'influence de Descartes que, parmi les idées générales elles-mêmes, celles qui sont le produit de la fantaisie ou imagination sont retranchées à leur tour de ce procédé jusque-là si complexe et si multiple.

Un autre progrès dans la même voie, c'est-à-dire un autre retranchement, est opéré par Locke et Leibniz, dont la double autorité consacre le mot, d'ailleurs fort ancien, d'abstraction, pour désigner le procédé spécial qui tire de l'observation de la nature les notions de genres et d'espèces. Ce procédé, que Bacon lui-même confondait avec l'induction[1], en sera désormais distinct.

[1] *Novum Organum*, l. I, aphor. 14 et suiv., et aphor. 105 fin.

Peu à peu, au XVIIe siècle et au XVIIIe, chez Gassendi, Clauberge, les logiciens de Port-Royal, Bossuet, Bayle, Hume, etc., l'usage s'établit de borner l'induction aux jugements généraux que l'on forme au moyen de jugements particuliers ou individuels. Reid et les philosophes de son école la réduisent encore, en lui donnant pour unique objet la prévision de l'avenir, prévision fondée, suivant eux, sur quelques expériences, mais dont la garantie est dans un principe naturel, et contingent toutefois, du sens commun, qui nous porte à croire à la stabilité des lois de la nature. Ces mêmes philosophes distinguent trois formes principales de ce procédé, qu'ils appellent l'induction proprement dite, l'analogie et l'hypothèse. C'est cette théorie qui est le plus communément adoptée parmi nous, avec cette différence que, la tradition reprenant ses droits, on a rendu au procédé inductif toutes les propositions générales établies à l'aide d'observations plus ou moins nombreuses. Lorsque les jugements préliminaires et le jugement induit appartiennent à un seul et même genre de faits, d'idées ou d'êtres, c'est l'induction proprement dite. Lorsque des observations faites sur un certain genre, l'esprit passe à un autre genre voisin et semblable, on dit qu'il procède par analogie. Enfin, si l'induction ou l'analogie ne s'appuie que sur des expériences trop peu nombreuses ou mal conduites, on lui applique le nom d'hypothèse. Mais, sous ces trois formes, c'est toujours l'induction, si par là on entend, comme on le fait d'ordinaire, un procédé qui sert à former des jugements applicables à tout un genre, et cela au moyen d'une description ou énumération plus ou moins complète de cas particuliers.

Si tel est le sens du mot induction, il est évident qu'il faut appeler aussi de ce nom cet argument par l'énumération des parties que nous avons examiné plus haut, et qui, nous l'avons vu, ne peut être un syllogisme qu'en cessant d'être une induction.

Je laisse de côté une autre acception tout à fait abusive de ce terme, employé pour désigner certains jugements particuliers ou certaines suggestions qui n'ont rien de commun avec l'induction, si ce n'est peut-être l'incertitude que l'on remarque d'ordinaire dans les résultats de ce procédé. Si l'on tient le moindre compte de l'opinion unanime des philosophes, on devra convenir que le caractère essentiel de l'induction étant de passer du particulier au général, on en doit refuser le nom à toute opération, à tout jugement qui n'aurait pas ce caractère.

Ce n'est pas la seule conséquence à tirer de cette revue historique. Elle est riche en résultats précieux, et ce n'est pas en vain qu'elle fournit la preuve d'un progrès à peu près continu dans l'analyse psychologique de l'induction. Ce procédé, d'abord confondu avec la faculté de généraliser, est défini en termes vagues « le passage du particulier au général, ou de l'individuel à l'universel. » Puis, cette acception si large est restreinte par une analyse plus exacte, qui attribue successivement à la raison, à l'imagination, à l'abstraction et au raisonnement une grande partie de l'universel, en sorte que l'induction demeure seulement en possession des jugements généraux à la fois et contingents. Une dernière et utile distinction lui ayant retiré les jugements formés par analogie, il reste que l'induction est un procédé spécial par lequel on affirme d'un genre tout entier ce qui n'a été préalablement connu ou admis que pour un certain nombre de cas particuliers pris dans ce genre. Ainsi, grâce à l'histoire de la philosophie, nous avons substitué à la définition qui court le monde depuis Aristote, une autre définition un peu plus précise, et c'est déjà un grand gain de savoir au juste quel est l'acte intellectuel que nous entreprenons de décrire.

L'histoire ne nous sera pas d'un moindre secours, lorsque nous serons entré dans les détails de cette analyse. Si l'on connaissait parfaitement les travaux des philosophes en ce genre, il serait facile de rendre à chacun ce qui lui appartient, et, ce qui vaut mieux encore, en s'entourant des lumières que chacun d'eux a pu apporter dans ce sujet, on serait sans doute en état de fournir une théorie de l'induction, qui, sans être le dernier mot de la psychologie, serait du moins plus exacte et plus complète qu'aucune autre. Ce serait une assez belle récompense d'un travail qui ne consiste, après tout, qu'à prendre son bien partout où on le trouve. Mais il est temps de mettre un terme à ces considérations préliminaires, et d'aborder plus directement l'étude que nous nous sommes proposée.

§ 2.

Analyse de l'induction.

Nous avons déterminé d'une manière générale le sens du mot induction et la nature du procédé qu'il désigne. Au lieu de le définir sans restriction, comme les anciens, « le passage du particulier au général », nous le définissons d'une manière plus spéciale « le passage de quelque à tout, dans un genre donné. » Il nous faut maintenant le décrire ; il en faut étudier avec soin les éléments et les conditions naturelles, afin de distinguer la part qui revient à l'expérience, à la mémoire, à la comparaison, à l'abstraction elle-même dans le procédé inductif, afin surtout d'y démêler le rôle, si fortement accusé par les anciens, de la raison ou entendement pur.

Il est indispensable, avant tout, de choisir un exemple qui permette de donner plus de précision à cette analyse, et qui en même temps n'ait rien d'exclusif ou de trop particulier. Tous nos discours abondent en propositions générales qui ont été fournies par l'induction ; mais, parmi ces propositions, les unes paraissent établies solidement, ou, comme on dit, acquises à la science, tandis que d'autres ne sont admises que d'une manière provisoire comme des opinions plus ou moins probables, et qui n'ont rien de définitif; d'autres encore expriment des conjectures, ou même des préjugés et des erreurs. Les résultats de l'induction sont donc très-divers : ils peuvent être vrais ou faux ; ils sont plus ou moins rigoureux, et la confiance qu'ils inspirent n'est pas toujours à l'abri du doute. Quoique ces différences doivent être prises en sérieuse considération, ce n'est pas encore le moment de nous y arrêter, cette analyse ne devant point porter sur une certaine espèce d'induction, mais sur l'induction en général, considérée comme un procédé qui consiste à affirmer de toute une classe d'êtres ou de faits ce qui a été affirmé de quelques individus de cette classe. Il ne faut pas même étudier d'abord l'induction scientifique et les méthodes ingénieuses, mais toujours artificielles, auxquelles la physique moderne est redevable de ses plus belles conquêtes. Comme il s'agit de se rendre compte d'un procédé naturel et commun à tous les hommes, il faut prendre pour exemple une de ces propositions générales qui appartiennent à tout le monde, que tout homme peut aisément comprendre et vérifier. Telle paraît être cette loi, empruntée à la psychologie : Tout souvenir est lié à l'idée qui le précède immédiatement dans l'esprit. Peut-être cet exemple vaudra-t-il mieux, pour le but qu'on se propose ici, que la loi de Mariotte ou l'exemple éternel, et toujours si vague, de la chute des corps; car tous les hommes ne sont pas physiciens, tandis que tous sont appelés à réfléchir sur eux-mêmes et sur la suite de leurs pensées. On peut donc plus aisément admettre pour une loi du monde moral la fiction sur laquelle doit nécessairement reposer notre description psychologique, savoir, que chacun de ceux à qui elle s'adresse a pu s'élever de lui-même à cette conception générale, au lieu de la recevoir par tradition et de l'accepter toute faite. Supposons donc que le lecteur ait découvert, par ses propres réflexions, cette loi fondamentale de la mémoire, qui est le principe de l'association des idées, et étudions avec lui l'origine et la formation d'un tel jugement dans son esprit : nous aurons du même coup analysé le procédé inductif.

S'il m'était possible de transformer cette recherche muette et solitaire en un entretien familier avec le lecteur, et si, au lieu de m'interroger moi-même devant lui, il m'était permis de lui adresser directement quelques questions, à la manière de Socrate, j'imagine qu'il retrouverait aisément les premiers degrés par lesquels il a dû passer pour arriver à cette affirmation générale : Tout souvenir succède à une idée avec laquelle il est en rapport. N'est-il pas évident d'abord qu'on n'aurait jamais porté un tel jugement, si l'on n'y avait été amené par l'observation, et que cette observation, plus ou moins complète, plus ou moins savante, a dû comprendre un certain nombre de souvenirs? Ce premier point, si je ne me trompe, est aisé à établir. Mais contesteriez-vous davantage l'intervention de la mémoire et de la comparaison? Non, car sans leur secours vous n'auriez pu conserver, réunir et coordonner les résultats de l'expérience, de manière à les résumer en une seule proposition. Peut-être le lecteur éprouverait-il quelque embarras, si je l'interrogeais sur la part que l'on doit faire ici à l'abstraction. Mais qu'on veuille bien y songer : le jugement par lequel on exprime la loi des souvenirs, est général et non particulier; il s'applique à tout souvenir, non à tel ou tel fait de mémoire. Ce jugement convient, suivant vous, à tout un genre : il faut donc que vous ayez dans l'esprit cette idée abstraite sur laquelle porte votre affirmation, et sans laquelle vous n'auriez pu induire.

On accorderait donc sans trop de difficulté, ce me semble, que l'induction suppose, non-seulement l'observation, la mémoire et la comparaison, mais encore l'abstraction. Tels sont en effet les actes préliminaires par lesquels l'esprit se prépare à induire; ajoutons, pour plus d'exactitude, que le plus souvent ces divers procédés sont accompagnés de réflexion et pratiqués volontairement. Mais l'induction elle-même, où est-elle? Elle suppose, avons-nous dit, tous ces actes de l'intelligence : est-ce à dire qu'elle en résulte nécessairement, qu'elle s'y résolve tout entière et qu'elle ne contienne aucun autre élément? C'est ce qu'il faut maintenant examiner.

Dans l'exemple que nous avons cité, on admet comme loi générale de la mémoire une relation ou association d'idées que l'on a préalablement constatée pour un certain nombre de souvenirs. Quel que soit l'exemple que l'on veuille choisir, on verra toujours que l'observation, la mémoire et la comparaison, n'ayant pu porter que sur quelques faits, tout leur effort s'est borné à nous découvrir le mode de production qui leur est commun. Puis est venue l'abstraction, qui, au delà des faits observés, nous a fait concevoir le genre sous lequel ils se rangent. Est-ce tout? Cela suffit-il pour expliquer comment je m'avise d'attribuer à toute une classe d'individus ce que je sais seulement être vrai de quelques-uns d'entre eux? Qui m'a donné cette hardiesse? Assurément, ce n'est ni cette petite somme d'expériences d'où je suis parti, ni la conception abstraite du genre qui les comprend : car plus cette idée sera claire et distincte, plus je serai frappé de l'énorme distance qui existe entre ce que je sais par l'expérience et ce que j'affirme par l'induction. Tandis que l'expérience disait : ici et dans ce moment, tel fait s'est passé de telle manière, l'induction embrasse la durée, le nombre et l'espace, et dit sans restriction : partout et toujours, il en est ainsi de tous les faits du même genre. Partout et toujours! L'observation n'a jamais apporté à l'esprit de pareilles idées; elle est incapable d'en rendre compte, et pour expliquer leur présence dans l'esprit humain, il est évident qu'il faut recourir à une faculté supérieure.

Il y a eu de tout temps deux sortes de savants et de philosophes, les uns qui ont tout donné à l'expérience, les autres qui, au-dessus de l'observation, ont admis la raison, c'est-à-dire une faculté naturelle et indépendante, par laquelle nous apercevons dans leur évidence primitive les vérités éternelles et nécessaires. De là deux directions opposées dans la science; de là, en philosophie comme ailleurs, un long antagonisme dont l'histoire n'est autre que celle de l'esprit humain lui-même, avec ses alternatives d'exaltation et d'abaissement, avec ses nobles aspirations et ses tristes défaillances. De là, en particulier, une différence essentielle dans les idées que les philosophes se sont faites de l'induction. Ne serait-il pas extraordinaire, en effet, que dans deux hypothèses si opposées on eût expliqué de la même façon un procédé qui relie pour ainsi dire l'un à l'autre les deux mondes, celui des apparences et celui de la réalité, le monde des faits visibles et le monde invisible des principes, c'est-à-dire de la vérité? Aussi les philosophes ne sont-ils pas d'accord sur la nature intime de ce procédé. Ceux qui reconnaissent la raison comme une faculté distincte sont d'avis que c'est grâce à elle que l'intelligence peut s'élever ainsi du particulier au général. Ceux, au contraire, qui font tout dériver de l'expérience, ne veulent voir ici qu'une de ses nombreuses transformations.

Pour nous, qui nous efforçons d'embrasser tout ce qui appartient à la nature humaine, notre choix n'est pas douteux. Nous savons que l'homme conçoit naturellement et sans effort l'infini, l'absolu, le nécessaire; et comme nous savons aussi que le fini, même accumulé et multiplié, est encore séparé de l'infini par un abîme à jamais infranchissable, nous sommes assurés de posséder une puissance supérieure à toutes celles de ce monde, une puissance de connaître qui atteint ces régions sublimes où habite l'éternelle vérité: faculté merveilleuse qui nous soutient et qui nous élève, qui donne un sens à cette vie et une valeur à tous ces faits passagers, en les rattachant à des règles, à des lois, à des principes immuables. Or, si cette faculté, que l'on appelle raison, intellect, ou entendement pur, est véritablement en nous, et si elle se mêle au développement de toutes nos connaissances, n'est-ce pas elle qui apporte au milieu des données de l'expérience cette conception qui les dépasse, cette notion de quelque chose de permanent et de nécessaire? Les anciens en général ne s'y sont pas trompés, eux qui, avec leur admirable instinct, ont si bien vu souvent l'ensemble des choses, ou ce que je me permettrai d'appeler la forme épique de la vérité. Les plus grands d'entre eux, les Socrate, les Platon, les Aristote, n'ont pas hésité à faire intervenir dans la formation des jugements inductifs cette faculté du nécessaire qui était à leurs yeux la lumière et la gloire de l'esprit humain. Plus tard, on a pu mieux comprendre le mécanisme artificiel et les conditions expérimentales de l'induction scientifique ; mais l'antiquité a mieux saisi la marche naturelle de l'intelligence dans ce procédé, et la source première de la conviction qui s'y attache. Tandis que nos savants modernes semblent considérer les lois, les principes et les causes comme je ne sais quelle partie subtile des faits, qu'il s'agit seulement d'en extraire, les grands philosophes de la Grèce nous font entendre qu'il faut remonter plus haut pour en découvrir l'origine, parce que l'observation ne donne que des faits, et que les faits étant ce qui est connu en un certain temps et en un certain lieu, il est à jamais impossible d'y ramener des conceptions qui semblent toucher à l'infini, et qui supposent certainement la connaissance de quelque chose qui est partout et toujours. L'espace et la durée sans limites, la permanence et l'immutabilité des essences, voilà en effet ce qui entre dans tous nos jugements par induction, et voilà ce que l'expérience, livrée à ses seules forces, serait incapable de fournir. Il y a donc ici quelque chose de plus que l'expérience, et que serait-ce, sinon la faculté du nécessaire, ou la raison? Elle seule peut combler l'abîme entre les phénomènes passagers, finis, variables, et les principes fixes, universels, immuables; elle seule nous rendra compte de ces notions qui s'ajoutent à l'expérience et qui n'en dérivent pas.

S'il en est ainsi, l'induction nous apparaît comme un procédé mixte en quelque sorte, rationnel à la fois et expérimental, ainsi que l'a reconnu Bacon. Mais ce n'est pas assez d'avoir établi que la raison y intervient: c'est peu, si l'on ne dit aussi sous quelle forme et de quelle manière. C'est ici le point délicat de notre analyse; c'est ici qu'il importe de redoubler d'attention, afin de nous préserver des erreurs qui déparent les théories des anciens sur la nature et l'origine de la connaissance inductive. Gardons-nous surtout de cette confusion de l'abstrait et du nécessaire qui est le défaut commun des hypothèses de Platon et d'Aristote. Ce que l'un explique par sa célèbre réminiscence, l'autre par une mystérieuse participation du divin, ce n'est pas uniquement la connaissance de l'Être suprême ou des axiomes éternels, ce sont aussi les idées purement abstraites de la beauté en soi, de la symétrie ou de l'égalité, du nombre, de l'étendue, du triangle et des figures géométriques, en un mot, toute notion, tout jugement marqué d'un caractère de généralité. Toute induction, à ce compte, serait une pensée fournie directement par cette lumière divine de la raison. Or, nous avons déjà relevé plus haut cette erreur. L'effort plus ou moins pénible qu'exige toute conception abstraite, l'incertitude qui accompagne toute induction, sont des caractères assez saillants, et qui répugnent à la nature de notre plus haute faculté de connaître, à ce principe de certitude, dont les enseignements si lumineux, si soudains, nous suggèrent l'idée d'une révélation. Comment d'ailleurs un observateur un peu exact serait-il tenté de rapporter à la même origine les vérités éternelles qui sont la loi de la pensée, et les produits plus ou moins arbitraires de nos divers procédés de généralisation ?

Cependant, je le répète, l'expérience est insuffisante pour rendre compte de nos jugements naturels en matière abstraite. On a beau parler de « lois tirées de l'expérience », ce langage n'est pas conforme à la réalité. Tout ce que fournit l'observation est concret et passager ; elle ne donne que des faits, rien de général ni surtout d'immuable. L'idée de loi n'y est donc pas contenue ; on ne l'en fera jamais sortir, et si elle s'y rencontre, c'est qu'elle y a été apportée, c'est qu'elle y est venue d'ailleurs, c'est-à-dire, encore une fois, de la raison. Mais comment ? Là est toujours le problème.

Si les jugements induits ne sont pas des données immédiates de la raison, peut-être sont-ils dérivés plus ou moins logiquement de quelque principe spécial, qui présiderait à notre travail intellectuel et qui serait à l'induction à peu près ce qu'est au raisonnement proprement dit le principe de contradiction. Telle est l'hypothèse la plus communément adoptée dans la philosophie contemporaine. Cette hypothèse est plus savante que celle des anciens ; elle suppose une connaissance plus spéciale des opérations de l'esprit; mais elle n'est guère plus satisfaisante, si l'on y cherche la description exacte du procédé inductif.

D'abord, il paraît assez difficile de savoir quel est cet axiôme par lequel on prétend que la raison féconde l'expérience, pour la transformer en induction. Les philosophes diffèrent grandement sur ce point, les uns proposant le principe de causalité, d'autres ayant recours au principe de substance, et d'autres à une combinaison artificielle de ces mêmes principes. Il en est aussi qui, empruntant à Reid sa formule de la stabilité des lois de la nature, l'érigent en axiôme, et pensent légitimer par là les jugements formés par voie d'induction.

Nous discuterons plus tard la valeur logique de ces diverses hypothèses, lorsque nous rechercherons le meilleur emploi du procédé inductif; mais quand même on admettrait qu'elles peuvent, après coup, être invoquées utilement à l'appui des résultats obtenus, il est évident que les principes qu'on allègue ici n'interviennent pas d'une manière directe et expresse dans la marche naturelle de l'esprit.

Il y a plus : en supposant que par ce moyen on pût rendre compte de quelques-unes de nos connaissances inductives, cette justification serait encore incomplète. Comment trouver trace de ces principes dans la plupart des jugements généraux que nous devons à l'induction vulgaire ou scientifique, réfléchie ou irréfléchie. Tous les corps sont pesants, poreux, divisibles; tout animal est doué de sensation et de locomotion; les volumes occupés par une même masse d'air sont réciproquement proportionnels aux pressions qu'elle supporte, etc., etc. Qu'y a-t-il de commun entre ces propositions et le principe de causalité ou le principe de substance? Expliquer par là le travail intérieur de l'esprit serait un véritable tour de force, où brillerait peut-être le talent, mais où le bon sens ferait défaut. Que tout ce qui est contingent ait une cause, que tout phénomène appartienne à une substance, celui qui induit ne le conteste pas sans doute ; mais il n'y pense nullement, et il n'a pas besoin d'y penser, pour que son induction soit possible et même valable.

Invoquez-vous cette formule dont on a fait si grand bruit de nos jours, je veux dire la stabilité des lois de la nature, ou mieux, la généralité et la stabilité de ces lois? Les philosophes écossais eux-mêmes vous diront que ce n'est pas un principe nécessaire, mais contingent et hypothétique, et c'est sous cette forme que leur doctrine veut être discutée. Aussi bien ne manquerait-il pas de philosophes pour soutenir, sinon pour démontrer que la formule dont il s'agit exprime un résultat de l'induction, et nullement un principe sur lequel elle serait fondée.

Si ce procédé emploie quelque notion de la raison, ce doit être la double conception de l'espace et du temps : car on ne peut transporter en tout temps et en tout lieu les résultats de l'observation, sans penser du même coup à l'espace illimité, à la durée infinie. Mais ces idées, pourquoi les appliquer ici? Pourquoi et à quel propos, quand on a observé quelquefois un fait, s'avise-t-on d'affirmer que ce fait est le même partout et toujours? Il ne suffit pas de dire qu'on ne peut observer un fait sans concevoir qu'il se passe quelque part dans le temps et dans l'espace infini ; car ces termes : *quelque part, l'infini*, sont dans une telle opposition, que l'on ne comprend pas comment l'esprit les associe, et ce qui le pousse à les associer. Celui qui induit pense à l'espace et à la durée infinie, à la bonne heure; mais où et comment voit-il qu'il doive les affirmer de ces objets finis, et en les affirmant, comment ne voit-il pas qu'il outrepasse le droit de l'intelligence? Il est évident qu'en portant le jugement téméraire et pourtant irrésistible où le conduit l'induction, il obéit à une nécessité qui n'est pas celle d'une vérité clairement aperçue.

Quelle est donc cette nécessité qui préside au travail de notre intelligence, sans nous avoir été enseignée par l'expérience ni par la raison, et qui est comme une garantie naturelle de nos jugements? Pour que ces jugements soient, je ne dis pas légitimes, mais seulement possibles dans une intelligence telle que la nôtre, il faut que nous ayons acquis, d'une manière ou d'une autre, la conviction que la nature est partout semblable à elle-même, que l'avenir ressemblera au passé. Mais où avons-nous puisé une telle conviction? Aussi loin que nous pouvons remonter dans notre propre histoire, nous la retrouvons dans notre esprit : nous la possédons dès que nous sommes capables d'apprendre quelque chose par expérience. Le raisonnement la confirme plus tard; mais elle a précédé le raisonnement. C'est, comme Reid l'a très-bien dit [1], « un principe qui fait partie de notre constitution intellectuelle, et qui agit en nous lorsque la raison n'est pas encore née. » — « Cette croyance, dit-il encore ailleurs, ne dérive point de la raison [2]; » et les lignes suivantes la décrivent, à ce qu'il semble, d'une manière aussi ingénieuse que sensée : « C'est une prescience instinctive des opérations de la

---

[1] Essais sur les facultés intellect., Essai VI, c. 5, vers la fin. Le mot *raison* est employé ici dans le sens de raisonnement.
[2] Rech. sur l'entendement humain, c. VI, sect. 24.

nature, tout à fait semblable à cette prescience des actions humaines qui fonde notre confiance au témoignage de nos semblables ; et de même que sans celle-ci nous serions incapables de recevoir d'eux aucune connaissance par le moyen du langage, de même sans celle-là nous serions incapables d'en recevoir aucune de la nature par le moyen de l'expérience..... Cette prévision n'est point l'effet du raisonnement, mais d'un principe primitif de la nature humaine, que nous avons nommé *principe d'induction*. Ce principe, comme celui de crédulité, exerce dans l'enfance une autorité sans limites, et il se restreint ensuite graduellement à mesure que nous avançons en âge. Il nous induit souvent en erreur, etc. »

En conséquence, ce philosophe se garde bien de faire du principe d'induction une vérité nécessaire ; mais, tout en le déclarant contingent, probable, hypothétique, il veut qu'il soit indiscutable, comme primitif, antérieur à l'expérience, à la réflexion et au raisonnement, enfin comme un axiome du sens commun. On sait la vénération des philosophes écossais pour le sens commun : c'est pour eux l'autorité suprême et sans appel ; dès qu'ils pensent en avoir entendu la voix, ils se taisent et s'inclinent. Certes, ce n'est pas nous qui les blâmerons de suivre volontiers les indications d'un tel guide ; mais il nous semble qu'ils les confondent parfois avec ce qui n'en a que l'apparence, et qu'ils renoncent alors trop aisément aux droits de la critique philosophique. Au moins auraient-ils dû mettre mieux en lumière la nature véritable des principes qu'ils empruntent au sens commun. En ce qui concerne le principe d'induction, ils ne l'expliquent pas d'une manière suffisante ; leur analyse est à la fois timide et systématique : ils imposent au procédé inductif des limites trop étroites, et ils ne montrent pas clairement ce qu'est le principe qui, suivant eux, y préside.

« Dans l'ordre de la nature, ce qui arrivera ressemblera probablement à ce qui est arrivé dans des circonstances semblables [1]. » Telle est, d'après Reid et Dugald Stewart, l'expression fidèle de cette croyance instinctive à la stabilité des lois de la nature, dont ils font le principe de l'induction. Qui ne voit aussitôt que cette formule resserre arbitrairement un procédé qui embrasse le présent, le passé et l'avenir, en le bornant à cette dernière conception, dont il n'a même pas le privilége, puisque la foi en l'avenir se retrouve dans les actes de l'imagination, de la raison et du raisonnement? D'ailleurs, la notion du temps n'épuise pas ce que l'induction ajoute à l'expérience. Une loi, comme l'a très-bien fait remarquer M. Royer-Collard, se reconnaît à un autre caractère que sa stabilité ou sa permanence : elle est essentiellement générale. « Le principe d'induction, dit-il, repose sur deux jugements. L'univers est gouverné par des lois stables ; voilà le premier. L'univers est gouverné par des lois générales ; voilà le second. Il suit du premier que, connues en un seul point de la durée, les lois de la nature le sont dans tous ; il suit du second que, connues dans un seul cas, elles le sont dans tous les cas parfaitement semblables. Ainsi l'induction nous donne à la fois l'avenir et l'analogie [2]. »

Ajoutons donc, avec M. Royer-Collard, la généralité

[1] Reid, Essais sur les facultés intellect., Essai VI, c. 5.
[2] Fragments de M. Royer-Collard, dans les Œuvres de Reid, traduites par M. Jouffroy, t. IV, p. 279.

à la stabilité; ou plutôt, comme toute loi a nécessairement ce double caractère, sous peine de n'en être pas une, disons simplement que l'homme est porté à croire que la nature est soumise à des lois. Hors de là, on commet de vaines tautologies, ou bien on fausse l'analyse d'un procédé naturel, en y introduisant des notions auxquelles il a pu nous conduire, bien loin qu'elles l'aient précédé dans l'intelligence.

La doctrine écossaise de la constance hypothétique de la nature n'a pas seulement le défaut de donner une idée étroite de ce principe: elle a le tort, beaucoup plus grave, de ne dire ni d'où il vient, ni ce qu'il est. Il ne suffit pas d'établir, comme l'a si bien fait Reid, que l'induction ne se confond ni avec la comparaison, ni avec l'expérience, ni avec la réflexion et le raisonnement, ni par conséquent avec la conviction raisonnée que Dieu a mis de l'ordre dans le monde et qu'il le maintient. L'anticipation de l'avenir qui se rencontre dans toute induction est-elle le résultat d'un jugement? Il faut remonter à l'origine de ce jugement. Est-ce une innéité de l'intelligence? Dieu lui-même a-t-il déposé en nous ce principe, antérieurement à toute réflexion et même à toute pensée? Encore faut-il nous dire dans quelle faculté. Or, on a montré que ce n'est ni dans les sens, ni dans la conscience, ni même dans la raison: car ce n'est pas une de ces vérités absolues que nul ne saurait contester ni révoquer en doute, et Reid lui-même, encore une fois, a reconnu que ce n'était qu'un principe contingent, probable, hypothétique. Or, je le demande, qu'est-ce qu'un jugement naturel, primitif, inné pour ainsi dire, et qui pourtant ne procéderait directement d'aucune de nos facultés primitives de connaître? Il y a là une contradiction qui n'échappera à aucun psychologue, et qui du reste se retrouve dans toutes les théories où l'induction est rattachée à quelque axiome de la raison ou du sens commun.

Toutes ces analyses ont un défaut que nous aurons à relever plus tard dans les théories logiques de l'induction: c'est de vouloir à tout prix la transformer en un raisonnement où une majeure invariable fournirait, suivant les circonstances, une foule de conséquences très-diverses. On croit ainsi expliquer, par une sorte de déduction, le procédé inductif, et l'on ne s'aperçoit pas que cette déduction est un sophisme, attendu qu'il ne suffit pas de croire que la nature est soumise à des lois, pour avoir le droit d'en conclure la vérité de telle ou telle loi. On oublie de donner la preuve spéciale sans laquelle notre intelligence, livrée à elle-même ou consultée froidement, et n'affirmant que ce qu'elle connaît, ne porterait jamais le jugement général où aboutit l'induction. En un mot, les jugements induits ne sont jamais prouvés, ce qui les ruine complétement au point de vue logique; et, de plus, ils ne sont point motivés pour nous, ils n'ont point de raison d'être dans notre esprit, si l'on s'obstine à en rendre compte par des actes purement intellectuels.

Nous touchons au terme de cette analyse. Il est établi jusqu'ici que l'induction est un procédé par lequel nous passons de quelque à tout dans un genre donné, en nous appuyant sur l'expérience, la mémoire, la comparaison et l'abstraction. Il est établi que ce procédé consiste essentiellement à employer, d'une manière plus ou moins légitime, les notions rationnelles de l'espace et du temps, en y appliquant l'idée de loi, fournie également par la raison. Mais il paraît établi aussi que le jugement induit n'est ni l'expression fidèle de l'expérience, ni une conséquence rigoureuse de la raison, et que cette dernière faculté n'y intervient pas directement pour en donner la démonstration. Nous sommes donc poussés à induire, et ce n'est pas par notre seule faculté de connaître. A défaut de preuve, à défaut d'une faculté intellectuelle qui nous autorise à porter de tels jugements, il reste que la nécessité naturelle qui nous les impose dérive d'une inclination, d'un besoin, d'un sentiment.

Ce n'est pas sans hésiter que j'émets cette proposition, quoiqu'elle me paraisse la conclusion nécessaire de tout ce qui précède. Les philosophes, les logiciens surtout, se récrieront sans doute contre cet emploi inusité du sentiment pour rendre compte d'un procédé de l'intelligence. En vain leur fera-t-on remarquer qu'autre chose est décrire une méthode, autre chose est analyser la marche naturelle d'un esprit qui ne se réduit pas à la pensée pure, mais qui à la pensée joint aussi la passion et la volonté, et qui de lui-même ne se conduit pas tout à fait suivant les règles d'une logique sévère. On s'est fait si souvent une arme du sentiment contre la raison, qu'il leur semblera qu'on ne peut faire appel aux instincts de l'âme humaine sans nuire à la science et à la philosophie. Cette défiance est excusable; mais comme elle n'est fondée que sur un préjugé, elle ne saurait tenir lieu d'une réfutation. Parce que Pascal a eu tort de dire que c'est le cœur qui sent qu'il y a trois dimensions dans l'étendue, est-ce un motif suffisant pour nier que le sentiment influe sur le cours de nos idées? Et parce qu'on en a tiré de fausses conséquences, le fait en est-il moins réel? Qu'on ne s'y trompe pas d'ailleurs : le sentiment ne prouve rien contre la raison, il peut la suppléer, mais non la contredire. Ce n'est pas une autorité qui lui soit supérieure, c'est un appui que la nature nous offre, là où la lumière nous manque. Le logicien est libre de discuter la certitude ou la probabilité des jugements qui nous sont ainsi suggérés ; mais l'observateur de la nature humaine doit constater que beaucoup d'opinions et de croyances n'ont pas d'autre origine que les besoins du cœur ou les inclinations de l'âme.

Quoiqu'il répugne à la plupart des philosophes de faire à l'instinct et au sentiment leur part dans le développement de nos idées, il leur faut bien reconnaître que c'est une source féconde en erreurs : la passion, disent-ils, trouble le jugement ; l'amour et la haine, la crainte, la colère, le désir, tous les mouvements, tous les penchants de l'âme, toutes les affections portées à un certain degré, sont comme autant de conseillers perfides qui nous inclinent à affirmer ce qui leur est favorable et à nier ce qui leur est contraire. On croit aisément ce qu'on désire, a dit avec raison un moraliste, et il en est de même de toutes les autres passions. Supposons que leur influence soit toujours mauvaise : au moins doit-on avouer qu'elles sont souvent le mobile de nos jugements, aussi bien que de nos actions. Mais comment admettre que le cœur nous trompe toujours, et comment ne pas voir qu'il inspire et soutient l'intelligence dans la recherche de la vérité? Puisqu'on a si souvent mis en lumière les mauvais effets du sentiment dans la science, qu'il me soit permis de plaider un instant sa cause, et de signaler quelques-uns des services qu'il rend à l'esprit.

L'homme aime naturellement la vérité. Un immense besoin de connaître l'excite dès ses premières années à développer son intelligence. De là le plaisir si vif et si attrayant qui s'attache à toute idée, à tout spectacle, à toute connaissance nouvelle; de là tous les efforts et tous les progrès de la pensée. C'est grâce à ce puissant aiguillon que l'homme trouve la force de surmonter tant d'obstacles en lui-même et hors de lui. Que de grâces ne devons-nous pas rendre à cette passion salutaire! Amour de la vérité, insatiable besoin de nos âmes, source des jouissances les plus pures et les plus désintéressées, tu es l'honneur de l'humanité, son plus beau mobile, le gage le plus éclatant de ses espérances et de ses destinées immortelles. L'âme que tu animes s'élève sans effort aux sublimes pensées où tu la convies: car tu es comme un divin appel à ce qu'il y a de meilleur en nous. Heureux celui qui écoute cette voix intérieure et qui sait lui obéir! Son cœur purifié n'aime et ne désire que le bien, et les inquiétudes mêmes de sa pensée ne lui enlèvent ni la force ni le courage. La grandeur du but qui lui est proposé et qu'il a toujours devant les yeux, lui inspire à chaque instant une ardeur nouvelle, et lors même qu'il désespérerait d'y atteindre, il ne cesserait point d'y aspirer. Comme il se sent destiné à cette vie supérieure, il est étranger aux défaillances qui trop souvent nous surprennent au plus haut de la carrière et nous font retomber si bas, dans la mêlée des intérêts mondains, là où l'idéal est un objet de mépris et la vérité une folie.

Le vrai philosophe croit à la vérité: il la cherche, il

l'espère toujours. Il connaît les limites de son intelligence; mais il la sait perfectible, et tout en souhaitant la certitude, il doit se contenter souvent de la probabilité. Le simple bon sens nous fait assez voir que, dans notre condition actuelle, il est impossible de nous conduire toujours d'après des connaissances certaines; peut-être même cela importait-il pour le mérite de la vertu, qui choisit ce que nous savons être le meilleur, mais sans savoir jamais quelles en seront les conséquences. Or, la Providence a pourvu à l'insuffisance de notre pensée, en lui donnant pour auxiliaire le sentiment : c'est lui qui comble l'intervalle qui sépare la croyance de la certitude. De là, cette conviction irréfléchie, mais si puissante sur nos âmes, que nous appelons la foi. Si la foi transporte les montagnes, c'est parce qu'elle n'est pas une pensée froide et abstraite, mais une pensée vivifiée par le sentiment et servie par toutes les puissances de l'âme. Là où l'intelligence réduite à elle-même douterait, nous affirmons avec une chaleur qui vient de la passion; là où la science ne verrait qu'une probabilité, l'homme enthousiaste donne sa vie avec une confiance héroïque : car, suivant un mot justement célèbre, c'est du cœur que viennent les grandes pensées.

Mais, sans parler davantage de l'influence générale du sentiment sur l'âme tout entière et du secours qu'il prête à la pensée pour la traduire en actes, considérons plutôt des procédés essentiellement intellectuels, et où cependant il joue un rôle. L'intelligence dans l'homme est liée à tout le reste, et l'on se tromperait fort, si l'on prétendait y retrouver une sorte de géométrie vivante, où chaque jugement procéderait de certaines idées, suivant des lois inflexibles et toujours les mêmes. Il est une foule de jugements qui résultent à la fois d'éléments intellectuels et des habitudes ou des affections de l'âme, et plus d'une faculté de penser, commune à tous les hommes, ne procède pas autrement. J'en citerai deux, qui me paraissent jusqu'à un certain point ressembler à l'induction, je veux dire la foi au témoignage et l'imagination.

Plusieurs philosophes ont cru pouvoir expliquer par une induction du passé à l'avenir la confiance que nous accordons au témoignage de nos semblables; mais si l'on s'en tient aux analyses les plus exactes[1], on reconnaîtra aisément que cette croyance est instinctive, qu'elle n'est pas le produit d'un calcul des probabilités, mais un mouvement naturel de l'âme, sous la triple influence du désir de connaître, de la sympathie secrète qui nous attire vers nos semblables, et surtout d'un penchant spécial que Reid appelle principe de crédulité. C'est par la vertu de ces divers instincts que nous sommes amenés par la nature à affirmer, sur la parole d'autrui, ce que nous n'avons pas connu par nous-mêmes, et à nous approprier une foule d'idées que d'autres nous ont transmises. Otez le respect, ôtez la déférence pour la véracité humaine, vous supprimez l'enseignement, la tradition, l'histoire, l'instruction de chacun, l'accumulation des idées et des expériences au profit de tous.

L'imagination résulte aussi de l'union du sentiment et de la pensée; mais nous n'avons pas besoin d'y insister, parce qu'en esquissant plus haut l'analyse de cette

---

[1] Œuvres de Reid, trad. de M. Jouffroy, t. V, p. 123 et suiv.; Ad. Garnier, Traité des facultés de l'âme, t. I, p. 179 et suiv.

faculté, nous avons déjà indiqué ce qu'elle emprunte à l'amour du beau, et combien cette inclination contribue à l'exciter, à la soutenir, à l'élever sans cesse chez tous les hommes, mais singulièrement chez l'artiste.

Eh bien, il en est de même de l'induction, telle que la pratique naturellement chacun de nous. Il y a chez l'homme une disposition innée à expliquer le contingent par le nécessaire, et cette inclination donne lieu à deux sortes de jugements : tantôt il trouve le nécessaire par la raison, tantôt il le suppose par l'induction ; mais, dans l'un et l'autre cas, il est sous l'empire de cet instinct propre à la nature humaine, et qui le fait aspirer au nécessaire. En réalité, ce que Reid appelle principe d'induction n'est pas un jugement, mais une sorte de sentiment inductif, qui, après avoir donné naissance à des conjectures, les fortifie en substituant à l'opinion la foi, cette certitude du cœur, qui supplée à la lumière par la chaleur. Ce sentiment n'est pas une invention gratuite, mais un fait certain et incontestable. On discute sur la conviction rationnelle de l'ordre, mais non sur l'amour instinctif de l'ordre. Bacon en faisait une de nos principales causes d'erreur, et tous ceux qui ont étudié l'âme humaine y ont trouvé ce besoin naturel et commun à tous.

Une fois que cette croyance à l'ordre est entrée dans l'âme par instinct et par sentiment, l'observation et le raisonnement lui viennent en aide, et la transforment en une conviction plus ou moins solide. Les habitudes mêmes que nous contractons dès l'enfance et qui président à notre conduite, nous aident à comprendre ou à concevoir des règles analogues dans tout ce qui nous entoure. Mais le principal aliment de cette croyance est fourni par la faculté qui nous met en présence de la vérité nécessaire. C'est dans cette contemplation que notre esprit est surtout satisfait; c'est alors surtout qu'il est porté à juger que tout dans la nature est soumis à des lois. Toutefois, comme il n'a pas attendu jusque-là pour induire, il est clair que ce n'est pas de là qu'il faut dériver nos jugements inductifs. Aussi bien n'est-ce pas en vertu de semblables raisonnements que nous induisons des propositions générales. La majeure, nous l'avons déjà dit, serait sans lien avec la conclusion qu'on prétendrait en faire sortir. Nous avons induit plus d'une fois avant de posséder la conviction de l'ordre, et même après que cette conviction est formée dans notre esprit, c'est encore par une sorte d'intuition que nous affirmons telle ou telle loi. L'évidence que procure naturellement l'induction n'est ni le résultat d'un procédé rigoureux, ni l'effet d'une vue immédiate et certaine de la raison : c'est une anticipation que n'explique point la pensée toute seule, mais qui contient un élément irrationnel, à savoir le sentiment invincible et triomphant de l'ordre, et c'est pour cela que l'induction ne donne jamais une certitude parfaite, ainsi que nous le verrons plus loin, en discutant la valeur logique de ce procédé.

Cependant, remarquons-le bien, c'est un même principe qui domine l'esprit humain dans l'emploi du procédé inductif et dans l'exercice de la raison. Le besoin ou l'amour de la vérité nécessaire, qui a donné l'éveil à cette dernière faculté, est aussi le mobile qui nous porte à induire : car, ainsi qu'on l'a dit, l'induction consiste essentiellement à mettre dans les choses contingentes la nécessité, la durée, l'universalité qui ne leur appartiennent point et que l'expérience la plus savante n'y découvrira jamais, en sorte qu'on peut renfermer tout le travail du procédé inductif dans cette formule ingénieuse d'un de nos maîtres : « Le contingent est toujours et partout semblable à lui-même, quoique le contraire ne soit pas impossible [1]. »

Il est temps de résumer les principaux points de cette analyse de l'induction. Nous l'avons d'abord définie comme le procédé par lequel on affirme de tout un genre ce qui a été admis pour quelques individus pris dans ce genre. Puis nous avons montré tout ce que suppose un tel procédé : l'observation, la mémoire, la comparaison, l'abstraction, certaines idées de la raison, enfin une nécessité non intellectuelle qui nous porte à induire. Il résulte de notre analyse que la nature de l'induction étant de généraliser, elle ne fournit pas directement de jugements particuliers et individuels. Il résulte encore de ce qui précède, qu'elle n'est pas seulement une anticipation de l'avenir, mais qu'elle peut porter aussi sur le présent et sur le passé. Il y a dans ce procédé une sorte de divination plus ou moins rapide, qui lui donne un caractère intuitif et le distingue par cela même du raisonnement et du syllogisme. Mais cette intuition n'est pas pareille à celle des sens, de la conscience ou de la raison ; elle n'est pas accompagnée de certitude, mais elle parcourt tous les degrés de la probabilité, depuis la plus haute jusqu'à la plus infime. Enfin l'induction, en se dégradant, devient l'analogie et l'hypothèse ; mais nous nous sommes borné et nous nous bornerons dans la suite de ce travail à l'induction proprement dite.

La nature de ce procédé est connue ; on en peut aisé-

---

[1] Ad. Garnier, Traité des facultés de l'âme, t. II, p. 420.

ment prévoir les résultats : ce sera tantôt la vérité, tantôt l'erreur, toujours quelque incertitude. Il s'agit maintenant de le soumettre à la discipline logique, afin de lui donner toute l'exactitude dont il est susceptible. Ici encore l'histoire nous viendra en aide, en nous montrant comment peu à peu la philosophie, qui devait à l'induction ses premières hypothèses, est parvenue à régler ce libre essor de l'esprit humain, au point d'en faire une méthode pour tout un ordre de sciences.

CHAPITRE II.

THÉORIE LOGIQUE DE L'INDUCTION.

On a étudié l'induction en elle-même, comme procédé naturel de l'intelligence, et tout en y faisant la part de l'expérience et celle de la raison, on a reconnu qu'elle se distingue essentiellement de l'une et de l'autre, ne fût-ce que par l'intervention de cet amour, de ce besoin du nécessaire qui nous le fait supposer où nous ne le voyons pas. Cependant l'induction n'est pas là tout entière; si elle emprunte surtout au sentiment sa puissance et ce *charme magique*[1] qui lui a fait donner son nom, elle contient aussi des éléments intellectuels qu'il est possible de dégager et de régler, de manière à en faire sortir une méthode. Ici s'arrête l'analyse psychologique et commence le travail du logicien. Il importe au philosophe de ne jamais perdre de vue la différence de ces deux études, et nulle part il ne lui est plus aisé de la reconnaître que dans le sujet qui nous occupe. Nous avons fait jusqu'ici une analyse toute psycholo-

[1] Ἐπαγωγή, illicium magicum (D. Frid. Ast, Lexic. platonicum)

gique : nous avons essayé de dire, à l'aide de l'histoire et de la réflexion, ce que c'est qu'induire, à quel propos et comment a lieu cet acte, et quelles sont les facultés qui concourent à le produire dans l'esprit humain. L'étude que nous allons entreprendre est d'une autre sorte. Il ne s'agit plus de décrire l'induction, mais de déterminer, au point de vue de la science, comment on doit employer cette puissante et dangereuse faculté de l'intelligence. Puisque la certitude lui manque, comment se garantir de l'erreur en l'appliquant? Quelles règles lui doit-on prescrire pour lui donner quelque rigueur? Cela fait, et le procédé inductif étant mis sous sa forme la plus parfaite, quel en est l'usage légitime? Quelles questions peuvent être utilement traitées par son moyen? Quelle est sa portée, quel doit être son rôle dans le développement intellectuel de l'homme?

Tels sont les principaux problèmes que la logique se propose de résoudre, et dont l'importance est ici bien évidente; car si l'on a pu contester l'utilité de pareilles spéculations pour le simple raisonnement, ou même pour l'observation, il n'en saurait être de même en ce qui concerne le procédé inductif. Essayez de ne lui donner aucune règle; livrez-le à lui-même; supprimez le Novum Organum; dépouillez l'esprit humain de l'expérience qu'il a acquise, des habitudes qu'il a contractées depuis plus de deux siècles : vous allez voir aussitôt reparaître et l'horreur du vide et les idées-images, et l'alchimie, et l'astrologie judiciaire, et l'influence des comètes sur les événements du monde moral, et toutes les chimères dont on se repaissait avant Bacon, Galilée et Toricelli. Au contraire, imposez à l'esprit une discipline ; prescrivez des règles sévères à l'expérience et à l'induction ; à la place de l'instinct mettez la réflexion ; à l'aveugle témérité des premiers âges substituez une marche patiente et sûre : vous vous délivrez peu à peu de toutes les erreurs anciennes ; la nature vous découvre chaque jour quelques-uns de ses secrets ; enfin la science humaine est fondée. Jusque-là elle était le privilége du génie ; aujourd'hui, grâce à des méthodes devenues populaires, elle est accessible à tout homme doué d'un esprit juste, et les merveilleuses découvertes dont la physique et la chimie nous donnent le spectacle sont dues pour la plupart à des intelligences d'une portée ordinaire. Cet enseignement de l'histoire est une réponse victorieuse à ceux qui seraient tentés de croire que l'esprit humain n'a que faire des règles de la logique dans l'emploi de l'induction. Essayons donc, sans nous arrêter davantage à leurs objections, d'expliquer comment doit être employé ce procédé aventureux, pour devenir un instrument utile dans la recherche de la vérité.

§ 1.

Critique des fausses théories.

Il y a un procédé unique dans son genre, d'une telle simplicité que tous les hommes le pratiquent sans effort, d'une rigueur si parfaite que les sciences qui l'emploient exclusivement sont appelées exactes par excellence, et d'une évidence tellement irrésistible que ce qui a été une fois établi par son moyen demeure à jamais et passe pour éternellement vrai : je veux parler du raisonnement déductif, cette méthode infaillible des sciences mathématiques, cet instrument éprouvé de découvertes, qui nous fait passer du connu à l'inconnu avec tant de facilité qu'il nous semble aller du même au même, lorsque par ce moyen nous tirons les conséquences de principes donnés, ou que nous trouvons la preuve d'une proposition douteuse.

Cette opération, qui se règle pour ainsi dire d'elle-même, tant elle est naturellement simple, exacte et certaine, a toujours été le point de mire des logiciens, et lorsqu'ils n'en ont pas fait leur unique objet d'étude, ils se sont toujours efforcés d'y ramener, comme à un idéal, tous les autres procédés de l'intelligence. L'induction surtout a exercé leur subtilité, et l'ordre de notre étude nous conduit à apprécier leurs tentatives en ce genre. La tâche était certainement des plus difficiles : on n'a, pour s'en convaincre, qu'à se rappeler la nature des deux procédés intellectuels dont il s'agit.

Le raisonnement proprement dit est une opération par laquelle on extrait de deux principes ce qu'ils ont de commun, pour en former un jugement qui en est la conséquence. Toute la vertu de ce procédé consiste en ce que les deux termes que l'on associe ou que l'on sépare dans le dernier jugement, ont été rapprochés d'un troisième et même terme dans les deux premiers : c'est cette double comparaison qui en a montré la convenance ou la disconvenance.

Par induction nous entendons le procédé qui consiste à établir une proposition générale à l'aide de plusieurs propositions individuelles qui y sont contenues, comme lorsqu'on affirme que tous les corps sont pesants ou poreux, parce que tous ceux que l'on a pu observer ont en effet ces caractères. Ici, ce ne sont plus deux jugements qui, étant admis, nécessitent le troisième. C'est une série plus ou moins longue de jugements particuliers qui, étant admis, nous inclinent à accepter un jugement général dont ils paraissent dépendre, et dont ils font partie pour ainsi dire.

Cette double définition marque déjà la différence des deux procédés; mais il faut la montrer un peu plus en détail.

En premier lieu, le raisonnement va du contenant au contenu; l'induction procède du contenu au contenant. Il est vrai qu'on distingue entre l'induction parfaite et l'induction imparfaite. Mais l'induction parfaite elle-même n'échappe pas à cette loi, que M. Hamilton a fait très-habilement ressortir[1]. Nous reviendrons d'ailleurs sur cette perfection prétendue de l'induction réduite à un argument *ab enumeratione partium*. Quant à l'induction ordinaire, elle est toujours imparfaite, en ce sens qu'elle va de quelque à tout.

Une seconde différence résulte de celle-ci : la conclusion du raisonnement est nécessaire et donne une certitude absolue, tandis que l'induction n'est que probable et donne une croyance ou une opinion. Si parfois elle paraît s'élever plus haut, la certitude que nous lui attribuons n'est pas rationnelle, mais de sentiment, ainsi qu'on l'a vu, et tandis que le premier venu dira peut-être sans hésiter : cela est nécessairement vrai, le savant qui s'est rendu compte de sa marche se contente de dire : cela est très-probable, et doit être tenu provisoirement pour vrai.

En troisième lieu, le raisonnement a pour fonction essentielle de trouver des conséquences; c'est là son

[1] Voir plus haut, Essai IV, § 2, p. 141 et suiv.

office propre et sa raison d'être ; il suppose donc des principes, c'est-à-dire des propositions générales et indémontrables ; autrement, il y aurait cercle vicieux, et aucun syllogisme ne prouverait. Or, si ces principes ne sont pas fournis par le raisonnement, d'où viennent-ils? De l'observation toute seule? Évidemment non. De la raison? Mais il n'y a pas d'autres principes de la raison que les axiomes ; or, voyez quel usage en fait la géométrie : elle les suppose dans toutes ses démonstrations, mais elle ne les emploie expressément dans aucune. Les axiomes sont des conditions immuables de la pensée, qui président à tout raisonnement, mais qui n'y entrent pas comme éléments. Les véritables éléments, les principes féconds du raisonnement, ce sont des définitions et des lois, c'est-à-dire, partout ailleurs qu'en mathématiques, des propositions générales fournies par l'induction. Supposez que, pour être légitime, ce procédé doive être mis sous forme de syllogisme, vous voilà conduit à cette contradiction insoluble : le raisonnement suppose des principes indémontrables, et c'est lui qui les démontre !

En résumé, le raisonnement va du plus au moins, ou du contenant au contenu, et l'induction du moins au plus, ou du contenu au contenant; le syllogisme procure la certitude, l'induction ne donne qu'une opinion ou une croyance, tout au plus une certitude de sentiment ; enfin le raisonnement tire des conséquences et suppose des principes, tandis que le rôle de l'induction est de nous élever à des principes indémontrables. Il semble résulter de là que ces deux procédés sont entièrement distincts et irréductibles l'un à l'autre; car leurs fonctions diffèrent autant que leurs manières de procéder.

Au reste, ils se ressemblent par plusieurs côtés qu'on ne doit pas négliger ; mais là encore se trahit leur différence essentielle de nature. Par l'induction comme par le raisonnement, on veut se rendre compte, on cherche et l'on s'aventure, mais plus dans l'induction que dans le raisonnement. Les deux procédés résultent de l'imperfection tout ensemble et de la perfectibilité d'une intelligence qui, étant faite pour la vérité, la recherche et s'efforce d'y atteindre : mais l'induction surtout avec ses brillantes hypothèses, tour à tour pleines d'erreur ou de vérité, atteste clairement la puissance et les limites de l'esprit humain. Enfin, dans l'un et l'autre de ces deux actes, la pensée a pour objet des notions que l'on peut appeler intermédiaires, parce qu'elles ne sont les données immédiates ni de l'expérience, ni de la raison ; mais ils supposent l'un et l'autre les axiomes qui président à l'exercice de la pensée discursive, et en dehors desquels il est impossible d'induire aussi bien que de raisonner.

Les philosophes anciens et modernes qui ont tenté de réduire l'induction au raisonnement, ne s'y sont pas tous pris de la même manière. Tandis que les uns, s'attachant à la rigueur de la forme, s'efforcent de resserrer le procédé inductif dans les étroites limites d'un syllogisme par énumération, les autres, plus préoccupés de la nature de ce même procédé, mettent en avant un principe général, dont la formule, plus ou moins rigoureuse, leur sert invariablement de majeure, pour démontrer tous les résultats de l'induction.

Cette seconde théorie est de date assez récente, et quoique nous en ayons déjà remarqué l'insuffisance à un point de vue purement psychologique, elle témoigne cependant d'un progrès dans l'analyse de la pensée. Elle se recommande d'ailleurs à nous par le nom et l'autorité de plusieurs de nos maîtres. Mais ayant à l'examiner ici au point de vue de la logique, il nous faut bien dire qu'elle n'est absolument d'aucune valeur pour légitimer les jugements inductifs. En effet, si cette croyance à la stabilité des lois de la nature était capable de justifier une seule induction, elle les justifierait toutes, puisqu'il n'en est pas une qui ne repose sur une telle croyance. Ainsi, l'erreur et la vérité, les hypothèses les plus gratuites et les lois les plus constantes seraient également démontrées. Ce principe d'induction pouvant être employé comme majeure unique en toute induction, aura donc le grave inconvénient de prouver trop, c'est-à-dire de ne rien prouver, et c'est à quoi l'on devait s'attendre avec une formule aussi générale et aussi vague. Par cela même qu'on l'érigeait en axiome, on ne devait espérer d'en rien conclure. Que prouvent les axiomes, et quelle conséquence en voit-on sortir? Ils président à toute déduction, mais on n'en déduit rien directement. Tout raisonnement qui les violerait serait nul et non avenu; mais aucun raisonnement ne les prend pour principes, et l'on ne voit pas que, pour démontrer l'égalité de deux triangles, le géomètre ait besoin d'invoquer expressément cet axiome : Deux grandeurs égales à une troisième sont égales entre elles. Il le respecte et ne raisonne jamais à l'encontre, mais il n'en use jamais comme d'une majeure dont il puisse tirer une conséquence.

Au reste, il est impossible de donner même l'apparence de la rigueur aux raisonnements que l'on prétend construire avec le principe d'induction, et si l'on avait essayé seulement de les mettre en forme, on aurait reconnu aussitôt combien ils sont défectueux. Que contient en effet cette prétendue majeure : Les lois de la nature sont générales et stables? Cela veut dire que la nature est soumise à des lois, et pas autre chose. Or, avec une telle proposition, le plus habile logicien ne saurait démontrer la vérité d'une seule loi. Qu'on prenne pour exemple, je ne dis pas une de ces rares découvertes dont la science se fait honneur, et que tout l'esprit du monde ne pourrait enfermer dans un syllogisme, mais cette proposition d'un usage banal : Tous les corps tombent. Nous donnera-t-on pour un raisonnement valable le sophisme que voici :

La nature est soumise à des lois générales et stables;
or, quelques corps sont tombés;
donc, c'est la loi de tous les corps de tomber?

On n'arrive ainsi qu'à une conclusion détestable, et que rien ne garantit. D'ordinaire, lorsqu'un raisonnement est exact, on en reconnaît d'autant mieux la valeur qu'on lui a donné une forme plus simple et plus rigoureuse. Ici, c'est le contraire : en prêtant à l'induction la forme du syllogisme, on en fait ressortir le caractère hypothétique. Dugald Stewart, dont l'autorité est considérable en cette matière, puisqu'il était à la fois logicien, psychologue et mathématicien, n'hésitait pas à déclarer, malgré tout son respect pour un principe où il voyait «la loi fondamentale de la croyance humaine,» que, quoique ce principe ait beaucoup d'applications, «on n'en peut pas plus tirer de conséquences que des axiomes d'Euclide[1].»

[1] Philosophie de l'esprit humain, partie II, c. III, sect. III.

Il serait superflu d'insister sur les vices de forme que présentent les prétendus syllogismes fondés sur la stabilité des lois de la nature; il suffit de faire remarquer la pétition de principe qui y est manifestement contenue. Que la nature soit soumise à des lois, et que ces lois, par une pompe de langage qui n'y ajoute rien, soient appelées générales et stables, cela ne prouvera jamais que tels phénomènes soient régis par telle loi. C'est là cependant qu'est toute la question, et c'est ce qu'on suppose, tout en ayant l'air de le démontrer. Il n'y a aucun lien logique entre la majeure et la conclusion; il n'y a donc point de syllogisme. En vain voudra-t-on donner à l'argument inductif la rigueur qui lui manque, en substituant au principe d'induction de Reid une formule plus savante, empruntée aux *Regulæ philosophandi* de Newton, savoir, que les effets du même genre doivent être attribués aux mêmes causes. Cette proposition, dont je ne conteste pas d'ailleurs la probabilité, n'est plus, comme la précédente, une fidèle expression de la croyance naturelle que suppose toute induction. Quant à son utilité pour régler ce procédé, ou du moins pour le transformer en un syllogisme concluant, on ne voit pas qu'elle soit beaucoup plus grande. Qu'il s'agisse de loi ou de cause, on n'évitera pas plus dans un cas que dans l'autre l'inévitable pétition de principe qui vient d'être signalée. La nouvelle formule a encore un autre inconvénient, que n'avait pas celle de Reid : c'est qu'elle ne s'applique qu'à un petit nombre d'inductions, puisqu'elle laisse de côté toutes celles qui cherchent et découvrent autre chose que des causes.

On lit dans le remarquable ouvrage que vient de puhier M. Charles de Rémusat sur Bacon, deux chapitres qui rappellent, sans les surpasser peut-être, ceux qu'il avait déjà consacrés à l'induction et à la méthode inductive dans ses Essais de philosophie. Personne n'avait encore exposé d'une manière aussi forte et aussi ingénieuse la théorie dont nous faisons la critique. Après avoir essayé de retrouver un germe d'induction dans certains arguments bien connus et d'une rigueur incontestée[1], M. de Rémusat entreprend d'établir que l'induction proprement dite peut toujours s'exprimer d'une manière démonstrative, à l'aide du principe d'induction, qu'il énonce de la manière suivante : « Les mêmes phénomènes se reproduisent dans les mêmes circonstances. » Cette rédaction soulève plus d'une difficulté, et par exemple celle-ci, que le principe que l'on propose en ces termes ressemble moins à un axiome qu'à une hypothèse, et ne peut être admis que comme probable. Voici comment l'auteur répond à cette objection :

« Probable ou certaine, on remarquera que du moment que la proposition énoncée plus haut est admise, elle change la nature de l'induction, ou plutôt elle substitue à l'induction le syllogisme. On peut en effet

[1] Le noble écrivain, dont nul n'apprécie mieux que moi le mérite éminent, me permettra de relever en passant une erreur qu'il me paraît avoir commise au sujet de la preuve *ab actu ad posse*. Ce raisonnement n'est rigoureux qu'à la condition de n'avoir rien d'inductif; il se déduit toujours de cette majeure : « Tout ce qui a été était possible, » ou bien : « Tout acte accompli par un être suppose dans cet être la puissance de l'accomplir, » et la conclusion n'y a jamais, que je sache, plus d'extension que la mineure. Ce n'est donc, en aucune façon, un argument du particulier au général.

donner à toute prévision fondée du retour d'un phénomène constaté la forme d'un raisonnement ayant pour principe la règle : « Les mêmes phénomènes se reproduisent dans les mêmes circonstances. » On en tirerait par exemple la déduction suivante : « Cette eau a commencé à bouillir chauffée à cent degrés ; toute eau dans les mêmes conditions bouillira à la même température. » Ceci n'est plus probable, mais certain ; car c'est démontré, etc.[1] »

Il ne semble pas cependant que ce soit démontré sans réplique ; car, sans s'arrêter à la forme de ce raisonnement, qui est loin d'être irréprochable, puisqu'on n'y voit pas même de moyen terme, on ne peut considérer comme démonstratif l'argument tiré d'une proposition probable et même fort incertaine, à en juger par les conséquences qu'on en pourrait déduire ; on ne voit pas en effet ce qui empêcherait de construire de semblables raisonnements sur des expériences mal faites. Ces démonstrations apparentes auront toutes le même défaut comme syllogismes, et elles ne sauraient donner la moindre autorité à l'expérience, si elle a été mal conduite. Ce n'est pas non plus de là que vient à l'induction sa valeur logique, lorsqu'elle nous paraît fondée. Il faut donc renoncer à la forme syllogistique ; ainsi comprise, pour légitimer le procédé inductif : car, comme on l'a dit avec raison, « si l'opération intellectuelle est illégitimement accomplie, le langage ne saurait la corriger ; plus le langage serait rigoureux, plus sûrement il reproduirait l'erreur[2]. » C'est l'opé-

---

[1] Bacon, sa vie, son temps, sa philosophie et son influence jusqu'à nos jours (Paris, Didier, 1857, in-8°), l. III, c. III, p. 343.

[2] Duval-Jouve, Traité de logique (1re édit.), p. 250.

ration intellectuelle qu'il s'agit de régler ; c'est à elle qu'il faut s'attacher, et M. de Rémusat lui-même paraît être de cet avis, lorsqu'il ajoute : « C'est démontré, si le principe est vrai, et si l'expérience est bien faite. » Si l'expérience est bien faite : tout est là en effet, le reste n'est rien. Le logicien, pour peu qu'il soit philosophe, se soucie médiocrement de savoir si l'on peut, après que le travail de l'esprit est terminé, en exprimer les résultats de telle ou telle manière ; ce qui lui importe, c'est de savoir si ces résultats sont ou ne sont pas légitimes. Or, nous l'avons montré surabondamment, les jugements inductifs ne gagnent rien à être réduits en syllogismes assez peu réguliers, au moyen d'une majeure invariable, que l'on emploie comme axiome, quoiqu'elle n'en soit pas un.

M. William Hamilton, qui a victorieusement réfuté à son point de vue cette théorie de l'induction, a dirigé contre le principe qu'elle suppose une série d'objections, entre lesquelles on remarque les deux suivantes.

Premièrement, cette proposition que vous prenez pour accordée exprime ou une vérité nécessaire ou une probabilité fournie par l'induction. Reconnaissez-vous qu'elle dérive de ce dernier procédé ? Dans votre système, « cela serait absurde, puisque l'induction n'est elle-même possible, *ex hypothesi*, qu'à travers et après le principe qu'on voudrait maintenant lui faire créer. » Aimez-vous mieux dire que c'est un axiome ? « Mais cela ne se peut ; car si un tel principe existe, il incline seulement, il ne nécessite pas. »

D'un autre côté, si l'on admettait comme valables ces raisonnements inductifs, il est évident qu'on supprimerait la différence entre le syllogisme déductif et l'induction. Le premier de ces deux procédés étant « l'analyse d'un tout logique en ses parties, ou une descente du plus général au plus particulier, et l'autre, une ascension du plus particulier au plus général, on anéantit virtuellement le dernier de ces deux procédés, si l'on identifie la conclusion inductive avec la déductive[1]. »

Cette dernière critique est évidemment la plus radicale, puisqu'elle tend à convaincre d'absurdité une théorie logique qui, pour régler l'emploi d'un procédé naturel de l'esprit, commence par le supprimer. Un tel reproche doit être surtout sensible à des philosophes qui, ayant mieux étudié que les anciens la marche spontanée de l'induction, devraient être plus désireux que d'autres de lui conserver sa place légitime dans notre développement intellectuel, au lieu de la confondre, en logique, avec un procédé dont ils savent si bien la distinguer en psychologie. D'ailleurs, leur engouement exclusif pour le syllogisme n'est sans doute qu'une mode passagère à laquelle ils ont payé leur tribut, mais dont ils ne tarderont pas à s'affranchir.

Il n'en est pas de même des logiciens de profession, qui souvent sont trop portés à sacrifier la nature à leurs règles. Comme ils se donnent pour les mathématiciens de la philosophie, ils ne reçoivent pour vrai que ce qui leur paraît démontré, et le syllogisme étant la forme exacte de la démonstration, tout ce qui ne se met pas sous cette forme est, à leurs yeux, illégitime et non avenu. Ils s'inquiètent peu de mutiler l'esprit humain, pourvu qu'ils le redressent, et ils sont prêts à rayer l'induction de la liste des instruments de la science, s'ils ne peuvent réussir à la rendre démonstrative. On risque

[1] Fragm. de philos. (trad. Peisse), art. *Logique*, p. 254 et suiv.

fort de ne plus retrouver le procédé inductif dans leurs théories ; mais au moins doit-on espérer qu'ils ne se seront pas départis de cette rigueur géométrique où ils ont placé de tout temps la perfection de la pensée. Cependant, s'ils y sont parvenus, ce n'est pas du premier coup, mais par degrés, et l'on peut distinguer trois principales tentatives pour ramener l'induction à un raisonnement concluant des parties au tout.

Les premiers essais en ce genre sont dus à Socrate et à Platon. Ces philosophes avaient trop de sagacité pour ne pas comprendre ce qu'il y a de défectueux, au point de vue de la logique, dans ce passage de l'individuel à l'universel, qui chez eux introduisait à la science. De là ces questions accumulées pour faire admettre à leurs interlocuteurs, sous un grand nombre de formes particulières, la proposition générale qu'ils voulaient établir, jusqu'à ce que, de guerre lasse, on leur accordât qu'il en devait être de même dans tous les autres cas. Leurs énumérations, toujours incomplètes, suffisaient néanmoins pour mettre l'esprit dans une sorte de nécessité d'induire : car, ainsi que l'a remarqué Bacon, ils pratiquaient véritablement l'induction ; mais si l'on induit avec eux, c'est sans savoir pourquoi l'on a raison d'induire. Au fond, cette partie de leur méthode dialectique ne consiste guère qu'à employer avec réflexion le procédé inductif, tel que le donne la nature. Ils s'appliquent avec un art infini à placer l'âme dans de telles conditions qu'elle se sente pressée d'admettre la doctrine qu'on lui propose ; mais ils se contentent d'avoir persuadé, et, négligeant de garantir logiquement le résultat de l'induction, ils le présentent pour ainsi dire dans sa crudité native, malgré l'intention assez évidente de dissimuler par un certain nombre de faits et d'exemples l'intervalle du particulier au général.

Aristote accorde aussi la plus grande confiance à l'induction, lorsqu'elle apporte à l'esprit la connaissance immédiate des principes ; il ne lui donne alors aucune règle, parce que c'est l'acte même par lequel l'entendement entre en possession de la vérité éternelle. Mais, outre cette induction immédiate et spontanée, il en admet une autre qui est employée par les dialecticiens et les orateurs, et qui, étant mise sous forme d'argument, n'est pas sans analogie avec le syllogisme. Il l'en distingue [1], tout en reconnaissant qu'il est concluant, s'il procède par une énumération complète (διὰ πάντων). Cet argument, qu'Aristote avait examiné en passant, et dont, suivant M. Hamilton, il avait donné une théorie « exacte en substance, quoique assez maigre, » devint dans la suite la seule induction reconnue par les logiciens, jusqu'au temps de Bacon. Seulement les scholastiques, imités en cela par Ramus, par Gassendi, Clauberge et Port-Royal, établirent une distinction, qui est demeurée célèbre, entre l'induction parfaite et l'induction imparfaite, la première procédant par un dénombrement complet, tandis que la seconde va de quelque à tout. Bien entendu, la conclusion n'est légitime que dans le premier cas ; mais, même alors, le logicien peut concevoir des scrupules, soit sur la figure où cette conclusion est obtenue, soit sur le nombre des propositions, soit sur la nature du moyen terme, soit enfin sur le rapport logique des parties au tout, qui n'est pas le même que celui du tout aux parties : en sorte que, si cette espèce d'induction constitue un raisonnement valable, elle ne paraît pas

---

[1] Voir plus haut, Essai IV, § 2, p. 139 et suiv.

cependant pouvoir être ramenée au syllogisme ordinaire, ni appelée légitimement de son nom.

Longtemps avant M. Hamilton, toutes ces difficultés étaient connues, et Clauberge, entre autres, avait opposé nettement l'argument inductif au syllogisme. Mais le logicien écossais s'est approprié, par une exposition plus savante, la théorie du syllogisme inductif. C'est chez lui que cet argument doit être étudié, si l'on en veut connaître exactement la nature et la valeur logique. Nous l'avons déjà apprécié à ce point de vue et dans ses rapports avec la déduction. Nous avons à examiner maintenant s'il est la forme légitime du procédé inductif.

Il nous faut d'abord avouer, comme la loyauté l'exige, que, si l'induction parfaite des scholastiques et de M. Hamilton exprimait fidèlement le procédé par lequel nous nous élevons à ces jugements universels que nous appelons des lois, ce procédé serait justifié, sa certitude étant incontestable en général, quoique le nom et les formes du syllogisme y soient peut-être appliqués à tort.

Reconnaissons encore que, si l'induction peut jamais être assimilée au raisonnement, c'est sous cette forme du dénombrement parfait. Ici, du moins, il y a un résultat, quelque chose de démontré, au lieu de ces déplorables pétitions de principe que nous étions réduit à analyser tout à l'heure, et qui ne supportent pas un examen tant soit peu sérieux. Ici, du moins, on a devant soi des logiciens qui savent ce que c'est qu'un argument, et qui ne confondent pas un sophisme avec un raisonnement digne de ce nom.

Mais est-il vrai que cet argument représente l'induction proprement dite? C'est ce dont il est permis de douter, quand on se rappelle la nature de ce procédé et la portée des affirmations auxquelles il nous conduit. Qu'y a-t-il de commun entre ce syllogisme, réel ou apparent, qui conclut sûrement de cinq ou six cas particuliers au tout qu'ils constituent, et ce mouvement de l'âme si varié, si multiple et parfois si ardent, qui, après un certain nombre d'expériences, nous emporte tout d'un coup bien au delà des faits connus, et jusqu'aux dernières limites de l'espace et de la durée? Que devient alors le dénombrement complet de nos logiciens? Il n'est possible ni dans le présent, ni dans l'avenir, et l'induction proprement dite est toujours imparfaite en ce sens. Ce qui nous détermine à induire, ce n'est même pas le nombre des expériences, mais plutôt leur qualité : deux ou trois faits rares, éclatants, significatifs, nous éclairent beaucoup plus qu'une grande multitude de faits ordinaires et sans valeur, et nous affirmons avec confiance, sans nous soucier du nombre. Faites de cela un syllogisme : vous n'obtiendrez qu'un sophisme, et vous aurez énervé l'induction, en anéantissant l'autorité de l'expérience où elle se fonde, tout en la dépassant. L'induction échappe par sa nature même à la forme syllogistique ; dès qu'on veut l'y assujettir, on s'aperçoit que cette rigueur compassée ne lui convient pas ; c'est lui ôter sa puissance, c'est la supprimer elle-même que de lui interdire cette sorte de divination des principes qui est son caractère essentiel.

En effet, où en serions nous, si l'on ne pouvait atteindre ces principes que par syllogisme, et surtout à l'aide de cette énumération complète que réclament les scholastiques et M. Hamilton pour leur induction soi-disant parfaite? Supposez que la démonstration des lois de la nature eût été soumise à cette condition, que tous les cas particuliers auraient été connus et énumérés ; croyez-vous que la physique fût arrivée au point où nous la voyons? L'attraction newtonienne ne serait-elle pas traitée de conjecture par les logiciens, ainsi que tant d'autres conquêtes de la science? Toutes les découvertes des temps modernes seraient à refaire; car évidemment pas une loi de la nature n'aurait été trouvée par ce moyen. Il en est de même des jugements que nous portons dans la pratique. Nous croyons, par exemple, que l'eau mouille et asphyxie, que le feu brûle, etc., et nous nous en trouvons fort bien. Avons-nous donc fait toutes les observations requises pour l'induction parfaite? Si cette condition était nécessaire, nous pourrions être mille fois brûlés ou noyés, avant de connaître le danger, avant d'oser dire qu'il existe.

Il y a dans l'induction une anticipation et une vue de l'esprit au delà de l'expérience ; elle nous conduit à un jugement qui part de la perception, mais qui la dépasse en tous sens. Cette anticipation est plus ou moins préparée, plus ou moins rapide ; mais elle existe partout où l'esprit induit. Le jugement d'induction est essentiellement intuitif, et par cela seul il se distingue du raisonnement déductif ou par équation. Réduit au syllogisme, il n'offre plus que la collection ou le résumé empirique de quelques connaissances particulières, dont on a fait la somme. Est-ce là, je le demande, le procédé qui représente par-dessus tous les autres la puissance d'invention de l'esprit humain, et qui a fait dire à Platon que notre âme a des ailes?

A parler rigoureusement, on devrait retirer le nom d'induction à ce syllogisme, irrégulier d'ailleurs, qu'on appelle induction parfaite. Bacon, qui s'y connaissait à coup sûr, méprisait et rejetait à bon droit cette prétendue induction qui ne conclut que d'une manière précaire, qu'une contradiction imprévue peut renverser, dont les applications sont triviales, et dont l'effort le plus heureux aboutit à une simple addition.

L'induction véritable, celle qui fait des découvertes, est un procédé qui affirme quelque chose de nouveau, qui ne va pas du même au même, mais du moins au plus, et si l'on persiste à la mettre sous forme de syllogisme, encore une fois, elle sera toujours imparfaite : car on n'induit qu'à la condition d'aller de quelque à tout, et si l'on ne pouvait concilier cette condition essentielle avec les exigences raisonnables de la science, il faudrait en bannir ce procédé, comme certains philosophes l'ont déjà banni de la logique. La plupart des logiciens s'accordent en effet à rejeter comme illégitime l'argument appelé induction imparfaite, et il faut convenir qu'ils ont bien raison, s'ils n'y voient qu'un syllogisme. Quelques-uns cependant, sans renoncer à lui donner cette forme, qui en fait ressortir l'insuffisance, se sont appliqués à le corroborer par d'autres arguments. Je me contenterai de citer Clauberge. Après avoir traité de l'induction parfaite, qu'il assimile à une addition, et que par conséquent il déclare légitime, il s'exprime ainsi : « Tous les cas particuliers ne peuvent pas toujours être connus et énumérés complétement, tantôt à cause de leur multitude, tantôt à cause de l'impossibilité de les observer...... Alors, pour que l'induction soit légitime, si la plus grande partie des cas particuliers nous est connue, on peut inférer qu'il en est de même la plupart du temps..... Ainsi en grammaire, le plus grand nombre des exemples fait la règle, et le petit nombre l'exception... Si cependant il n'y a point d'objection ni d'exemple contraire, on peut inférer l'universel sans restriction... On évite toute erreur, lorsqu'aux expériences faites sur certains sujets, on peut ajouter une preuve (ratio) qui établisse qu'il en est de même des autres sujets [1]. »

Clauberge, on le voit, ne sort pas du raisonnement : il prétend y réduire l'induction ; il ne veut pas que la conclusion dépasse les prémisses, et lorsqu'il consent à induire de quelque à tout, c'est à la condition d'avoir démontré qu'il en a le droit. Par conséquent, il n'échappe pas plus que les autres logiciens à ce reproche capital qui résume toutes les critiques précédentes : sous prétexte de régler l'induction, il la supprime, en la réduisant à une conclusion des parties au tout qui n'est peut-être pas un syllogisme, et qui n'est certainement pas l'induction. Car, je le répète, ce procédé part d'un nombre d'individus extrêmement restreint, pour embrasser le genre où ces quelques individus sont compris avec une foule d'autres, et dont ils ne sont pas même une partie appréciable. Il ne s'agit donc pas d'additionner des cas particuliers ; comparée au résultat que l'on cherche, une telle méthode est puérile, et nous ne nous y arrêterons pas plus longtemps.

Nous avons passé en revue les diverses théories qui ont pour but de réduire l'induction au raisonnement. Il résulte des analyses et des discussions qui précèdent que toutes ces théories sont défectueuses, chacune à sa manière, puisqu'elles aboutissent tantôt à une irrémédiable pétition de principe, tantôt à un argument des parties au tout, qui ne donne qu'une présomption logique sans valeur, ou une conclusion empirique et

[1] Logica vetus et nova, Part. I, c. XV, n. 164-167.

particulière, où l'on cherche vainement l'induction.
C'est que ce procédé n'étant pas borné à un nombre
fixe de jugements, on ne saurait, quoi qu'on fasse, le
retrouver dans les trois propositions d'un syllogisme.
On ne peut donc lui imposer cette forme sans le dénaturer.

Faut-il en conclure que l'induction n'est susceptible
d'aucun perfectionnement, et qu'on doit renoncer à
lui donner de l'exactitude et même une certaine rigueur? Une telle conséquence n'est nullement nécessaire; elle suppose d'ailleurs ce principe inadmissible,
que le raisonnement déductif est le seul instrument de
la science, et qu'en dehors du syllogisme il n'y a ni
certitude, ni vérité, ni affirmation légitime. Aussi bien
n'avons-nous pas épuisé l'histoire des efforts tentés par
les philosophes pour régler l'emploi du procédé inductif. Il nous reste Bacon et le Novum Organum; c'est de
ce côté peut-être que nous viendra la lumière.

§ 2.

Exposé de la méthode baconienne.

Jusqu'ici, on ne voit pas que les logiciens aient accordé à l'observation une grande place dans leurs théories du procédé inductif, et cependant il ne peut y avoir
l'ombre d'un doute sur la nécessité d'appuyer ce procédé sur l'expérience. Ceux même qui le veulent réduire à un syllogisme, réel ou apparent, rigoureux ou
sophistique, s'accordent tous à construire la mineure
de ce syllogisme avec les faits que l'on a pu recueillir.
Il est donc évident que la conclusion qu'ils en déduisent
ne saurait être légitime qu'autant que cette mineure

ne soulève aucune objection, et comme c'est précisément le côté faible de pareils arguments, il semble qu'ils auraient dû y appliquer tout leur effort, jusqu'à ce qu'ils eussent enfin réussi à fortifier cette partie si délicate et si essentielle de l'induction. Où sont donc, avant le Novum Organum, les règles sûres, ingénieuses, efficaces, par lesquelles la logique est venue en aide à l'esprit dans l'emploi de ce procédé? La vérité nous oblige à dire qu'avant Bacon, une seule règle avait été émise, et nous en avons assez fait voir l'insuffisance, et presque le ridicule. Il fallait, disait-on, que l'observation fût complète! A cette condition seulement, on admettait la conclusion des parties au tout, et la *forme* de l'argument semblait ne rien laisser à désirer. Mais comment mettre en pratique ce précepte impossible? C'est ce que personne ne disait, et cela n'est pas très-surprenant. Il appartenait à Bacon de tirer la logique de cette ornière. Sa gloire est d'avoir renoncé pour l'induction à la rigueur chimérique dont on avait tenté de la gratifier, et d'avoir enfin montré de quelle exactitude elle est susceptible; de sorte que, grâce à lui, ce procédé, où l'on n'avait su voir jusque-là qu'un misérable argument, a été élevé au rang et à la dignité d'une méthode.

Plusieurs philosophes de nos jours, que l'on ne peut accuser d'ignorer Bacon, puisque l'on compte parmi eux son plus récent historien, son habile et ingénieux interprète en France, son juge le plus impartial et le plus compétent à tous égards, se refusent à regarder le Novum Organum comme le manifeste d'une logique originale; ils veulent que l'induction scientifique ait été décrite par Aristote, « *qui n'y pensa onques*, » suivant une expression fameuse de François Ier[1]; enfin, ils contestent les éloges que l'histoire a si justement décernés à cette méthode, et s'opposent même à ce qu'on distingue la théorie de Bacon de toutes les autres; car « le vrai, dit M. Rémusat, c'est qu'il n'y a pas d'induction de Bacon[2]. » En présence d'une assertion aussi formelle, le lecteur comprendra qu'on éprouve quelque embarras à prendre la défense de la méthode baconienne; mais c'est à la raison, et non à l'autorité qu'on doit demander la solution des problèmes philosophiques, et M. de Rémusat lui-même donne un trop bel exemple de modération à la fois et d'indépendance, pour qu'on ne soit pas tenté de l'imiter. Prendre en main la cause de la vérité est, à ses yeux comme aux nôtres, le premier devoir et aussi le droit le plus précieux d'un libre penseur. Or, la vérité ici nous paraît être du côté de ceux qui reconnaissent dans Bacon, non-seulement l'un des pères de la philosophie moderne, mais encore l'inventeur d'une méthode nouvelle, dont il a le premier donné la description[3]. Commençons par exposer sommairement cette méthode, telle qu'elle est contenue dans le Novum Organum; il nous sera facile ensuite d'en montrer l'incontestable originalité.

« Bacon, a-t-on dit avec raison, a été amené par la critique à l'idée de sa méthode. Il a accusé les sciences de s'être égarées jusqu'à lui; l'expérience n'était qu'un

---

[1] Ramus, sa vie, ses écrits et ses opinions, p. 51.
[2] Bacon, sa vie, son temps, etc., IIe partie, c. IV, p. 239, note 1.
[3] On pourrait citer ici, d'après M. de Rémusat lui-même, les témoignages les plus illustres; contentons-nous d'en appeler à M. Bouillet, l'éditeur aussi savant que modeste des Œuvres philosophiques de Bacon (Paris, Hachette, 1834, 3 vol. in-8º).

empirisme sans règles; la raison n'était que la réflexion dans le vide. Il fallait une méthode qui fût le lien de la raison à l'expérience, de la réflexion à l'observation ; cette méthode était l'induction, non pas celle des anciennes logiques, cette *mala inductio* toujours stérile, mais une vraie, une nouvelle induction, etc.[1] »

Avant Bacon, si l'on en croit son témoignage, la science de la nature s'appuyait sur une poignée de petites expériences mal faites, familières et triviales; de ces quelques faits mal observés elle extrayait irrégulièrement des notions vagues, confuses, fantastiques et mal définies ; puis ces notions, mises en œuvre par l'induction vulgaire, c'est-à-dire par des arguments puérils et sans valeur, servaient à démontrer l'horreur du vide ou d'autres hypothèses du même genre, qui étaient le fléau de la philosophie. Bacon entreprit de tracer à l'esprit humain une route nouvelle et sûre, et de le diriger dans son travail, depuis le point de départ, qui est l'observation des faits, jusqu'aux notions et aux lois les plus générales, dont la découverte appartient à l'induction, mais à une induction régulière, sérieuse et savante. L'esprit humain, selon l'auteur du Novum Organum, ne doit jamais être abandonné à lui-même ; autrement, il s'envolerait aussitôt du premier fait venu aux conjectures les plus téméraires. Il faut s'emparer de lui dès le début ; il faut le suivre pas à pas, afin de modérer son impétuosité naturelle et de l'obliger à procéder par ordre et par degrés continus, mais aussi afin de le soutenir et de le fortifier par des conseils dont l'effet peut être comparé à celui des machines dans l'industrie humaine. « Il faut se représenter la science

[1] Bacon, sa vie, etc., IIIe partie, c. III, p. 308, 309.

comme un obélisque que ne sauraient dresser ni un homme seul, ni des hommes réunis, s'ils n'arment leurs mains de cordes et de leviers, s'ils ne coordonnent leurs efforts et ne suivent une direction[1]. »

La première condition d'une science digne de ce nom est de s'appliquer à une matière réelle, au lieu de reposer sur le vide et d'être, pour ainsi dire, une chose aérienne. Aucune force de génie ne peut remplacer la connaissance directe de la nature. Il faut donc que le philosophe se mêle aux faits et à la réalité, et qu'abjurant toute notion préconçue, il se familiarise avec les choses même, afin d'en suivre l'ordre et l'enchaînement et d'en découvrir les lois, les causes ou les formes secrètes.

Observer n'est pas tout. Si les faits qu'on étudie se sont présentés d'eux-mêmes, une telle observation n'est pas l'œuvre de la science, mais du hasard ; c'est seulement lorsqu'elle a cherché et découvert dans la nature l'objet de son étude, qu'elle mérite le nom d'expérience. L'expérience ordinaire, qui suffit pour la simple description des phénomènes, et lorsqu'on se borne à constater ce qui est, n'est pas l'expérience savante dont le but est de procurer à l'entendement de suffisantes informations et de lui découvrir le pourquoi de toutes choses. La nature est semblable à un homme dont les intentions et les sentiments ne se trahissent que dans de rares moments de trouble et de vive émotion. Tourmentez donc la nature, si vous aspirez à surprendre ses secrets ; apprenez à l'interroger, et ne vous contentez pas de l'étudier dans sa marche ordinaire : car la subtilité de ses opérations surpasse infiniment

[1] Bacon, sa vie, etc., p. 230, d'après la Préf. du Novum Organum.

celle des sens et de l'entendement. Défiez-vous d'abord de la stupeur, de l'incompétence et des illusions de vos sens. Que vos expériences soient nombreuses, mais que surtout elles soient bien conduites et choisies avec art, portant sur des faits significatifs et variés, et procédant par degrés et pas à pas : à ce prix seulement vous serez l'interprète de la nature.

Les résultats de ces expériences ne doivent pas non plus être livrés au caprice de la mémoire : ce serait encore le hasard ; il en faut tenir registre, le philosophe ne pouvant se fier qu'à l'expérience écrite (experientia litterata).

Après avoir réglé l'emploi des sens et de la mémoire, Bacon s'adresse à l'entendement, et lui rappelle l'impuissance de la dialectique pour découvrir les lois de la nature. L'esprit humain n'est que trop porté à supposer dans les choses de l'uniformité, de l'ordre et de la symétrie, et quand il ne les découvre pas, il les imagine. De là ces formes vaines, abstraites et stériles, qu'il impose à la nature, au lieu d'en induire avec patience les formes véritables. Pour quiconque veut connaître la nature, il ne s'agit pas de l'abstraire, mais de la disséquer. Tel était le but des règles prescrites à l'expérience ; mais le fruit en est perdu, si l'on n'a point sous les yeux, si l'on ne fait point comparaître avec ordre devant l'intelligence les exemples et les faits que l'on a recueillis. Ici se placent les trois *tables* célèbres auxquelles notre philosophe attache tant d'importance, pour assurer et légitimer le travail de l'induction. Où chercher en effet la loi ou la cause véritable d'un phénomène, sinon dans les circonstances qui l'accompagnent toujours, qui se produisent avec lui (*table de présence*), qui font défaut en même temps que lui (*table d'absence*), qui enfin croissent ou décroissent (*table des degrés*) comme le phénomène dont elles sont la forme ou condition secrète ? Voilà ce que contiennent ces listes d'expériences qu'on suppose rédigées avec le plus grand soin, et qui aideront l'esprit à coordonner et à comparer les faits. Mais croit-on qu'une fois ce travail accompli, Bacon permette au savant d'induire ? Nullement : les anges seuls peuvent procéder ainsi ; la faiblesse de l'esprit humain exige qu'il procède d'abord par l'*exclusive*, c'est-à-dire qu'il commence par rejeter tout ce qui n'est pas une condition nécessaire du fait qu'on étudie. C'est à ces « réjections et exclusions légitimes » que serviront les trois tables, et il est aisé de comprendre tout l'avantage de ce procédé préparatoire : lorsqu'on aura éliminé les circonstances accessoires et accidentelles, n'aura-t-on pas sujet d'espérer que « les lois fausses et les causes chimériques s'étant dissipées en fumée, la vérité restera seule au fond du creuset ?»

Tout n'est pas fait encore. Cependant le moment est venu d'accorder à l'entendement une première permission d'induire, au risque d'arriver à un résultat imparfait et erroné : au point où l'on en est, la vérité sortira mieux de l'erreur que de la confusion. Mais qu'on ne s'en tienne pas à cette *première vendange* : ce n'est qu'une ébauche, qu'il faut apprendre à corriger par de nouveaux appels à l'expérience. Oui, revenons aux faits, en dépit de l'orgueil humain, qui s'écrie que c'est rabaisser la majesté de la pensée, de la tenir si longtemps attachée à de misérables expériences, à tant de détails minutieux, dans la sphère étroite de la matière et des sens. En dépit de cette présomption insensée, arrêtons notre esprit sur la pente où l'entraîne son ardeur, et retenons son attention sur les faits : apprenons-lui à discerner les faits ostensifs, décisifs, privilégiés, qui lui serviront à contrôler, à rectifier, à vérifier ses jugements et ses prévisions.

Il n'est pas nécessaire de suivre Bacon dans le détail des vingt-sept classes de faits privilégiés, qu'il développe avec tant de complaisance dans le second livre du Novum Organum. Il suffit de rappeler qu'il y a, suivant lui, un art de vérifier les propositions induites, qu'il appelle *axiômes*, en redescendant de ces axiômes à des expériences non encore faites, mais dont ils fournissent l'indication.

Il arrive souvent qu'en partant des jugements qui reposent immédiatement sur l'expérience, on s'élève par un saut rapide jusqu'aux plus hautes généralités, en négligeant les intermédiaires, ce qui infirme les résultats de l'induction. On évitera cette cause d'erreur, si l'on procède graduellement, et qu'on établisse avec soin « les axiômes moyens », d'où dépendent les inductions les plus élevées, de sorte qu'en redescendant l'échelle des axiômes, on n'en rencontre aucun qui ne soit clair et indubitable.

Telles sont les principales conditions que doit observer le philosophe, pour avoir le droit d'affirmer définitivement la loi des faits qu'il a étudiés. La vérité de cette loi se reconnaîtra bientôt à ses fruits : une fois le principe admis, les applications viendront en foule ; à la théorie succédera la pratique, et à la période des expériences *lumineuses* celle des expériences *fructueuses*.

§ 3.

Justification de la méthode baconienne.

Ce résumé succinct, mais fidèle, de la méthode décrite par Bacon nous suffira pour la caractériser, et pour montrer combien elle est supérieure à tout ce qui avait été essayé auparavant pour la réglementation du procédé inductif. Voici d'un seul mot la différence : il ne demande pas qu'on prépare le jugement d'induction par une multitude d'observations, mais par des expériences bien conduites ; il ne tente pas d'énumérer tous les faits, il choisit entre eux ; il n'accumule pas, il élimine. Sans doute, il recommande d'observer beaucoup, mais il tient plus à la qualité qu'au nombre des observations ; il ne les veut nombreuses qu'autant qu'elles seront variées, afin de pouvoir rejeter ce qui n'est qu'accessoire, pour retenir ce qui est essentiel et général. Ses fameuses *tables* ne sont que des moyens d'éliminer les causes imaginaires et les circonstances étrangères au sujet, afin de n'avoir plus devant soi que les faits utiles et les véritables conditions, lois ou causes des phénomènes qu'on étudie.

Avant d'examiner la valeur logique de ces préceptes et la portée légitime de la méthode dont ils nous livrent le secret, il convient de rappeler que Bacon est le premier philosophe qui en ait présenté une exposition régulière et même complète, malgré ses lacunes apparentes. Je n'insiste pas sur le style noble et singulièrement énergique du Novum Organum, quoique les idées qu'il a mises dans le monde aient dû en grande partie leur succès à l'éclat de la forme. Comment d'ailleurs ne le louerait-on pas d'avoir exprimé et propagé avec tant de puissance une foi si profonde dans les progrès de la pensée, et d'avoir tant contribué à donner à la philosophie et aux sciences ce prodigieux élan qui, après plus de deux siècles de spéculations admirables, s'épuise à peine de nos jours dans les applications industrielles où l'esprit scientifique semble confiné pour longtemps encore ! Mais Bacon a d'autres mérites qu'il importe de comprendre pour apprécier convenablement sa méthode.

En laissant de côté les causes secondaires, cette méthode résulte surtout de deux choses, et d'abord d'une grande défiance de l'esprit humain, livré à lui-même. Ce sentiment de circonspection, qui en tout temps a inspiré les logiciens et fondé la méthode, caractérise Bacon aussi bien que Descartes, et par eux domine la philosophie moderne à son origine. Mais une autre cause plus spéciale nous explique la nature de la méthode préférée par Bacon : c'est une connaissance profonde de ce que peut l'induction, appuyée sur l'expérience. Ce n'est pas en dialecticien qu'il considère ce procédé, mais en homme qui l'a vu à l'œuvre, et qui, après en avoir étudié la marche et même les égarements, a su en reconnaître la puissance et en deviner l'usage légitime. Aussi qu'est-ce que sa méthode? Dans son intention, il le déclare lui-même, ce n'est pas autre chose qu'une analyse de la marche naturelle de l'esprit humain. « Si les hommes, dit-il, ayant sous leur main une histoire naturelle et expérimentale assez complète, étaient tout à leur objet, et pouvaient gagner sur eux-mêmes deux grands points, l'un de se défaire de toutes les opinions reçues, l'autre de contenir leur esprit dans les commencements, afin de l'empêcher de s'élancer de primesaut aux principes les plus généraux, ou à ceux qui les avoisinent; il arriverait, par la force propre et naturelle de l'esprit, et sans autre art, qu'ils retomberaient dans notre méthode même d'interprétation, vu que, les obstacles une fois levés, cette méthode est la marche véritable et spontanée de l'entendement humain[1]. »

Bacon est le premier logicien qui ait eu l'idée de régler l'induction proprement dite et la gloire d'y réussir : car sa méthode, confirmée par le temps, sanctionnée par une longue et glorieuse épreuve, est devenue l'instrument d'une foule de sciences, dans l'ordre physique et dans l'ordre moral. Les objections que l'on tire aujourd'hui de sa simplicité même ne sauraient prévaloir contre les témoignages les plus imposants et contre ce fait incontestable, que la méthode suivie par les physiciens est précisément celle que Bacon a décrite le premier dans son ensemble et dans ses parties les plus essentielles.

Cependant, il faut avouer que ce philosophe a payé son tribut à la faiblesse humaine, et que son œuvre est imparfaite à plusieurs égards. Les nouveautés qu'il apportait en philosophie n'exigeaient pas sans doute qu'il eût recours à ce luxe d'images souvent bizarres, qui nuisent à la clarté et à la précision de son style. Il aurait pu aussi parler avec plus de modestie de cette méthode, et ne pas l'ériger en unique instrument de la science, sans tenir assez compte du raisonnement et de la démonstration. Mais le défaut le plus grave du Novum Organum, et ce qui nuit surtout à Bacon dans l'opinion des philosophes, c'est l'absence d'une théorie proprement dite de l'induction. Voici comment on a tourné contre lui cette regrettable omission : « Autant Bacon se montre attentif et ha-

[1] Novum Organum, l. I, aphor. 130, trad. de M. Riaux.

bile en ce qui touche la méthode de l'induction, autant il néglige la théorie de l'induction même, et, chose étrange, cette négligence, cette ignorance, on peut le dire, de la logique, dont sa méthode n'était sous ce rapport qu'une partie, est devenue pour lui presque un mérite. On en a conclu que sa logique était neuve, qu'il avait, en effet, justifié son titre et créé un nouvel Organon, tandis qu'il n'a fait que donner de nouvelles règles pour employer l'ancien, et savamment étudier la manière de se servir de l'éternel instrument de l'esprit humain[1]. »

Pour nous qui pensons qu'en effet la logique de Bacon était neuve autant qu'efficace pour le progrès des sciences, nous ne pouvons nous empêcher de regretter qu'il n'ait pas cru devoir présenter sous une forme plus sévère ses vues sur la méthode inductive. Les philosophes, les logiciens surtout aiment à se rendre compte; ils ne s'arrêtent pas au succès, comme le vulgaire; ils ont besoin d'en trouver la raison et de savoir s'il est de bon aloi. Bacon, qui avait si bien compris ou deviné le véritable usage de l'induction, a donc à leurs yeux un très-grand tort: c'est de n'avoir pas fait voir quelle rigueur sa méthode communique à ce procédé. Il a exposé cette méthode, il ne l'a pas expliquée; il y manque une théorie logique, dans le sens technique du mot; mais peut-être n'est-il pas si malaisé d'ajouter au Novum Organum cet indispensable complément.

Quelle est en effet l'objection que soulèvent, au point de vue de la rigueur et de la certitude, les résultats du procédé inductif? C'est que l'observation ne pouvant atteindre qu'un petit nombre d'individus, on n'a pas le

---

[1] M. de Rémusat, ibid., p. 335.

droit d'en inférer un jugement qui s'applique à tous les individus compris dans le même genre. Eh bien, c'est cette difficulté, insoluble par la dialectique ordinaire, que résout la méthode baconienne, en permettant d'atteindre par une expérience savamment conduite, non plus quelques individus seulement, mais le genre même qui les contient. Avant d'aller plus loin et pour faire mieux comprendre ma pensée, j'aurai recours à un exemple tiré de l'enseignement des mathématiques, et dont j'emprunte les termes à l'historien de Bacon.

« Concevez une seule fois une figure de géométrie, et vous pourrez en percevoir intuitivement ou déductivement les propriétés, et d'une conception isolée, accompagnée d'une image particulière dans l'esprit, inférer valablement l'universel. Dans la pratique, l'enseignement de la géométrie se fait au tableau, et c'est une figure tracée, et tracée incorrectement, qui suggère les propriétés universelles d'une figure parfaite, c'est-à-dire de toute figure, de la figure en elle-même. Le maître n'a pas besoin de faire remarquer que cette figure n'est qu'un symbole, et qu'il s'agit de la même figure en général ou considérée dans son idée. L'élève, sans difficulté, sans hésitation, le comprend ainsi. Il n'est pas nécessaire de tracer une multitude de cercles, de mesurer leurs rayons et de montrer qu'ils sont égaux. Ce serait là une induction bonne pour l'histoire naturelle. A l'aspect d'un cercle dessiné négligemment à la craie, l'esprit conçoit intuitivement que les rayons du cercle sont égaux, et cette propriété indubitable, universelle, absolue, peut immédiatement entrer dans la définition du cercle. Et cependant il y a là, comme on l'a pu voir, une certaine conclusion du particulier au général, et quelque chose en ce sens qui rappelle l'induction[1]. »

C'est ce procédé que Dugald Stewart, avant M. de Rémusat, n'a pas craint d'appeler une induction mathématique. Mais il ne faut pas se laisser abuser par l'apparence, ni croire que le géomètre passe en effet du particulier au général. Il est vrai qu'après avoir démontré de ce triangle individuel A B C, que la somme de ses trois angles est égale à deux droits, il en conclut qu'il en est de même de tout triangle; mais ce n'est pas par la raison qu'il en est *probablement* de même de tous les autres triangles, c'est uniquement parce que le triangle A B C a été considéré en tant que triangle, et sans aucun regard à sa nature particulière. Il n'y a donc pas ici d'induction. Ce n'est pas un fait concret qu'on observe, pour en inférer l'universel; c'est le genre lui-même considéré, il est vrai, dans un exemple; mais conçu dans toute son extension, et employé conformément à sa définition universelle : de sorte que, dans ce triangle individuel qu'on a sous les yeux, c'est le triangle en général que l'esprit voit et contemple par un effort soutenu d'abstraction, qui suffit pour transformer cette induction apparente des mathématiciens en un véritable syllogisme, procédant du plus général au moins général.

Revenons à l'induction proprement dite, et supposons que, par un procédé analogue, elle pût être ramenée à cette forme démonstrative; n'est-il pas vrai qu'alors elle aurait toute la rigueur désirable? Supposons même que, ne pouvant atteindre à cette exactitude idéale, il lui fût permis du moins d'en approcher indéfiniment; n'est-il

[1] M. de Rémusat, l. c., p. 337, 338.

pas vrai que la probabilité qui en résulterait serait immense? On serait bien loin de l'imperceptible chance de vérité que donne cette induction imparfaite des scholastiques : « Vingt ou trente faits du même genre ont été observés, et l'on a constaté qu'ils se produisaient de telle façon; donc, c'est ainsi que se produisent et se produiront toujours les milliards et les milliards d'autres faits possibles dans le même genre. »

Atteindre le genre lui-même à l'aide d'une observation spéciale, conduite d'une certaine manière et suivant un certain art, voilà donc le véritable problème logique relativement à l'induction. Tout à l'heure ce problème se présentait sous ces termes, où il devait paraître insoluble : « Comment conclure légitimement de quelques faits observés à tous les faits non connus? » A cette formule qui semblait exclure une solution satisfaisante, on peut maintenant substituer l'expression suivante : « Comment faire tomber un genre tout entier sous l'observation, au moins d'une manière indirecte et approchée ? » Telle est la question que nous devons essayer de résoudre, d'après Bacon, mais en ayant recours à des considérations où il a négligé d'entrer.

Un fait étant donné dans le genre qu'on étudie, on y doit considérer trois choses : 1° les qualités qui constituent le genre; 2° les qualités distinctives de cet objet ou de ce fait particulier; 3° les circonstances spéciales où se trouvent l'objet donné et l'observateur lui-même. Pourquoi ne peut-on observer le genre? A cause des deux éléments étrangers qui s'y ajoutent toujours. Il faut donc que le physicien, comme le géomètre, fasse abstraction de ces éléments; il faut qu'il trouve un moyen de les écarter, sinon de les supprimer. Or, il peut arriver parfois que ce travail d'abstraction soit assez facile. Veut-on savoir, par exemple, à quelle température le mercure devient solide? On n'a qu'à se procurer un échantillon de ce métal aussi pur que possible, et à le faire passer avec les précautions ordinaires par diverses températures. Une seule série d'expériences suffira pour induire provisoirement la loi générale de solidification du mercure. Une seconde expérience faite dans d'autres circonstances sur un autre échantillon, et donnant le même résultat, établit cette induction. Une troisième expérience, faite par un autre observateur et donnant encore le même résultat, répond à tous les doutes, et désormais on affirme avec confiance que le mercure se congèle à —40°.

Mais l'opération n'est pas toujours aussi simple, surtout si, au lieu de prendre une espèce du dernier ordre, on étudie un genre très-complexe, tous les liquides par exemple. C'est ici le triomphe de la méthode d'expérimentation proposée par Bacon, « méthode facile à décrire, disait-il lui-même, mais difficile à mettre en pratique. » Elle est en effet beaucoup plus compliquée d'ordinaire que celle que je viens de décrire en deux mots; cela tient à la difficulté plus grande du sujet. Mais on doit comprendre qu'avec une patience plus ou moins ingénieuse, on arrivera tôt ou tard à un résultat semblable.

Au reste, il importe de remarquer que l'induction, même appuyée sur cette expérience savante, ne se réduira jamais à un syllogisme par équation. Il n'y a ici rien de pareil, et si l'on n'y voulait voir qu'un raisonnement par l'énumération des parties, une généralisation adéquate aux expériences faites et qui n'affirmerait rien au delà, on serait encore très-éloigné de la loi qu'il s'agit d'établir. Sans doute, c'est un premier pas à faire, et qui doit préparer l'induction. Après l'observation consciencieuse de quelques faits bien choisis, on a, pour parler comme Bacon, « un axiome infime, » qui exprime une équation, une somme, un total, et qui peut s'énoncer de cette manière : « Tout ce que j'ai observé est ainsi. » Mais il reste à porter le jugement inductif lui-même, et à dire : « Ce que j'ai observé est égal au genre, » ou bien : « Les quelques faits que j'ai observés représentent le genre tout entier et lui seul. » C'est en vertu d'un tel jugement qu'on applique au genre ce que l'observation a constaté pour quelques-uns des individus qu'il contient.

Cette affirmation inductive n'est vraie qu'à une double condition : c'est que les individus observés représentent en effet le genre *tout entier* et *lui seul*. Or, le premier point est peu de chose, le second seul importe. C'est parce que les logiciens s'étaient bornés et buttés au premier qu'ils ne pouvaient trouver la méthode inductive; Bacon, au contraire, l'a trouvée, parce que, sciemment ou à son insu, peu importe, il s'est attaché au second. Entreprendre de passer de quelque à tout par voie d'énumération, c'est vouloir l'impossible; on n'arrive par là qu'à des résultats puérils et précaires, ainsi que Bacon ne cessait de le dire aux scholastiques. Pour lui, il a fait tout le contraire; il a considéré comme accessoire ce qui leur semblait principal, et il a compris qu'il s'agissait, non d'accumuler des faits tels quels, mais d'éliminer, de retrancher, de rejeter les circonstances particulières qui font obstacle à une généralisation légitime. Il a vu, et c'est sa principale découverte, que ce qui importe pour donner à l'induction l'exactitude qu'on en exige, ce n'est pas le nombre toujours très-limité des faits observés, mais uniquement la qualité de ceux que l'on soumet à une expérience bien conduite. Toute la méthode inductive est là : c'est l'idée-mère du Novum Organum.

Mais pourquoi, en substituant à une énumération plus ou moins longue un petit nombre de faits bien choisis, aurait-on le droit de passer du particulier au général ? Comment se justifie logiquement un tel procédé ? C'est ce que Bacon n'a pas songé à nous dire. Il s'est contenté d'indiquer le meilleur emploi de l'induction, sans démontrer que c'était en effet le meilleur. Il a fait ressortir la nouveauté et la fécondité de la vraie méthode inductive ; il l'a connue, il l'a décrite, il n'en a pas rendu compte. Nous avons essayé de l'expliquer et d'en établir la légitimité, en nous servant du langage ordinaire, et sans recourir aux termes techniques. Il nous faut maintenant achever notre démonstration, en y ajoutant des considérations purement logiques et assez peu baconiennes en apparence, mais que Bacon avait sans doute pressenties ; car elles sont le commentaire de sa pensée.

Tout dépend ici de la notion du genre. M. Hamilton, qui en a fait une analyse si remarquable, semble n'y voir qu'un tout, une collection d'individus ou d'espèces. Mais quand il s'agit de l'induction, comme quand il s'agit du syllogisme, il faut se rappeler qu'un genre, avant d'être une collection d'individus, est essentiellement l'idée plus ou moins complexe des qualités par lesquelles tous ces individus se ressemblent ; en d'autres termes, un genre n'a pas seulement une certaine extension, il a aussi une certaine compréhension, d'où dépend son extension elle-même. C'est une bien vieille distinction que celle de la compréhension et de l'extension des idées générales, et pourtant on n'en a pas encore épuisé toutes les conséquences. M. Hamilton lui-même, qui a su la rajeunir de nos jours, et qui en a fait l'application au procédé inductif, n'a pas vu tout ce qu'on en pouvait tirer pour cette même théorie de l'induction.

Tout le monde connaît ce théorème logique, que la compréhension d'une idée est en raison inverse de son extension, et réciproquement. Si, par exemple, on ajoute aux caractères constitutifs du genre *animal* l'attribut *raisonnable*, on restreint du même coup ce genre, et l'on en borne l'extension à l'espèce *homme*. Si à l'idée de livre imprimé vous ôtez cette qualité d'être imprimé, vous obtenez une idée plus indéterminée, et par cela même plus étendue, celle du livre en général. Ainsi, tout ce qui est ajouté à la compréhension est retranché à l'extension ; tout ce qu'une idée perd en compréhension, elle le gagne en extension. Telle est la loi suivant laquelle l'esprit monte ou descend les degrés de l'abstraction. Or, cette loi résulte de deux éléments : une opposition et un rapport entre la compréhension et l'extension. Les logiciens, en général, se contentent de relever l'opposition, et négligent le rapport. Les deux choses se tiennent cependant d'une manière indissoluble, et par cela même que ces deux propriétés essentielles de toute idée générale sont en raison inverse l'une de l'autre, il en résulte nécessairement que chacune d'elles peut servir de mesure à l'autre. Si l'extension d'un genre était donnée avec exactitude, sa compréhension serait aussitôt déterminée, de même que, si l'on connaissait parfaitement la compréhension d'un genre, on en pourrait raisonner sans crainte de faillir quant à son extension, puisque à une certaine compréhension correspond toujours une certaine extension. Si donc il est vrai que celle-ci est, en un sens, opposée à celle-là, il est incontestable, d'autre part, qu'elle en dépend et en dérive. En effet, c'est parce que tel genre a telle qualité qu'il admet dans son extension tous les individus qui en sont doués, tandis qu'il exclut tous ceux qui ne l'ont pas. Augmentez le nombre des qualités, vous diminuez le nombre des individus; diminuez le nombre des qualités, c'est-à-dire la compréhension, vous augmentez le nombre des individus, c'est-à-dire l'extension du genre. Donc, encore une fois, la compréhension peut servir de mesure à l'extension : voilà qui est de toute évidence.

Cela posé, ne considérons que la compréhension dans un genre donné, et supposons qu'elle soit résumée en une définition exacte. Cette définition, du même coup, détermine l'extension du genre, en ce sens que tous les individus de ce genre, et ceux-là seulement, seront compris dans sa définition. Il est donc nécessaire que tous ces individus sans exception reproduisent, non-seulement les caractères qui figurent dans la définition, mais encore ceux qui n'y sont qu'implicitement contenus et que l'on démontre y être en effet contenus; et cette démonstration est possible sur tout individu pris dans le genre, si l'on a soin de ne voir en lui que les termes de la définition qu'il réalise. C'est pour cela, comme il a été dit plus haut, que le géomètre affirme avec certitude de *tout* triangle ce qu'il a démontré d'*un* triangle en tant que triangle. C'est ce point de vue abstrait qui lui permet, tout en employant des exemples concrets, de donner à ses démonstrations cette universalité qui en fait toute la valeur. Les conceptions mathématiques ne sont pas les seules qui aient cette propriété ; elle appartient à tout genre, à toute idée générale. Il y a longtemps qu'Aristote a dit avec profondeur et avec vérité : « L'observation atteint en quelque façon l'universel », et en effet tout individu, pris même au hasard dans un genre, exprime ce genre tout entier d'une certaine manière. Cette table particulière est en même temps une table en général, c'est-à-dire qu'elle a toutes les qualités essentielles et distinctives du genre dont elle porte le nom ; autrement elle ne serait pas une table.

Le genre est donc dans les individus ; il y est tout entier par sa compréhension. Seulement il y est avec d'autres éléments qui, en augmentant cette compréhension, diminuent son extension. Il résulte de là qu'un genre peut tomber sous l'observation, et que la difficulté n'est pas de l'avoir tout entier, mais de l'avoir seul et pur de tout mélange. C'est là le vrai problème de la méthode inductive, tel que Bacon l'a souvent indiqué, en insistant sur « la complexité des natures » sur lesquelles porte l'expérience. Chaque individu rentre à la fois dans plusieurs genres, dont il est pour ainsi dire composé. Outre les qualités d'un genre principal que l'on observe en lui, il en a d'autres par lesquelles il se rattache à d'autres genres et se distingue de tous les individus compris avec lui dans le genre que l'on considère. C'est ainsi qu'un triangle particulier joint aux qualités qui le constituent comme triangle, d'autres qualités encore, telles que la nature spéciale de ses côtés et de ses angles, ou la manière dont il a été tracé, et une foule de caractères accidentels qu'on y remarquera aisément, dès qu'on y voudra faire attention. C'est ainsi encore qu'un individu de l'espèce humaine réunit en sa personne, avec les attributs généraux de l'humanité, les qualités propres à tel climat, à telle nation, à tel siècle, à telles circonstances. La compréhension de l'individu résulte donc du mélange d'une multitude de genres, dont il est parfois très-difficile d'abstraire entièrement celui qu'on veut étudier. Le plus habile dialecticien y peut échouer, témoin les efforts malheureux des interlocuteurs du *Parménide*. A plus forte raison cette tâche sera-t-elle semée d'écueils pour l'observateur qui, au lieu de sa propre pensée, voudra saisir la marche constante des phénomènes, à travers tous ces détours de la nature, que Bacon avait coutume de comparer à un labyrinthe.

On voit clairement qu'il est plus facile d'observer tous les caractères d'un genre dans un fait donné que de les observer seuls. On voit aussi qu'il n'est pas nécessaire, pour obtenir un jugement général, d'énumérer des faits, d'accumuler des observations et d'en dresser un interminable catalogue ; il s'agit plutôt d'éliminer du premier fait qu'on a étudié toutes les qualités et toutes les circonstances étrangères au genre qu'il représente ; il s'agit, en observant certains individus pris dans un genre, de n'y considérer que ce genre lui-même pur de tout mélange, c'est-à-dire les caractères qui le constituent et qui sont communs à tous les individus où il se réalise. L'induction n'a pas besoin, pour se légitimer, de s'appuyer sur un grand nombre d'observations : il lui suffit de quelques individus, mais bien choisis, mais dégagés de tout ce qui est accessoire, mais observés avec cette abstraction soutenue qui fait la force des démonstrations géométriques. On raisonne en apparence sur un exemple particulier ; en réalité on contemple le genre tout entier représenté par cet échantillon. L'observation porte sur quelque chose de concret, mais la pensée en dégage l'abstrait et, ne considérant que lui, s'élève au-dessus des sens et de l'apparence grossière, jusqu'à l'idée et à la vérité universelles. Voilà pourquoi l'induction, méthodiquement employée, procède non par addition, mais par retranchement, non par énumération des faits particuliers, mais par élimination de tout ce qui est particulier dans les faits qu'on observe. De là la nécessité de varier les expériences, un petit nombre d'expériences bien faites pouvant nous conduire à la connaissance du genre dans sa pureté, et par suite dans toute son extension. De cette manière seulement on rendra l'induction aussi rigoureuse que possible. L'autre induction, celle des scholastiques, est puérile ; celle-ci, celle de Bacon, est seule sérieuse et digne de figurer parmi les procédés de la science.

Il en résulte en effet une probabilité immense, et qui s'accroît encore, lorsqu'on y ajoute des vérifications nombreuses ou faites dans des circonstances extraordinaires et en apparence exceptionnelles. Le raisonnement intervient ici avec sa puissance de vérification et de contrôle, mais le résultat qu'il vient confirmer a d'abord été fourni par l'induction.

L'emploi du procédé inductif soulève deux objections principales, au point de vue de la logique. Les jugements généraux où il nous conduit attribuent au contingent la permanence et l'universalité qui semblent n'appartenir en propre qu'à la vérité nécessaire. Il nous expose, par conséquent, à un double danger, puisque d'un côté il s'appuie sur quelques faits seulement pour embrasser tout un genre, et que, d'un autre côté, il étend à toutes les parties de la durée les résultats obtenus par l'observation de quelques instants. On peut donc induire à faux de deux manières, soit lorsqu'on s'aventure du particulier au général, soit lorsqu'on prétend tirer de quelques phénomènes passagers la notion d'une permanence peut-être imaginaire. De là la nécessité pour le logicien de distinguer deux parties dans la réglementation de ce procédé, et de se poser ce double problème : 1° Comment passer légitimement de quelque à tout dans un genre donné ? 2° Comment passer légitimement de quelque à tout dans le temps, en affirmant pour toute la durée ce que nous ne savons être vrai que dans quelques moments ? Je me suis attaché d'abord à la première question, et en considérant comment on pourrait appliquer à un genre tout entier ce qui n'a été observé, ce qui ne sera jamais vérifié que pour quelques individus en très-petit nombre pris dans ce genre, j'ai tâché de faire voir de quelle rigueur l'induction est susceptible à ce premier point de vue, et comment on peut tirer parti pour la science de la faculté qui est la source la plus féconde de nos doutes et de nos erreurs. Atteindre un genre par son extension est une œuvre impossible pour l'esprit humain, et c'est ce que l'induction ne saurait tenter sans nous faire tomber dans l'erreur ; mais il est toujours possible, sinon facile, d'atteindre ce même genre par sa compréhension, au moins avec une approximation indéfinie, et c'est là ce qu'il est raisonnable d'essayer, en suivant les conseils pratiques de Bacon. De là l'universalité légitime des lois obtenues par la méthode inductive. C'était le point important, et j'ai dû m'y arrêter davantage, puisqu'il s'agissait de l'induction considérée dans son essence même, comme procédé généralisateur. Il me reste à traiter la question de temps, et à montrer la stabilité aussi bien que la généralité des lois obtenues par cette méthode.

Au premier abord, un logicien doit éprouver quelque scrupule à admettre que l'on étende au passé, au présent, à l'avenir, ce que l'on pense être vrai pour quelques moments de la durée. Les sceptiques, Hume entre autres, n'ont pas manqué d'élever ici des difficultés, et d'en tirer de nouveaux motifs de doute. C'est pour répondre à Hume que Reid, son plus sage et son plus habile adversaire, imagina dans l'esprit humain une connaissance naturelle qu'il attribuait au sens commun, et qui a fait fortune après lui sous le titre, qu'il lui avait donné, de principe d'induction. Par cette hypothèse, on a prétendu mettre au-dessus de toute discussion notre croyance à la stabilité des lois de la nature. Nous avons déjà eu l'occasion d'exprimer nos propres doutes au sujet de l'innéité de ce principe. Pour croire à la stabilité des lois de la nature, il faut avoir l'idée de loi, idée abstraite, complexe, et assez tardive dans l'esprit de l'homme. La croyance que la nature est gouvernée par des lois stables, paraît être un résultat de nos premières inductions, loin d'en être le principe. D'ailleurs, Reid lui-même a reconnu que ce n'était pas un jugement nécessaire, mais contingent et même hypothétique; il n'en a pas fait une vérité de certitude, mais seulement de croyance ou de sentiment, ce qui est un caractère commun à toutes les affirmations inductives.

Tant qu'il ne s'agit que d'analyser le mouvement naturel de l'esprit, on peut s'en rendre compte d'une manière suffisante, si je ne me trompe, au moyen d'un sentiment instinctif qui nous fait chercher la vérité nécessaire, et qui nous incline à la mettre partout où nous pouvons la soupçonner. Mais on comprend qu'en obéissant à cet instinct irrationnel, l'homme rencontre tantôt la vérité, tantôt l'erreur, et dès qu'il est question de dire comment on peut être assuré de ne pas se tromper en induisant du présent au passé et à l'avenir, le principe d'induction, réduit à un pur sentiment, n'a plus aucune valeur. « Suivant la psychologie descriptive, dit avec raison M. de Rémusat[1], rien n'est *a priori* qu'une disposition naturelle. Nous sommes faits pour croire à la stabilité des lois de la nature; cela même en est une. Et c'est pourquoi nous croyons à la répétition des effets, à la permanence des espèces, au retour des phénomènes périodiques, etc. C'est notre condition; tenons-nous-y. Cette réponse est une réponse de sens commun : aussi n'est-elle pas sans force, et je crois que donnée à Bacon, elle l'eût satisfait. Elle nous satisferait également, s'il n'était trop facile d'en abuser, et si elle ne pouvait servir à justifier bien des illusions. »

Il faut donc avoir recours à quelque autre moyen pour légitimer l'induction. Ici encore, l'analyse de la notion de genre va rendre raison de ce procédé, appliqué d'une manière scientifique à la découverte des lois du monde physique et du monde moral.

L'homme connaît naturellement la contingence de tous

[1] Bacon, sa vie, son temps, etc., p. 346.

les êtres observables; il sait qu'un fait est transitoire et ne s'explique pas soi-même. Ne voyant d'abord que différence et que changement, il cherche quelque chose qui soit partout et toujours, et c'est sous l'empire de cette préoccupation que les idées générales ont été trouvées : première satisfaction donnée au besoin que nous avons naturellement de la vérité nécessaire. Le général est en effet, à certains égards, une image du nécessaire. Un individu diffère d'un autre : un genre ressemble à soi-même. Les individus disparaissent : le genre demeure. Plus on y pense, plus on est porté à croire que, si les individus sont ce qui est, les genres sont ce qui doit être.

De là le mépris des savants et surtout des philosophes pour ce qui est purement concret et particulier. « Je méprise un fait, » a dit un philosophe célèbre de nos jours. Le genre humain tout entier en est là, qu'il le dise ou non. Quant aux philosophes, ils reconnaissent d'un commun accord cette condition de notre pensée, et ils l'acceptent si bien, qu'ils vont parfois jusqu'à la transporter à toute pensée, comme si c'était une forme essentielle de l'être et de la vérité. Socrate disait qu'il n'y a de science que de l'universel; Platon réalisait les genres; Aristote leur accordait l'éternité; les stoïciens y voyaient les raisons essentielles de toutes choses; les scholastiques en faisaient dépendre la métaphysique, aussi bien que la logique. Bacon, à son tour, se préoccupe uniquement des genres; Descartes et ses successeurs expliquent tout par les idées; Malebranche nous les fait voir en Dieu, et les philosophes du dix-huitième siècle les mettent dans la nature, sous le nom de lois générales; les plus spiritualistes d'entre eux en font les pensées mêmes de Dieu ou les objets de la pensée divine : exagération manifeste, qui fait descendre la science suprême au niveau de la science humaine ; mais n'est-on pas allé encore plus loin de nos jours, en divinisant l'un de ces genres, l'humanité !

Sous toutes ces formes diverses, il y a un consentement universel en faveur de cette vérité, qu'aux yeux de l'homme, les choses contingentes ne se suffisent pas, et qu'il lui faut absolument concevoir et connaître quelque chose d'universel, de fixe et de durable. C'est la condition de tout savoir humain, d'attribuer aux genres ces caractères : il nous faut ou renoncer à toute science, ou croire à la perpétuité des genres [1]. Il en faut faire l'hypothèse ; c'est le postulat de toutes les sciences humaines, qu'elles procèdent par l'expérience, par l'induction, ou même par le raisonnement ; et si l'on admet qu'un genre ait pu être connu avec ses qualités, ses conditions, ses lois et ses causes, implicitement la stabilité de tout cela se trouve renfermée dans la notion même du genre. Donc, cette perpétuité et cette nécessité hypothétiques une fois admises, tous les résultats de l'induction bien conduite en doivent participer. Tout dépend de leur généralité : la stabilité sera un attribut naturel de toute loi qui aura été établie à l'aide d'expériences choisies, variées, bien conduites, conservées par l'écriture, habilement groupées, coordonnées, comparées entre elles, soumises enfin à toutes les règles que Bacon a consignées dans le Novum Organum. A ces conditions, en effet, l'observation ayant pu porter sur un genre conçu dans sa pureté, les résultats obtenus ont la même durée et la même éten-

---

[1] « Une certaine stabilité dans les choses est la base universelle de la connaissance. Si c'est une illusion, la science en est une. » Ch. de Rémusat, *Bacon*, etc., p. 345.

due que ce genre; ce sont, comme on dit, des lois générales et stables. Leur généralité une fois établie comme un fait, leur stabilité est une conséquence forcée de l'hypothèse que font tous les hommes de la perpétuité des genres et des espèces.

Il est aisé maintenant de voir ce que vaut l'induction ainsi pratiquée, la nécessité hypothétique de ses résultats, la haute probabilité qui s'y attache, la confiance qui lui est due. Cette confiance, si légitime qu'elle paraisse, ne se confond jamais avec la certitude absolue; car l'induction donne une croyance raisonnable, non une science parfaite. Mais, pour évaluer logiquement ce procédé, il faut le comparer à la méthode que l'on prend d'ordinaire pour type de l'exactitude et de la rigueur, je veux dire la démonstration, telle que la pratiquent les mathématiciens, et en particulier les géomètres.

La première condition requise pour qu'une proposition générale soit reconnue exacte et admise à ce titre dans la science, c'est qu'elle exprime fidèlement ce que l'on sait du genre ou de la classe d'êtres à qui elle s'applique. Pour qu'elle l'embrasse sans restriction, il faut que ce genre lui-même ait été connu tout entier. On a expliqué plus haut comment, au moyen de définitions précises et incontestées, le géomètre satisfait à cette condition. En suivant les règles prescrites par Bacon, le physicien peut aussi, à l'aide d'une abstraction soutenue et d'une élimination savante, faire porter ses expériences sur le genre tout entier qu'il étudie; mais les choses ne se passent point dans la nature d'une manière aussi simple que sur un tableau; les éléments des faits réels sont autrement nombreux et compliqués que ceux que le géomètre emploie pour tracer ses figures. De là une difficulté plus grande, et même une chance d'erreur dans les observations du physicien. L'élimination qu'il doit faire des circonstances particulières est difficilement complète, et parfois, à son insu, quelque circonstance inaperçue et qu'il a négligé d'abstraire vient compliquer ses expériences et fausser l'induction. Il est vrai que, lorsqu'on a combattu de son mieux cette cause d'erreur et qu'on pense l'avoir mise à néant par des vérifications répétées et diverses, il est humainement impossible de se refuser à admettre la généralité du résultat; il n'y a plus de place pour le doute. Cependant il reste toujours cette chance mauvaise, atténuée, mais non détruite : on ne possède pas la certitude absolue, mais seulement une grande probabilité; on n'a pu que s'approcher indéfiniment du but, sans le toucher de la main, et lors même qu'on croit l'avoir saisi, la raison exige qu'on fasse toujours la part de quelque circonstance inconnue, et dont l'imperceptible influence sera peut-être un jour rendue manifeste : en sorte que le physicien doit toujours, comme Newton, s'attendre à voir compléter ou corriger plus tard ce qu'il affirme provisoirement comme une vérité. Cette imperfection est le plus souvent irrémédiable en physique, à cause de l'impossibilité où l'on est d'y procéder à l'aide de définitions, comme en mathématiques. La lumière, la chaleur, l'électricité ne se définissent pas comme le triangle ou la sphère : on ne saurait donc y appliquer une abstraction aussi simple et aussi rigoureuse.

En second lieu, quand même on serait parfaitement certain de la généralité du résultat obtenu par la méthode inductive, on pourrait encore concevoir quelque doute sur sa nécessité et par suite sur sa durée. Les vérités établies démonstrativement en mathématiques ne sont pas seulement universelles; elles sont nécessaires et immuables. En est-il de même des lois de la physique? On ne peut l'admettre qu'en faisant une double hypothèse: on suppose, d'une part, la nécessité de ces lois dans les genres où on les a constatées; d'autre part, la perpétuité des genres eux-mêmes avec leurs lois. Nous avons à signaler ici une nouvelle différence entre la méthode des sciences physiques et celle des mathématiques. En géométrie, on part de certaines définitions d'où l'on tire, par voie de conséquence, les propriétés générales des diverses figures. Toute propriété ainsi découverte s'est toujours rencontrée et se rencontrera toujours dans le genre défini, parce qu'elle en est absolument inséparable, étant contenue dans sa définition, c'est-à-dire dans son essence. Donc, si le genre existe quelque part, cette propriété y sera nécessairement réalisée. En physique au contraire, on n'est pas assuré de l'inhérence nécessaire des propriétés découvertes dans un genre, puisque, à très-peu d'exceptions près, ce n'est pas la démonstration qui les a fait connaître, mais simplement l'observation. Un triangle étant donné avec sa définition, il est nécessaire que la somme des angles de ce triangle soit égale à deux droits. Mais un gaz étant donné avec ce qu'on sait de sa nature, il n'est pas nécessaire que ce gaz, soumis à une certaine pression, occupe exactement le volume que lui assigne la loi de Mariotte. Cela n'est pas démontré: la seule autorité ici est l'expérience, ou, si l'on veut, l'induction; or, l'induction baconienne, même avec l'explication que nous y avons ajoutée et qui la justifie au point de vue de la logique, n'est pas un raisonnement exact; ce n'est ni un syllogisme, comme le voulaient les scholastiques, ni un enthymème rigoureux, comme l'a prétendu Wolf[1]; ce n'est pas une manière de raisonner, je le répète, mais une manière d'observer, et de même que l'observation, elle ne donne rien de nécessaire, mais seulement un fait. Il est vrai que ce fait est général; on a constaté qu'il appartient à tout un genre : il est donc très-probable que, ce genre étant, le fait dont il s'agit s'y produira. Mais le genre lui-même continuera-t-il d'exister? C'est, comme on l'a vu, l'hypothèse fondamentale, et elle repose sur une triple autorité : 1º la disposition naturelle que nous avons à admettre des lois dans la nature ; 2º l'expérience qui a presque toujours vérifié cette présomption, sans jamais la contredire absolument; 3º la conviction de la sagesse divine, qui nous fait supposer la permanence des genres et des espèces avec leurs lois et leurs propriétés. De là encore une très-grande probabilité en faveur de la stabilité des lois obtenues par l'induction. Mais la raison nous fait connaître clairement que le nécessaire seul est infini, éternel, immuable, parce que seul il est par soi. La nécessité et l'immortalité que nous attribuons aux genres observables ne leur appartiennent donc pas essentiellement, mais par hypothèse. Donc les propriétés, les lois et les causes induites n'ont elles-mêmes qu'une perpétuité hypothétique.

Est-ce à dire que l'on ait le droit de traiter d'illusions les affirmations de la science inductive? A Dieu ne

---

[1] « Omnis inductio est enthymema. » Philos. rationalis, sive Log., part. I, sect. IV, c. VI, 479.

plaise que nous rejetions de notre esprit tout ce qui n'a pas été démontré géométriquement! Il faut nous souvenir de la condition humaine, qui ne nous permet pas d'atteindre partout une entière certitude, et apprendre à nous contenter de la probabilité, lorsqu'il est impossible d'avoir mieux, et que d'ailleurs il n'y a pas de place pour un doute sérieux. La probabilité que procure l'induction baconienne est susceptible de s'accroître indéfiniment, et, après tout, nous avons fait ressortir la contingence des lois qu'elle découvre, plutôt que leur incertitude. Si la méthode inductive a été pratiquée sérieusement, ses résultats subsisteront aussi longtemps que le monde sera ce qu'il est; et quant à l'unique chance d'erreur que nous y avons signalée, chaque jour qui s'écoule contribue à l'amoindrir. Enfin, pour n'être pas ingrats envers le procédé inductif, il faut remarquer que s'il le cède en rigueur à la déduction, il l'emporte sur elle en richesse et en fécondité. Il suffit de considérer la marche et les progrès des sciences physiques depuis deux siècles et demi, pour comprendre que la méthode qui y a présidé est l'instrument le plus puissant de découverte qui ait été donné à l'homme. Peut-être alors reconnaîtra-t-on que l'incertitude qui plane encore sur quelques-unes des conquêtes de la science moderne est bien compensée par le nombre et la grandeur de celles dont la possession semble nous être à jamais assurée. Peut-être aussi comprendra-t-on tout ce qu'il y a de modestie, de prudence, de sagesse, de vraie logique enfin, dans cette règle posée par Newton : « Toutes les propositions générales obtenues par l'induction dans la philosophie de la nature, doivent être tenues pour vraies ou aussi vraies que possible, tant que l'on n'aura pas rencontré d'autres faits qui les complètent ou les corrigent. »

§ 4.

De l'usage de la méthode inductive.

La théorie logique de l'induction n'est pas achevée. Après avoir montré de quelle rigueur elle est susceptible et suivant quelles règles on doit l'employer, il faudrait en discuter les principales formes, afin de montrer aussi quelle en est la portée, à quels problèmes elle s'applique légitimement, quel usage il convient d'en faire dans la vie ou dans la science, enfin quelles limites il lui est interdit de franchir. Si nous entreprenions de traiter à fond cette matière, il nous faudrait entrer dans des développements que notre cadre ne saurait admettre ; nous ne pouvons qu'indiquer rapidement les principales questions que comprend une telle étude.

Le premier point qui appelle notre attention, c'est l'étonnante diversité des applications du procédé inductif. Il semble en effet au premier abord qu'il intervienne partout où il s'agit de découvrir quelque vérité générale touchant les lois, les causes, les éléments, les conditions ou la nature des phénomènes et des êtres observables. En supposant qu'il en soit ainsi, il n'est guère vraisemblable qu'on puisse l'appliquer à toutes ces recherches, sans lui faire subir certaines modifications, de manière à l'approprier à chacun des objets de la science. Toute méthode, prise dans sa généralité, paraît une, simple, invariable ; mais quand on vient aux applications, il se trouve que, selon les différentes matières que l'on traite, il faut lui donner un certain tour, qui la modifie plus ou moins profondément. Voilà pourquoi la méthode inductive prend des aspects assez divers, selon qu'on en étudie la marche en physique, en chimie, en physiologie ou en médecine, ou dans les autres sciences qui en font usage. Comment, par exemple, ne serait-elle pas autre en médecine qu'en physique ou en chimie? Quand on recherche la nature, les causes et les remèdes de maladies innombrables et dont chacune offre tant de variétés, dans des sujets si différents et avec de telles complications du physique et du moral, qui ne voit tout ce que l'expérimentation exige de patience, de finesse et de pénétration, la science ayant à remplir des conditions d'autant plus nombreuses et d'autant plus sévères, que son objet est plus complexe? Ailleurs, l'expérience sera moins savante ou moins compliquée, comme opération de l'intelligence; mais il lui faudra des secours particuliers, des instruments, des machines, des appareils plus ou moins ingénieux. Dans les sciences morales, avec des difficultés d'un autre genre, ce seront d'autres règles, une autre conduite; et, en général, les conseils et les prescriptions de la logique devront se proportionner à des études inégalement difficiles.

Ainsi la méthode inductive diffère nécessairement d'elle-même, suivant les divers objets des sciences qui en font usage. Mais elle ne varie pas moins suivant les questions qu'elle traite, parce que là aussi il y a des nuances et même des degrés, plus nombreux peut-être qu'on ne pense.

D'abord, comme l'induction ne se rapporte exclusivement ni à l'avenir, ni au passé, ni au présent, elle peut s'appliquer à tous les trois, ou à l'un des trois indifféremment, mais non sans doute de la même manière, ni avec la même sûreté.

Ensuite, combien n'y a-t-il pas de distinctions à établir dans le domaine propre de l'induction, c'est-à-dire dans cette multitude de jugements généraux auxquels on s'est préparé par l'observation de plusieurs cas particuliers! On comprend d'ordinaire tous ces jugements sous une dénomination uniforme : ce sont des lois, disent volontiers les philosophes. Cependant ils n'expriment pas toujours des lois, mais aussi de simples propriétés ou attributions communes à tout un genre, ou bien les causes, les éléments, les conditions, la nature même des êtres et des phénomènes observables. Sans insister sur les différences secondaires, on doit distinguer au moins trois ordres de questions parmi toutes celles que l'induction sert à résoudre. Un genre étant donné comme objet d'étude, on se propose d'en rechercher soit la nature, soit les lois, soit les causes : triple problème qui offre des difficultés de plus en plus grandes, comme on peut s'en convaincre, en prenant le premier exemple venu. Savoir que tous les corps, privés de point d'appui, tombent vers la terre, est une connaissance plus aisée à acquérir que celle des lois qui régissent la chute de ces corps et qui en mesurent la vitesse et la durée; et, si l'on considère quelle obscurité règne encore sur la notion de la pesanteur, cette cause inconnue de phénomènes connus, il faudra convenir que cette notion est plus difficile encore à déterminer que les précédentes.

Ce n'est pas tout. Dans chacune de ces recherches, l'esprit a plusieurs degrés à parcourir. L'induction vulgaire procède elle-même d'une manière graduelle et progressive[1] ; à plus forte raison en est-il ainsi de l'induction scientifique.

S'agit-il des propriétés qui appartiennent à toute une classe d'êtres ou de faits? Il en est qui se découvrent sans effort, et qui nous sont naturellement évidentes : telles sont, pour les corps, l'étendue, la divisibilité, la porosité, la couleur ou le son, et pour l'âme, la pensée, la volonté, le sentiment. D'autres, au contraire, sont plus secrètes et plus cachées, comme, par exemple, le magnétisme et l'électricité dans les corps; dans l'âme, les instincts, les habitudes, les inclinations ou les opérations de l'esprit. Même après que l'expérience nous a mis en état d'attribuer sans restriction une qualité à un genre, il y a plus d'un progrès possible dans la détermination de cette idée générale, témoin la différence entre la manière dont Aristote et les anciens entendaient la pesanteur, et la manière dont la physique moderne a défini et généralisé la même notion, en l'étendant à des corps qui, aux yeux des anciens, étaient intangibles et impondérables.

Applique-t-on la méthode inductive à la recherche des lois de la nature? Avec un peu de réflexion on reconnaîtra bientôt que ce problème peut être indéfiniment approfondi, et qu'après avoir dit comment tel phénomène se passe dans telle circonstance, on peut en étudier les lois dans d'autres circonstances de plus en plus compliquées, et dont l'analyse devient aussi de plus en plus difficile.

Élevons-nous encore d'un degré, et supposons que

[1] Pour de plus amples développements, voir les Essais de philosophie de M. de Rémusat, t. II, p. 380 et suiv.

l'on s'attache au problème des causes. Là encore, l'esprit entrevoit question après question et difficultés sur difficultés. « D'où vient la chute des graves ? dit un écrivain que nous aimons à citer.... Aucun phénomène n'inspire l'idée qu'une impulsion soit donnée à tous les graves, au moment où vous les pesez, et cependant ils pèsent ou tendent à tous les moments vers la terre.... Seraient-ils constamment attirés par elle ? Mais toute matière connue est pesante, toute matière serait donc attirée ; la terre elle-même serait pesante et attirée. Si elle est attirée, et que cependant tous les corps tombent à sa surface, elle attire plus qu'elle n'est attirée. Or, elle a plus de masse qu'aucun corps terrestre. L'attraction serait-elle donc en raison de la masse ? S'il en était ainsi, la terre serait attirée par le soleil.... avec cette hypothèse et les lois de Képler, Newton construira le système du monde, fidèle à cette méthode analytique dont il a donné les préceptes.... C'est d'induction en induction qu'on s'élèvera à cette hauteur de la science[1]. »

A cette hauteur même, où la science est parvenue si tard, l'esprit n'est pas satisfait ; il ne peut pas ne pas se demander quelle est la cause de l'attraction universelle. Ainsi, un problème résolu nous conduit à un autre ; un mystère qui s'éclaircit nous met en présence d'un nouveau mystère, et l'on est amené à penser que le plus puissant effort et le plus grand résultat de la méthode inductive est peut-être de réduire à une seule les innombrables énigmes qui d'abord nous étaient proposées. S'il en était ainsi, le rôle de l'induction serait, en nous élevant de généralisations en généralisations, de résoudre provisoirement les questions inférieures, en

[1] Ch. de Rémusat, Essais de philosophie, t. II, p. 384, 385.

les ramenant à une question suprême qui les renferme toutes.

En marquant les degrés de l'induction, nous avons d'avance assigné un terme à ses entreprises légitimes. Non-seulement les résultats où elle conduit contenant toujours une part d'inconnu, ne sont jamais que provisoires ou probables; mais il arrive souvent qu'à partir d'un point donné, elle ne peut plus être pratiquée avec la sévérité requise par la logique, et qu'elle cède la place à des analogies et même à de pures hypothèses. Alors cesse la méthode, et par conséquent la science. Essayons, en finissant, d'indiquer sur quelques points les limites au delà desquelles une induction sérieuse est impossible, et qu'il serait insensé de vouloir franchir à l'aide de ce procédé. Il est inutile d'énumérer toutes les sciences, tous les problèmes qui sont en dehors de la méthode inductive. Il est évident pour tout le monde que Bacon a eu tort de la considérer, ou du moins de la présenter comme une méthode universelle. On n'a besoin ici que d'en démontrer l'insuffisance, dans le cercle même des questions qu'elle paraît appelée à résoudre.

L'induction scientifique supposant toujours l'expérience, ne saurait être d'un usage légitime lorsque l'expérience elle-même est impossible. Si donc il est des classes d'êtres ou de faits (et il en est beaucoup sans doute) qui échappent entièrement à nos facultés d'observation, tout problème qui les concerne étant insoluble pour nous, tout jugement sur leur nature serait une hypothèse sans valeur. A plus forte raison la logique rejettera-t-elle comme illégitime toute anticipation sur les lois ou les causes de faits qui seraient absolument inconnus et sans analogues dans la science actuelle de l'homme.

Ce qui fait la grandeur de l'induction, je veux dire la généralité des résultats qu'elle procure, est précisément ce qui peut le mieux servir à montrer le défaut et les bornes de ce procédé. Par cela même qu'en partant de faits individuels et concrets, la méthode inductive aboutit à une notion abstraite et universelle, il en résulte qu'elle est incapable de découvrir un seul être réel; elle porte certains jugements sur les êtres observables, mais elle n'en découvre pas un seul : elle suppose connus tous ceux dont elle fait connaître les attributions générales. D'un autre côté, puisque l'induction consiste à généraliser les données de l'expérience, elle ne peut atteindre que des principes et des lois probables, et il serait puéril d'espérer que, de propositions en propositions, elle parviendra un jour jusqu'à ces lois éternelles que la raison découvre avec une certitude immédiate : les axiomes étant des vérités nécessaires, sont à jamais inaccessibles à l'expérience et à l'induction. Enfin, l'induction ne pouvant jamais concevoir que d'une manière conjecturale les causes, aussi bien que les substances, ce n'est pas à elle qu'il faut demander la connaissance des deux causes dont l'existence nous est donnée avec certitude, savoir la personne humaine, qui est directement aperçue par la conscience, et la cause première, que la raison nous révèle. C'est donc mal parler que de dire, comme on le fait trop souvent, qu'on s'élève par induction à la connaissance de Dieu, puisque cette notion est supérieure à toute généralisation inductive; et c'est mal parler encore, comme nous le montrerons ailleurs, que d'attribuer à la méthode baconienne la solution de toutes les questions de la psychologie.

L'induction et la méthode inductive ont donc leurs limites infranchissables, comme tout autre procédé et toute autre méthode. C'est à la logique qu'il appartient de les marquer et de les maintenir, afin de prévenir de folles témérités, en coupant court aux empiétements d'un procédé sur un autre. Chaque faculté, chaque opération intellectuelle a son office propre, dont elle ne doit jamais se départir. L'œuvre de l'induction est de nous faire connaître, avec une probabilité suffisante, les attributs cachés des êtres observables, les lois ou conditions contingentes de leur développement, les causes possibles de leurs manières d'être. Ce champ est bien assez vaste pour qu'elle ne tente pas d'en sortir. Une ambition plus haute ne conviendrait pas à un procédé fondé sur l'expérience. L'expérience ne donne que des faits, c'est-à-dire des vérités contingentes. Généralisez les faits; portez l'expérience et la vérité contingente à leur plus haute puissance : les lois que vous en ferez sortir par l'induction retiendront toujours un caractère empirique. Accumulez les observations; ces lois, de plus en plus générales, tendront indéfiniment à devenir universelles et nécessaires, mais sans l'être jamais d'une manière absolue. La vérité contingente a des degrés à l'infini; la vérité nécessaire est invariablement la même. Les règles que fournit l'observation n'ont donc qu'une nécessité probable et hypothétique. L'induction peut prêter au contingent quelques-uns des caractères de la vérité nécessaire ; mais ce n'est toujours qu'en une certaine mesure, et c'est toujours dans le contingent qu'elle se résout : car elle ne saurait nous donner rien de vraiment nécessaire, rien qui existe absolument par soi-même.

Qu'elle s'abstienne donc de questions qui la dépassent, et qu'elle ne s'arroge point le droit de parler des principes nécessaires, ni de l'Être infini et parfait, cause souveraine et suprême idéal de toutes choses. La raison seule a le privilége de ces hautes pensées. Les vérités immortelles qu'elle nous dévoile et qui éclairent notre intelligence à son début, ne sont pas seulement l'origine et le point de départ de la science humaine ; comme elles l'ont commencée, elles l'achèvent aussi, en fournissant la dernière explication de ses découvertes. Là seulement, notre esprit trouve un refuge assuré contre ses propres doutes, et dominant de haut les résultats de la science, il en comprend enfin la déplorable imperfection.

L'imperfection du savoir humain, voilà le premier et le dernier mot de la logique : son imperfection, dis-je, mais aussi sa perfectibilité. Nous sommes capables de la vérité, et nous la cherchons de toutes les forces de notre être. Le peu que nous en possédons accroît encore, par son insuffisance, la soif d'idéal qui nous tourmente, et que nous ne saurions satisfaire dans notre condition mortelle. L'idéal n'est pas de ce monde, mais il en est le but et la raison d'être ; il ne nous est pas seulement permis d'y aspirer par l'intelligence aussi bien que par le cœur ; il nous est ordonné de faire effort pour nous en approcher et l'entrevoir dès cette vie, nous préparant ainsi sur la terre, comme dans une première école, à l'instruction meilleure qui nous est promise et qui plus tard nous sera donnée, s'il plaît à Dieu.

ESSAI VII.

DE LA MÉTHODE EN PSYCHOLOGIE.

INTRODUCTION.

RÈGLES GÉNÉRALES DE MÉTHODE.

Entre toutes les études qui de temps immémorial ont été comprises dans ses attributions, la philosophie est fière à bon droit de compter l'art de penser, la science de notre direction intellectuelle, en un mot, la logique. C'est par là surtout qu'elle affecte une sorte de domination sur toutes les sciences particulières, et qu'elle entreprend de les soumettre à son contrôle. Or, tandis que le philosophe, au nom de la logique, croit pouvoir gourmander les savants, reprochant à celui-ci un défaut de rigueur, à celui-là un abus de *spécialité*, à l'un la confusion et à l'autre l'étroitesse des vues, il n'est pas rare d'entendre certains savants à leur tour répéter sur tous les tons que la philosophie procède au hasard, qu'elle parle de tout sans rien connaître et surtout sans rien prouver, et qu'elle s'est appliquée de tout temps à des problèmes insolubles, sans avoir jamais rien établi de satisfaisant. De telles assertions sont devenues presque banales; elles passent aux yeux de bien des gens pour des vérités incontestables; peut-être y aurait-il quelque avantage à les examiner de près, pour en faire justice ou pour en tirer parti, s'il y avait lieu. Sans doute les philosophes auraient fort à faire, s'il leur fallait répondre à toutes les attaques; mais comment laisseraient-ils passer celle-là sans réponse? Ne serait-ce pas confesser une impardonnable contradiction entre leur conduite et leurs préceptes?

Soit qu'en effet les philosophes de nos jours n'aient pas été insensibles à ce reproche, soit qu'ils aient partagé pour leur compte les goûts scientifiques de notre temps, il est juste de dire qu'ils se sont fortement préoccupés de la méthode; au moins en ont-ils compris les avantages, et l'attention qu'ils ont accordée à ce sujet paraît avoir porté ses fruits. Si l'on met de côté quelques esprits par trop aventureux qui, se croyant encore au temps de Thalès et de Pythagore, font de la philosophie une étude de fantaisie et construisent capricieusement des systèmes sans valeur et sans portée, à part ces enfants perdus de la réflexion, qui rejettent hardiment toute discipline et prétendent se conduire à leur guise, on peut affirmer qu'aujourd'hui tous les hommes sérieux qui agitent les questions philosophiques sont d'accord, non-seulement pour proclamer la nécessité d'y procéder avec ordre, mais encore pour poser un certain nombre de règles simples, assurées, incontestables, et qui, dans leur généralité, seraient aisément consenties par tout philosophe digne de ce nom.

1. C'est un axiôme universellement reçu depuis Descartes, que la philosophie est impossible sans la liberté et l'indépendance absolue de la réflexion personnelle. Mais, d'un autre côté, l'expérience des derniers siècles a fait voir qu'elle ne saurait négliger impunément le con-

trôle du sens commun et les leçons de l'histoire. Ce n'est pas elle qui a inventé les questions qui intéressent l'humanité ; c'est le sens commun, c'est la curiosité naturelle de l'homme qui a spontanément soulevé ces redoutables problèmes ; ils appartiennent au genre humain tout entier, et non à quelques hommes privilégiés. Or, le sens commun a ses lumières ; il offre à qui sait le consulter des indications précieuses, ne fût-ce que par la manière dont il pose ou accepte les questions [1]. Celui qui croirait pouvoir s'en passer serait bien aveugle et bien téméraire. Quelle présomption d'ailleurs, lorsqu'on entre dans une carrière, de ne tenir aucun compte de tant et de si grands personnages qui l'ont parcourue avec éclat ! Si l'étude que l'on entreprend après eux n'est pas chimérique, il est impossible que tout y soit nouveau, et que, depuis tant de siècles, il n'y ait point de résultats acquis pour la science. On ne veut d'autre guide que la raison ; mais cette raison elle-même ne nous dit-elle pas que lorsqu'on cherche des terres nouvelles, il faut posséder d'abord une carte des pays connus ?

Voilà donc une première règle en philosophie. Puisque les recherches auxquelles elle nous invite sont si vastes et si difficiles qu'elles réclament toutes nos forces, il y faut employer l'esprit humain tout entier, sous ses trois formes essentielles. Après avoir librement consulté sa raison individuelle et la voix intérieure de sa conscience, le philosophe doit aussi prêter l'oreille aux avertissements que la raison générale lui adresse sous tant de formes ; il doit enfin étudier l'histoire, afin de recevoir des mains de ses devanciers, pour le conserver pieu-

---

[1] Voir, dans l'Essai VIII, l'application de cette pensée aux problèmes de la métaphysique.

sement et le transmettre à ses successeurs, le flambeau sacré de la science.

2. Un autre précepte non moins évident, c'est qu'il faut, en philosophie comme en toute recherche, procéder du connu à l'inconnu, ou de ce qui est plus aisé à connaître à ce qui est plus difficile ou plus éloigné des notions premières, et c'est en quoi consiste la véritable analyse. Mais il importe avant tout de se rendre compte de ce qui est plus connu et de ce qui l'est moins. Les anciens, aussi bien que les modernes, pensaient aller du plus notoire au moins notoire, alors qu'ils s'efforçaient de déduire la science universelle de certaines hypothèses, admises comme vérités premières. Leur erreur ne résidait pas dans le principe général de leur méthode, mais dans l'application qu'ils en faisaient. Il est donc indispensable d'ajouter à cette règle un peu vague d'autres règles plus précises, qui en déterminent le sens et en facilitent l'emploi.

3. Quel doit être le point de départ de la philosophie, ou, en d'autres termes, par quelle question doit-elle débuter? La philosophie se pose trois grandes questions qui résument, on peut le dire, l'infinie curiosité de l'homme : elle aspire à connaître la nature, l'origine et la fin des choses. Or, si elle veut suivre une marche analytique et s'élever par degrés du connu à l'inconnu, ou du plus aisé à connaître au plus malaisé, il est évident qu'elle ne devra aborder la difficile question de la fin des êtres et le problème souvent si obscur de leur origine, qu'après en avoir constaté et décrit la nature. C'est donc là le premier pas à faire ; la première question à étudier en philosophie, parce qu'elle précède toutes les autres dans le développement légitime de nos

connaissances, c'est la question de la nature des êtres[1].

4. Enfin, à quel être, entre tous, doit-on appliquer d'abord cette question ? On admet volontiers de nos jours que le premier objet d'étude pour le philosophe, c'est lui-même, c'est-à-dire son âme, et que la première des sciences philosophiques est la psychologie.

Ces quelques règles, unies entre elles par un lien logique que chacun aperçoit du premier coup, composent à peu près toute la méthode de la philosophie contemporaine en France. La dernière mérite de nous arrêter quelques instants, parce qu'elle est le point de départ de notre présente recherche. Plus on sera pénétré de l'importance de la psychologie, plus on sera disposé à reconnaître qu'il y faut procéder avec ordre et suivant des règles précises.

I.

Nécessité d'une méthode en psychologie.

Quoiqu'il puisse paraître superflu aujourd'hui d'insister sur la nécessité de placer la science de l'âme humaine au début de toute philosophie, comme il s'agit d'un devoir sérieux et de la plus haute importance, je vais, au risque de répéter ce qui a pu être dit ailleurs, rappeler les principales raisons qui prescrivent ce devoir au philosophe[2].

---

[1] Voir, dans le Journal des savants, du mois d'août 1850, un article de M. Cousin (*Leibnitii animadversiones ad Cartesii principia philosophiæ, etc., premier article*), où ce point de méthode est traité avec une parfaite lucidité et une grande hauteur de vues.

[2] Cf. De la psychologie d'Aristote, p. 1-5. et p. 301-304.

On ne peut pas ne pas remarquer d'abord que toute autre marche est arbitraire et, partant, illogique. « Ce n'est pas le hasard et un motif arbitraire, c'est une raison impérieuse et décisive qui doit déterminer notre choix. Or, il n'y a nulle raison décisive pour commencer par un objet plutôt que par un autre, hors de l'homme, » tandis qu'évidemment « toute étude doit être précédée par celle de ce qui peut étudier et savoir, c'est-à-dire de moi-même ou de l'homme[1]. » En effet, l'étude de l'esprit humain peut seule nous apprendre ce que c'est que la science, et en nous donnant la connaissance de nos facultés, nous mettre en état d'en faire un bon usage pour la recherche de la vérité.

Nous puisons d'ailleurs en nous-mêmes les premiers éléments de toute connaissance. On aurait beau chercher : on ne peut imaginer d'autre objet d'étude que des êtres et des manières d'être, des causes et leurs effets, des forces et leurs modes d'action. Or, où trouver un être réel que nous connaissions avec certitude, ou un principe d'action qui soit aperçu comme un fait, ou une force qui ne soit pas la cause inconnue d'effets connus ? Tout cela est en chacun de nous, et nulle part ailleurs. Être, cause, force, activité, je suis tout cela; je saisis immédiatement en moi-même ces premiers éléments de la métaphysique et de toute science; je sais, pour l'avoir vu en moi-même, ce que c'est qu'un être, une force, une cause, une intelligence, l'activité, l'énergie et la faiblesse, le bien et le mal, le vrai et le faux, la pensée, l'amour, le bonheur.

C'est une nécessité de notre nature que nous jugions de toutes choses par nous-mêmes : là est la source pre-

---

[1] V. Cousin, Journal des savants, l. c.

mière et la mesure de notre science, non-seulement sur nos semblables, mais sur tous les êtres sans exception, depuis les forces brutes dont se compose la matière et que nous concevons par une extrême dégradation de notre propre activité, dépouillée de ses attributs moraux, jusqu'à l'Être infini et parfait, en qui nous transportons, comme en leur souverain idéal, les qualités essentielles et positives de notre nature. C'est ainsi que nous procédons, quand nous nous laissons diriger par l'instinct. Aussi bien est-ce la loi de toute intelligence, qu'elle le sache ou qu'elle l'ignore, de partir de soi-même pour tout connaître. De là sans doute l'imperfection de la connaissance dans les animaux. De là la perfection de la science dans Celui qui possède pleinement « la pensée de la pensée », et qui, sans déchoir, aperçoit en soi-même toutes les choses dont il est l'auteur et le père. S'il en est ainsi, s'il est vrai qu'à la connaissance de soi-même soit mesurée la science de tous les êtres, il ne nous reste qu'à transformer en règle de méthode le conseil de la nature, et à faire avec réflexion et avec choix ce que nous faisions fatalement jusqu'ici.

L'étude de soi-même est donc pour le philosophe la seule introduction légitime à la science universelle; mais de plus elle le prépare directement à l'étude du monde moral. Là surtout, il n'est aucun problème dont la solution ne dépende de cette première et indispensable connaissance. La grammaire générale, la rhétorique, la logique, la poétique et l'esthétique, la morale, la théodicée, l'histoire, la jurisprudence, que sais-je? toutes les sciences morales, si précieuses pour la vie humaine, ne sont-elles pas tributaires de la psychologie ? Leurs progrès, si désirables, ne sont-ils pas subordonnés à la science d'où dérivent leurs principes ? Ce serait un détail infini que de démontrer pour chacune d'elles cette dépendance nécessaire. Qu'il nous suffise de rappeler que telle a été la psychologie, telles ont toujours été les doctrines philosophiques sur Dieu, le devoir, le droit et la société ; que là où l'âme a été mal connue, toutes les parties de la philosophie morale ont été en souffrance, et qu'au contraire, partout où l'analyse psychologique s'est fait jour, elle a été l'instrument du progrès, et a rendu possibles les plus belles conquêtes de l'esprit humain.

Si, laissant un instant de côté les spéculations philosophiques, on voulait considérer l'utilité pratique de la connaissance de soi-même, que n'aurait-on pas à dire, soit sur l'éducation, cette œuvre inabordable à qui n'a pas étudié la nature humaine, soit sur nos relations sociales, où les secrets mouvements du cœur ont tant de part et qui demeurent des énigmes pour ceux qui s'ignorent eux-mêmes, soit sur notre conduite journalière, que nous sommes incapables de régler, si par de fréquents examens de conscience nous n'avons appris à nous rendre compte de notre naturel, de notre humeur et des mobiles qui agissent en nous avec le plus de puissance, soit enfin sur le noble privilége qui nous a été accordé de contribuer à notre propre destinée et de la faire heureuse ou malheureuse, suivant que nous aurons bien ou mal choisi les objets de nos affections et de nos pensées. On ne doit pas oublier du moins l'exemple et les paroles de J.-J. Rousseau, consacrant ses derniers loisirs à acquérir cette connaissance de soi-même, si utile à tous les âges, précieuse au jeune homme, et non moins précieuse au vieillard, qui ne s'inquiète plus que des biens qu'on emporte avec soi dans l'autre vie. La racine des maux que nous souffrons, dit ce philosophe, « n'est pas dans les êtres qui nous sont étrangers, elle est en nous-mêmes, et c'est là qu'il faut travailler pour l'arracher tout à fait[1]. » Et ailleurs, en parlant du projet qu'il avait formé de décrire l'état habituel de son âme : « Cette ressource, dont je m'avisai trop tard, devint si féconde, qu'elle suffit bientôt pour me dédommager de tout. L'habitude de rentrer en moi-même me fit perdre enfin le sentiment et presque le souvenir de nos maux. J'appris ainsi, par ma propre expérience, que la source du vrai bonheur est en nous, et qu'il ne dépend pas des hommes de rendre vraiment misérable celui qui sait vouloir être heureux[2]. » Le bonheur, en effet, comme la sagesse et la vertu, est une de ces réalités intimes qui ne dépendent que de Dieu et de nous, et qu'on ne possède véritablement qu'à la condition de se connaître et de se posséder soi-même.

L'homme étant à lui-même l'être le plus voisin, nulle connaissance ne lui est plus accessible que celle de son âme. Comme tous en ont besoin, tous en participent naturellement dans une certaine mesure. La facilité même avec laquelle on l'acquiert, loin de nous la faire négliger, est une raison de plus de la perfectionner avant toute autre. Ainsi, la psychologie paraît devoir être la première étude pour l'homme, le savant et le philosophe, et à cause de son immense portée, et à cause de son utilité immédiate, et à cause de la facilité qu'elle offre au début.

[1] Les Rêveries du promeneur solitaire, VIIIe Promenade.
[2] Les Rêveries du promeneur solitaire, IIe Promenade.

L'histoire est ici d'accord avec le raisonnement. Ce n'est pas nous qui avons inventé la règle de méthode que nous développons en ce moment. Cette règle n'est pas nouvelle : chacun sait que Socrate ne cessait de la recommander à ses disciples. Mais il ne semble pas que les sages de l'antiquité en aient senti toute l'importance. Pour eux, le γνῶθι σεαυτόν n'était guère qu'une maxime morale, une règle de conduite, un moyen de fonder et d'entretenir dans l'âme la justice et la tempérance ; ce n'était pas une méthode, dans l'acception philosophique du mot. Ce n'est que dans les temps modernes que le « Connais-toi toi-même » a été compris dans toute la portée de sa signification à la fois spéculative et pratique. Aux yeux de Descartes et de Locke, de Reid et de Kant, aussi bien que de Condillac, la connaissance de soi-même n'est pas seulement le plus utile auxiliaire de la vertu ; elle est encore la source la plus féconde du savoir humain. Les philosophes des derniers siècles, en général, reconnaissent la nécessité de commencer par la psychologie et de n'en pas faire la conclusion, mais le point de départ de leurs systèmes. C'est à Descartes que revient principalement l'honneur d'avoir fondé cette unité de vues dans la philosophie moderne ; car c'est lui qui a mis le premier en lumière cette belle maxime, que « l'âme est plus aisée à connaître que le corps ; » et il y a joint l'autorité de son exemple, en montrant par l'histoire de ses propres méditations, que la première de nos connaissances absolument certaines est celle de notre pensée et de l'âme qui en est douée. « Depuis Descartes, le philosophe a été ou il a dû être, au lieu d'un professeur ou d'un auteur, un homme racontant à ses semblables ce qui se passe en lui-même, pour leur faire reconnaître ce qui se passe en eux[1]. »

Cependant, je n'hésite pas à le dire, notre siècle est celui qui a proclamé le plus haut et par le plus de bouches l'excellence de la psychologie. De nos jours plus qu'à toute autre époque, on s'est appliqué à fonder toutes les sciences morales sur la connaissance de la nature humaine, et à dériver de considérations psychologiques les diverses parties de la philosophie. Mais s'il en est ainsi, comment ne pas s'étonner que les mêmes causes qui avaient nui autrefois à la science de l'âme aient pu de nouveau en empêcher l'heureux développement? N'est-il pas surprenant qu'en dépit de leurs intentions les plus arrêtées, les philosophes de nos jours ne se soient pas mieux gardés de toute précipitation, qu'ils aient, à l'exemple de leurs devanciers, improvisé des descriptions inexactes et incomplètes, des généralisations anticipées, des théories brillantes mais systématiques, qu'enfin ils aient souvent encore substitué des raisonnements mal médités et de hâtives hypothèses aux observations qui eussent demandé du temps, du travail et de la patience? A ces signes, on ne reconnaît que trop l'absence d'une méthode digne de ce nom.

Eh quoi! pourra-t-on dire à ces philosophes, vous exaltez la puissance de la méthode, vous la prescrivez à tous, vous vous l'imposez à vous-mêmes comme le premier devoir des libres penseurs, et lorsque la psychologie est par vous reconnue comme une indispensable préparation à toute autre étude, vous oubliez que c'est à elle que vous devez d'abord appliquer cette question de méthode, qui importe en philosophie plus qu'ailleurs, mais surtout dans la partie dont tout le

[1] Journal des savants (août 1850), art. de M. Cousin.

reste dépend, suivant vous, et où par conséquent la moindre altération de la vérité peut avoir les conséquences les plus funestes et les plus étranges! — Singulière aberration! dira-t-on encore. Que voilà bien les philosophes avec leur ambition extrême et leur extrême faiblesse, dévorant du regard la route immense qui s'ouvre devant eux, et où ils ne peuvent faire le premier pas sans trébucher, aspirant ouvertement à la conquête de la vérité universelle, quand ils n'en possèdent pas même les premiers éléments! — C'est à l'homme, c'est à la nature humaine qu'il faut adresser ce reproche, et alors on aura tout à fait raison. C'est parce qu'il est homme que le philosophe commet de telles fautes, et que sa conduite est tellement en contradiction avec ses devoirs. En général, un philosophe n'est pas un savant comme un autre, qui puisse assister froidement à certaines expériences, et attendre sans émotion le résultat de longs et laborieux calculs ; c'est un homme, chez qui l'amour de la vérité est une passion, un homme que tourmentent les problèmes qu'il s'est posés : car il s'agit pour lui de son origine, de sa destinée, de tout ce qui peut émouvoir, attendrir, inquiéter son âme. On comprend donc qu'il ait hâte de répondre à de telles questions et que, trop aisément satisfait de ce qu'il sait sur sa propre nature, il décide, il tranche le plus promptement qu'il peut toutes les difficultés préliminaires, afin d'aborder les études où il semble que soient engagés tous ses intérêts. Voilà sans contredit la cause la plus puissante qui, à toute époque, a empêché la plupart des philosophes d'étudier la psychologie pour elle-même, avec ordre et méthode, en y consacrant la meilleure part de leur vie et de leur intelligence. Ainsi cette fâcheuse imperfection de la science de l'âme, ses longs retards et la lenteur de son développement, sans cesse arrêté par de nouvelles hypothèses et par de nouvelles erreurs, procèdent après tout d'une noble impatience, et qui témoigne de la grandeur de nos instincts. Mais tout en l'excusant, tout en la partageant même, il nous est impossible de ne pas regretter tant de génie dépensé en pure perte, et tant de siècles écoulés sans que la philosophie ait réussi à fonder la science qui contient les principes de toutes les autres. Non, il n'est pas permis de négliger plus longtemps les enseignements du passé; il n'est pas permis de glisser légèrement sur l'étude de soi-même, ou d'y procéder au hasard; et quand on songe que la moindre erreur commise dans cette partie de la philosophie suffit pour corrompre à leur source la théodicée, la morale et toutes les sciences qui supposent la connaissance de notre nature [1], il semble qu'on ne devrait aborder une telle étude qu'avec respect, et même avec une sorte de crainte et de tremblement.

Mais à quoi bon tenter de faire de la psychologie une science, à quoi bon ces efforts pour lui donner une méthode, s'il est vrai, comme on l'a prétendu, que le sens commun vaille mieux que la réflexion et que tout progrès soit impossible en philosophie? Dans cette double hypothèse, il faut évidemment désespérer de l'étude de l'âme, et renoncer à lui donner une forme scientifique: il ne sera donc pas hors de propos de démontrer la fausseté de pareilles assertions.

De tout temps, l'homme a été porté à s'applaudir lui-même et à présumer beaucoup de ses lumières na-

[1] Voir l'art déjà cité de M. Cousin, dans le Journ. des savants.

turelles ; de tout temps, par exemple, il s'est cru volontiers assez savant sur sa propre nature ; mais jusqu'ici ces prétentions du vulgaire n'étaient que ridicules. Il en est autrement aujourd'hui qu'on a érigé ce travers d'amour-propre en une sorte de doctrine, qui fait obstacle à l'étude sérieuse des questions philosophiques. Pourquoi prendre tant de peine, pour aboutir à des notions aussi imparfaites dans leur genre, peut-être même plus imparfaites que celles du commun des hommes ? On est allé en effet jusque-là. On a soutenu, et des philosophes se sont rencontrés pour en fournir une sorte de preuve, on a soutenu contre l'évidence, que la réflexion est toujours inférieure au sens commun en certitude et en étendue, et qu'un pâtre, le dernier des pâtres en sait autant que Leibniz sur lui-même, sur la nature et sur Dieu. Comment s'étonner qu'un homme qui a une telle conviction perde tout espoir d'atteindre à la vérité par la philosophie, et qu'il n'ose plus rire de la présomption et de la sottise ? Tout est confondu ; tout est vrai, tout est faux, et l'ignorance est meilleure que la science. On n'a pas ici à discuter ces paradoxes dans toute leur généralité ; on n'a pas à relever tout ce qu'ils présentent d'absurde et de contradictoire ; on n'est tenu qu'à faire voir l'incontestable efficacité de la réflexion et de la méthode dans l'étude de la nature humaine, et pour cela, il suffira de comparer ce que nous savons naturellement de nous-mêmes avec ce que la philosophie a besoin d'en savoir.

A chaque instant, nous sommes informés de nos actes et de nos manières d'être, et notre nature nous apparaît ainsi dans ses diverses manifestations ; puis, à la longue, nous acquérons une notion telle quelle de nos facultés, de nos habitudes, de notre caractère et de nos affections. Telle est la science primitive, élémentaire, qui précède en chacun de nous la science proprement dite. Nous nous connaissons donc un peu nous-mêmes sans le secours de la psychologie, et, si l'on veut, avant toute réflexion. Mais combien cette connaissance naturelle, à la supposer nette et claire, n'est-elle pas insuffisante et inférieure, même en étendue, à celle que peut donner la réflexion! La nature m'instruit avec certitude que je pense, que je veux, que j'agis, que j'aime ou que je hais, etc., etc.; mais qu'est-ce que penser, qu'est-ce que vouloir ou agir? qu'est-ce aussi qu'aimer ou haïr? je l'ignore, tant que je ne m'en suis pas encore inquiété : je connais cette pensée particulière, et non la pensée en général ; ce sentiment particulier, et non le sentiment lui-même ; cette volition particulière, et non la nature de la volonté. Le comment et le pourquoi de tous ces actes m'échappent, si je n'en fais pas l'objet de mes recherches : je puis parfois les entrevoir en passant ; mais en général l'instinct ne m'en instruit pas du tout, ou très-mal. Cette connaissance primitive est encore plus vague et plus insignifiante, s'il s'agit de déterminer le rôle réel de chacune de nos facultés, ou la place normale de chaque grand fait de notre nature. Enfin, nous sommes naturellement dans une ignorance totale sur le système général de la vie psychologique. La réflexion seule et l'étude peuvent nous faire connaître tout cela.

On peut à peine donner le nom de connaissances aux lumières que fournit le sens commun livré à lui-même. Le sens commun, ainsi opposé à la réflexion, est plutôt une disposition à connaître qu'une connaissance positive. Il a été mis en nous par la nature comme une règle dont nul ne doit s'écarter, mais il ne suffit pas à notre instruction ; il n'est pas la forme la plus parfaite de la connaissance. Ce n'est qu'un instinct après tout, et à parler en toute rigueur, il n'est pas le maître, mais l'écolier de la science et de la philosophie : écolier souvent indocile sans doute, et qui s'érige parfois en maître et en juge, car il a le droit de contrôler ce qu'on lui enseigne ; mais c'est la science qui enseigne. La connaissance philosophique est et sera donc toujours l'idéal d'un être raisonnable. D'ailleurs, la réflexion ne saurait être ainsi opposée au sens commun. Le sens commun est notre faculté même de connaître, avec ses lois essentielles, et il a deux formes, l'instinct et la réflexion, c'est-à-dire, dans la langue de tout le monde, l'ignorance et la science. Mettre celle-ci au-dessous de celle-là serait faire profession ouverte de scepticisme, et se mettre en contradiction avec la raison générale, aussi bien qu'avec le sens intime et individuel du philosophe.

En psychologie comme partout, la réflexion est autant au-dessus du sens commun que la connaissance est au-dessus de l'ignorance première. Mais, pour fonder la science, il ne suffit pas d'actes isolés de réflexion, de vues particulières et sans lien entre elles ; il y faut procéder avec ordre et méthode ; il faut une étude patiente et régulière de la nature humaine, pour en acquérir une connaissance scientifique.

« Mais, dira-t-on peut-être, la science de l'âme n'est-elle pas faite autant qu'elle peut l'être? Ce n'est pas en vain, sans doute, que tant de moralistes, de romanciers, de poëtes, de littérateurs et d'écrivains en tout genre se sont appliqués à nous décrire l'homme. Ce que les génies les plus divers n'ont pu découvrir depuis tant de siècles est assurément au-dessus de notre portée; il est donc sage de s'en tenir à ce qu'ils enseignent. Celui qui les a lus avec intelligence sait sur lui-même tout ce qu'il pourra jamais savoir. » Cette objection est plausible et de nature à séduire bien des gens ; mais comme elle est moins à l'usage des philosophes que de certaines personnes qui, ayant reçu de la nature le don si rare de l'esprit, mettent volontiers le bonheur de l'inspiration au-dessus des résultats moins brillants, quoique plus sûrs, où l'on arrive avec de la patience, de la méthode et du temps, peut-être aurait-on mauvaise grâce à y répondre par des arguments en forme; peut-être les personnes dont je parle seront-elles plus touchées du témoignage d'un écrivain éminent, et qui avait réfléchi profondément sur la nature humaine, mais sans s'astreindre à ce travail suivi, ardu, méthodique, que nous réclamons du philosophe. Rousseau leur dira, après en avoir fait l'expérience, que « le *Connais-toi toi-même* du temple de Delphes n'est pas une maxime si facile à suivre qu'on pourrait le croire[1]. »

Il faut remarquer d'ailleurs qu'on ne parle pas ici d'une peinture anecdotique de la nature humaine, mais de la science de l'âme, et que, sous ce rapport, les Aristote et les Descartes doivent être consultés de préférence à la foule des hommes cultivés, des écrivains et des savants. Le genre humain les a reconnus pour ses maîtres, et le sens commun lui-même les proclame les plus habiles et les plus profonds dans ces matières. Pourquoi? parce qu'ils ont posé nettement certaines questions, et qu'ils les ont traitées d'après certains prin-

[1] *Rêveries*, etc., IVᵉ Promenade.

cipes, c'est-à-dire qu'ils ont dû leur science à la fois aux heureuses inspirations du génie et aux règles d'une méthode plus ou moins sévère. S'il en est ainsi, il faut bien reconnaître l'efficacité de la réflexion et la puissance de la méthode pour avancer en chacun de nous la connaissance de nous-mêmes.

« Mais quoi! va-t-on dire encore, peut-on sans paradoxe croire au progrès en psychologie? N'est-il pas évident qu'il y a un point au delà duquel on ne saurait s'élever, et que c'est pour y avoir atteint, chacun à sa manière, que Socrate, Platon et Aristote, Descartes et Malebranche, Locke, Leibniz et quelques autres sont appelés les plus grands et les meilleurs philosophes? Nul ne saurait dépasser la limite qu'ils n'ont pu franchir. Prétendre qu'on ira jamais au delà est une témérité et une folie. »

Eh bien! supposons un instant qu'il en soit ainsi : ne pourra-t-on au moins, par une histoire bien faite, s'approprier la science des philosophes qu'on citait tout à l'heure? Bien plus, ne pourra-t-on apprendre, par cette même histoire, à éviter leurs erreurs, leurs détours, leurs préoccupations systématiques? Pourquoi enfin ne pourrait-on pas, en réunissant tout ce qu'ils ont su, en savoir plus que chacun d'eux? Une telle science est-elle donc à mépriser, ou croit-on qu'on puisse l'acquérir, si l'on n'y procède avec ordre et méthode? La méthode, voilà où il en faut toujours revenir. Alors même que tout serait dit en psychologie, on aurait encore besoin d'une méthode pour apprendre ce que d'autres ont trouvé, pour recueillir les vérités éparses dans leurs écrits, pour en faire une science, un enseignement régulier et plein d'autorité. Que serait-ce donc, si l'on pouvait espérer de découvrir quelque chose au delà de la science des temps passés, si un progrès était possible pour la connaissance de l'âme comme pour toute recherche scientifique, si même ce progrès s'était déjà réalisé à plusieurs reprises de la manière la plus éclatante! Toutes ces suppositions que je viens d'émettre sont autant de faits, qu'il est aisé de constater avec un peu d'attention.

Quiconque voudra s'interroger lui-même reconnaîtra sans doute qu'il en sait beaucoup plus dans son âge mûr que dans son enfance ou dans sa première jeunesse sur sa propre nature, sur ses facultés, et par conséquent sur l'esprit humain. S'il a fait ces progrès sans s'y être appliqué, ne pourra-t-il en faire de plus sérieux encore le jour où il pratiquera sciemment le γνῶθι σεαυτόν?

Il est encore indubitable que chaque individu peut en rencontrer un plus savant que lui sur toutes ces choses. Pourquoi donc une génération, ou, si l'on veut, les savants et les philosophes d'une génération ne pourraient-ils dépasser ceux de la génération précédente, surtout s'ils n'ignorent point ce qu'ont fait et découvert leurs devanciers? Un jeune homme de dix-huit ou vingt ans peut apprendre des vérités qu'Aristote ou Platon n'ont rencontrées qu'à soixante ou quatre-vingts ans. N'est-ce pas un progrès considérable, et qui se réalise tous les jours sous nos yeux?

Tout est entrevu en tout genre dès le premier jour par tous les hommes; mais nous appelons cela de l'ignorance, non de la science. La science est née du sentiment de cette ignorance. C'est donc déjà une précieuse découverte que de voir clairement ce qui n'était connu jusque-là que d'une manière confuse et obscure.

Mais là ne se borne pas l'effort de la réflexion : elle peut, d'un instant à l'autre, nous découvrir quelque chose de nouveau sur nous-mêmes, soit dans des situations exceptionnelles ou dans quelqu'une de ces grandes épreuves auxquelles personne n'échappe, et où les puissances de l'âme se révèlent d'une manière inattendue, soit dans le cours ordinaire de la vie, lorsque, par un examen approfondi, on cherche à se rendre compte de cela même que l'on croyait savoir.

Il ne sert de rien d'étudier laborieusement l'histoire de la philosophie, comme on le fait de nos jours, si l'on ne sait pas enregistrer les conquêtes dont elle nous offre le spectacle? La science de l'âme a accompli à différentes époques des progrès incontestables, et dont le souvenir est de nature à entretenir nos espérances. Ici, c'est Socrate employant le premier l'induction et l'observation de conscience ; là, c'est le syllogisme découvert et décrit par Aristote. Tantôt on voit l'analyse psychologique aller en se complétant et en s'amplifiant depuis les faits accessoires et extérieurs jusqu'au fait principal et essentiel, comme pour l'imagination ; tantôt, comme pour l'induction, elle va du tout aux parties, et distingue mieux chaque jour les espèces et les applications d'un fait général qu'elle avait d'abord constaté. Comparez la théorie de la perception de Reid ou la doctrine de la volonté dans nos maîtres avec tout ce qui a précédé en ce genre, et niez le progrès, si vous le pouvez. Que l'on considère encore le caractère de plus en plus spécial des études psychologiques chez les modernes, et qu'on dise si ce n'est pas un signe certain que la science de l'âme a marché. Elle peut donc marcher encore, et, en perfectionnant sa méthode, surmonter à la fin les obstacles de tout genre qu'elle rencontre, soit dans la nature même et les conditions de son étude, soit dans l'opposition systématique de certains esprits.

On fait un argument de cette opposition. On objecte au philosophe les phrénologistes, les sensualistes et les matérialistes, et l'on prétend prouver par là que la connaissance de l'âme n'a rien d'évident ni de certain, et surtout qu'elle n'avance point. La réponse à cette objection est facile : il suffit de voir ce qui se passe dans d'autres sciences. La masse de ceux qui ignorent les sciences mathématiques, physiques et naturelles, ou qui ne sont pas au courant de leurs derniers résultats, est-elle beaucoup moins considérable de nos jours qu'à aucune époque? Chacun sait qu'on les compte par millions. Qui songe à nier les progrès de la physique? Cependant, à coup sûr, tout le monde n'est pas physicien; ceux même qui se sont occupés de physique n'en connaissent pas parfaitement tous les détails. Que de gens, ignorants ou instruits, qui ne sont pas au courant de la science! Les derniers résultats de la physique et de la chimie n'en sont pas moins certains pour être ignorés de tout le monde. Eh bien, réunissez tous les matérialistes; exagérez encore, si vous le voulez, le nombre déjà trop grand de ces retardataires dans la voie du spiritualisme moderne : tous ces retardataires peuvent-ils empêcher que l'homme moral, c'est-à-dire l'homme véritable, soit mieux connu ou puisse l'être aujourd'hui beaucoup mieux qu'autrefois?

On insistera peut-être en disant que ce rapprochement n'est pas complet, qu'on n'a parlé que des ignorants, et qu'il faudrait aussi parler des savants, dont le nombre va chaque jour en croissant partout ailleurs, mais non en psychologie. Cette assertion nous paraît exprimer une erreur. Le nombre de ceux qui savent les mathématiques, la physique ou la chimie, est plus grand qu'autrefois, j'en conviens; mais tandis que l'on compte par millions ceux qui les ignorent, ceux qui les savent véritablement se comptent par dizaines, tout au plus par centaines, et c'est beaucoup dire : car on ne voit pas qu'il soit si facile de recruter l'Institut. Le sort de la psychologie est absolument le même. Socrate, qui la cultiva le premier, et qui pour cela même fut surnommé le plus sage des Grecs, ne rencontra que bien peu de disciples capables de le comprendre et de le continuer. Il en a été tout autrement de Descartes : il a laissé des milliers d'imitateurs; on peut affirmer que, depuis ce philosophe, il y a eu chaque jour un plus grand nombre d'hommes instruits des choses de l'âme, et grâce à la faveur dont jouissent parmi nous les études historiques, tout esprit cultivé qui, à notre époque, voudra consacrer à la science de l'âme une seule année de sa vie, sera assuré de la posséder mieux qu'aucun homme des siècles précédents.

Qu'y a-t-il à faire pour en savoir plus qu'un Socrate, un Platon, un Aristote ou un Descartes? Il suffit de recueillir pieusement ce que ces grands hommes ont transmis à la postérité, en y ajoutant ce que d'autres ont pu penser, et en contrôlant le tout par une réflexion libre et indépendante. Déjà un corps de doctrine existe, et il ne faudrait que de la patience pour en rassembler les membres, dispersés çà et là. Ce travail précieux, s'il était accompli, deviendrait le point de départ d'un nouveau et grand développement de la science psychologique; il contribuerait du moins à lui donner l'unité qui lui manque: car il y a encore plusieurs systèmes de psychologie; elle n'est donc pas encore une science régulière, et cela, je le répète, faute d'une méthode uniforme et sérieuse.

Supposons, en effet, qu'au lieu de suivre chacun sa voie et d'obéir à l'esprit de système, tous les grands philosophes qui ont observé la nature humaine eussent réuni leurs efforts, et qu'ils se fussent appliqués à se compléter l'un l'autre plutôt qu'à se combattre: n'est-il pas évident que ce concert des intelligences, cette ligue des plus beaux génies eût enfanté des merveilles, découvert la vraie méthode, et par elle organisé à tout jamais la science de l'âme?

Telle est la puissance de la méthode, qu'entre les mains du premier venu, elle peut faire avancer une science. Nous en avons à chaque instant la preuve, partout où les savants travaillent sur un même plan et dans un même esprit à la découverte de la vérité. Si donc une pareille entente pouvait enfin s'établir entre ceux qui cultivent la psychologie, on doit penser que chacun d'eux serait bientôt en état, non-seulement de s'approprier tous les éléments de vérité qu'elle contient déjà, mais même d'accroître par le détail et l'application tant de vues originales, semées çà et là par nos devanciers, et qui, pour devenir fécondes, n'auraient besoin que d'attention et de patience. Ce n'est pas de la présomption que d'espérer de tels résultats: c'est une confiance légitime dans la force de la vérité, cherchée pour elle-même, et nul ne saurait blâmer ce désir de mieux faire, qui est pour l'homme le principe de toute bonne pensée, de tout effort louable. Grands ou petits, faibles ou forts, nous sommes tous ouvriers dans la même œuvre: le champ, c'est le monde. Pour nous, c'est l'homme; pour tel ou tel, ce sera l'intelligence, et dans l'intelligence, quelque procédé obscur, inaperçu pour le vulgaire. Mais tout se tient. Ce procédé, une fois connu, aide à connaître l'intelligence, et par suite notre âme tout entière. Il n'est pas de petite découverte; tout succès dans la recherche de la vérité en amène infailliblement beaucoup d'autres. Mais, encore une fois, on ne peut rien établir que par la méthode: sans elle, point de science, point de résultat incontesté et incontestable.

Jusqu'ici nous sommes d'accord avec tous ceux qui, de nos jours, ont tenu le même langage, proclamant aussi bien et mieux que nous l'utilité, la nécessité de cette méthode sur laquelle il semble vraiment qu'il soit puéril d'insister de nouveau, après tant d'autres. Mais, quoiqu'on ait beaucoup parlé sur ce sujet, tout y est nouveau pour celui qui veut approfondir les questions qui s'y rapportent, et qui se demande quels sont les caractères, les conditions, la nature et les éléments de la vraie méthode.

Il ne manque pas d'auteurs, justement estimés du reste, qui préconisent volontiers la méthode, sans en désigner aucune, et qui croient avoir tout dit, quand ils ont parlé tant bien que mal de synthèse et d'analyse, ou lorsqu'en psychologie, ils ont prononcé le mot magique de conscience. Comment un esprit sérieux, comment un philosophe pourrait-il se contenter à si peu de frais? Ces généralités vagues et banales ne sauraient lui tenir lieu de règle et de direction dans l'étude de la moindre question, à plus forte raison dans la discussion

des plus grands problèmes que se pose l'esprit humain.
Il ne lui suffit pas de savoir qu'il faut suivre une méthode en psychologie, il a besoin de savoir laquelle. Il
est temps de laisser là ces lieux communs, dont chacun
sent le vide et l'insuffisance ; il faut aller plus loin ; il
faut reprendre l'œuvre d'un de nos maîtres, dont le
nom est inséparable d'un tel sujet[1], et, suivant son
exemple, entrer dans des explications plus pratiques,
afin de pouvoir recommander un ordre précis, des
procédés spéciaux, une marche directe et nettement
tracée.

II.

De l'ordre des questions.

Quelque sujet qu'on traite, deux choses constituent
la vraie méthode, savoir : 1° la distinction et l'ordre
exact des questions ; 2° l'application à chacune d'elles
du procédé qui lui convient. Une question étant posée,
tout le monde est d'avis que, pour la résoudre, il faut
avoir recours à la faculté dont relève la connaissance
que l'on cherche ; car on peut constater aisément que
toutes nos connaissances ne dérivent pas de la même
faculté. Mais il y a une seconde règle de méthode, qui
n'est pas moins essentielle, quoiqu'on la néglige trop
souvent : c'est de déterminer ce qu'il faut savoir pour
répondre à cette question, et combien de problèmes
différents elle contient ; car il est probable que ces divers problèmes ne seront pas résolus par un seul et même

---

[1] J'aurai plus d'une occasion, dans la suite de ce travail, de
renvoyer le lecteur à l'admirable Préface que M. Jouffroy a mise
en tête de sa traduction des Esquisses de Dugald Stewart.

procédé. Ainsi, chaque question, pour être légitimement et scientifiquement résolue, veut être traitée à sa place et par un procédé spécial.

Il y a lieu de s'étonner que, dans leur étude de prédilection, aussi bien que dans toutes les autres sciences morales, les philosophes de nos jours aient laissé subsister cette confusion de problèmes qui est une des imperfections les plus regrettables de la philosophie, et qui suffirait à elle seule pour expliquer ce défaut d'exactitude et de rigueur que certains savants lui reprochent avec tant d'amertume. On nous parle sans cesse de *la méthode* des sciences morales, comme si la psychologie et la logique, la théodicée, la morale, la politique, la jurisprudence, l'histoire et toutes les études qui se rattachent à celles-là pouvaient être assujetties à une seule et unique méthode, et comme si la diversité des problèmes qu'elles agitent n'impliquait pas une diversité nécessaire dans la manière de les résoudre. La psychologie en particulier soulève plus d'une question qu'il faut distinguer, sous peine d'aller au hasard, sans ordre et sans méthode. Quel ordre suivre dans une étude où l'on n'a pas même distingué plusieurs parties, et comment ne pas s'exposer à l'erreur, en assignant un procédé unique à l'examen d'un problème très-multiple et très-compliqué, dont la solution exige peut-être l'emploi de toutes nos facultés de connaître? Aussi, qu'est-il arrivé en général aux philosophes qui ont traité de la nature de l'âme? Chacun d'eux ayant pris la psychologie à son point de vue particulier, n'y a guère considéré qu'une question, qu'il a tenté de résoudre par un procédé spécial, bon ou mauvais; et il est résulté de là que chacun a eu sa méthode, nécessairement étroite, incomplète, exclusive, sinon vicieuse de tout point.

De là cette diversité déplorable des méthodes pratiquées ou recommandées en psychologie par les philosophes, l'un proposant de la déduire de la nature de Dieu supposée connue; l'autre la faisant dériver de la physiologie, ou même de la phrénologie; celui-ci cherchant dans le langage l'origine et les éléments de la pensée; celui-là imaginant autant de facultés dans l'âme qu'il y a de classes de citoyens dans l'état. Et combien n'y a-t-il pas d'autres prétentions! Descartes applique le raisonnement aux premières données de la conscience, et Locke veut que l'on se réduise à l'expérience; Reid nous ramène au sens commun; Condillac en appelle à une hypothèse célèbre, dont le développement fantastique est par lui décoré du nom d'analyse; Bacon, et à sa suite un grand nombre de philosophes, réclament dans la science de l'âme l'emploi de l'induction, tandis que cette méthode est repoussée plus ou moins dédaigneusement par certains philosophes en France et en Allemagne.

A qui entendre? Qui préférer? Comment même avoir une préférence, et qui ne voit avec un peu d'attention que chacun des procédés que l'on nous propose, s'il était appliqué exclusivement à l'étude de l'âme, serait impuissant pour l'embrasser tout entière, et pourrait tout au plus convenir à quelqu'une des nombreuses questions qu'elle comprend?

En passant rapidement en revue ces divers procédés, on aurait un moyen très-simple de prouver clairement et sans réplique combien il y a en psychologie de questions distinctes et jusqu'à un certain point indépendantes, et qui par conséquent ne sauraient rentrer dans une de ces méthodes dont le premier venu peut improviser la description en quelques minutes.

Entreprenez-vous de vous observer vous-même, à l'aide de la conscience? Vous êtes assuré de connaître ainsi vos propres actes et les faits certains de votre nature, c'est-à-dire les éléments les plus essentiels pour une étude philosophique de l'âme. La science ne sortira pas tout entière de cet unique procédé; mais il en aura du moins fourni les premiers matériaux.

Aimez-vous mieux observer vos semblables? C'est un procédé indirect, mais qui a aussi sa valeur: car il est indispensable pour vérifier et contrôler votre connaissance de vous-même. Le sens commun offre des indications utiles; l'histoire donne tour à tour des leçons de vérité et des avertissements précieux pour éviter l'erreur; l'analyse du langage touche de près à celle de la pensée qu'il exprime: elle abonde en distinctions et en rapprochements par lesquels vous compléterez vos théories. On ne doit même pas exclure de la science de l'âme les études, quelque peu hasardeuses d'ailleurs, que certains philosophes proposent de faire sur les enfants, les sauvages et les idiots: car en prenant l'âme à son premier degré de développement, on peut ressaisir dans le passé ces facultés que l'on trouve en soi-même toutes développées et cultivées, quelquefois modifiées, sinon transformées par l'éducation.

D'un autre côté, comment nier l'utilité du raisonnement, pour tirer les conséquences de tous les principes généraux qui auront été établis au moyen de l'expérience?

Pourquoi n'aurait-on pas aussi recours à l'induction? Ce serait le vrai moyen de découvrir des lois et des causes, tandis qu'une méthode d'abstraction et de classification, en déterminant des genres et des classes de faits, pourrait en faciliter la description complète.

Il n'est pas jusqu'aux hypothèses les plus singulières, la statue de Condillac, l'homme de la nature de Hobbes et de Rousseau, qui n'aient leur utilité pour nous faire concevoir ce que pourrait être l'âme, sinon ce qu'elle est réellement. L'examen même de ces hypothèses a pu servir à jeter quelque jour sur les questions d'origine, soit pour les idées, soit pour le langage, soit pour la société humaine.

Que dis-je? Si la physiologie et la médecine n'ont rien à voir dans la psychologie proprement dite, ne peuvent-elles du moins être consultées avec fruit sur les conditions organiques de son développement, et sur cette difficile question des rapports du physique et du moral?

Aucune de ces méthodes n'est absolument inapplicable et absurde, quoiqu'on le dise volontiers de la plupart, comme si les philosophes qui les ont employées avaient perdu le sens, du moment qu'ils entreprenaient de se connaître eux-mêmes. Mais si chacune de ces méthodes peut être de quelque utilité dans la science de l'âme, en répondant à quelqu'un des problèmes qui s'y rattachent, il est donc sage de n'en exclure aucune; il faut les maintenir et les employer toutes. Comment et dans quelle mesure? Voilà ce qu'il faudrait dire, et c'est ce qui est impossible, tant qu'on n'a pas circonscrit exactement l'objet de la psychologie, défini toutes les questions qu'elle embrasse, classé et ordonné entre elles ces questions, de manière à procéder du connu à l'inconnu, ou de ce qui est plus aisé à connaître à ce qui est plus difficile. Telle est la première partie de la méthode à suivre en psychologie, et dont nous allons essayer de donner une idée.

Qu'est-ce que l'âme ou le moi? Telle est la question en apparence bien simple que se pose la psychologie. Mais nous venons de voir que ce problème en comprend beaucoup d'autres qu'il faudrait d'abord énumérer, afin de les distinguer ensuite, et de les classer dans un ordre analytique.

Quelle est l'âme que nous connaissons le mieux, ou qu'il nous est le plus facile de connaître? C'est la nôtre assurément. C'est donc par nous-mêmes qu'il nous faut commencer, et puisque nous nous connaissons à tout instant dans nos actes et nos manières d'être, c'est par des questions de fait que doit débuter pour nous la science de l'âme. Décrire, à mesure que nous le pouvons faire, les divers états de notre âme, nos diverses manières d'être et d'agir, voilà donc la première tâche en psychologie: car c'est, à ce qu'il semble, la plus aisée et la plus élémentaire.

Mais il ne s'agit pas uniquement de moi, c'est-à-dire d'une seule âme, d'un esprit en particulier. La psychologie ne sera une science qu'à la condition de parler de toute âme. Il faut donc vérifier et compléter nos descriptions par l'étude de nos semblables.

Quand on aura enregistré les résultats de cette double information, on sera en présence d'une multitude innombrable de faits. Pour les comprendre tous par la pensée, il faudra les dominer en les réduisant à un certain nombre, sans en supprimer aucun, c'est-à-dire qu'on les rangera par espèces et par genres, de manière à former des groupes qui les contiennent tous: en un mot on les classera.

Ces actes divers dont on a fait l'analyse supposent dans l'être qui les accomplit des puissances ou facultés diverses. Qu'est-ce qu'une faculté? Combien y en a-t-il dans l'âme? Y en a-t-il d'inférieures et de supérieures, ou sont-elles toutes égales, comme on l'a soutenu?

On aura aussi à étudier les diverses fonctions et le développement de chacune de ces facultés, et alors se présenteront ces fameuses questions d'origine : Toutes nos idées viennent-elles des sens? Y a-t-il quelque chose d'inné dans l'intelligence ou dans le cœur de l'homme, ou bien l'âme est-elle au contraire une table rase? L'histoire des erreurs célèbres commises par les philosophes en ces matières suffit pour établir cette règle de la plus simple prudence, de commencer toujours en toute recherche d'origine par l'étude et l'observation de notre état actuel.

Puis, dans la détermination de chaque faculté, on devra faire toujours la part de l'instinct ou de la nature et la part de l'éducation et des habitudes.

Il ne suffit pas d'ailleurs de mettre ainsi chaque idée, chaque fait, chaque faculté à sa place : on en doit rechercher curieusement la nature, les caractères, les lois et les effets, soit dans un individu, soit dans l'espèce, en tenant compte des modifications qui se produisent suivant les circonstances, les temps, les lieux, les conditions, les sexes et les âges.

Les diverses facultés, indépendamment de leur rôle particulier dans la vie de l'âme, exercent une action les unes sur les autres. Il importe de les étudier à ce nouveau point de vue, afin de s'expliquer, par exemple, l'influence de la volonté, de l'habitude ou de la pensée sur les sentiments, celle des signes et du langage sur la pensée, le rôle du sentiment dans nos actions, mais aussi dans nos jugements, dans nos croyances et dans un certain nombre de procédés intellectuels.

Enfin, ne faudra-t-il pas en venir à la question première, à la nature de notre âme, distinguée de tout ce qui n'est pas elle, et en particulier du corps auquel elle est attachée par des liens si étroits et en apparence indissolubles?

Quels sont aussi les autres êtres doués d'âme, et par quoi ces âmes ressemblent-elles à la nôtre? par quoi en sont-elles différentes?

On voit assez, sans qu'il soit besoin de poursuivre cette énumération, combien de problèmes délicats, difficiles, variés, se rattachent à l'étude de la nature de notre âme; et l'on doit remarquer que ces problèmes n'ont été énoncés que d'une manière générale et succincte, et que dans chacun d'eux s'en trouvent impliqués beaucoup d'autres : il est vrai qu'ils sont du même ordre et qu'ils semblent pouvoir être résolus par les mêmes procédés.

Toutes ces questions sont distinctes, mais en même temps elles se tiennent, et forment évidemment un seul faisceau : il faut les avoir toutes parcourues pour épuiser l'objet de la science psychologique. Mais pour bien résoudre chacune de ces questions, il la faut mettre à sa place, après les questions qu'elle suppose, et avant toutes celles qui la supposent elle-même. Ainsi seulement, on ira du connu à l'inconnu, suivant la règle essentielle d'une véritable analyse.

Ce serait abuser de l'attention du lecteur que de prolonger outre mesure cet examen; aussi bien ne s'agit-il pas d'expliquer dans ses moindres détails l'ordre dans lequel on doit ranger les diverses parties de la science de l'âme. Il suffira de signaler les trois principaux problèmes qui paraissent résumer tous les autres, et de marquer trois degrés successifs dans l'étude de la psychologie.

Il faut, en premier lieu, analyser et décrire les actes de l'âme, ses états, ses manières d'être, ses facultés, ses inclinations, ses habitudes. C'est comme une histoire naturelle, qui, évidemment, est le point de départ nécessaire de toute recherche sur notre nature intellectuelle et morale.

En second lieu, on devra se demander quelles sont les lois d'exercice de nos facultés, considérées tour à tour dans leur histoire ou développement particulier, puis dans leurs rapports entre elles et dans leur influence réciproque. Cette seconde partie de la psychologie comprend déjà des études plus difficiles, et qui ne sont pas sans analogie avec celles du physicien, recherchant les lois des phénomènes et des propriétés que le naturaliste se borne à décrire.

Enfin, après ce double travail, le philosophe sera en état d'aborder directement le problème de la nature de l'âme, et toutes les questions qui en dépendent. L'ancienne langue philosophique nous fournit un terme qui peut servir à désigner cet ordre nouveau de questions : c'est la métaphysique de l'âme.

Telles sont les trois parties principales de la psychologie, et tel est aussi l'ordre où l'on doit les disposer : d'abord la description des actes et des facultés de l'âme, puis la recherche des lois qui régissent son développement, enfin la détermination de sa nature, comme une sorte de conclusion des études précédentes.

Avant d'aller plus loin, qu'il nous soit permis de jeter un regard en arrière, et, par un résumé rapide des considérations qui précèdent, de nous préparer aux questions plus délicates qui s'offriront à nous, dès que nous entreprendrons de décrire les procédés qui conviennent aux diverses parties de l'étude de l'âme.

Nous avons d'abord proclamé la nécessité d'une méthode en philosophie. Il n'était pas besoin de démontrer ce point, puisque tout le monde est d'accord pour l'admettre, en même temps que la difficulté et l'immensité des problèmes philosophiques. Mais parmi les quelques préceptes consentis dans les temps modernes par presque tous les philosophes, il en est un qu'il nous importait de mettre en lumière : c'est que, dans la recherche des principes de toutes choses, on doit donner à l'étude de l'âme le premier rang et la première place. Ce sera la gloire immortelle des chefs de la philosophie française de notre époque d'avoir tant insisté et avec une si puissante éloquence sur le rôle et l'importance de la psychologie. Pourquoi ne leur a-t-il pas été donné d'en faire une science? Deux causes surtout ont nui aux progrès de cette étude : d'une part, l'entraînement de la philosophie elle-même, qui, aspirant à résoudre tant d'autres questions d'un intérêt plus saisissant, ne semble pas pouvoir accorder une attention suffisante à la question préliminaire de notre propre nature; d'autre part, la persuasion qu'on en sait toujours assez sur soi-même par les lumières du sens commun : préjugé fâcheux, renforcé encore dans ce siècle d'indifférence par les préoccupations d'un éclectisme immodéré, qui n'a pas seulement nié le progrès en philosophie, mais qui est allé jusqu'à contester la supériorité de la réflexion sur le sens commun, comme s'il y avait pour nous, sans la réflexion, une seule connaissance digne de ce nom, et comme si la réflexion n'était pas le sens commun lui-même sous sa forme la plus excellente.

J'ai dû m'élever de toutes mes forces contre ces préjugés et ces paradoxes, parce que, si un pâtre en sait autant que Leibniz, ou même si Leibniz, vingt siècles après Aristote, n'a pu en savoir plus qu'Aristote sur l'homme, sur la nature et sur Dieu, il est puéril de s'occuper de philosophie; il n'y a plus qu'une chose à faire, renoncer à la science, et confesser que l'homme qui raisonne est un animal dépravé : ce que nul être doué de bon sens ne pouvant admettre, il en résulte invinciblement que la réflexion, si puissante partout ailleurs, ne perd point ses droits et sa puissance dans l'étude de l'homme intellectuel et moral; que, si la méthode, c'est-à-dire la réflexion la plus prudente et la plus forte, est partout l'instrument du progrès scientifique, on ne voit pas ce qui l'empêcherait de porter sa lumière dans le domaine si mal exploré de notre conscience; et qu'enfin, si Socrate, si Platon, si Descartes et tant d'autres encore ont fait là-même des conquêtes incontestables, les vrais philosophes doivent bien augurer de l'avenir de la psychologie, pourvu que, soumise à une sévère discipline, elle apprenne enfin à connaître sa voie et à la suivre sans s'en écarter jamais.

La nécessité de la méthode en psychologie une fois démontrée, il ne nous a été que trop facile de faire ressortir l'insuffisance des diverses méthodes recommandées ou pratiquées jusqu'ici dans une science dont tout dépend en philosophie. Aucune ne comprend la psychologie tout entière; aucune ne prescrit un ordre certain dans les recherches; aucune ne distingue même les diverses parties de la science.

Il est cependant hors de doute que l'objet de la psychologie n'est pas aussi simple qu'on se le persuade quelquefois; que, même en en retranchant des questions qui pourtant s'y rattachent, mais qui peuvent en être distinguées et provisoirement ajournées, comme les rapports de l'âme et du corps, l'âme des bêtes, etc., etc., la seule étude de l'âme humaine dans sa nature et dans ses facultés se divise et se subdivise en une foule de questions secondaires. Après en avoir fourni la preuve par une courte énumération, nous avons ramené toutes les recherches psychologiques à trois problèmes essentiels, savoir : 1° décrire les actes et les facultés de l'âme; 2° en rechercher les lois; 3° enfin déterminer la nature et l'essence de l'âme humaine; et nous avons établi que ces problèmes, pour être légitimement résolus, veulent être examinés dans cet ordre, et qu'il est indispensable de s'y astreindre, puisque, hors de là, la psychologie n'aurait que des hypothèses à offrir aux sciences morales qui viennent toutes lui demander leurs principes.

Ces vues sont assurément très-simples; mais nous avons cru devoir y insister, et parce qu'elles sont véritables, et parce qu'elles tiennent à une idée qui nous est chère, celle du progrès en philosophie comme dans tout l'ordre moral. Il ne faut pas que cette croyance soit le monopole des écoles matérialistes. Un spiritualisme timide, et qui déjà n'est plus de notre temps, a pu seul y répugner. Ce n'est pas en vain que Dieu a mis en nous le besoin du mieux et qu'il nous a donné, avec l'amour de l'idéal, les moyens de le réaliser en une certaine mesure, qui est précisément celle de nos facultés. Partout où pénètrent la pensée, la réflexion, la méthode, les instruments du progrès, le progrès lui-même est possible pour l'homme de bonne volonté, et, Dieu aidant, il se réalisera tôt ou tard.

III.
De l'observation en psychologie.

Après avoir esquissé la première des deux parties essentielles de la méthode en psychologie, il nous reste à traiter la question des procédés applicables dans cette science, et de leur usage légitime. Au premier abord, il ne semble pas qu'on puisse aisément faire un choix raisonnable entre tant de procédés divers, qui ont été employés ou prescrits avec une égale autorité par les philosophes, dans la science de la nature humaine. Mais peut-être ce choix offre-t-il moins de difficulté à celui qui a préalablement divisé la psychologie, et disposé dans un certain ordre les nombreuses questions qu'elle contient. Puisque, dans la recherche de la nature de notre âme, on doit commencer par décrire les faits dans lesquels elle se montre, on n'a plus qu'à se demander comment et par quels procédés on décrit ces faits. Or, n'est-il pas évident que lorsqu'il s'agit de faits, il n'y a qu'un procédé légitime, l'observation? Il faut donc écarter toute hypothèse, et rejeter provisoirement, à ce titre, toute méthode autre que l'observation.

Telle est d'abord la prétendue analyse de Condillac et de son école. On a cent fois réfuté cette méthode, considérée tour à tour en elle-même et dans les conséquences qu'elle entraîne, et il serait au moins inutile de vouloir refaire ce qui a été si bien fait par nos maîtres¹. C'est pourquoi nous nous contenterons de reproduire une seule des nombreuses critiques sous lesquelles a succombé la philosophie sensualiste du dernier siècle : c'est qu'elle n'a pas suivi, à vrai dire, une méthode d'observation. Cette critique est fondamentale à nos yeux, et pour en démontrer la justesse, il nous suffira de citer l'auteur du Traité des sensations.

Condillac, comme tous les philosophes de son siècle, recommande l'observation et l'analyse ; mais voici de quelle manière il en parle : « Il faut, dit-il, nous observer dès les premières sensations que nous éprouvons ; il faut démêler la raison de nos premières opérations, remonter à l'origine de nos idées, en développer la génération..... Pour cela, il était nécessaire de remonter plus haut que Locke ; mais, dans l'impuissance où nous sommes d'observer nos premières pensées et nos premiers mouvements, il fallait deviner, et, par conséquent, il fallait faire différentes suppositions². » Peut-on, dès le début, s'écarter davantage de l'expérience ? *Deviner, faire différentes suppositions!* On se propose donc d'inventer la nature humaine, au lieu de l'observer.

On sait la suite, et je n'ai pas besoin de rappeler en détail cette fameuse statue imaginée par Condillac, et à qui tout vient du dehors, facultés et connaissances (comme si l'on pouvait acquérir des facultés, même des habitudes, sans en avoir en soi le germe ou l'instinct), et cela, à la suite d'une seule connaissance et d'une seule faculté, une fois admise, à savoir la sensation, laquelle est considérée comme l'origine de tout le reste,

---

[1] Voir surtout les Fragments de M. Royer-Collard et les Cours de M. Cousin, 1ʳᵉ série, t. I, p. 134 et suiv., t. III, p. 103 et suiv.

[2] Extrait raisonné du Traité des sensations.

en vertu de cette hypothèse, si fausse et si communément reçue, que de deux faits qui se succèdent, le premier est le principe ou la cause du second. Voilà les suppositions que fait d'abord Condillac : je ne les discute pas ; je demande seulement si c'est là observer. Mais peut-être l'observation, l'expérience, l'analyse véritable vont-elles avoir leur tour ? Qu'on en juge par la règle que trace le philosophe pour observer cette statue, qu'il veut animer et dont il entreprend de faire un homme. « J'avertis qu'il est très-important de se mettre exactement à la place de la statue que nous allons observer. Il faut commencer d'exister avec elle : n'avoir qu'un seul sens, quand elle n'en a qu'un ; n'acquérir que les idées qu'elle acquiert ; ne contracter que les habitudes qu'elle contracte ; en un mot, il faut n'être que ce qu'elle est. Elle ne jugera des choses comme nous que quand elle aura tous nos sens et toute notre expérience ; et nous ne jugerons comme elle que quand nous nous supposerons privés de ce qui lui manque[1]. » N'est-ce pas une singulière nécessité qui nous est faite ? Quoi ! nous voulons nous connaître, et pour cela il nous faut analyser une chimère ingénieuse, mais frivole, éclose de l'imagination d'une dame inconnue, dans une causerie de salon[2], et qu'il a plu à un philosophe d'appeler du nom d'homme ! Quel intérêt peut-on avoir à travestir ainsi la nature humaine ? L'auteur observe mal, parce qu'il est dominé par l'esprit de système. Sa doctrine est arrêtée, *son siége est fait* d'avance. Il le laisse assez paraître dans ces lignes : « Le principal objet de cet ouvrage (le Traité des sensations) est

[1] Traité des sensations, *Avis au lecteur*.
[2] Voir la Préface du Traité des sensations.

de faire voir comment toutes nos connaissances et toutes nos facultés viennent des sens, ou, pour parler plus exactement, des sensations. » C'était en effet une manière neuve et piquante d'exposer un système, sinon de trouver la vérité. Mais à quoi bon raconter en détail les transformations de cette statue imaginaire, devenant odeur, puis couleur et son, saveur ou résistance, etc.; puis, de sensation, devenant attention, comparaison, jugement, réflexion, raisonnement, abstraction, imagination? Les métamorphoses se succèdent, les hypothèses s'accumulent, pour soutenir et compléter l'hypothèse première, sauf à être elles-mêmes vérifiées par l'observation; car Condillac prétend que « si le système porte sur des suppositions, les conséquences qu'on en tire sont attestées par l'expérience. »

Voilà pourtant ce qu'on a appelé analyse, méthode et science durant le dix-huitième siècle, et pendant le premier quart du dix-neuvième! Aujourd'hui, la mode est passée de ces constructions fantastiques, par lesquelles l'homme étant supposé connu dans son état actuel, on tente d'expliquer son origine ou son état primitif, pour faire une sorte d'histoire plus ou moins arbitraire de la formation de l'être intellectuel et moral. On comprend mieux chaque jour la différence entre des faits certains, empruntés à l'expérience, et ces suppositions gratuites qui ont si longtemps obstrué l'entrée de la science de l'âme et de la philosophie. Il s'agit d'un être réel, dont l'existence et la nature nous sont d'abord révélées par des faits indubitables, la pensée, le sentiment, l'action; donc, encore une fois, c'est par observation et non par hypothèse qu'il faut procéder pour le connaître.

Mais de quelle observation voulons-nous parler? Puisqu'on a tant abusé de ce mot, il est bon de savoir quelle signification on lui donne. Le lecteur connaît peut-être l'histoire de ce médecin qui, ayant entendu dire qu'un célèbre philosophe, fort attaqué alors de divers côtés, en appelait volontiers aux faits, prit un jour sa défense en public et déclara qu'il ne pouvait trop louer un homme qui avait le courage de protester contre les vieilles hypothèses de la philosophie, au nom de l'observation. Or, il entendait par là les sens, et l'on voit quel défenseur avait rencontré le chef d'une école spiritualiste : il lui eût mieux valu sans doute l'avoir pour adversaire.

S'agit-il en effet, en psychologie, d'étudier le corps, le cerveau, les organes de nos facultés? C'est une étude qui a son prix, et que l'on doit ajouter à celle de l'homme intellectuel et moral. Mais quand moi, philosophe, je dis que je veux d'abord observer l'homme, de qui est-ce que je parle? De moi sans doute ; et qui est ce moi? Mon corps? Non, évidemment ; car mon corps est à moi : il m'appartient, il n'est pas moi, ce moi qui se sert du corps et qui le met en mouvement. « Moi, c'est-à-dire mon âme, » comme dit Descartes, voilà l'homme dont parle le philosophe et dont la psychologie recherche la nature. Il s'agit donc d'une observation morale, de celle que nous prescrit le γνῶθι σεαυτόν, et non d'une observation purement sensible qui consisterait, par exemple, à disséquer un corps humain pour y chercher les principes et les éléments de la vie morale, aussi bien que de la vie matérielle, ou à étudier un crâne, afin d'expliquer par ses aspérités et ses enfoncements accidentels les diverses facultés de l'âme humaine. D'ailleurs, une telle méthode ne repose pas non plus sur l'observation ; elle n'a d'autre fondement que cette hypothèse, pour le moins très-hasardée : que l'âme ou ce qu'on appelle ainsi est une dépendance du corps, quelque chose qui résulte d'un certain état des organes ; et à l'aide de ce principe, elle construit l'homme du matérialisme, c'est-à-dire une machine un peu plus compliquée et plus délicate que beaucoup d'autres, mais qui reçoit du dehors l'impulsion et la vie. Rien de moins scientifique que de pareilles constructions ; mais, outre leur défaut choquant de rigueur et de certitude, elles en ont encore un autre que n'ont pas les hypothèses idéologiques : elles entreprennent d'expliquer un genre par un autre genre. Les matérialistes renouvellent la fable de Prométhée ; comme lui, ils pétrissent l'homme avec un peu de boue ; ils n'oublient qu'une chose : c'est d'y ajouter le feu du ciel, savoir l'esprit qui vivifie. Ce n'est donc pas à eux qu'il faut demander des directions pour connaître la nature de l'âme ; car ils ont un système, mais point de méthode, et ils commencent par nier en principe ou par supprimer de fait ce qu'il s'agit précisément de connaître [1].

Puisque la nature humaine est dans chacun de nous, c'est en soi-même, à ce qu'il semble, que le philosophe devrait chercher à atteindre directement la pensée, le sentiment, la volonté, tout ce qui constitue l'homme intellectuel et moral. Cependant, il n'est pas rare d'entendre dire qu'il est plus aisé d'observer les autres que soi-même. Tel est l'avis d'Aristote, qui paraît en faire une règle de méthode [2]. Telle est aussi l'opinion de la plupart des hommes pratiques. A les entendre, un philosophe dans son cabinet est mal placé pour juger des choses humaines. Il faut, disent-ils, sortir de chez soi,

---

[1] Cf. Jouffroy, Préface de Dugald Stewart, p. CXXXIV.
[2] De la Psychologie d'Aristote, p. 9, p. 300, etc.

voir le monde, entrer en relations avec les hommes, si l'on veut les connaître. En vertu de ce raisonnement et de quelques autres du même genre, on soutient que nous ne devons pas chercher la nature humaine en nous-mêmes par une réflexion solitaire, mais dans le commerce et l'observation de nos semblables.

Bien entendu, personne ne propose d'étudier tous les individus dont se compose le genre humain ; cela serait infini. La méthode dont il s'agit, et qui a été pratiquée par certains philosophes, se présente à nous sous trois formes principales : tantôt on entreprend de connaître l'humanité elle-même au moyen de faits généraux, exprimant ce qu'elle a d'essentiel et de commun ; tantôt on étudie la langue d'une nation, son gouvernement, ses mœurs, ses coutumes et ses lois ; tantôt enfin, on observe quelques individus, pris pour types de la nature humaine. Toutes ces manières de procéder se recommandent à nous par l'exemple et l'autorité d'un assez grand nombre de personnages plus ou moins considérables, et, sans nous arrêter à les discuter en détail, il nous faut les passer en revue, afin de les éprouver et d'en connaître, au moins en général, la valeur et la portée.

On a beaucoup parlé à notre époque du sens commun et de la raison générale de l'humanité. Les amis de la philosophie, aussi bien que ses adversaires, ont volontiers mis le sens individuel au-dessous de cette grande voix du genre humain, que l'on appelle souvent la voix de Dieu, et que l'on considère comme infaillible dans ses oracles. Or, s'il est des questions où l'on puisse invoquer utilement cette autorité, si, par exemple, il est possible de confirmer par le consentement universel des hommes certaines vérités ou certaines croyances de l'ordre moral, il faut convenir d'un autre côté que le sens commun n'étant après tout qu'une des formes de la pensée humaine, il n'est pas plus infaillible que notre raison individuelle, et que d'ailleurs ses décisions ne sont ni aussi instructives, ni aussi claires, ni aussi aisées à connaître qu'on le suppose. Par cela même que la raison générale est partout, elle n'est nulle part, et l'on n'a pas encore expliqué d'une manière satisfaisante comment il faudrait s'y prendre pour l'interroger, sans passer par quelque nation ou par quelque individu de l'espèce humaine. Le genre humain a naturellement de grands instincts ; il a même sur sa nature, son origine et sa destinée des convictions et des espérances que l'on peut constater sans trop d'efforts, par un appel à la conscience du premier homme venu, ou par un coup d'œil jeté sur l'histoire des nations ; mais a-t-il une opinion sur l'origine des idées, sur les fonctions et le rôle de telle ou telle faculté de l'âme, en un mot, sur les divers problèmes de la psychologie ? C'est ce dont il est permis de douter. Ainsi, l'on risque fort, en ne prenant pas d'autre guide que les enseignements du sens commun, de ne pas arriver à connaître l'opinion du genre humain ; et lors même qu'on y parviendrait, on n'aurait qu'une opinion, une conjecture sur des faits qui auraient pu être connus avec certitude, si l'on avait eu recours à l'observation. Rien n'est donc moins rigoureux que ce procédé conjectural, indirect, impuissant même à former dans l'esprit une conviction qui n'y serait pas déjà.

On en doit dire autant de l'analyse du langage, considéré, soit dans telle ou telle forme particulière, soit dans son essence et dans son fond, comme verbe ou expression idéale et universelle de la pensée. On connaît les paradoxes de M. de Bonald sur ce sujet. A en croire l'auteur de la *Législation primitive*, « cette proposition rationnelle : *La pensée ne peut être connue que par son expression ou la parole*, renferme toute la science de l'homme. » Or, voici comment, suivant le même écrivain, on devra démontrer la distinction des esprits et des corps : « L'homme a deux sortes d'expressions de ses pensées : donc l'homme a deux sortes de pensées : donc deux sortes d'êtres sont. » Les deux sortes d'expressions dont il s'agit sont les *images* ou *figures*, qui sont *matérielles*, et les *sons* ou *mots*, que l'on suppose *spirituels*. Mais, si un autre philosophe, en appliquant cette même méthode, s'avise de regarder aussi les sons et les mots comme choses matérielles, que deviendra la spiritualité de notre âme? Il est évident que l'interprétation du langage propre ou figuré, qu'on le suppose universel ou qu'on l'emprunte à un peuple en particulier, ne conduit qu'à des résultats hypothétiques et toujours contestables, tant qu'ils n'auront pas été confirmés par une observation réelle des faits sur lesquels ils portent. C'est donc une voie obscure et indirecte : car, bien loin d'être le principe de la pensée, le langage en est l'effet, et ne se comprend que par elle. Autant donc il est utile, pour achever une analyse psychologique, de consulter l'opinion générale exprimée dans le langage commun, autant il serait dangereux de n'employer que ce moyen d'information : car ce serait une source féconde en hypothèses et probablement en erreurs.

Platon, au livre II de sa République, compare l'état à un livre où se trouverait retracé en gros caractères ce qui est en caractères plus petits dans chacun des individus qui composent la société ; et, en conséquence, il propose d'étudier les éléments de l'état pour découvrir plus aisément la nature et les fonctions des diverses facultés de l'âme ; et comme il y a, suivant lui, trois classes de citoyens, les magistrats, les guerriers et les artisans, il admet aussi trois facultés dans l'homme, la raison, la passion (Θυμός), et le désir ou sensibilité. Est-il nécessaire de faire remarquer longuement les défauts d'un procédé si hasardeux et si arbitraire? Faut-il même le prendre au sérieux et y voir autre chose qu'un jeu d'artiste, un détour ingénieux pour montrer les analogies que présente la constitution du corps social avec les éléments essentiels de la nature humaine? L'auteur du Phédon et du Premier Alcibiade connaissait trop bien le γνῶθι σεαυτόν, pour vouloir qu'on observât d'abord la nature de l'âme ailleurs qu'en soi-même, et autrement que par sa conscience.

Il y a cependant des moralistes et des politiques, des historiens et même des philosophes qui, pour connaître l'homme, commencent volontiers par étudier les lois, les mœurs, les coutumes et les traditions des divers peuples : méthode singulière sans doute, étrange façon de construire une science de faits, que d'adopter les récits, les impressions et les conjectures de quelques voyageurs, ou de voyager soi-même, pour expliquer *(obscurum per obscurius!)* la nature humaine au moyen de langues étrangères, de traditions et de coutumes plus ou moins bizarres, dont le sens est perdu peut-être depuis des siècles, et dont l'interprétation est à coup sûr un travail des plus épineux! Même en admettant que l'on parvienne à déchiffrer tous les monuments, à comprendre tous les idiomes, à connaître enfin dans ses moindres détails l'histoire de tous les peuples, pense-t-on que les faits si laborieusement rassemblés soient de nature à éclairer beaucoup le philosophe? Qu'on ne s'y trompe pas : on aura constaté des opinions plutôt que des faits, et il restera à déterminer si ce sont des vérités, des préjugés ou des erreurs que l'on aura recueillis. Après qu'un Montesquieu aura dépensé vingt années de sa vie à rassembler les matériaux de l'Esprit des lois, croit-on que la science de la nature humaine en soit bien avancée? L'Esprit des lois est loin d'être un traité de psychologie : il n'enseigne cette science qu'à ceux qui la savent déjà. Aussi bien Montesquieu n'avait-il pas le dessein d'expliquer la nature de l'homme, mais la conduite des hommes en société, et c'est tout ce qu'on peut connaître par de telles méthodes. Qu'on les applique donc là où elles sont d'un emploi utile, mais qu'on se garde d'y voir ce qui n'y est pas, c'est-à-dire une observation véritable de l'âme humaine. Tant qu'on n'étudie pas directement des faits réels, non dans une immense collection d'individus, dans ce personnage à mille têtes[1] qu'on appelle une nation, mais à quelque sujet particulier, que l'on puisse connaître avec certitude, on suit une marche incertaine; le but s'éloigne à mesure qu'on avance, et il semble qu'on s'attache à des chimères, parce que cette méthode manquant de base, n'a de l'observation que le nom, et ne peut fournir que des hypothèses.

Mais voici des philosophes qui, tout en cherchant l'homme hors d'eux-mêmes, s'adressent du moins à quelques individus qui leur paraissent représenter fidèle-

[1] Bellua multorum es capitum, disait Horace au peuple romain.

ment la nature humaine, et s'efforcent de remonter de leurs actes visibles et de leurs manifestations extérieures jusqu'aux opérations intimes et aux facultés de l'âme elle-même. Tout dépend du choix qu'ils vont faire. Quel est donc à leurs yeux le sujet où l'humanité sera le mieux exprimée? Suivant quelques-uns, c'est l'homme dans l'état de nature, antérieurement à toute société, être chimérique, introuvable, et sur lequel on ne peut que former des conjectures, ainsi que l'ont fait Hobbes et Rousseau, entre autres. L'homme réel vit partout en société : c'est donc là qu'il faut l'étudier ; mais si l'on a des préjugés contre la société et contre l'éducation qu'elle donne, on dira, comme Locke et Condillac, que c'est surtout dans l'état sauvage ou dans l'enfance, peut-être même dans l'idiotisme que la nature se montre et qu'il faut l'observer. Locke veut savoir, par exemple, s'il y a des idées innées ou des vérités universellement reçues parmi les hommes? « Laissant là les hommes civilisés qui ont lu les philosophes, il s'adresse aux peuples sauvages, et il demande si un sauvage sait que ce qui est est, que le même est le même. Il répond, pour le sauvage, que le sauvage n'en sait rien et ne s'en soucie guère. Il interroge l'enfant, et il trouve que l'enfant est dans le même cas que le sauvage. Enfin, supposé que les sauvages et les enfants, comme les peuples civilisés, admissent que ce qui est est, que le même est le même, Locke a en réserve une objection, qu'il croit sans réplique : l'idiot n'admet pas ces propositions ; et cette seule exception suffirait, selon Locke, pour démontrer qu'elles ne sont point universellement admises, et par conséquent, qu'elles ne sont point innées [1]. » Il y a deux

[1] V. Cousin, Cours, 2ᵉ série, t. III, 17ᵉ leçon, p. 90.

objections principales à élever contre une pareille méthode. La première est qu'on interroge mal le sauvage, l'enfant et même l'idiot, si l'on ne sait pas obtenir leur assentiment à des vérités aussi évidentes. La seconde est qu'au lieu de prendre la nature humaine à l'état de chaos, il est plus sûr de la prendre chez ceux où elle est complétement développée et manifestée : de cette manière au moins, on interrogera des êtres capables de comprendre une question et même d'y répondre bien ou mal.

A ces études hasardées sur des âmes humaines prises pour ainsi dire à l'état rudimentaire, je préfère de beaucoup une autre méthode qui a été en faveur au seizième siècle, sous l'influence de la Renaissance, et que Ramus a très-ingénieusement appliquée. La voici en peu de mots. Vous voulez connaître la nature humaine et ses puissances : prenez les plus grands représentants de l'esprit humain ; étudiez-les dans leurs chefs-d'œuvre ; vous y trouverez réalisée toute la puissance humaine, sous sa forme la plus excellente ; car, « les leçons de la nature sont comme innées dans ces esprits d'élite [1]. » Ne vaut-il pas mieux, en effet, étudier notre nature et nos facultés dans Platon ou dans Cicéron que dans « le sauvage des forêts de la Lithuanie » à qui Condillac demande des lumières sur l'origine de nos idées ? Cette méthode a cependant plus d'un défaut, et d'abord elle opère sur des œuvres mortes, difficiles à comprendre, prêtant à des explications diverses, témoin les commentateurs, dont l'existence suffit pour attester que tout le monde ne comprend pas de la même manière le langage ou même la pensée et les intentions d'un écrivain de génie. Un autre défaut, qui

[1] Ramus, sa vie, ses écrits et ses opinions, p. 369.

est commun à cette méthode et à la précédente, c'est que toutes les deux portent sur des exceptions, au lieu de commencer par l'homme ordinaire. La prudence nous conseille plutôt de prendre quelqu'un qui ressemble à tout le monde, à côté de nous, à notre portée; nous jugerons ainsi du commun des hommes; puis, lorsque nous aurons étudié la nature humaine dans son état ordinaire et normal, nous pourrons passer de là aux exceptions : nous serons en état de les comprendre. Voilà la règle évidente et sûre, tant qu'il s'agira d'étudier la nature humaine hors de nous, dans nos semblables. Mais pourquoi étudier ainsi nos semblables de préférence à nous-mêmes? Aristote nous l'a dit : « C'est parce qu'il est plus aisé de connaître autrui que de se connaître soi-même. »

Puisqu'une telle assertion se présente sous le patronage et l'autorité d'Aristote, je crois devoir l'examiner avec attention. Aussi bien est-ce la conclusion naturelle de cette revue des méthodes d'observation extérieure proposées au philosophe pour se connaître soi-même, au moyen d'actes visibles, mais que l'on prend comme traductions des réalités intimes. Supposons d'abord qu'il soit très-difficile de s'étudier et de se connaître soi-même. Est-il donc si aisé d'étudier ses semblables? Pour le soutenir, il faut n'en avoir pas fait l'essai; car, aussitôt qu'on en vient à l'application, on voit s'accumuler les difficultés, les doutes et les chances d'erreur. Le fait le plus vulgaire en donnera une preuve irréfutable.

Je vois un homme qui remue son bras : voilà un acte qu'il s'agit de comprendre et d'interpréter. Voyez aussitôt que d'explications s'offrent à mon esprit! Ce mouvement que j'observe peut être volontaire ou involontaire. Est-il involontaire : il peut résulter de trois ou quatre causes très-différentes, soit qu'il ait été purement machinal et corporel, soit qu'on l'ait produit par l'effet de ce besoin alternatif de repos et de mouvement qui joue un si grand rôle dans la vie physique de l'homme, soit enfin qu'il ait été la traduction instantanée d'une pensée ou d'un sentiment. Dans cette dernière hypothèse, comment découvrir la nature de ce sentiment ou de cette pensée ? Mais peut-être ce mouvement était-il volontaire : les hypothèses, dans ce cas, ne seront pas moins nombreuses, et le choix sera toujours très-embarrassant, soit entre une volonté capricieuse et un calcul plus ou moins compliqué de la part de l'agent, soit entre un but ou un autre auquel doit conduire ce commencement d'action, soit entre les divers mobiles qui ont pu y présider. Je suppose que je sorte de cette hésitation, et que je m'arrête à une certaine interprétation de cet acte : puis-je me dire à moi-même que j'en juge avec une certitude parfaite et sans mélange ? Non, je n'aurai pas même cette récompense du travail auquel je me serai livré pour deviner la pensée ou l'état intérieur de celui que j'observe.

Il est vrai que je puis simplifier mes observations, en lui demandant à lui-même pourquoi il a fait ce mouvement. Mais si, par hasard, j'avais affaire à l'un de ces hommes « à qui la parole a été donnée pour déguiser leur pensée ! » Passons sur ce motif de doute ; supposons qu'il dise vrai, et que je le comprenne bien ; le croirai-je ? sur quel fondement ? En vertu et sur la foi de la connaissance qu'il a de lui-même. Quoi donc ! je suppose dans mon semblable le pouvoir de se connaître, et je ne l'admettrai pas en moi-même ? Cela est au moins singulier, pour ne rien dire de plus : car, si je crois que cet homme est capable de retrouver et de décrire ce qui se passe en lui, c'est parce que je sais que je possède une telle faculté. Pourquoi donc m'adresser à d'autres, pour en obtenir d'une manière indirecte et incertaine une connaissance que je puis acquérir en m'observant directement moi-même? Bien plus, il faut que je la possède déjà, si je veux étudier mes semblables ; à cette condition seulement, une telle étude sera utile et même praticable.

En effet, c'est à l'aide des sens qu'on observe autrui, et si l'on était réduit aux indications qu'ils fournissent, jamais on n'arriverait à ce qu'on veut connaître ; jamais on ne découvrirait les conditions, la nature, les mobiles ni le but de ces actes que l'on voit du dehors. Cependant je ne puis observer les actions, les paroles ou les œuvres de mes semblables, sans y attacher certaines idées que les sens n'ont pu me fournir. Parmi ces actes divers, les uns me paraissent bons et les autres mauvais ; ici j'admire le génie et la puissance de l'invention ou du raisonnement ; là je regrette de rencontrer l'ignorance ou l'erreur ; je porte aussi des jugements sur les affections et les passions que j'attribue à autrui. Voilà quels sont les résultats de mes observations ; mais comment ai-je vu, dans ces faits extérieurs, les qualités invisibles que j'y ajoute? Quel rapport y a-t-il entre cette figure, ce mouvement ou cette couleur, et la moralité, l'intelligence, le raisonnement, la passion? D'où me viennent ces idées ? Évidemment, du souvenir de ce que j'ai expérimenté par ma conscience. Si je ne savais pas, pour l'avoir connu en moi-même, ce que c'est que le devoir accompli ou violé, la liberté, la pensée, le sentiment, personne au monde ne pourrait me l'enseigner, ni m'en suggérer la moindre notion. Donc, encore une fois, nous ne pouvons connaître la nature humaine en autrui qu'au moyen de la nature humaine connue d'abord en nous-mêmes. Donc, la première chose à faire en psychologie est de rentrer en soi-même, suivant le précepte de Socrate et de Descartes.

Telle est la conclusion nécessaire de tout ce qui précède. S'il est vrai que les conditions d'une méthode légitime ne se trouvent ni dans des hypothèses et des constructions arbitraires, ni dans une explication impossible de l'individu par l'espèce humaine, ni dans cette observation extérieure et incertaine que l'on peut essayer sur autrui, il ne reste qu'une seule voie pour atteindre avec certitude et sans détours les faits de notre nature : c'est l'étude de soi-même ; c'est la réflexion ou observation intime pratiquée par chacun de nous sur ses propres actes, sur sa pensée, son état intérieur, ses sentiments, ses résolutions, en un mot, sur tous les faits où il est mêlé, et où se montre sous une foule d'aspects divers un seul et même être, ce moi, cette âme, dont on souhaite de pénétrer la nature. Toute la question maintenant est de savoir si une telle observation est possible, comment et jusqu'à quel point ; il faut surtout examiner si l'on peut espérer d'employer scientifiquement et de transformer en une méthode la faculté que l'homme possède naturellement de se connaître soi-même, et à laquelle on donne indifféremment les noms de conscience, de sens intime ou de réflexion, mais que nous appelons plus volontiers la conscience.

Il serait inutile, autant que téméraire, de décrire de

nouveau, après M. Jouffroy, la certitude incomparable de cette faculté et des faits dont elle nous atteste l'existence. Que ce soient là des faits, les faits par excellence (*facta*), puisque ce sont nos manières d'être et d'agir ; que nous en soyons informés sans effort, sans travail, sans recherche aucune, avec une entière et parfaite évidence, à mesure qu'ils se produisent en nous et par nous-mêmes ; que cette connaissance ne soit due à aucun de nos sens, à aucune faculté d'observation extérieure ; que, par conséquent, on doive admettre avec ce nouvel ordre de faits, une autre espèce d'observation, l'observation intime ou de conscience ; et qu'enfin, il soit possible et même facile au philosophe de transmettre au public les résultats de ses réflexions sur lui-même : ce sont autant de vérités acquises pour quiconque a lu l'admirable Préface des Esquisses de Dugald Stewart par M. Jouffroy. Sur tous ces points il serait difficile de corriger ou de compléter ce beau manifeste de notre philosophie spiritualiste, et nous n'hésitons pas à en accepter pleinement tous les résultats. Il est donc établi pour nous qu'il y a un moyen d'atteindre directement et avec certitude les faits moraux de la nature humaine, que ce moyen est la conscience, et qu'il n'y en a pas d'autre. Telle est la première autorité en psychologie ; c'est sur ce fondement qu'il faut la construire, si l'on en veut faire une science. M. Jouffroy a mis cela hors de doute. Mais où son travail nous semble avoir besoin d'être repris et poussé plus loin, c'est lorsque, cessant de considérer la conscience comme faculté naturelle de nous connaître nous-mêmes, il la présente comme instrument d'étude et comme procédé scientifique. Au moins faudrait-il discuter les objections qu'on a élevées depuis contre cette tentative de fonder une méthode sur l'observation de conscience. Il se peut que la forme sous laquelle se sont produites ces objections leur ait ôté de leur valeur, et que l'on ait même cru devoir dédaigner des attaques dont plusieurs sont odieuses et quelques autres tout à fait puériles ou de mauvais goût, comme par exemple certaines railleries assez froides sur la conscience considérée comme une sorte de *lunette* ou de *télescope moral*. On ne peut sans doute que renvoyer les auteurs de ces bons mots à Horace, afin qu'ils apprennent de lui à plaisanter avec un peu plus d'urbanité, de finesse et de grâce. Cependant, on trouve çà et là, dans le pamphlet de M. Pierre Leroux[1], des critiques d'une nature plus sérieuse, et dont l'examen nous servira peut-être à mieux comprendre dans quelle mesure l'observation de conscience est possible et utile.

Je passerai rapidement sur celles de ces objections qui sont empruntées, au moins en apparence, au matérialisme. Voici les principales :

1º L'homme étant composé de corps et d'âme ne peut observer son âme sans rencontrer son corps : il n'y a donc point d'étude possible de l'âme par elle-même ;

2º De même qu'on observe le corps avec les yeux à la fois et avec l'âme, on ne peut observer l'âme sans le secours des sens ;

3º Le fait réel de conscience contient le moi, le non-moi et leurs rapports : on fait donc une abstraction en n'y voulant trouver que le moi ;

4º Il n'y a pas d'esprit vivant sans corps : donc les

[1] Réfutation de l'éclectisme, Paris, 1841, in-12.

faits observés se rapporteront à l'homme esprit-corps, et non à l'esprit seul ;

5º Enfin supposer qu'on peut observer l'âme directement, c'est faire *a priori* l'hypothèse de l'âme spirituelle, ou du moins distincte du corps.

A cette première série d'objections, sans les reprendre une à une, on peut opposer cette réponse courte et catégorique :

Dans l'hypothèse où l'on se place d'une union tellement indissoluble de l'âme et du corps, que l'on ne saurait étudier l'un sans l'autre, le naturaliste qui croit observer directement le corps humain fait aussi une abstraction et poursuit une chimère, puisque le corps ne peut être observé sans l'âme, et que les faits observés se rapportent, comme on dit, à l'homme *esprit-corps*. Il est vrai qu'il ne suppose pas une âme spirituelle ; mais il fait bien pis, en admettant gratuitement la non-existence de notre âme. D'ailleurs les assertions sur lesquelles on s'appuie sont elles-mêmes sans fondement. Il est des vérités d'expérience, telles que notre unité, notre identité, notre activité libre et responsable, qui n'ont rien à faire avec le corps. La langue commune et le sens commun emploient le mot d'*âme* pour désigner quelque chose qui n'est pas le corps ; les mots de *physique* et de *moral* expriment pour tout le monde des choses distinctes. Ce ne sont donc pas des hypothèses, mais des faits reconnus universellement, qui servent de point de départ au philosophe dans l'étude de l'âme. Puis, comme la psychologie n'exclut pas la physiologie, on peut ajouter l'une à l'autre ; mais on ne peut poursuivre ces deux études à la fois. Quant à la conscience, elle ne porte réellement que sur le moi, et non sur « le moi, le non-moi et leurs rapports; » et il ne sert de rien de combattre des vérités de fait par des théories inventées à plaisir.

Voici de meilleurs arguments : ce sont ceux qui tendent à prouver que l'étude expérimentale du moi ne peut se faire que dans le passé par la mémoire, et non à tout moment par la conscience.

Écartons d'abord une difficulté que l'on a tirée de la nature même du fait de conscience. Comment concevoir un observateur qui est la matière de ses propres expériences? Comment admettre que le sujet de la pensée en soit aussi l'objet, et qu'un même individu soit à la fois *acteur* et *spectateur*, sans compter que la conscience est assez souvent appelée le *théâtre* de cette action singulière qui se contemple elle-même[1].

Cette critique ne porte évidemment que sur l'emploi de certaines métaphores et de certaines comparaisons, qu'il est permis de ne pas goûter, mais que l'on peut laisser de côté, sans nuire le moins du monde à la doctrine philosophique qu'elles étaient destinées à mettre en lumière. La difficulté, s'il y en avait une, ne porterait pas sur l'application volontaire du sens intime, mais sur l'existence de cette faculté elle-même et sur la réalité d'un phénomène où semble compromise la fameuse distinction du sujet et de l'objet de la pensée. Mais, si respectable que paraisse cette vue théorique, il n'en faut

[1] Si l'on voulait amuser le lecteur, on n'aurait qu'à citer tout au long quelqu'un de ces passages auxquels il a été fait allusion tout à l'heure, et où le mauvais goût et une malheureuse prétention à l'esprit font presque oublier la faiblesse du raisonnement. Voir, par exemple, dans la Réfutation de l'éclectisme, les p. 156, 157 et 160-161.

pas exagérer la portée, au point de la faire prévaloir sur l'expérience la plus manifeste. De quelque manière qu'on veuille expliquer la connaissance que j'ai naturellement de mes propres actes, qu'on en fasse un mode de ces actes eux-mêmes ou une faculté de les connaître, il est incontestable qu'il y a là une pensée dans laquelle je suis à la fois sujet et objet, puisque c'est moi qui connais, et que c'est moi encore qui suis connu. Ce fait a de quoi nous étonner, j'y consens; mais c'est un fait, et s'il choque nos théories, il les faut corriger, afin de les accommoder à la réalité. La vérité est plus respectable que toutes les formules par lesquelles on la fausse en l'interprétant; et ici le fait, la réalité, la vérité, c'est que, tout en agissant, l'homme sait qu'il agit.

Mais si la conscience n'était pas une faculté distincte de connaître, si cette vue sur nous-mêmes n'était qu'un mode inséparable de nos diverses facultés, chacune d'elles ayant la double propriété de produire certains actes et en même temps de les apercevoir, il ne semblerait pas qu'on pût à volonté reproduire une telle connaissance. Il faudrait attendre que l'acte qu'on veut étudier eût lieu, et tandis qu'on serait occupé à le produire, il serait impossible de l'observer; ou bien, on l'interromprait, et du même coup on cesserait d'en avoir une connaissance immédiate : on n'en aurait plus que le souvenir.

Cette objection repose sur une certaine théorie de la conscience, qui se trouve déjà dans Aristote, et que nous avons eu l'occasion d'examiner dans notre essai sur la Psychologie de ce philosophe. On nous permettra donc de reproduire cette réfutation.

« La première difficulté qui se présente, si l'on nie

la conscience comme faculté spéciale, c'est qu'il y aura dans l'âme humaine un fait capital dont la psychologie ne rendra point compte. En effet, nous savons non-seulement par une abstraction logique, mais comme un fait psychologique, que l'action et la connaissance de l'action sont deux choses distinctes. Non-seulement j'agis, mais je sais que j'agis. Or, de même que mon action suppose en moi un pouvoir d'agir qui suffit à l'expliquer, de même la connaissance que j'ai de mes actes suppose en moi un pouvoir de connaître mes propres actes : c'est ce pouvoir que j'appelle conscience, et qu'on ne peut nier sans nier du même coup que je connaisse mes propres actes. Mais, dira-t-on, il n'est pas une de nos facultés qui ne soit accompagnée de conscience, et le fait de conscience n'a jamais lieu que lorsqu'une de nos facultés s'exerce actuellement : il n'en est donc pas distinct et ne saurait être rapporté à un pouvoir spécial. Cette conséquence n'est pas légitime. Le fait qu'on allègue, et qui est véritable, prouve seulement que la conscience n'est point séparable de toutes nos autres facultés ; mais on n'a jamais prétendu qu'elle en fût séparable : on la reconnaît seulement comme un pouvoir distinct, parce qu'en effet son acte est différent de tous les autres. Si l'on se refuse à cette légitime distinction, je ne vois pas pourquoi l'on ne ramènerait pas à un seul fait, à la pensée par exemple, tous les faits psychologiques ; la volonté, qui ne s'exerce jamais sans l'intelligence, serait ainsi réduite à cette faculté ; et l'on aurait beau objecter que vouloir est autre chose que penser : pourquoi cette objection aurait-elle plus de force en ce qui concerne la volonté que lorsqu'il s'agit du fait de conscience ? On retournerait ainsi à l'unité confuse qui est le point de départ de l'analyse psychologique, et l'on aboutirait à la négation de la science.

Examinons ce que devient la conscience envisagée comme un simple mode de nos diverses facultés et prenons pour exemple la sensation. Pour qu'il y ait véritablement sensation (ou perception sensible), il faut que je connaisse que je sens ; car comment éprouver une sensation sans le savoir ? Après avoir établi ce point, Aristote se demande par quelle faculté nous connaissons par exemple que nous voyons, et il décide que c'est par la vue : car, dit-il, la sensation en acte est semblable à son objet, et, par conséquent, la vision, au moment où elle porte sur une couleur en acte, est visible elle-même. Voilà ce que devient la conscience considérée comme mode de la sensation : elle est elle-même une sensation. Aristote a fort bien vu cette conséquence, et il l'a acceptée. Or, je le demande, n'est-ce pas se faire une idée très-grossière de la sensation, que de prétendre qu'elle est quelque chose de sensible comme son objet ? Non, l'âme qui par les sens perçoit le chaud et le froid, ne devient pas froide ou chaude suivant l'objet qu'elle perçoit. Notre connaissance, qu'elle s'applique à la matière ou à l'esprit, qu'elle s'attache à Dieu lui-même, ou qu'elle daigne s'occuper de cette *boue*, comme dit Platon dans le Parménide, notre connaissance est toujours une pensée, un acte immatériel : car c'est l'acte ou le mode d'un être qui se sert du corps, mais qui n'est point le corps, ni même quelque chose du corps. La connaissance ne peut donc être l'objet d'une sensation ou d'une perception : c'est donc, encore une fois, par une faculté distincte de la perception que nous avons conscience de nos connaissances sensibles.

D'ailleurs, pour peu qu'on aille au fond des choses, on trouvera que cette théorie, qui attribue la conscience comme mode à toutes nos facultés intellectuelles, suppose une autre théorie plus élevée, mais qui n'est qu'une hypothèse, comme nous l'avons déjà montré, à savoir l'identité de la pensée et de son objet. En effet, comment attribuer à une même faculté de connaître la pensée d'un objet, quel qu'il soit, et la connaissance de cette pensée, sans soutenir en même temps que la pensée et la chose pensée ne font qu'un? Or, si cette assertion n'est pas complétement fausse, encore est-il qu'elle offre un caractère d'hypothèse, et que, par conséquent, la théorie qui s'appuie sur elle pèche par la base.

Enfin, si la théorie d'Aristote, que M. Hamilton a reproduite avec tant d'habileté et de force, peut s'appliquer avec quelque vraisemblance à la conscience de nos actes intellectuels, il faut convenir qu'elle serait insoutenable, si l'on considérait d'autres facultés que l'intelligence. Pour quiconque admet comme des faits essentiellement distincts la pensée, le désir, la volonté, il y a nécessité de rapporter la connaissance intime de nos désirs et de nos actes libres à une faculté autre que le désir et que la volonté : or, c'est cette faculté distincte que nous appelons conscience [1]. »

La conscience est donc en nous une faculté distincte et, comme telle, soumise à notre pouvoir personnel, qui en peut faire un instrument de connaissance. Mais

---

[1] De la Psychologie d'Aristote, II⁰ partie, c. IV, p. 348 et suiv. On trouvera d'autres preuves de la même vérité dans l'excellent Traité des facultés de l'âme, de M. Ad. Garnier, l. VI, c. IV, t. II, p. 120 et suiv.

peut-être verra-t-on quelque difficulté à l'employer volontairement, à cause de la facilité même avec laquelle cette connaissance se produit en nous. Dès que nous éprouvons un sentiment, la conscience nous en instruit; dès que nous pensons, elle nous révèle notre pensée; dès que nous agissons, nous le savons d'une manière soudaine, fatale, irrésistible : comment gouverner ce mouvement spontané de la nature? Comment régler et suspendre ces informations incessantes qu'elle nous apporte? La vie humaine s'écoule comme un torrent : n'essayons pas de l'arrêter, pour en étudier le cours. Vouloir s'observer froidement, c'est tuer le fait spontané, le sentiment, la passion, la vie. On ne peut se regarder vivre; on ne peut que se souvenir d'avoir vécu.

Les faits qu'on vient d'alléguer sont réels; mais on en exagère la portée. Il est vrai d'abord que la connaissance que nous avons de nos actes les accompagne fatalement; mais en quoi cette fatalité nuit-elle à l'observation? La connaissance que donnent les faits sensibles est-elle moins fatale, et voit-on que cela nuise à l'exercice volontaire de nos sens? Celui qui, au lieu de *voir* un objet, le *regarde*, ne fait autre chose que se mettre en état de recevoir l'instruction qu'il souhaite, et qui résulte toujours fatalement des conditions où elle s'acquiert. De même celui qui veut connaître la nature d'un de ses actes, se met dans les conditions où cette connaissance lui pourra venir, et c'est cette attention sur soi-même qu'on appelle *réflexion*. Ce mot qui revient à chaque instant dans nos discours et qui n'exprime que l'observation volontaire de soi-même, atteste que cette observation n'est pas une fiction des philosophes, mais une opération de l'esprit, à l'usage de tous les hommes.

Il se peut que tous ne la pratiquent pas avec une égale facilité ; mais il n'est personne à qui il ne soit arrivé souvent de faire sur soi-même un retour plus ou moins sérieux, pour ressaisir sur le fait une impression, une pensée, un état de l'âme.

Mais, dit-on, le fait de conscience passe si vite! Cela est encore vrai ; c'est même une analogie de plus avec les faits qui s'observent au moyen des sens. N'est-ce pas aux sens que sont empruntées ces images d'une succession rapide d'événements instantanés : le fleuve, le torrent, l'éclair, etc.? Aussi ne saurait-on faire des expériences sur la plupart des choses sensibles sans le secours de la mémoire ; car, sans elle, on ne pourrait ramener à une seule notion les divers éléments d'un fait toujours plus ou moins complexe, les phases de son apparition toujours successive, les parties de sa durée toujours divisible. Eh bien, la réflexion, tout comme l'attention aux choses du dehors, a souvent besoin de la mémoire pour se prolonger, pour se compléter et pour aboutir à un résultat unique ; mais cette condition, tout en témoignant de ses limites, n'infirme en rien sa certitude : car, si nous doutions de notre mémoire, il faudrait douter de tout, et si nous avons jamais une pleine confiance dans cette faculté, ce doit être lorsque le souvenir succède immédiatement au phénomène qu'il nous rappelle. Ajoutons à cela que, si le fait de conscience passe vite, en revanche il se répète souvent, et que le nombre des observations et des souvenirs peut suppléer à leur durée. Enfin, ne peut-on pas, à son gré, reproduire la plupart des actes qui sont la matière de la psychologie? Je recherche, par exemple, si je suis doué de la faculté de mouvoir mon bras : ne puis-je pas produire ce mouvement, et m'étudier au moment où je le produis? Je veux connaître les circonstances d'un acte volontaire, les éléments, les conditions et les degrés d'une opération intellectuelle : qui m'empêche d'exercer ou ma volonté ou mon intelligence, et d'en considérer en même temps les effets?

Nos affections elles-mêmes, nos plaisirs et nos peines peuvent devenir pour nous des sujets d'étude. « Quoi ! s'écrie le véhément adversaire de l'éclectisme, prétendez-vous, pour vous connaître, vous observer froidement, comme vous observeriez un insecte ou une étoile, sans idée préconçue, sans moralité, sans croyance, sans émotion? » La vie de l'homme, celle du philosophe en particulier, n'est-elle pas une *inspiration?* L'analyser, c'est la tuer! Comment ne voyez-vous pas que *cette recherche glaciale et inféconde* anéantit le sentiment, et que « plus vous serez attentif comme observateur, plus vous êtes assuré de faire disparaître de votre âme le phénomène qui l'occupait[1]? »

Si l'homme était toujours dans un état de frénésie ou même de passion, il lui serait impossible, je l'avoue, de s'observer lui-même, et peut-être est-ce la cause qui empêche certaines personnes de comprendre qu'un vrai philosophe puisse le faire si aisément. Mais, au lieu de prendre l'homme dans cet état maladif, en proie à des émotions extraordinaires qui bouleversent l'âme et troublent le jugement, il s'agit d'étudier le cours normal de ses affections, la nature de ses impressions

---

[1] Réfutation de l'éclectisme, p. 104, 120, 137-139, etc. L'auteur s'emporte jusqu'à dire que, suivant lui, « toute cette psychologie de l'observation pour l'observation est *aussi immorale et aussi impie qu'elle est absurde.* »

ordinaires, et là l'observation est facile. En face d'un objet quelconque, et tout en subissant son influence, on peut se demander si on l'aime ou si on le hait, s'il est agréable ou pénible, et dans quelle mesure. Notre sensibilité a été justement comparée à une pierre de touche : elle nous révèle les qualités bonnes ou mauvaises des objets, et cela, par la connaissance des sensations ou des sentiments que leur présence excite en nous. Quant à ces passions violentes et exceptionnelles qu'on nous oppose, s'il est vrai que ceux qui les éprouvent en soient dominés au point de ne pouvoir s'y soustraire ni les analyser pendant la durée de la crise, il paraît difficile qu'ils les oublient, et le souvenir qu'ils en gardent est assez profond pour être durable, et assez vif pour tenir lieu d'une observation directe.

En résumé, il est possible à l'homme de s'observer directement lui-même, sans le secours d'organes assignables, par la seule conscience, appliquée volontairement, et secondée au besoin par la mémoire ; et, tout en défendant la réalité d'une telle observation, nous nous trouvons avoir démontré la possibilité d'une expérimentation psychologique. Il résulte en effet de tout ce que nous avons dit qu'il y a lieu de distinguer trois degrés dans l'exercice de la conscience. Le premier est cette connaissance de soi-même qui est commune à tous les hommes, et qui accompagne naturellement et sans effort chacun des actes et des états de l'âme. Puis vient l'observation proprement dite, c'est-à-dire encore cette même connaissance, mais précédée et préparée par une résolution expresse de savoir ce qui se passe en nous dans telle ou telle situation, lorsqu'elle se produira. Enfin, il y a un art de prolonger, de suspendre et de varier les expériences, à l'exemple du physicien, qui n'attend pas le bon plaisir de la nature, mais qui s'ingénie à lui arracher ses secrets, en l'obligeant à se montrer à lui dans les conditions les plus diverses et même les moins ordinaires.

C'est au second degré que s'arrête M. Jouffroy, lorsqu'il dit : « Notre expérience nous a prouvé que, dans l'étude des faits internes, on ne gagne rien à leur courir après ; il faut les attendre, si on veut les attraper, et les surprendre au passage, si l'on veut les voir au naturel ; » et ailleurs : « Pour que l'homme puisse sentir la vie intérieure, il faut qu'il la laisse aller ; et plus elle va et mieux il la saisit ; et il suffit qu'elle aille pour qu'il en ait le spectacle [1]. » En quoi donc les observations du philosophe diffèrent-elles de celles du moraliste, ou même du premier venu qui, sans dessein scientifique, s'avisera de réfléchir sur ses impressions du moment ? En deux points seulement, suivant M. Jouffroy. D'abord, l'observateur philosophe n'abandonnera pas ses découvertes au hasard ; « il aura un plan de recherches prémédité, et ne donnera son attention, dans un temps déterminé, qu'à une certaine espèce de phénomènes. » Puis, « il ne doit pas non plus s'arrêter à la notion naïve, mais inachevée, que la vue rapide du fait a donnée à l'intelligence : il faut que la méditation la couve pour ainsi dire sous ses ailes, et la fasse éclore [2]. » Il me semble que l'éminent philosophe que je viens de citer omet une opération intermédiaire entre l'observation du naturaliste et les spéculations du métaphysicien. Avant de permettre au philosophe d'ajouter

---

[1] Préface des Esquisses de D. Stewart, p. xlij, xliv.
[2] Préface des Esquisses de D. Stewart, p. xliv, xlv.

ses méditations à l'expérience, il faut qu'il ait épuisé tout ce que celle-ci peut lui donner directement, et ce n'est pas assez exiger que de lui recommander un certain ordre dans les phénomènes auxquels il accordera son attention, à mesure qu'ils se produiront. Attendre ainsi les phénomènes, c'est s'exposer à perdre beaucoup de temps et à ne faire que des observations de peu de valeur. Ce n'est pas de cette manière que procède l'expérience savante de Bacon, celle qui doit préparer le psychologue, comme le physicien, à l'interprétation de la nature. Il faut aller au devant du fait que l'on veut connaitre ; il faut le soumettre à l'expérience, en le produisant soi-même dans les meilleures conditions, et en variant les circonstances où l'on doit l'étudier. Voilà la véritable expérimentation : or, nous avons vu qu'elle est praticable pour la plupart des mouvements, des pensées, des sentiments et des actes de la volonté, c'est-à-dire pour la presque totalité des faits de conscience.

L'étude expérimentale de l'âme est possible, puisqu'elle repose sur des faits réels, dont nous avons une connaissance naturelle et certaine, et qui pourraient être étudiés à l'aide de la mémoire, mais qui peuvent aussi être observés directement par la conscience, et soumis à une expérimentation plus ou moins savante et délicate, qui les reproduit, les prolonge ou les suspend à volonté. Les débuts de la psychologie sont donc assurés. Ne nous hâtons pas d'en conclure que cette science est organisée. Il faudrait pour cela qu'elle eût une méthode bien définie, et c'est ce qui n'est pas. Parce que nous sommes en possession d'un procédé certain, et riche en connaissances précieuses sur nous-mêmes, sur nos actes et nos manières d'être, il ne faut pas nous imaginer que nous possédions une méthode pour la psychologie. La conscience n'est pas plus une méthode que les sens extérieurs. « Ce sont des vues spontanées ; tout l'art qu'on y peut déployer consiste à regarder attentivement, et cet art, qui nous fera mieux connaître les phénomènes, ne nous en découvrira pas les causes [1]. » La conscience, je le répète, n'est pas un mot magique, qu'il suffise de prononcer pour avoir décrit une méthode. C'est un procédé qu'il faut employer d'une certaine manière et soumettre à une certaine discipline, pour en tirer tout ce qu'il contient. Essayons d'en mesurer la portée, afin de nous rendre compte à la fois de ce qu'on peut connaître par son moyen et de tout ce qui lui échappe dans la science de l'âme.

Il est évident d'abord que, par l'observation directe de conscience, on pourra étudier plus ou moins parfaitement tous les faits particuliers de la vie ordinaire, tous ceux du moins dont on aura déjà quelque idée, un seul excepté, qui est précisément l'acte par lequel nous nous connaissons nous-mêmes. Quand on dit que l'on a conscience de toutes ses facultés, au moment où elles s'exercent, il est clair qu'on en doit excepter la conscience ; autrement on tomberait sous le coup de cette objection, dont on a fait tant de bruit depuis Hobbes et Gassendi jusqu'à nos jours, savoir, que le philosophe spiritualiste a la prétention ridicule *d'avoir conscience d'avoir conscience d'avoir conscience*, etc., à l'infini. La pensée n'existe pour nous qu'à la condition d'être déterminée, et ce qui la détermine, c'est la notion de son objet : ainsi, nous ne connaissons nos manières d'être

---

[1] Ad. Garnier, Traité des facultés de l'âme, Préface, p. VIII.

que dans leur rapport au moi qu'elles expriment, et l'acte de conscience, par lequel nous apercevons ce rapport, détermine notre pensée ou notre connaissance de nous-mêmes, sans y être contenu actuellement; nous avons donc conscience de notre état, comme nôtre, à un moment donné, mais non de la conscience de cet état: ce n'est que plus tard, en y appliquant notre mémoire, que nous y retrouvons le témoignage du sens intime. Là donc, nous ne saurions ressaisir par une vue directe ce qui échappe à notre faculté naturelle de connaître. Hors de là, elle peut retrouver par la réflexion un fait quelconque entre tous ceux que la conscience instinctive nous aura d'abord révélés.

En second lieu, a-t-on la conviction ou seulement un vague soupçon de l'existence d'une faculté dans l'âme humaine: si les faits qu'on lui rapporte sont réellement de notre nature, il nous sera toujours possible de les reproduire et de vérifier par là d'une manière irréfragable la vérité de la doctrine qui nous attribue cette faculté. Il n'est point de puissance, point de propriété de l'âme qui ne soit susceptible d'une telle expérimentation et d'un tel contrôle.

Non-seulement la conscience atteint directement nos actes, et par eux nos facultés; mais elle va plus loin encore: elle nous fait connaître le moi lui-même, non d'une manière abstraite, mais dans les faits que nous observons et dans les facultés que nous employons sciemment: car elle nous atteste notre existence individuelle et personnelle, en même temps que notre part d'activité et d'initiative dans chacun de nos états divers. Si l'instinct nous dit tout cela, la réflexion, l'observation volontaire nous le dira plus clairement.

Voilà ce que la conscience employée par le philosophe lui peut faire connaître avec une certitude immédiate et invincible ; c'est son domaine propre, et certes nous ne venons pas en contester l'étendue et la richesse; mais il faut aussi nous rendre compte de ses limites, et comprendre que cette faculté précieuse que nous tenons de la nature, n'atteint pas par elle-même, directement et sans autre secours que celui de la mémoire, toutes les connaissances que doit comprendre la science proprement dite de l'âme humaine.

Une première imperfection de l'observation de conscience, c'est de ne pas reproduire complétement, je ne dis pas la totalité des faits de notre nature, mais tout ce dont nous avons le sentiment instinctif. C'est une question délicate et jusqu'ici imparfaitement résolue, de savoir si la conscience connaît effectivement toutes les phases, toutes les modifications ou manifestations de l'âme, ou s'il y a des faits imperceptibles pour elle et qui demeurent plongés dans les mystérieuses profondeurs de notre nature. Nous ne venons pas discuter cette question. Mais, en supposant qu'il n'y ait d'autres faits dans le développement de l'âme que ceux qui sont aperçus par le sens intime, il paraît indubitable qu'entre tous les faits de la vie psychologique qui ont été accompagnés de conscience, la réflexion qui s'y applique fait nécessairement un choix plus ou moins restreint, plus ou moins arbitraire : car elle ne saurait tout reprendre ni tout reproduire. Ainsi, la nature même et le nombre indéfini des faits de conscience répugnent à une observation complète ; voilà donc une première lacune dans ce procédé, directement appliqué à son objet ; ce n'est pas la seule.

Il y a des philosophes qui pensent que la simple observation de conscience, pratiquée sans apprêt et sans effort, suffit pour nous faire connaître toutes nos facultés. Si ces philosophes veulent dire que, sans exercer actuellement une faculté, nous en avons conscience, ils sont dans l'erreur : car aucune de nos puissances naturelles ne se fait sentir à nous dans le vide, pour ainsi dire, excepté celle qui est le fond même de notre activité et l'essence de la personne, c'est-à-dire la volonté. Peut-être se bornent-ils à prétendre que chaque fois que nous agissons, nous pouvons savoir par une conscience plus ou moins réfléchie, non-seulement que nous agissons, mais que c'est en vertu de la puissance que nous avons d'agir ainsi. Si telle est leur pensée, il leur faut convenir qu'il y a très-loin de cette connaissance à celle que réclame le philosophe. Le philosophe a besoin de savoir exactement combien l'âme a de facultés, et c'est ce que l'observation toute seule ne lui dira pas ; il veut se rendre compte de la nature de ces diverses facultés, et la conscience ne lui fait connaître que leurs actes ; il doit aussi étudier les rapports de ces facultés entre elles, et cette étude dépasse de beaucoup la portée de l'observation interne, réduite à elle-même. Enfin, ce procédé est absolument insuffisant pour découvrir les lois d'exercice de toutes nos facultés ; il ne peut que fournir les premiers éléments d'une telle recherche.

A plus forte raison ne peut-on espérer de découvrir par la simple analyse de nos diverses manières d'être, quelle est la nature de ce moi, que nous appelons notre âme. On ne saura même pas de cette manière ce que c'est qu'une âme. Que sera-ce, lorsqu'on se demandera en quoi consiste l'essence spirituelle de l'âme, et quels sont ses rapports avec l'organisme auquel elle se trouve unie et comme mêlée, sans cesser d'en être distincte et même indépendante par sa nature?

On le voit, la conscience, l'observation intérieure n'est pas capable à elle seule de donner au philosophe toute la science de l'âme : elle fournit des matériaux, elle ne les met pas en œuvre. Tout n'est donc pas dit sur la méthode à suivre en psychologie; il reste au contraire à la décrire : car on n'en a que la matière première. En effet, tout ce qui a été établi jusqu'ici se réduit à cette double vérité, qu'il existe des faits réels, autres que les faits sensibles, à savoir nos actes et nos manières d'être, et que nous possédons un moyen de les observer, de les connaître, de les analyser en détail avec une parfaite certitude.

Or, sur ce fondement si ferme et si assuré, comment établir la science de notre nature? A quelles règles est soumise cette construction? Comment s'opérera le passage légitime de l'observation de quelques faits pris dans la vie humaine à une doctrine philosophique sur l'âme considérée dans ce qu'elle a de plus intime? Tous ceux qui admettent et pratiquent l'observation de conscience ne répondent pas de la même manière à ces questions : preuve évidente que l'analyse intérieure de l'âme par elle-même ne suffit pas pour faire la psychologie, et qu'elle n'est qu'un des éléments, le premier sans aucun doute, de la méthode plus compliquée que réclame cette science. Il faut donc poursuivre notre recherche, et marcher jusqu'au bout dans cette voie, sans perdre jamais de vue, d'un côté, l'ensemble des questions psychologiques, de l'autre tout ce qui a été dit et fait jusqu'ici par les philosophes pour organiser scientifiquement l'étude de l'homme intellectuel et moral; car la véritable méthode, seule exacte et complète, se reconnaîtra, suivant nous, à ce signe, qu'elle résumera toutes les méthodes particulières dans ce qu'elles ont d'utile, en même temps qu'elle traitera d'une manière satisfaisante tous les problèmes relatifs à la nature de notre âme.

IV.
Critique des méthodes reçues en psychologie.

Il semble convenu de nos jours, au moins en France, que la psychologie doit être traitée par l'expérience; mais cet accord apparent cache une diversité assez profonde, comme il est facile de s'en convaincre, en examinant les méthodes pratiquées par les chefs de notre école psychologique. Si l'on y regarde de près, on en distinguera deux ou trois, dont les différences sont chaque jour plus tranchées. La première, qui est empruntée à Descartes, consiste à analyser un fait de conscience, afin d'en dégager immédiatement les éléments fondamentaux, essentiels, qui expriment la nature de l'âme. La seconde s'inspire de Bacon et prétend appliquer à l'étude des faits de conscience les règles du Novum Organum, pour découvrir non la nature de l'âme, mais les lois qui en régissent le développement. Une troisième méthode, qui d'abord ne semble qu'une forme de la seconde, mais qui en diffère d'une manière notable, s'efforce de déterminer par l'induction, entendue d'une certaine façon, toutes les propriétés et facultés du moi.

L'étude de ces diverses méthodes nous fera voir ce que peut chacune d'elles pour l'avancement de la psychologie.

Descartes est le premier qui ait donné l'exemple d'une sérieuse observation de soi-même, dans le sens philosophique du mot. Personne avant lui n'en avait si bien compris la nature et la portée, et personne n'a si bien réussi à la décrire et à la faire comprendre. Je n'en veux pour preuve que la phrase célèbre par laquelle s'ouvre la troisième de ses Méditations : « Je fermerai maintenant les yeux, je boucherai mes oreilles, je détournerai tous mes sens, j'effacerai même de ma pensée toutes les images des choses corporelles, ou du moins, parce qu'à peine cela se peut-il faire, je les réputerai comme vaines et comme fausses, et ainsi m'entretenant seulement moi-même, et considérant mon intérieur, je tâcherai de me rendre peu à peu plus connu et plus familier à moi-même. » Ainsi parle notre grand philosophe, et conformément à cette résolution héroïque, au milieu de gens qui ne jurent que par les anciens ou par leurs sens, il s'affranchit de tout préjugé, il fait taire en lui-même tous les bruits du monde extérieur, il s'observe, il se cherche, il se trouve enfin dans sa pensée; il fait cette découverte immortelle : Je pense, donc je suis, c'est-à-dire je suis une chose qui pense; je suis cela essentiellement; je ne suis qu'à la condition de penser. Ce sentiment profond du moi, de l'âme, de l'homme lui-même, saisi dans sa nature intime, était en effet une immense découverte : c'était la vraie méthode indiquée, enseignée, prêchée par l'exemple, avec cette force de vérité qui fonde seule une autorité durable dans l'ordre intellectuel. La méthode de Descartes a fondé la philosophie moderne, en lui donnant l'unité des vues. Les divagations ne comptent pas; l'unité définitive de la philosophie moderne est dans l'unité de l'esprit humain appliqué à se connaître soi-même. Cette conviction, cette habitude salutaire inculquée à tous les bons esprits depuis plus de deux siècles, est un des progrès les plus considérables dans les annales de la philosophie, et c'est à Descartes que la science de l'âme est redevable de ce bienfait.

Après cet hommage rendu à la méthode psychologique de Descartes, nous n'hésiterons pas à en signaler l'imperfection et les lacunes. Au fond, elle se résout en ces deux éléments : d'abord, une observation attentive et même profonde, et pour laquelle on a pris de grandes précautions, mais qui ne porte que sur un seul fait de conscience ; puis un raisonnement précipité, aventureux, hypothétique sur la nature de l'âme. En s'étudiant ainsi à un moment donné, on se trouve pensant, et l'on en conclut aussitôt que l'âme est tout entière dans la pensée. Quoi de plus incomplet, de plus exclusif et de plus téméraire qu'une pareille méthode ? Ne pouvait-elle pas fournir tout aussi bien cette formule que Condillac et le dix-huitième siècle opposent à Descartes : « Je sens, donc je suis, et je suis une chose douée de sensation, » ou cette autre formule où se résume la philosophie de Maine de Biran : « Je veux, donc je suis ? »

Malgré cette triple leçon de l'histoire, on a vu le plus éminent de nos maîtres reprendre cette méthode imparfaite qui part de l'analyse, mais pour aboutir presque aussitôt à l'hypothèse. Ce n'est pas que M. Cousin ait méconnu ce danger : il l'a signalé lui-même avec une netteté admirable. « L'écueil de l'analyse psychologique, dit-il avec raison, et en général de toute analyse, est qu'elle divise nécessairement, et qu'en divisant elle s'attache à quelqu'un des éléments de la réalité et néglige les autres¹. » M. Cousin s'est efforcé en conséquence d'analyser la vie psychologique d'une manière plus complète et plus vraie, et grâce à la plus rare pénétration, il a réussi à en donner une théorie où se trouvent conciliées celles de Descartes, de Condillac et de Maine de Biran, et qui démêle dans la conscience trois éléments essentiels, l'activité, la sensation et la pensée. Mais, pour être pratiquée avec plus de largeur et d'étendue, la méthode n'en est pas moins la même : c'est toujours la nature humaine déduite immédiatement de l'analyse d'un seul fait de conscience. De là encore des hypothèses, ou des résultats qui ne paraissent pas établis d'une manière satisfaisante. Cette triplicité phénoménale, disait une célèbre Préface, exprime dans l'âme les trois termes de la science, le moi, le non-moi ou nature, et leur rapport ou identité absolue, qui est Dieu, Dieu triple lui-même, « c'est-à-dire à la fois, Dieu, nature, humanité². » Ces conséquences et d'autres encore, que l'on n'a pas à examiner ici et qui d'ailleurs ne se trouvent pas dans les écrits les plus récents du même philosophe, dans ceux où l'on doit chercher sa véritable pensée, ces assertions, dis-je, ont de quoi rendre suspecte la méthode qui les a fournies. Mais il suffit de faire remarquer combien est arbitraire le principe sur lequel elle repose, savoir, que l'âme tout entière étant avec ses propriétés essentielles dans chaque fait de conscience, il suffit d'en analyser un seul avec profondeur pour connaître les facultés et la nature intime de notre âme. Ce principe, qui ne se trouvait qu'implicitement dans les doctrines philosophiques des

---

[1] Compte rendu de l'Acad. des scienc. mor., oct. 1850, p. 258.
[2] Fragments philosophiques (1826), Préface, p. XXXIII-XL.

derniers siècles, est avoué et professé hautement par le philosophe que nous venons de citer : « Ce n'est pas dans trois faits que se résume la conscience tout entière, c'est dans un fait unique, mais complexe, dont la sensation, l'intelligence, l'activité sont les éléments intégrants et inséparables. Encore une fois, on est condamné à abstraire pour observer mieux ; mais il faut bien se dire à soi-même que cette abstraction ne répond point à la nature des choses..... Une analyse attentive et patiente, dirigée par le sens commun, retrouve partout ces trois éléments en des proportions diverses ; et c'est dans leur rapport harmonieux que consiste l'unité de la conscience et de la vie psychologique [1]. » Une telle analyse peut être « attentive et patiente, » mais elle est nécessairement systématique. L'opinion préconçue, qu'elle est destinée à vérifier, est en vain appelée « le sens commun ; » ce n'est toujours qu'une hypothèse, qui sous la plume et avec la haute intelligence de M. Cousin, a donné naissance à un éclectisme spiritualiste et s'est exprimé dans le livre admirable *Du vrai, du beau et du bien*, mais qui, dans d'autres mains, a enfanté je ne sais quel sensualisme mystique, à la fois prétentieux et vulgaire, fondé aussi sur une *triade*, et dont la formule psychologique est « sensation-sentiment-connaissance. » Cette seconde doctrine, qui témoigne d'un tout autre esprit que la première, invoque cependant une méthode pareille : elle est également déduite de la description d'un seul état de l'âme, que l'on appelle aussi *le fait de conscience*. Ce fait, bien entendu, n'a pas été pris au hasard, mais il a été choisi entre tous, parce qu'il contenait ces trois éléments et qu'on était bien sûr de les y

[1] Compte rendu de l'Acad. des sc. mor., oct. 1850, p. 261.

retrouver. Il est vrai que, d'un côté, on se fait fort d'avoir pour soi le sens commun ; mais, de l'autre, on conteste cette prétention, et l'on parle au nom de la philosophie elle-même : on se dit, on se croit inspiré par le génie de l'humanité [1]. De part et d'autre, on sent combien est précaire l'analyse sur laquelle est appuyé tout le système, et l'on cherche à la fortifier du dehors, tandis qu'une analyse exacte et complète doit s'imposer à tout le monde par la seule autorité des faits qu'elle reproduit fidèlement.

Quoique la méthode dont il s'agit soit acceptée par un certain nombre de philosophes en France, je ne sache pas qu'aucun d'eux entreprît de soutenir sérieusement que chaque fait de conscience contient toutes les facultés de l'âme. Cette assertion est tellement invraisemblable, que je m'abstiendrai de la discuter. Mais si l'âme n'est pas tout entière dans chacune de ses manières d'être, peut-être croit-on que l'essentiel au moins s'y trouve toujours. Cela est possible, quoiqu'on ne le démontre point ; mais comment distinguer l'essentiel de ce qui ne l'est pas, si l'on n'a beaucoup observé ? En admettant que, par bonne fortune, on ait rencontré la vérité sur la nature de l'âme, c'est une heureuse conjecture, non un résultat que la science doive enregistrer et qu'elle puisse enseigner avec confiance, attendu qu'elle ne saurait justifier les moyens par lesquels on y est arrivé. Cette méthode est trop facile et trop prompte, elle saute trop brusquement du commencement à la fin de la science de l'âme, pour n'être pas entachée d'hypothèse. Comment faire croire à un esprit

---

[1] Réfutation de l'éclectisme, p. 11, 103 et suiv., 187, etc.

sérieux, ayant lu et médité le Novum Organum ; que l'interprétation de la nature soit au prix d'une expérience unique, et qu'en analysant un seul fait de conscience on soit assuré de connaître ce que toute la philosophie ancienne a ignoré, et ce que la philosophie moderne cherche encore, les propriétés secrètes et essentielles de notre âme ? La science d'ordinaire ne marche pas si vite, et si l'on se rappelle les nombreux et difficiles problèmes que comprend la psychologie, depuis ce premier degré de l'observation intérieure où elle n'atteint que des faits, jusqu'à la connaissance dernière où elle aspire, on n'admettra pas que l'on puisse sans témérité se confier à une méthode aussi périlleuse.

Celle de Reid et des philosophes de son école est plus circonspecte, au moins en apparence, et à n'en juger que par le titre et par le programme. Elle consiste en effet à transporter dans l'étude des choses de l'âme le procédé que les sciences physiques ont employé avec tant de succès, c'est-à-dire l'induction baconienne. « Le trait distinctif de la philosophie de Reid, a dit avec raison son plus habile disciple, est la fidélité systématique avec laquelle il a suivi la méthode d'investigation qui est décrite dans le Novum Organum, et dont un si heureux exemple a été donné en physique par Newton et son école. Faire reconnaître ce procédé comme le seul moyen de parvenir à la connaissance de la nature, tel était le but favori de ses travaux... La révolution qui s'est opérée durant les deux derniers siècles dans la méthode des sciences physiques, et les succès remarquables qui en ont été la suite, ne pouvaient manquer de faire naître l'idée que quelque chose de semblable s'accomplirait probablement un jour pour les phénomêmes du monde intellectuel[1]. » On voit assez par ce passage que Dugald Stewart partage sur ce point les vues de son maître. Il en est de même de toute l'école écossaise et des philosophes qui, en France, se sont rattachés à cette école. Voici comment s'exprime M. Royer-Collard : « La logique du raisonnement inductif a été créée par Bacon dans le Novum Organum ; les quatre règles de Newton en sont les principes les plus généraux. Elle est bien plus difficile et bien plus utile que l'autre (celle d'Aristote) ; car la philosophie naturelle et la philosophie de l'esprit humain étant des sciences de pure induction, la logique de l'induction est l'instrument de toutes les découvertes qu'on y peut faire[2]. » M. Jouffroy, qui, après M. Royer-Collard, a été le principal interprète de la philosophie écossaise en France, a professé la même opinion, et il s'est appliqué à la mettre en lumière dans sa Préface des Esquisses de Dugald Stewart. « Avant le docteur Reid, dit-il (p. cxi), on peut dire que personne n'avait eu la conception nette et du but véritable de la philosophie et de la méthode qui lui convient. » Et à plusieurs reprises, il a clairement exposé cette méthode, dans son application à la science des faits psychologiques : « De quoi s'agit-il, si ces faits, comme l'expérience le prouve, sont observables ? De reconnaître leurs lois, et ces lois reconnues, d'en tirer des inductions pour toutes les questions qui s'y rapportent (ibid. p. xxxviii). »

On voit que, suivant tous ces philosophes, la psychologie est une science analogue à la physique, et soumise comme elle aux règles de l'induction baconienne.

---

[1] D. Stewart, dans la Vie de Reid, sect. II.
[2] Fragments, dans le t. IV des Œuvres de Reid, p. 279.

Cette idée, au premier abord, doit paraître plausible. S'il est vrai, comme on l'a vu dans l'Essai précédent, que l'induction s'applique partout où l'on part de faits observables pour atteindre à des résultats généraux, et que ce procédé ne soit utile et fécond que lorsqu'on l'emploie suivant les règles du Novum Organum ; si l'on est fondé à dire que c'est à la méthode baconienne que les sciences physiques et naturelles doivent leurs découvertes dans les temps modernes, pourquoi le philosophe n'y aurait-il pas recours pour découvrir les lois des faits moraux ? Si, des deux côtés, il s'agit d'interpréter la nature, pourquoi des deux côtés ne procéderait-on pas de la même manière ? Il paraît donc incontestable que la méthode inductive a sa place marquée en psychologie. Cependant, plus on y pensera, plus on reconnaîtra qu'il y a lieu de douter que l'école écossaise en ait compris le véritable rôle, en l'assignant comme unique méthode à une science aussi multiple que celle de notre nature et de nos facultés.

Remarquons d'abord le défaut du raisonnement qu'on allègue, et qui se réduit à ceci : La méthode de Bacon appliquée aux phénomènes sensibles a produit de magnifiques résultats ; appliquée aux phénomènes de conscience, elle ne peut manquer d'élever la psychologie à la hauteur d'une science. Ce raisonnement repose sur une analogie ; il n'est donc pas démonstratif. Comme il ne s'agit pas des mêmes phénomènes, on peut croire qu'il n'y aura pas une identité parfaite entre la marche du physiologiste ou du physicien et celle que le philosophe doit suivre dans l'étude de l'âme ; on peut donc regarder comme une conjecture quelque peu hasardée ce parallélisme de la science des faits moraux avec celle des faits sensibles. C'est une vérité logique de grande importance, qu'une même méthode est susceptible de formes très-diverses, suivant les questions que l'on traite et suivant les accidents des diverses matières auxquelles elle est commune dans sa généralité. Ce principe, que nous avons exposé plus haut[1], devant trouver ici son application, il ne sera pas inutile de l'éclaircir par quelques exemples.

Toutes les fois que l'esprit recherche les preuves de certaines vérités ou les conséquences de certains principes, il a recours au procédé déductif. Or, ce procédé est assez différent de lui-même, selon qu'il sert à prouver ou à déduire[2]. Ce n'est pas tout; les principes qu'emploie le raisonnement et qui en sont une partie essentielle, sont eux-mêmes très-divers, les uns étant tout abstraits, les autres nécessaires et primitifs, ceux-ci apportant avec eux la certitude, et ceux-là une probabilité ou une vraisemblance. Dans toutes ces hypothèses, la méthode déductive diffère notablement d'avec elle-même.

De bien plus grandes différences peuvent être signalées au sujet de l'observation. Tantôt elle est sensible et porte sur le monde extérieur; tantôt elle est morale et s'applique aux réalités intimes. Ici, elle constate ce qui se présente de soi-même, comme en histoire naturelle; ailleurs elle produit les phénomènes, elle interroge et tourmente la nature, pour lui arracher ses secrets, comme en physique et en chimie.

La méthode inductive, à son tour, comporte une foule de degrés et de nuances, dans ces études si dif-

---

[1] Essai VI, de la méthode inductive, c. II, § 4.
[2] Voir notre Essai V, de la méthode déductive, p. 178 et suiv.

férentes, si variées : la physique, la chimie, la médecine, la géologie, l'astronomie ou l'histoire. Toutes ces sciences et bien d'autres encore se servent de l'induction, mais chacune l'emploie à sa manière.

Non-seulement, en passant d'une science à l'autre, une même méthode change et revêt des aspects différents ; mais de plus, dans les différentes parties d'une même science, elle ne procède pas d'une manière uniforme. En géométrie, par exemple, le raisonnement n'est-il pas employé tour à tour d'une manière analytique ou d'une manière synthétique ? Ce même procédé ne repose-t-il pas sur des définitions plus ou moins nombreuses, sur des propositions prises de divers côtés et diversement combinées entre elles, en sorte qu'il peut se présenter sous la forme du prosyllogisme ou du sorite, de l'épichérème ou du dilemme ? Il donne tantôt une démonstration directe, tantôt une démonstration indirecte ou par l'absurde. Voilà bien des variations, et il s'agit cependant de la plus simple, de la plus claire, de la plus immuable de nos méthodes, et dans la science qui procède le plus directement et avec le moins grand nombre de données. Toute autre étude, à plus forte raison, ayant à traiter des questions plus complexes, et employant des procédés moins directs, sera exposée à changer souvent de méthode, ou à varier beaucoup dans le détail cette méthode qui d'abord semblait unique et immuable, à ne considérer que l'ensemble. La psychologie, entre autres, ayant un objet très-différent de celui des sciences physiques, et comprenant un très-grand nombre de problèmes particuliers, il est permis de contester qu'elle puisse être traitée tout entière par une seule méthode, qui serait précisément celle qui découvre au physicien les lois des phénomènes sensibles. Au moins peut-on éprouver quelque scrupule à suivre des philosophes qui se proposent de transporter purement et simplement en psychologie la méthode des sciences physiques, sans y mettre d'autre différence que celle des matières, et sans expliquer sous quelle forme spéciale et dans quelles rencontres elle y doit être employée.

Toutefois, ce n'est qu'en la voyant à l'œuvre qu'on saura exactement ce que peut la méthode inductive pour la solution des questions psychologiques ; et l'on ne doit peut-être se prononcer sur ce point qu'après avoir considéré ce qu'elle a produit entre les mains des hommes sages et consciencieux qui reconnaissent Reid pour leur chef, et parmi lesquels figurent M. Royer-Collard et M. Jouffroy.

Ce dernier philosophe a parfaitement résumé en quelques lignes les mérites de l'école sur laquelle il a jeté lui-même tant d'éclat : « L'école écossaise, dit-il, est demeurée fidèle à ces principes. Après avoir proclamé et la nécessité de la méthode expérimentale et toutes ses sévérités, elle s'y est soumise avec bonne foi et conscience, et s'est livrée avec une patience admirable au rôle peu brillant, mais utile, de rassembler des observations sur les phénomènes de la nature humaine, se bornant à tirer de ces observations les inductions rigoureuses qui en sortent sur les questions, mais sans aspirer jamais à donner de ces questions des solutions complètes et définitives. Dans cette nouvelle carrière, la philosophie écossaise s'est constamment distinguée par un bon sens parfait, un langage clair, une finesse et une sagacité rare d'observation, et une impartialité bienveillante envers toutes les opinions philosophiques, qui honore les individus et prouve la vérité de la méthode[1]. »

Ces éloges sont mérités, et nous croyons que l'histoire les confirmera, en attestant les sérieux services rendus à la philosophie par l'école de Reid. Ses travaux, pour avoir été modestes, n'en sont pas moins d'une très-haute importance. Ils se réduisent, si l'on veut, à un certain nombre d'observations bien faites et à des inductions rigoureuses sur quelques points de détail, tels que la perception extérieure, la mémoire, les mobiles de la volonté, etc. Mais par là, j'ose le dire, les philosophes écossais ont plus contribué à eux seuls que tous leurs devanciers réunis à l'organisation de la psychologie comme science : car ils sont les premiers qui, dans cette étude, aient obtenu des résultats capables de défier la critique et le temps. Toutefois, si ces résultats témoignent de l'efficacité de leur méthode, ils sont loin de démontrer qu'elle soit suffisante et complète. Que de questions au contraire n'ont-ils pas laissées dans l'ombre, sciemment ou à leur insu! Chez eux, à la vérité, on trouve des observations bien faites et des inductions de quelque valeur; mais devons-nous dire tout ce qu'on n'y trouve pas? Sans entrer dans une énumération qui serait trop longue, contentons-nous de remarquer les lacunes principales de leur doctrine sur l'âme. D'abord, leurs observations ayant été incomplètes, ils n'ont pas étudié en détail toutes nos facultés, et ils en ont omis entièrement un certain nombre, faute peut-être d'en avoir dressé la liste : car ce serait en vain qu'on leur demanderait une classification exacte des faits de conscience, aucun d'eux n'ayant tenté un essai

[1] Préface des Esquisses de D. Stewart, p. cxlij, cxliij.

considérable en ce genre, mais tous ayant adopté plus ou moins légèrement une division reçue, tantôt la division cartésienne des facultés intellectuelles ou de l'entendement et des facultés actives ou de la volonté, tantôt la division plus récente que nous citions tout à l'heure, et qui ramène tous les faits de conscience à la sensation, à la volonté et à la pensée. Ensuite, s'il est juste de reconnaître le caractère essentiellement spiritualiste de leur philosophie, on doit remarquer cependant que la spiritualité de l'âme est admise chez eux par l'effet d'une conviction religieuse ou d'une opinion personnelle, plutôt que comme une doctrine vraiment philosophique. Reid et Dugald Stewart se récusent, pour ainsi dire, sur cette grave question; ils déclarent renoncer à découvrir la nature intime de notre âme, et M. Jouffroy, obéissant à la même pensée, tient la même conduite et le même langage. « Il est possible, dit-il, qu'on puisse trouver dans une connaissance plus étendue et plus profonde des faits de conscience, des raisons démonstratives en faveur de l'opinion qui les rapporte à un principe distinct de l'organe cérébral, ou qu'en examinant de près l'hypothèse des physiologistes, on puisse la réduire à l'absurde; nous avons même des motifs particuliers de le croire : mais jusqu'ici on est forcé de convenir que rien de complétement décisif n'a été produit. » Et plus loin : « Il est évident que si l'on peut parvenir à résoudre cette question, la science des faits de conscience est la route; mais il ne l'est pas moins que, dans l'état actuel de cette science, cette question est prématurée. Il faut donc laisser dormir encore quelque temps ce problème très-ultérieur de sa nature, qui a de l'importance relativement à notre immortalité, mais qui n'intéresse nullement l'étude des faits internes; la science n'est pas en mesure pour l'aborder[1]. »

Cette circonspection extrême a été assez mal jugée en général, tant par les philosophes que par certains adversaires de l'université et de la philosophie. Ces derniers, bien entendu, n'ont pas manqué d'y voir une intention déguisée de matérialisme : accusation aussi odieuse que mal fondée : car elle porte précisément sur les meilleures pages qui aient été écrites de nos jours en faveur de l'âme et des vérités de l'ordre spirituel, et il est fâcheux pour ceux qui ont fait, en 1842, cette tardive découverte, qu'ils s'en soient avisés au moment où la mort venait de nous enlever M. Jouffroy.

Les philosophes, de leur côté, tout en s'indignant de voir interpréter ainsi l'aveu loyal d'un homme qui regrettait au fond du cœur que la science ne fût pas en état de lui démontrer ses croyances les plus chères, taxèrent volontiers de timidité la réserve de M. Jouffroy et en général de l'école écossaise. Ce reproche n'est pas sans valeur, un philosophe ne pouvant admettre qu'on lui interdise aucune question, mais surtout les questions relatives à la nature et aux intérêts immortels de son âme. Mais peut-être ne devait-on considérer ici que la méthode, au lieu de s'en prendre à la doctrine. Une méthode étant donnée, c'est le devoir du philosophe d'aller jusqu'où elle le conduit : sinon, vous l'accuserez avec raison de timidité ; mais c'est aussi son devoir de s'arrêter où elle s'arrête, et de ne pas donner comme scientifiques des résultats que la science ne saurait lui garantir. Si sa doctrine vous paraît insuffisante, c'est à ses facultés, c'est à sa méthode qu'il faut

[1] Préface des Esquisses de D. Stewart, p. cxxij, cxxxvj.

faire remonter vos reproches ; mais vous n'avez pas le droit de lui imposer, au nom de la philosophie, une doctrine où, suivant lui, la philosophie elle-même ne voit encore qu'une hypothèse. Tout ce qu'on peut dire, c'est qu'en suivant une autre marche, on serait peut-être parvenu à établir cette doctrine. Telle est la seule critique qu'il convienne d'adresser à l'école écossaise. C'est uniquement à cause de son engouement pour le procédé inductif que ses doctrines ont les défauts qu'on y remarque, et qui se réduisent à une double lacune. En effet, l'induction proprement dite suppose les faits observés, décrits et classés : ce n'est pas à elle qu'appartient ce travail préliminaire par lequel on se prépare à découvrir les lois des phénomènes. C'est donc parce que l'induction suppose les classifications et ne les fait pas, que l'on ne trouve pas chez Reid et ses successeurs une description satisfaisante des actes et des facultés de l'âme. Il en est de même de la question de sa nature : si l'observation ne fournit que des phénomènes au philosophe, jamais il ne pourra par une induction légitime atteindre des substances, et plus l'induction sera rigoureuse, plus il sentira l'insuffisance de ce procédé pour résoudre un problème où il s'agit de la substance spirituelle. De là, l'hésitation consciencieuse et la réserve honorable de M. Jouffroy en présence de ce problème. N'avait-il pas posé un principe de méthode qui lui interdisait les spéculations de ce genre, quand il avait dit : « Nous admettons pleinement avec Bacon que tout ce que nous pouvons connaître de la réalité se réduit à des faits que nous observons, et à des inductions tirées de ces faits sur la partie de la réalité qui échappe à notre observation¹ ? » La connaissance des substances, dans sa pensée, était hors de la portée de la science ; car il avait déjà dit d'une manière plus expresse, que « tout ce que nous pouvons savoir de la réalité se borne à la connaissance des *phénomènes* par lesquels elle se manifeste à nous et aux inductions qu'il est possible d'en tirer². » Voilà l'erreur fondamentale de l'école à laquelle se rattachait alors M. Jouffroy, et qu'il n'abandonna jamais, quoiqu'il l'ait dépassée sur plusieurs points³. Effrayés de ce qu'il y a d'hypothétique dans la méthode de Descartes, les philosophes écossais n'ont pas osé attribuer à l'expérience intime toute sa portée naturelle ; ils n'ont pas assez remarqué qu'elle atteint, comme on l'a fait voir, l'existence du principe des faits de conscience, qu'elle nous donne avec certitude un être, une substance, qui est l'âme elle-même, et que par conséquent il ne s'agit pas de l'induire, mais de la constater, puis d'en découvrir la nature, après qu'on aura épuisé tout ce que l'observation et l'induction peuvent nous fournir. Réduits à la méthode inductive opérant sur des expériences trop peu approfondies, ils ont cru qu'il était humainement impossible d'arriver à une solution satisfaisante du grand problème de la psychologie. C'est ce que disait Dugald Stewart, longtemps avant M. Jouffroy. « Le caractère qui distingue particulièrement la science inductive de l'esprit, c'est qu'elle fait profession de s'abstenir de toute spéculation touchant

---

¹ Préface des Esquisses, etc., p. iv.
² Préface des Esquisses, etc., p. i, et plus loin, p. xxxviij.
³ Par exemple, dans son beau Mémoire sur la légitime distinction de la psychologie et de la physiologie, où il établit si nettement la spiritualité du principe des faits de conscience.

la nature et l'essence de l'âme ; elle concentre entièrement son attention sur les phénomènes qui nous sont attestés par le témoignage de la conscience, et sur les lois auxquelles ces phénomènes sont soumis [1]. »

Cet aveu de D. Stewart est à mon sens la meilleure critique que l'on puisse faire de la philosophie écossaise. Il en résulte en effet qu'une méthode inductive strictement appliquée à la psychologie est incapable d'en traiter utilement toutes les parties. Il y en a au moins deux qui lui échappent tout à fait, et ce sont les principales, puisqu'il s'agit du commencement et de la fin de la science. Celui qui adopte une telle méthode, et qui n'en a pas d'autre, ne saurait aborder les hautes questions qui intéressent la philosophie, et s'il n'y ajoute d'autres procédés, il ne peut même asseoir la psychologie sur sa véritable base, c'est-à-dire sur une description exacte et complète des faits de conscience et des facultés de l'âme. Il est donc obligé de la supposer, et voilà comment ces philosophes dont on blâme la timidité, parce qu'ils se renferment trop sévèrement dans la méthode baconienne, se sont pourtant rendus coupables de la plus grave infraction à cette même méthode, en commettant dès le début une hypothèse : en sorte qu'on pourrait dire que ce qui leur a manqué, ce n'est pas l'ambition ou le courage, mais plutôt la prudence. Au lieu d'aspirer à induire, la sagesse veut que d'abord on observe ; avant d'interpréter la nature, Bacon exige avec raison qu'on en écrive l'histoire. C'est là ce qui a été négligé, au grand détriment

---

[1] Vie de Reid, sect. II. Voir les objections si judicieuses et si fortes de M. Cousin contre cette méthode, dans la 1re série de ses Cours, t. IV, p. 390.

de la science de l'âme, et c'est là le tort véritable de Reid et de ses imitateurs. Je leur pardonne volontiers de n'avoir pas ajouté leurs propres conjectures à tant d'autres hypothèses sur la nature de l'âme : en quoi eussent-ils servi par là l'esprit humain et la philosophie? Na-t-on pas assez et trop de semblables hypothèses, et d'ailleurs, s'il est utile pour l'édification publique de connaître, en dehors de la science proprement dite, l'opinion et les tendances particulières d'un philosophe ou d'une école, la philosophie écossaise dans son ensemble n'est-elle pas la profession de foi du spiritualisme le plus pur? Je regrette davantage, je l'avoue, leur début hasardé, cette déférence aux opinions reçues, ou cette impatience d'arriver le plus tôt possible à trouver des lois, *comme en physique*, qui leur a fait admettre la première division venue des facultés de l'âme, sans qu'ils aient paru se douter que tout dépendait de là en psychologie, la première chose à faire étant de recueillir et surtout de choisir et de mettre en ordre les matériaux sans lesquels la science est à jamais impossible.

C'est ce qu'a très-bien vu le philosophe dont il me reste à examiner la méthode, et qui d'ailleurs est un disciple fidèle de M. Jouffroy. Après avoir relevé avec autant de finesse que de patience les défauts de la psychologie écossaise [1], M. Adolphe Garnier semble avoir pris à tâche de les éviter pour son propre compte, dans son Traité des facultés de l'âme [2], en donnant à la mé-

[1] Dans son Examen de la philosophie de Thomas Reid, Paris, 1840, in-8°.
[2] Paris, Hachette, 1852, 3 vol. in-8°. Cet ouvrage a été couronné en 1853 par l'Académie française (prix Montyon).

thode inductive un certain tour qui fait, suivant moi, l'originalité de son livre. Les limites de mon sujet, le plan que je me suis tracé, l'amitié même qui m'unit à l'un de mes anciens maîtres de l'École normale, ne me permettent pas de relever les autres mérites d'un ouvrage fait pour plaire aux gens du monde autant qu'aux hommes du métier, par cette lucidité parfaite qui en rend la lecture si agréable et si facile, sans exclure le sérieux et la solidité de la pensée; je n'ai ici à m'occuper que de la méthode qui a présidé aux recherches de l'auteur, et qui, étant la dernière en date, a dû venir aussi la dernière dans cette revue des efforts tentés à différentes époques pour donner à l'étude de l'âme la forme scientifique qui lui manque.

M. Garnier a le rare mérite de s'être attaché à ce que négligeaient jusqu'ici tous les philosophes. Tout en préconisant la méthode écossaise, il a compris que, dans l'état actuel de la psychologie, il ne s'agissait pas avant tout et par dessus tout de découvrir des lois, mais qu'il importait davantage de connaître les propriétés ou facultés de l'âme, qui sont les causes des faits de conscience. C'est à quoi il s'est appliqué de préférence, quoiqu'il ne s'interdise pas sans doute de parler de la nature de l'âme et d'étudier les lois générales de son développement. Le principal problème, suivant lui, est de « rechercher les facultés de l'âme, comme la physique recherche les propriétés des corps. » Ce parallèle entre la psychologie et la physique fait déjà pressentir la méthode qu'on va nous proposer; car c'est en se fondant sur la ressemblance de ces deux genres d'études, que Reid et ses successeurs ont considéré l'induction de Bacon comme le seul procédé légitime dans la science de l'âme. Mais comment pourra-t-on faire servir à une description de nos facultés une méthode dont le but est de découvrir des lois? Évidemment, ce ne sera qu'à la condition de l'entendre autrement qu'on ne l'entend d'ordinaire. Ainsi fait l'auteur du Traité des facultés de l'âme, et voici comment il explique sa pensée sur ce point : « Pour rapporter deux phénomènes à deux causes différentes, il ne suffit pas qu'ils soient dissemblables : le jugement et le raisonnement sont deux phénomènes différents, et cependant nous ne les attribuons pas à deux facultés diverses ; il faut, pour cela, que les deux phénomènes soient séparables, c'est-à-dire indépendants l'un de l'autre. Or, c'est précisément cet art de distinguer les phénomènes réciproquement indépendants qui forme la méthode commune de la physique et de la psychologie. C'est Bacon qui a tracé cette méthode ; on se trompe quand on suppose que la méthode inductive de Bacon consiste à généraliser les faits particuliers ; elle nous apprend à discerner parmi les phénomènes : 1º ceux qui s'accompagnent toujours et sont toujours au même degré, 2º ceux qui en s'accompagnant se présentent en degrés différents ou inverses, 3º ceux qui ne s'accompagnent pas toujours. Les premiers sont les seuls qu'elle rapporte à la même cause ; elle attribue les autres à des causes différentes. Il résulte de cette méthode que les facultés de l'âme sont plus nombreuses qu'on ne l'admet ordinairement. Le petit nombre de facultés auquel on se borne, prouve qu'on n'a pas connu la vraie méthode qui règle la détermination des causes, ou qu'on l'a mal pratiquée [1]. »

[1] Préface, p. VIII, IX.

Ainsi, la méthode inductive, telle que la comprend et l'explique ce philosophe, a pour procédé essentiel les fameuses tables de Bacon, et elle consiste à rapporter deux faits séparés et indépendants à deux causes ou propriétés différentes. La séparation ou l'indépendance réciproque des phénomènes est, en conséquence, l'unique critérium pour déterminer, en psychologie, les diverses facultés de l'homme. On peut, par exemple, posséder la mémoire des mots, sans avoir celle des figures ; ce sont, dit l'auteur, deux phénomènes indépendants et séparés : il faut donc les rapporter à deux facultés différentes. Il tire encore de là cette autre conséquence, que la mémoire n'est pas une faculté unique, comme on le croit habituellement, mais la réunion de plusieurs facultés, qui ont été groupées ensemble, à cause de certaines ressemblances qu'on y a remarquées.

Deux règles très-simples et très-claires résument cette méthode : 1º découvrir les causes par l'indépendance réciproque des phénomènes observés ; 2º former des groupes de facultés, à l'aide des ressemblances plus ou moins profondes qu'elles peuvent offrir.

Voilà donc enfin un philosophe qui commence la psychologie par le commencement, et qui, au lieu de traiter d'abord les questions les plus aventureuses et les moins faciles à résoudre, consacre courageusement son temps et sa peine aux études préliminaires que suppose tout le reste. Qu'on ne s'y trompe pas d'ailleurs : ces études ont aussi leurs difficultés ; il s'agit d'un travail long et délicat, et cette minutieuse information qui a rebuté tant d'esprits d'élite n'exige pas moins de sagacité que de persévérance. M. Garnier a prouvé qu'il possédait ces qualités à un rare degré ; son ouvrage traite une matière où la plupart des philosophes auraient désespéré de dire quelque chose qui n'eût pas déjà été dit, et cependant il abonde en aperçus nouveaux et qui font assez comprendre combien il y aurait encore à faire pour les détails dans cette partie de la science.

Quoique M. Garnier s'éloigne moins qu'il ne le croit peut-être des opinions reçues, il rompt en une certaine mesure avec les habitudes de l'école. Tandis que dans l'école on s'attache surtout à l'unité de l'âme, il a pris à tâche d'en faire ressortir la diversité. Il montre dans ce travail un mépris louable des préjugés philosophiques, et il avance hardiment cette proposition, que plusieurs trouveront paradoxale : « Une multitude de facultés ne divise pas plus l'âme que trois facultés. » Il n'apporte pas non plus dans l'histoire des doctrines philosophiques les habitudes et les dispositions d'un historien ; il l'étudie en philosophe qui, dans une doctrine ou dans un système, cherche uniquement ce qui peut servir à la science, et pour cela tout lui est bon : Reid lui est autant que Platon, et Hume autant qu'Aristote. Que dis-je ? il consulte les moralistes, les historiens, les poëtes et les romanciers, presque autant que les philosophes. Ce n'est pas ainsi d'ordinaire que l'on procède dans l'école, et plus d'un sera surpris de rencontrer, au milieu de descriptions psychologiques, cette foule de citations piquantes et variées où d'autres verront peut-être un mérite de plus.

Mais laissons là ces considérations secondaires, et essayons d'apprécier en elle-même la méthode que préconise le Traité des facultés de l'âme.

Cette méthode est appelée inductive et baconienne, mais on pourrait peut-être à la rigueur lui contester cette double dénomination : car l'induction, nous l'avons vu, consiste essentiellement à généraliser l'expérience, et ce n'est pas là le but qu'on se propose ; et quant à la méthode de Bacon, elle a deux parties distinctes, l'une négative qui prépare l'induction par des exclusions légitimes, l'autre positive, qui fournit le résultat cherché, et l'auteur se borne à la première, ainsi qu'il le déclare à diverses reprises : « On se trompe, dit-il, quand on suppose que la méthode de Bacon consiste à généraliser les faits particuliers..... C'est sur l'indépendance réciproque des phénomènes que porte toute la méthode de Bacon. Il suppose qu'on recherche la cause de la chaleur, et il demande qu'on dresse : 1º une table de toutes les circonstances où se produit la chaleur, c'est ce qu'il appelle la table de présence ; 2º... la table d'absence ; 3º... la table des degrés. Ces tables étant dressées,.... on rejettera successivement toutes les suppositions (fausses).... c'est ce que le philosophe appelle procéder par des exclusions légitimes. C'est là le fond de ce qu'il nomme la méthode inductive [1]. » Il résulte de ces déclarations que l'on prétend réduire la méthode de Bacon à ses trois tables, ce qui en donne une idée incomplète, ces tables n'exprimant que les règles du procédé de comparaison, et non celles du procédé inductif proprement dit [2].

Ajoutons cependant que le Novum Organum prête à cette interprétation, puisqu'il y est dit que la vraie induction peut servir, non-seulement à établir des axiômes ou propositions générales, mais encore à rectifier les notions ou idées abstraites de genres et d'espèces. Cha-

---

[1] Traité des facultés de l'âme, p. IX, p. 35, 36.
[2] Voir plus haut, Essai V, de l'induction, c. II, § 2.

cune de nos facultés étant regardée comme une puissance générale de l'âme, il semble, d'après ces paroles de Bacon, que l'on doive les déterminer par la méthode inductive. Mais n'est-ce pas faire de trop grands frais pour un résultat aussi simple, ou plutôt, n'est-ce pas confondre deux méthodes entièrement distinctes, savoir celle qui induit et celle qui abstrait et qui définit? Toutes les deux procèdent par observation et par comparaison; mais la première va plus loin que la seconde : elle la traverse sans s'y arrêter, tandis que celle-ci doit suffire partout où l'on veut seulement déterminer des propriétés ou facultés, après en avoir observé et comparé les effets et les manifestations. Or, à la bien considérer, la méthode que nous examinons en ce moment, n'est pas d'induction, mais de définition et de classification ; et, au fond, ce n'est pas une critique que nous lui adressons, car, au contraire, nous pensons établir par là qu'elle convient au problème que l'on s'est posé, comme le problème psychologique par excellence.

Toutefois, ce n'est pas impunément que l'on a confondu sur les traces de Bacon deux méthodes distinctes. Les règles sévères de la comparaison et de l'abstraction inductives étant appliquées sans nécessité lorsqu'il ne s'agit que de définir et de classer, on devra nécessairement pratiquer ces dernières opérations d'une manière étroite et exclusive. N'y a-t-il pas, par exemple, quelque chose d'excessif à exiger que deux phénomènes de conscience soient séparés, pour être légitimement distingués l'un de l'autre et rapportés à des facultés distinctes. Tout ce qui est séparé est distinct sans doute, et c'est là le côté vrai du critérium qu'on nous propose; mais il n'est pas moins évident que deux choses peuvent être très-dissemblables, sans être séparées : tels sont l'âme et le corps, que l'on n'hésite pas d'ordinaire à distinguer l'un de l'autre, malgré leur union constante ici-bas, et les exemples ne manqueraient pas au besoin, en dehors de la science de l'âme, pour démontrer que la règle qu'on veut y appliquer repose sur une exagération évidente; mais nous n'avons à en étudier les effets qu'en psychologie.

Par cette méthode, on l'a vu plus haut, on distinguera la mémoire des mots de celle des figures, parce que ces deux sortes de souvenirs peuvent s'observer à part et sont dans une indépendance réciproque. Mais tandis que cette différence si peu considérable donnera lieu à distinguer deux facultés dans l'âme, j'ai peur que la même méthode ne nous fasse un devoir de rapporter à une seule faculté ces deux choses autrement importantes et bien autrement opposées entre elles, la volonté et la pensée : car si la pensée va sans la volonté, la réciproque est-elle aussi vraie? Peut-on vouloir quoi que ce soit, je ne dis pas sans un motif (il est permis d'en douter), mais du moins sans avoir quelque idée de l'action où l'on se détermine? Si néanmoins vous ne confondez pas le vouloir et le penser, si vous les attribuez à deux puissances différentes de l'âme, ce n'est pas en vertu de votre méthode, qui s'y oppose, mais en vertu du sens commun ou de la méthode ordinaire de classification. Il en est de même, en un autre sens, des phénomènes de plaisir et de peine : ils sont assurément opposés, réciproquement indépendants, séparables et séparés, et cependant tous les philosophes n'y voient que les deux faces d'un même phénomène, les deux manifestations d'une même puissance, et, comme disait Aristote, les deux états de notre sensibilité, suivant qu'elle est en présence du bien ou du mal. Sur ce point encore, M. Garnier n'est pas d'un autre avis que tout le monde, mais on ne conçoit pas bien comment il concilie cette manière de voir avec la règle qu'il s'était d'abord tracée, et à laquelle il fait subir dans la pratique plus d'une correction.

Un autre inconvénient de sa méthode consiste à établir dans l'âme une telle multiplicité de facultés indépendantes, qu'il ne semble pas qu'on puisse jamais reconquérir scientifiquement l'unité du moi. Je m'explique. J'admets que, de même que la chimie a substitué utilement ses soixante et quelques corps simples aux quatre éléments d'Empédocle, ou de même que les quinze ou vingt propriétés de la matière dans la physique moderne sont un progrès évident sur les théories anciennes qui n'en reconnaissaient qu'une seule, le mouvement ou l'étendue, de même l'analyse psychologique fera bien d'attribuer à l'âme sans aucun scrupule autant de facultés qu'il en sera besoin, au lieu de s'en tenir, par je ne sais quelle superstition, à trois facultés stéréotypées, comme si cette triade ou trinité psychologique était le dernier mot de la science. Il est donc incontestable en théorie qu'une multitude de facultés ne détruit pas plus l'unité du moi que trois facultés. Mais chercher la diversité pour elle-même est un défaut non moins grave que de viser toujours à l'unité : car, si d'un côté on supprime la merveilleuse fécondité de notre nature, de l'autre, on finit par s'ôter les moyens de mettre la science d'accord avec l'instinct et le sens commun qui attestent l'unité de notre âme, en sorte qu'on la détruit pratiquement pour le philosophe, sinon pour le vulgaire. « Le but principal du présent ouvrage, dit M. Garnier, est, nous en faisons l'aveu, d'établir la multiplicité des facultés [1]. » Si ce n'en est pas le but, c'en est du moins le résultat, et je ne crains pas de dire qu'il est regrettable, non, encore une fois, parce qu'à trois facultés on en substitue un plus grand nombre, mais parce que la méthode qui fournit cette multitude de causes ne permet pas de revenir de là par degrés à l'unité primitive du moi. En effet, c'est un des principes professés par l'auteur, que deux facultés une fois distinguées entre elles ne sauraient être réduites à une faculté supérieure dont elles seraient des applications ou formes inférieures ; il nie expressément, comme on va le voir, qu'il y ait dans l'âme des facultés maîtresses et des facultés secondaires : « Nous avons déjà dit qu'on penchait trop de nos jours à regarder l'intelligence comme une faculté indivisible, selon l'exemple de Descartes. L'on recule ainsi au delà des temps de Platon et d'Aristote qui comptaient dans la raison plusieurs facultés différentes, comme on le verra dans cet ouvrage. Nous ne devons pas oublier cependant qu'on parle de facultés qui *se rapportent à la faculté générale de connaître ;* mais ce langage n'a pas toute l'exactitude désirable. C'est comme si l'on parlait, en physique, de propriétés particulières qui se rapporteraient à une propriété générale. Dans l'âme, comme dans le corps, il n'y a point de causes subordonnées qui descendent d'une cause maîtresse : elles sont toutes sur le même rang. Si l'on entend par la *raison* un genre

[1] Traité des facultés de l'âme, Préface, p. XI.

qui contient plusieurs facultés réciproquement indépendantes, il ne faut pas appeler la *raison* une faculté, mais une classe de facultés[1]. »

C'est ici peut-être qu'est le côté faible de l'ouvrage. Il est évident d'abord que cette assertion est arbitraire et mal justifiée par l'exemple des sciences physiques : la pesanteur des corps terrestres n'y est-elle pas considérée à juste titre comme un cas particulier de l'attraction universelle, et cette réduction ne nous rapproche-t-elle pas de la connaissance de l'univers ? De même on peut, sans nuire à la distinction de la mémoire des mots et de la mémoire des figures, reconnaître ce qu'elles ont de commun et les rapporter à la mémoire physique, laquelle à son tour, étant comparée à la mémoire psychologique, fournira l'idée générale de la mémoire ; et ainsi de suite, jusqu'à ce qu'on arrive à concevoir l'intelligence, non comme une classe de facultés, mais comme la faculté générale de penser, une et identique à elle-même sous toutes les formes diverses que nous appelons les facultés intellectuelles. Mais supposez que les facultés inférieures soient irréductibles à des facultés supérieures, ou plutôt qu'il n'y en ait ni d'inférieures ni de supérieures, la conséquence de cette opinion est facile à apercevoir : la multitude des faits de conscience étant une fois ramenée à un nombre encore assez considérable de facultés, il faudra s'élever de là sans intermédiaire et d'une manière hypothétique à la notion de leur sujet, ou bien on s'interdira d'en étudier la nature, et l'on s'en tiendra aux idées communes sur son unité et son identité ; mais, de l'une ou de l'autre manière, on aura supprimé la partie

---

[1] Traité des facultés de l'âme, Préface, p. XVII, XVIII.

la plus importante de la science psychologique, celle qui intéresse par dessus tout le philosophe. Pourquoi étudier si laborieusement les facultés du moi et les lois de leur développement, sinon pour arriver à la connaissance de la nature même de l'âme? Il faut aller jusque-là, ou la psychologie n'est pas faite. La méthode écossaise ne pouvait donner ce complément; la méthode nouvelle le pourra-t-elle davantage, elle qui reste en deçà de l'induction proprement dite? Or, à nos yeux, c'est ce complément qui est toute la psychologie; avant d'obtenir ce résultat suprême, elle est incomplète; et si elle n'est pas tout entière dirigée vers ce but, elle n'est pas même une étude philosophique: car le philosophe n'est pas celui qui sait beaucoup de choses, mais celui qui les sait bien, parce qu'au lieu de se perdre dans les détails, il les domine par la pensée générale à laquelle il les rattache. Une méthode qui néglige la partie métaphysique de la psychologie est donc insuffisante pour la construire entièrement.

Cependant, à tout prendre, la méthode que nous venons de critiquer est certainement celle qui a produit jusqu'ici les meilleurs résultats pour la science psychologique. Soit qu'elle ait été pratiquée avec plus de suite, de bonne foi et de patience, soit qu'elle contienne plus de vérité que les autres, soit surtout à cause de l'avantage qu'elle présente de commencer par l'étude qui doit en effet précéder tout le reste, l'ouvrage qu'elle a produit ne le cède à aucun autre pour l'exactitude et l'abondance des détails, et il fera beaucoup pour l'avancement de la psychologie: car, je n'hésite pas à le dire, il contient la meilleure histoire naturelle de l'âme qui existe.

V.

De la vraie méthode.

Les trois méthodes que l'on vient de passer en revue ont en commun un caractère important et essentiel : elles supposent et emploient l'observation directe de conscience ; mais la première s'emporte aux hypothèses à la suite d'analyses plus ou moins profondes ; la seconde est insuffisante et repose sur une division hypothétique des facultés ; la troisième, qui se borne à la description des facultés de l'âme, n'y applique pas un procédé assez large, et confond l'induction avec l'abstraction et la classification.

Chacune de ces méthodes est donc incomplète ; mais on doit remarquer que, par une heureuse rencontre, elles se partagent en quelque sorte le domaine de la psychologie, puisque chacune d'elles a pour objet principal, sinon exclusif, une des trois parties que nous avons distinguées dans cette science, savoir : la détermination expérimentale des facultés du moi, la découverte des lois qui en gouvernent la marche et la recherche de la nature de l'âme. Ainsi entendues, elles ne s'excluent pas absolument, et peut-être notre tâche pourrait-elle se réduire à les combiner, afin de mettre à profit ce que chacune peut avoir d'utile et même d'excellent. A la méthode *réflexive*[1] de Descartes, on emprunterait son incomparable profondeur d'analyse, et même, quand le moment en serait venu, sa vigueur et sa hardiesse de raisonnement ; de l'école de Reid on retiendrait, avec le

---

[1] C'est ainsi que la désigne M. Cousin, dans la 1re série de ses Cours, t. IV (sur l'école écossaise), p. 392 et ailleurs.

respect du sens commun, l'emploi judicieux de la méthode inductive; à l'auteur du Traité des facultés de l'âme, on prendrait sa description savante. De cette manière, ce semble, on ne serait pas très-éloigné de posséder la méthode exacte et complète que l'on cherche, puisqu'on en aurait les principaux éléments.

Cependant, pour bien employer ces divers procédés, il ne suffit pas de les ajouter l'un à l'autre, tels qu'ils ont été jusqu'ici entendus et pratiqués. On ne les combinera utilement qu'après les avoir corrigés; et même quand on aura réussi à les concilier, il faudra les compléter encore, si l'on veut être en état de traiter scientifiquement, dans toutes ses parties, la question vitale de la psychologie: Que sommes-nous et quelle est la nature de notre âme?

Ce serait tromper l'attente du lecteur et manquer peut-être à un devoir que de borner ici ce travail, sans essayer de tracer au moins une rapide esquisse de la méthode qui convient, suivant nous, à la psychologie. Aussi bien n'avons-nous guère besoin, pour en donner une idée, que de résumer les réflexions que nous a suggérées la critique des divers essais tentés en ce genre.

Il y a deux manières différentes de comprendre l'étude d'une science, suivant qu'on se propose de la construire ou de l'exposer. Or, il ne s'agit pas, bien entendu, de la manière d'enseigner la science de l'âme, quoique sans doute ce soit aussi une question intéressante pour le philosophe. On a uniquement en vue la méthode, autrement difficile, selon laquelle on doit procéder à l'examen des problèmes non encore résolus de la psychologie.

S'il est vrai, comme nous pensons l'avoir mis hors de doute, que la méthode d'une science quelconque ne saurait être bien décrite que par celui qui embrasse dans toutes ses parties l'objet de cette science, il est clair que la première chose à faire dans l'étude de l'âme est d'en fournir une division exacte et surtout appropriée au but que l'on poursuit. C'est pourquoi nous ne tenons aucun compte de la distinction factice introduite par Wolf, et qui est encore reçue en Allemagne, entre la psychologie *empirique* et la psychologie *rationnelle*. Ou cette distinction n'a pas de sens, ou elle conduit à diviser arbitrairement l'étude de l'âme en deux parties, dont l'une devra être traitée exclusivement par l'expérience, et l'autre par le raisonnement, ce qui est non-seulement une hypothèse, mais une erreur. Déterminer *a priori* les procédés à employer dans une science dont on n'a pas préalablement défini l'objet, c'est commettre la pire des hypothèses, puisque par là on s'expose à retrancher de cette science une partie des questions qui lui appartiennent; et, d'un autre côté, il résulte des explications données plus haut, qu'il n'est pas une des parties réelles de la psychologie qui puisse être traitée tout entière ou par l'expérience, ou par le raisonnement, et sans recourir jamais à l'un ou à l'autre de ces deux procédés. Une division préliminaire de cette science ne doit donc pas porter sur les procédés dont elle devra faire usage et qu'on ne connaît pas à l'avance, mais sur les problèmes qu'elle soulève et qui sont le développement naturel de sa définition.

Ce principe étant admis, il faut d'abord étudier les problèmes essentiels et généraux qui rentrent dans l'étude de notre nature, en ajournant les difficultés particulières qui ne s'y rattachent pas par un lien intime. En d'autres termes, il faut mettre la psychologie générale avant la psychologie spéciale. Par psychologie générale, j'entends la psychologie pure et véritable, qui consiste pour le philosophe à chercher en soi-même la nature humaine, dans les conditions où elle se présente communément. Par psychologie spéciale, j'entends au contraire une psychologie dérivée, appliquée et mêlée à d'autres sciences pour étudier l'âme à divers degrés, pour ainsi dire, et sous diverses influences ; là se présentent des questions du plus haut intérêt : les rapports de l'âme et du corps, et leur action réciproque ; les différences que mettent entre les hommes l'âge, le tempérament, la santé, la maladie, les climats et les races ; puis certains états exceptionnels, tels que l'extase, la folie, l'idiotisme ; à quoi l'on peut ajouter, si l'on veut, avec Bossuet et bien d'autres, l'âme des bêtes. Toutes ces questions, d'une nature mixte et compliquée, supposent la psychologie proprement dite, mais n'en font pas partie essentiellement : car elles supposent aussi des connaissances étrangères à son objet propre. Elles ne doivent donc venir qu'après l'étude générale de l'âme humaine dans son état ordinaire et normal : c'est là, en effet, qu'est la règle et la mesure de tout le reste, et comme la règle doit précéder les exceptions, la théorie générale précédera les cas particuliers.

Après qu'on a réduit la psychologie à ce qu'elle a d'essentiel et aux questions qu'elle ne peut se dispenser de traiter, il y a lieu, comme on l'a fait voir, d'y marquer trois degrés successifs, dont le premier consiste à décrire les actes et les facultés de l'âme, le second, à en déterminer les lois, le troisième, à spéculer sur la nature même de l'âme. A ces trois parties on pourrait peut-être en ajouter une quatrième, dont l'objet serait de généraliser et d'étendre à tous les hommes les résultats obtenus pour un seul. Mais, à vrai dire, ce n'est pas un problème spécial, et dont on doive faire l'étude à part : c'est comme un appendice qui s'ajoute nécessairement à toute affirmation de la psychologie, pour lui donner un caractère scientifique.

Si la question de la nature de l'âme se réduit en effet à ces trois problèmes, et s'ils ont été énumérés dans l'ordre où l'on doit les disposer pour aller du connu à l'inconnu, la méthode applicable à cette étude se trouve elle-même divisée en trois parties, qu'il faut parcourir rapidement si l'on veut s'en faire une idée complète.

1. La première tâche du philosophe en psychologie étant de constater ce qui est, avant d'en rechercher les causes, il s'appliquera d'abord à recueillir tous les faits où se montre à chaque instant sous des formes concrètes et particulières la nature de son âme. C'est donc par l'observation qu'il doit débuter, je veux dire par une observation intime, à l'aide de la faculté que tout homme a naturellement de s'apercevoir lui-même dans ses propres actes et dans ses diverses manières d'être. Observer ces faits, non en moraliste qui veut s'expliquer la conduite des hommes, mais en philosophe qui aspire à pénétrer la nature de l'âme, tel est le premier pas à faire, et peut-être n'est-ce pas le plus facile. Sans insister sur les obstacles qui s'opposent à ce qu'on apporte toujours dans l'étude de soi-même le calme, la réflexion, la maturité, l'impartialité, qui sont les conditions d'une observation scientifique, il faut remarquer que là aussi il y a un ordre à garder : car, sans doute,

il convient d'étudier d'abord les faits de la vie journalière à l'état de veille, puis des faits moins ordinaires, bien que faciles encore à analyser, pour arriver à des états plus complexes, plus rares ou moins accessibles pour nous, à commencer par le sommeil et à finir par l'idiotisme ou la folie.

Toutes ces observations, aussi nombreuses, aussi variées, aussi approfondies que possible, devront aboutir à une classification qui déjà permettra d'embrasser d'un coup d'œil une multitude considérable de faits. Or, qui dit classification dit hiérarchie et subordination : il y aura donc des espèces et des genres à distinguer et à définir dans cette multitude, et l'on en pourra remonter graduellement la série, depuis les espèces du dernier ordre jusqu'aux genres les plus élevés, tels que la pensée ou le sentiment. Ainsi, par une méthode de réflexion et de classification, dont les règles principales seraient analogues à celles que l'on observe en histoire naturelle, on arriverait à une description générale et exacte du moi, tel qu'il se manifeste dans les phénomènes de conscience ; et en même temps qu'une connaissance plus complète de ces phénomènes permettrait de les réduire à quelques faits généraux, on pourrait à l'unité vague et confuse, qui est le caractère primitif des données de la conscience, substituer une certaine diversité qui y introduirait la distinction et la clarté. Sans doute, pour que cette description fût complète, il y faudrait joindre un tableau des facultés de l'âme ; mais la détermination de ces facultés n'est pas, à ce qu'il semble, un problème tellement difficile à résoudre, qu'il soit nécessaire de le distinguer du précédent. En effet, chaque phénomène de conscience résultant tout entier ou en partie de notre activité, suppose nécessairement dans le moi une puissance spéciale en vertu de laquelle il a produit ou concouru à produire ce phénomène : c'est un principe qui peut être pris pour axiôme, que tout acte du moi implique la faculté de le produire, et, par conséquent, autant il y aura de faits de conscience essentiellement distincts entre eux, autant il y aura de puissances ou facultés distinctes dans le moi : à chaque classe de ces faits correspondra une faculté, sans laquelle il serait impossible de s'en rendre compte ; et puisqu'il y a des faits plus ou moins généraux, il y aura évidemment des facultés secondaires ou subordonnées, et des facultés principales ou maîtresses, dont chacune exprimera d'une certaine manière et en une certaine mesure la nature de notre âme. Il résulte de là qu'il ne faut pas, dans cette première étude, descendre des facultés aux faits, mais, au contraire, remonter des faits aux facultés. Si donc le philosophe veut s'observer véritablement par la conscience, il doit avant tout faire table rase des facultés généralement admises, de peur que sous ces mots souvent trompeurs ne se cachent des théories préconçues. L'observation n'est sincère et utile à la science que lorsqu'elle met l'esprit en présence des faits eux-mêmes, en dehors de toute hypothèse et de tout préjugé.

Lorsque, par ce double travail de réflexion et de classification, il sera parvenu à réduire tous les faits de conscience à un certain nombre de faits généraux, supposant eux-mêmes certaines facultés dans l'âme, le philosophe devra corriger et compléter ces résultats à l'aide du langage et du témoignage de ses semblables. Par là encore, et par des observations faites au dehors, il se mettra en état de donner à ses descriptions toute l'étendue qu'elles comportent, de manière à y faire rentrer le genre humain tout entier, dans ce qu'il a d'essentiel et d'intime.

2. Arrivé là, connaît-on la nature de l'âme? Nullement; la psychologie n'est pas plus achevée alors que la physique, lorsqu'on a énuméré et classé les propriétés qu'elle doit étudier dans les corps. Après avoir constaté dans l'âme certaines facultés et certaines manières d'être et d'agir, il s'agit maintenant d'en faire une étude approfondie; après avoir observé les caractères évidents et superficiels qui ont servi à classer les faits de conscience et à en former des genres, il s'agit de découvrir, par une expérimentation savante, les propriétés cachées et les lois de ces faits. C'est ici surtout que paraît la méthode inductive; c'est par elle et par elle seulement qu'il sera possible de savoir comment s'exercent et se développent les facultés, que l'on a préalablement décrites.

Il y a deux sortes de lois à distinguer, suivant que l'on étudie chaque faculté isolément, ou dans son rapport avec toutes les autres. Il y a d'abord des lois particulières qui s'appliquent à telle ou telle faculté : c'est ainsi que l'association des idées est considérée comme une condition essentielle de la mémoire. Mais, outre ces lois, qu'il est plus aisé de déterminer, il y en a de générales, et qui président au développement simultané des diverses puissances de l'âme.

Le philosophe ne doit pas non plus négliger les secours que lui fournissent le langage, l'observation de ses semblables, le sens commun et les travaux de ses prédécesseurs, pour vérifier et compléter ses inductions, et pour leur ôter ce qu'elles peuvent avoir de trop individuel : car c'est une science de l'âme en général qu'il a entrepris de construire, et non pas seulement la science de sa propre nature.

3. Cela fait, il est temps d'essayer de répondre à la question qui a donné naissance à la psychologie, et de mettre à profit tous les résultats des recherches précédentes, pour la détermination de la nature de l'âme. Est-ce encore par l'induction que l'on va procéder? Pas le moins du monde. Il n'est plus question d'aller de l'individuel à l'universel, ni des espèces au genre. L'âme n'est pas un genre, un être abstrait et collectif, qu'il faille s'efforcer d'atteindre par la méthode inductive. C'est un être réel et individuel, dont l'existence n'est pas à découvrir, puisque avant toute étude elle nous était connue. Avant de nous observer, nous savions ce que tout homme sait naturellement, que l'âme, ou ce qui dit *moi* en nous, est le sujet et le principe de tout ce dont nous avons conscience. On ne cherche donc pas une cause inconnue de phénomènes connus : on ne veut qu'éclaircir la notion certaine mais confuse de cette cause, par la connaissance claire et distincte de ses effets. Or, si l'on a procédé à cette recherche d'après la méthode qui vient d'être décrite, on a sous la main tous les matériaux dont on a besoin pour spéculer légitimement sur la nature de l'âme.

La lumière secourable de la conscience qui nous avait indiqué le but à l'avance, et qui a présidé d'abord à l'analyse de nos facultés, puis à la détermination de leurs lois, ne nous fait pas non plus défaut au moment d'aborder la question si délicate et si importante de notre nature. En même temps qu'elle nous découvre l'existence du moi, elle nous en fait connaître avec évidence certains caractères primitifs, essentiels, imprescriptibles, et que les résultats de l'induction et du raisonnement ne sauraient contredire, sans attester une erreur dans nos observations.

A cet enseignement direct et certain de la conscience, que l'on ne peut qu'éclaircir par une attention sérieuse, la science psychologique ajoute ses propres instructions : elle fournit au philosophe les facultés essentielles et irréductibles de l'âme, avec leurs modes d'exercice et leurs lois générales de développement. Avec de telles ressources, le philosophe peut enfin se livrer à cette grande recherche qui le préoccupe uniquement en psychologie. Il n'a plus qu'à tirer les conséquences de ce qu'il a constaté ou induit; il n'a plus qu'à en extraire, par un dernier travail où l'abstraction et le raisonnement joueront le principal rôle, tout ce qu'il est humainement possible de savoir du moi, de l'âme, du sujet commun de nos pensées, de nos sentiments, de tous nos actes et de toutes nos facultés.

En résumé, la méthode à suivre en psychologie est essentiellement expérimentale; mais elle se proportionne aux différentes questions et se présente sous plusieurs aspects. A tous les degrés, c'est l'observation de conscience qui en est le procédé essentiel; mais elle est tantôt accompagnée de comparaison, d'abstraction et de classification, tantôt interprétée par l'induction ou secourue par le raisonnement, toujours contrôlée par le langage et par le sens commun sous toutes ses formes; c'est cette même observation qui, en se résumant dans une dernière abstraction, conduira enfin le philosophe à la connaissance de la nature de l'âme humaine en général.

La classification, l'induction et le témoignage, tels sont en définitive les principaux suppléments de l'observation. Le premier de ces procédés est indispensable pour la description complète des faits de l'âme. Le rôle de l'induction consiste à fournir les lois de ces faits et à établir pour le genre humain tout entier ce que l'expérimentation psychologique a constaté dans un seul individu. Quant au témoignage, il complétera la psychologie, comme tant d'autres sciences qu'un seul homme ne saurait embrasser tout entières; mais on doit remarquer, à l'avantage de la science de l'âme, que tout témoignage y sera aisément contrôlé et vérifié, puisque les faits auxquels il s'applique sont à la portée de celui qui demande à ses semblables ce complément d'instruction. Ces divers procédés, en y ajoutant le raisonnement, qui trouve sans cesse à s'appliquer, même dans les études dont il n'est pas l'instrument nécessaire, supposent donc tous la réflexion et se bornent à la mettre en œuvre: en sorte que l'on a pu dire avec raison en ce sens que la psychologie emploie essentiellement une méthode réflexive [1].

En repassant ce qui vient d'être dit, on ne peut s'empêcher de reconnaître, si je ne me trompe, que le simple bon sens suffisait, avec un peu d'attention, pour découvrir et tracer les règles de la méthode en psychologie; et l'on doit convenir avec M. Jouffroy « que si la connaissance des faits internes est si peu avancée, c'est moins le pouvoir de les observer qui a manqué, que l'idée d'en faire l'objet d'une étude méthodique et le sujet d'une science régulière [2]. » Cette idée est toute mo-

---

[1] V. Cousin, 1re série, t. IV, p. 394.
[2] Préface des Esquisses de D. Stewart, p. xxxj.

derne, et elle n'a pas encore produit tous les bons effets qu'on en devait attendre. C'est ce qui fait que l'on a pu entreprendre, sans être taxé de témérité, de continuer l'œuvre indiquée par Reid, et qui n'a été vraiment commencée que de nos jours. Mais si nous avons réussi à esquisser, sinon à décrire dans son ensemble, la méthode qui convient à l'étude de l'âme humaine, nous pourrons répéter, avec la conviction qui les a inspirées, ces paroles du philosophe que nous avons pris pour guide : « Que reste-t-il donc à opposer à la possibilité de la science des phénomènes internes, sinon que c'est une chose inouïe, qui n'a pas encore pour elle, du moins parmi nous, la sanction de l'expérience et l'encouragement de quelques heureux effets? Mais qui ne sent la puérilité de cette objection, et qui ne s'aperçoit qu'on aurait pu la faire, il n'y a pas longtemps, contre la plupart des sciences naturelles[1] ? »

CONCLUSION.

J'ai peine, je l'avoue, à quitter un sujet d'une telle importance, et les lecteurs sérieux à qui je m'adresse comprendront le sentiment qui m'anime, pour peu qu'ils veuillent se rappeler quels secours le philosophe peut attendre d'une psychologie bien faite, soit qu'il aspire à entrevoir quelques-uns des attributs de la Divinité, soit qu'il entreprenne de tracer à l'homme sa destinée et les devoirs qui en dérivent ; soit qu'il s'applique à définir les droits des individus ou les conditions légitimes d'une société humaine ; soit enfin qu'il souhaite de parcourir sans s'égarer l'histoire des siècles

---

[1] Préface des Esquisses de D. Stewart, p. xlviij.

passés, et de visiter, pour ainsi dire, en ami, non en inconnu et en étranger, les hommes de tous les pays et de tous les temps. Que l'on songe seulement à l'immense portée de la psychologie, à tout ce qu'elle contient dans son sein d'erreurs et de vérités, et l'on comprendra le zèle avec lequel je m'efforce d'en montrer l'importance à la fois et la nécessité d'y appliquer une méthode exacte et complète.

Dans l'état actuel de la science, après deux grands siècles de philosophie plus ou moins religieuse et spiritualiste, mais toujours analytique et même psychologique au moins en intention, celui qui traiterait les questions de la philosophie sans s'y préparer par cette première et indispensable étude, celui-là pourrait bien prendre le nom de philosophe, mais il ne le mériterait pas ; et si de son vivant il trouvait des approbateurs, à coup sûr la postérité ne confirmerait pas cet éloge usurpé : car ce prétendu philosophe aurait manqué à son premier devoir. Mais il y a plus : il ne suffit pas que l'homme éclairé qu'anime l'amour de la vérité, place au début de ses recherches l'étude de la nature humaine. Il faut encore qu'il y assure sa marche et qu'il y procède avec ordre. Rien ici ne doit être livré au hasard ; il faut que dans la science, comme dans la nature, le hasard soit un mot vide de sens.

Cependant il est juste de tenir compte, en finissant, de deux causes qui paraissent devoir longtemps encore s'opposer aux progrès de la science de l'âme.

La première est dans les exigences de la méthode elle-même, qui impose au philosophe la nécessité de faire, ou du moins de commencer seul l'étude si longue et si difficile des faits de conscience. Un homme seul travaillant à se connaître soi-même, tel est en effet le point de départ et la condition première de toute psychologie : en sorte qu'elle semble exposée à demeurer longtemps encore une science individuelle, bonne pour celui qui l'aura faite, mais inutile à tout autre. Il est cependant un moyen de remédier à cette imperfection. Non-seulement il n'est pas interdit à l'observateur d'en appeler au témoignage et à l'opinion de ses semblables, mais l'intérêt de la vérité lui fait un devoir de consulter ceux qui, avant lui, ont étudié la nature humaine, et nous avons eu plus d'une occasion dans ces Essais de faire ressortir tous les avantages de l'histoire des sciences philosophiques pour ces sciences elles-mêmes. Pourquoi n'essaierait-on pas, en recueillant les résultats obtenus à différentes époques en psychologie, de faire par ce moyen un corps de science qui, à chaque génération, irait en croissant, grâce aux efforts combinés de tous ceux qui s'adonneraient à cette étude? De cette manière, la psychologie réaliserait en peu de temps de sérieux progrès, et son avenir comme science serait assuré[1].

Mais comment se résigner à attendre cet avenir peut-être lointain, et qu'on ne verra pas? Voilà ce qui paraît impossible à un philosophe, désireux de résoudre pour son propre compte les problèmes de son origine et de sa destinée. Tel est le second obstacle que rencontre la science de l'âme. Nous l'avons déjà signalé[2], et nous l'avons écarté alors au nom de la science et des inté-

---

[1] Voir plus haut, p. 322. Cf. Jouffroy, Préf. des Esq., p. cxlj, cxlij, et surtout Dugald Stewart, Vie de Reid, sect. II, p. 34, 35 de la trad. de M. Jouffroy.

[2] Dans ce même Essai, p. 312.

rêts généraux de l'esprit humain. Mais il faut faire aussi la part des besoins légitimes de la pensée dans chaque individu, et reconnaître que tout homme qui s'est posé les grands problèmes de la philosophie, et que ces problèmes tourmentent, a le droit d'y répondre à tout moment, dans la mesure de ses connaissances, et même en dehors de ce qui est rigoureusement établi et démontré. Oui, chacun de nous a le droit de se former à soi-même, pour sa vie et sa conduite, comme pour la satisfaction de son esprit, une opinion, une croyance, une conviction, de quelque nom qu'on veuille l'appeler, sur le principe qui lui a donné l'être, sur la fin où il doit tendre, sur l'avenir qui lui est réservé, et par conséquent sur sa propre nature, puisque c'est de là que dépend tout le reste en philosophie. Chacun de nous, je le répète, a ce droit, mais à une condition qu'on ne doit jamais oublier : c'est qu'il respectera toujours la vérité ; c'est qu'avant de se livrer à ses conjectures, il aura épuisé tout ce que la science proprement dite peut lui fournir ; c'est enfin qu'il n'enseignera pas, au nom de la science, ce que la science ne connaît pas, et qu'il ne donnera pas pour des vérités certaines des hypothèses qui expriment ses opinions personnelles, mais que l'esprit humain ne saurait accepter comme le dernier mot de la philosophie.

On dira peut-être qu'une telle réserve dans nos affirmations ressemble fort au scepticisme. Mais quoi ! n'est-ce pas notre devoir, et n'est-il pas toujours possible de faire la différence de ce que l'on sait et de ce que l'on croit ? Je ne vois pas, d'ailleurs, que cette distinction ruine nécessairement l'enthousiasme et la croyance elle-même. La prudence de Reid et des philosophes chrétiens de son école en a-t-elle donc fait des sceptiques, ou pense-t-on que Socrate et Platon aient nui au dogme de l'immortalité de l'âme, pour avoir dit que « c'est un *risque* qu'il est beau de courir ? » Le Phédon, qui contient cet aveu, n'est-il pas le plus puissant plaidoyer que la philosophie ait jamais produit en faveur de cette sainte croyance? On n'est ni sceptique ni découragé, parce qu'on a la sagesse de s'avouer à soi-même et le courage de dire aux autres : « ici finit la certitude et commence l'opinion. » Celui qui tient ce langage ne trompe personne; il est véritablement l'ami de la vérité, de la science et du genre humain.

Rien n'empêche donc les philosophes de traiter d'une manière exacte et scientifique les problèmes de la psychologie, puisqu'ils en connaissent la nature, l'étendue, les diverses parties et la méthode qu'il convient d'y appliquer, en un mot, tout ce qui peut donner à cette étude la rigueur qui lui a manqué jusqu'ici; et pour que la psychologie soit définitivement constituée comme science, il leur suffit de le vouloir. Heureux le siècle (et pourquoi ne serait-ce pas le nôtre?) où l'on prendra enfin la résolution généreuse de s'affranchir de toute opinion préconçue, et où il sera vrai de dire : « Désormais, en psychologie, le temps des rêves n'est plus; le règne des hypothèses est passé ! »

ESSAI VIII.

DE LA MÉTHODE DU PANTHÉISME.

L'histoire prête parfois à d'étranges abus. A force de vouloir être juste envers les hommes et envers les idées, on se laisse aller à tout excuser, à tout justifier, l'erreur et la folie, aussi bien que la vertu et la vérité. Le panthéisme est une de ces erreurs pour lesquelles une sévérité outrée a fait place à une sorte d'engouement. Pendant près de deux siècles, Spinoza, mal étudié, mal connu, avait été l'objet du mépris général ; il n'était pour tout le monde en Europe qu'un « misérable athée. » Depuis, on a voulu le lire, il a rencontré d'éloquents apologistes, et une réaction s'est produite en sa faveur, en Allemagne et en France : on a raconté sa vie, on a exposé ses doctrines, on a réussi à réhabiliter dans l'opinion publique un grand génie méconnu, un puissant dialecticien, un homme de mœurs simples et pures, naturellement désintéressé, vertueux même, comme Épicure, en dépit de son système. Mais on ne s'en est pas tenu là, et l'on est bientôt passé d'un extrême à l'autre. Dans l'impassibilité plus que stoïque de Spinoza, on a cru voir un religieux enthousiasme, et l'on a transformé sa résignation à une nécessité inexorable en un amour ardent de la Divinité ; en un mot, on a fait du géomètre un saint, et grâce à cette métamorphose, sa doctrine elle-même, étudiée avec estime et avec sympathie, a fini par être considérée comme un noble excès et comme une des manifestations les plus pures de l'idée religieuse dans l'humanité.

Cependant les meilleurs esprits semblent être revenus de cet engouement pour le spinozisme ; ils ont fait la part de l'homme et celle du système, et tout en rendant hommage aux mérites et même aux vertus du philosophe, ils ont senti tout ce que ses opinions avaient de faux et de dangereux. Ils ont compris que la justice ne consiste pas à tout excuser, au mépris des vérités les plus saintes, et qu'il ne faut pas craindre de traiter comme une erreur et d'appeler de son nom propre une doctrine qui renverse toute notion religieuse. Il ne convient pas sans doute de l'assimiler à un athéisme brutal ; mais il est permis de douter que ce soit, comme on le représente, une exagération du théisme, une absorption mystique de notre être dans l'être divin, un sacrifice héroïque de notre individualité à son infinitude suprême.

Le mot d'athéisme, pris à la rigueur, n'offre à l'esprit aucun sens, et l'on peut soutenir hardiment qu'il n'y a jamais eu d'athées, et qu'il ne saurait y en avoir. Mais l'usage veut qu'on applique ce nom à quiconque faussé tellement l'idée de Dieu, qu'il l'anéantit de fait, sinon avec intention. La négation directe et complète d'une cause première est aussi impossible à l'homme que la négation de tout autre axiome ; ce qui est possible, ce qui existe, c'est l'oubli, c'est l'erreur, c'est une négation partielle portant sur un ou plusieurs des attributs moraux ou métaphysiques qui font de cette cause un Dieu, c'est-à-dire un être infiniment et parfaitement bon, sage, puissant et juste. Dans ces limites, l'athéisme existe, et il s'est rencontré assez souvent et sous des aspects très-divers. Ainsi, le fétichisme, l'anthropomorphisme, l'idolâtrie à tous les degrés ne sont que des formes vulgaires de cette espèce d'athéisme qui consiste à oublier ou à méconnaître, au moins dans la pratique, l'infinitude et la perfection de l'Être suprême. Certains savants tombent aussi, à leur manière, dans un athéisme plus ou moins déclaré, lorsqu'ils mettent dans la matière les attributs de la cause première, ou lorsque, par une horreur mal entendue des hypothèses, ils refusent une place à la vérité indémontrable que supposent toutes leurs démonstrations.

En général, ce n'est pas à de telles erreurs que sont exposés les métaphysiciens : car comment pourraient-ils nier l'infini, sans nier leur propre science? Mais il est pour eux d'autres dangers, auxquels ils n'échappent pas toujours. Si, par exemple, après avoir admis l'existence d'un être nécessaire et infini, ils se préoccupent exclusivement de la différence entre l'infini et le fini; ils peuvent être conduits par leur logique à supprimer les attributs moraux de la Divinité, c'est-à-dire ses perfections réelles et ses rapports avec nous, sous prétexte de sauvegarder sa perfection idéale.

Enfin, étant admis, d'une part, qu'il y a du nécessaire et du contingent, et d'autre part, qu'il y a un lien entre l'un et l'autre, on peut encore procéder d'une manière vicieuse et tomber dans l'erreur, si, au lieu d'expliquer par un acte de l'être parfait l'existence réelle et distincte des êtres contingents, on s'avise de ne chercher dans ceux-ci qu'un aspect, une manière d'être, la forme apparente et phénoménale de l'être unique qui, à un autre aspect, sous sa forme secrète et cachée, est appelé nécessaire, éternel, infini. C'est là le procédé du panthéisme, qui, par la subtilité supérieure de ses conceptions, l'emporte sur tout autre athéisme : c'est donc, en ce genre, l'erreur la plus spécieuse, et par conséquent la plus redoutable.

Ce système, en effet, offre les plus belles apparences : son point de vue est élevé, et tout le monde ne s'y place pas du premier coup ; puis il fait la guerre aux superstitions populaires, ce qui prévient en sa faveur les esprits indépendants ; enfin, il se présente, chez certains auteurs, avec tout l'appareil d'une rigoureuse géométrie, qui impose à ceux même qu'elle ne gagne pas. Voilà les beaux côtés du panthéisme, ceux par lesquels il exerce un tel prestige, que ses adversaires eux-mêmes, tout en étant d'avis qu'il mène à l'athéisme, et qu'il dit en termes polis et dans la langue de la métaphysique ce que d'autres disent en termes crus et grossiers, semblent comme intimidés en présence de cette idole philosophique, et la traitent malgré eux avec une respectueuse indulgence. C'est un système erroné, disent-ils ; mais ils attribuent volontiers ses égarements à la sublimité et à la profondeur de ses principes, et ils ne refusent même pas leurs éloges à la prétendue rigueur de sa dialectique.

Cette opinion exagérée des mérites et de la valeur du panthéisme est cause que d'ordinaire on se borne à le discréditer auprès du vulgaire par un appel au sens commun, ou par l'examen de telle ou telle de ses conséquences : réfutation impuissante et illusoire, puisque les philosophes à qui elle s'adresse professent le plus profond mépris pour le sens commun, et que d'ailleurs on accorde que leur système est rigoureusement déduit de principes vrais, ou du moins non réfutés, ce qui revient au même à leurs yeux. En ménageant ainsi ces philosophes dans leur méthode, on augmente leur confiance : car ils doivent se persuader qu'ils ont pour eux la logique, c'est-à-dire la vérité, et que, pour être contre eux avec tout le monde, il faut consentir à n'avoir pour soi que le préjugé. C'est une concession que pour ma part je ne suis pas disposé à faire, et voilà pourquoi je profite de l'occasion qui m'est offerte [1] d'attaquer la méthode du panthéisme, d'en démasquer la faiblesse, et de lui ôter autant qu'il est en moi sa réputation usurpée de rigueur.

La première chose en toute recherche où l'on veut procéder régulièrement, c'est de bien poser le problème à résoudre ; la seconde est de déterminer les moyens de le résoudre. C'est sur ces deux points que porteront nos critiques, et peut-être ne sera-t-il pas besoin de les développer longuement.

I.

Comment les métaphysiciens du panthéisme posent-ils la question philosophique en théodicée ? Il y a, disent-ils, de l'infini et du fini, et l'on se demande quel est leur rapport, c'est-à-dire quelle en est l'unité, ou quel est le principe unique par lequel ils s'expliquent l'un et l'autre. Voilà ce que recherche le philosophe panthéiste : son vœu est de tout ramener à l'unité.

[1] Ces quelques pages sont un fragment détaché de mes leçons de 1853 sur la méthode dans les sciences philosophiques.

Poser ainsi la question, c'est commettre, à ce qu'il semble, une double faute contre la logique.

1. D'abord, c'est faire une hypothèse que rien ne justifie, et qui contient déjà tout le système, savoir : qu'il y a une unité suprême d'où procèdent toutes choses et où toutes choses se résolvent, unité dont la conception est au-dessus de tout ce qui nous est connu, puisque tout être réel a des caractères déterminés, une essence propre, et par conséquent un élément de différence, c'est-à-dire de diversité et de multitude. Cette conception est une hypothèse, une fantaisie métaphysique, et non pas, comme on pourrait le croire, une traduction fidèle de l'instinct qui nous porte à chercher une cause unique pour tout ce qui a commencé d'être. Mettre partout de l'unité est un penchant aussi naturel à l'homme que de supposer de l'ordre, de l'harmonie, de la symétrie dans les choses ; mais tous nos penchants sont faits pour être réglés : or, tandis que celui qui admet un Dieu créateur donne à ce besoin d'unité sa satisfaction légitime, le panthéiste lui obéit aveuglément et lui sacrifie tout le reste. Quand l'homme se livre à la recherche des causes, il y a un principe qui domine sa raison, et qu'il lui est impossible de violer, sans sortir du sens commun : c'est que cela seul qui est contingent suppose une cause, ce qui est nécessaire ayant en soi sa raison d'être. Le panthéiste ne s'arrête pas là ; il ne s'agit pas pour lui comme pour les autres hommes d'expliquer le contingent par le nécessaire ; à cette question, que nous nous posons naturellement et que le sens commun approuve, il substitue ce problème surprenant et sans fondement dans la pensée : « expliquer le contingent et le nécessaire ! »

Si quelqu'un doute que tel soit le problème pour le panthéisme, qu'il demande à Hégel ce qu'il en pense; voici la réponse que lui fera ce philosophe : « La substance absolue de Spinoza n'est pas encore l'esprit absolu même; mais outre que *Spinoza ne définit pas Dieu l'unité de Dieu et du monde*, puisqu'il le fait consister dans l'unité de la pensée et de l'étendue, il résulte de la seule notion d'unité que dans son système l'univers n'est qu'un phénomène sans réalité propre, et que sa philosophie est plutôt acosmisme qu'athéisme : il nie le monde et non pas Dieu [1]. »

Le vrai panthéisme, selon Hégel, qui s'y connaissait, doit donc nier à la fois le monde et Dieu, au moins en ce sens qu'il entreprend de les ramener à l'unité : tel était le but de Spinoza; tel a été, de son propre aveu, celui de Hégel, et c'est bien de cette manière que le problème a toujours été compris dans le panthéisme. Il est vrai que tous les panthéistes ne l'ont pas exprimé aussi nettement; mais il n'en est pas moins au fond de leur pensée et de leurs doctrines, aussi bien que de leurs méthodes. Or, il est évident que si ce problème est posé par quelques hommes, il ne l'est pas par l'esprit humain : car l'esprit humain croit naturellement à Dieu et au monde, et s'il s'inquiète de leurs rapports, c'est pour savoir comment et dans quel sens Dieu est le principe du monde, et non pour découvrir comment Dieu et les êtres contingents se fondent dans une unité supérieure. Encore une fois, nous n'avons naturellement aucune idée de cette unité, qui est le postulat du

---

[1] Hégel, d'après M. Willm, Histoire de la philosophie allemande, t. IV, p. 141.

panthéisme, l'hypothèse chimérique et indémontrable sur laquelle est bâti tout le système.

2. La question que se pose le philosophe panthéiste a donc le grave défaut de s'écarter du sens commun, ce qui est toujours une témérité, pour ne rien dire de plus. Mais, à supposer qu'elle soit fondée dans la nature des choses, cette question a un autre inconvénient : c'est de viser tellement haut, que la solution en est à jamais impossible pour notre intelligence. Il est aisé de s'en convaincre : il suffit de considérer que tous nos moyens de connaître se réduisent en dernière analyse à deux facultés, dont l'une, l'expérience, nous fait connaître les phénomènes et les êtres contingents, et l'autre, la raison, nous révèle l'existence d'un être éternel, infini, nécessaire. Avec ces deux sortes de données, on comprend que l'esprit se soit toujours demandé comment et dans quel sens le contingent suppose le nécessaire, et l'on peut espérer d'obtenir sur ce point quelques lumières, les deux termes de la question étant connus ou pouvant l'être en une certaine mesure. Mais cette unité que l'on imagine au-dessus du nécessaire et du contingent, et qui est inaccessible à l'expérience, dépasse également la raison, c'est-à-dire notre plus haute faculté de connaître. Le problème qu'on soulève est donc au-dessus de notre portée, et cela suffit pour qu'un homme de bons sens s'en abstienne, de peur qu'en voulant s'élever au-dessus de sa condition, il ne s'expose à tomber au-dessous : car il n'est que trop vrai, comme l'a dit Pascal, que « qui veut faire l'ange fait la bête. »

Voilà pour la manière dont le problème essentiel est entendu par le panthéisme, lorsqu'il a conscience de soi-même et de ce qu'il cherche: Au point de vue du sens commun, un tel système est jugé, puisqu'il sort de la nature humaine. Au point de vue de la logique, il est également condamné, puisqu'il débute par une hypothèse sans fondement; et jusqu'à ce qu'elle soit établie d'une façon plus solide, on peut se refuser à aller plus loin. Peut-être même la prudence conseillerait-elle de s'arrêter ici : n'a-t-on pas affaire à des gens qui prétendent procéder avec une telle rigueur, que la géométrie n'est rien à côté de leurs systèmes! Avec de si habiles dialecticiens, on risque d'être mené plus loin qu'on ne voudrait, à en juger par la hardiesse du début. Cependant les géomètres ont sur eux un avantage : ils ne supposent que des principes certains et incontestés, et c'est pour cela qu'on est obligé de les suivre jusqu'au bout et d'accepter tout ce qu'ils démontrent. Avec nos philosophes, au contraire, l'hypothèse première n'étant pas admise, les conséquences qu'on en tirera n'auront rien de nécessaire. Un logicien peut donc sans danger satisfaire sa curiosité, et, en poursuivant cet examen, voir par quels procédés merveilleux on s'élèvera à cette connaissance surhumaine où l'on aspire.

II.

Parmi les panthéistes, il en est qui, après avoir formulé le problème fondamental, en ont compris la portée, et désespérant de le résoudre par leurs lumières naturelles, ont bravement renoncé à la raison, pour chercher dans l'extase l'*unification* avec l'indicible objet de leurs recherches. Ceux-là du moins ont été conséquents, ce qui ne veut pas dire raisonnables : car la raison et la science n'ont rien à voir dans leurs élans de mysticité. Le logicien n'a pas ses entrées dans ce sanctuaire : aussi bien ne demande-t-il pas à y être introduit ; et comme il s'agit ici de raisonnement, non de sentiment, ni surtout d'illumination, il se tourne vers ceux des philosophes panthéistes qui se montrent plus accommodants avec l'esprit humain, et qui consentent à reconnaître sa compétence pour traiter le grand problème du premier principe.

La plupart de ces philosophes affichent un grand dédain pour l'expérience. Ils ont la prétention de ne recourir qu'aux idées de la raison pure, développées, il est vrai, et interprétées par le raisonnement ; mais leurs principes doivent être puisés dans la raison. Or, en examinant cette prétention, voici ce que la logique la moins transcendante, mais la plus rigoureuse, nous fait immédiatement découvrir.

Le procédé qu'on nous propose est insuffisant. En effet, que donne-t-il et que peut-il donner? L'être nécessaire, absolu, infini et parfait. Mais pourrons-nous, sans autre instruction, découvrir les rapports de cet être avec les êtres contingents? Y a-t-il même des êtres contingents, et que sont-ils? On n'en sait rien par la faculté à laquelle on entend se borner. Cette faculté employée exclusivement nous conduira donc à nier le fini, le contingent, l'imparfait : car si la notion de la contingence implique l'idée de quelque chose de nécessaire, la réciproque est loin d'être vraie. Elle paraît même impossible à démontrer, témoin l'ultra-rationalisme de l'école d'Élée qui, pour n'avoir pas accordé à l'expérience sa place légitime à côté de la raison, a dû aboutir à la négation de tout ce qui est connu par les sens et par l'expérience. Je n'insiste pas sur un point qui est cependant de la plus grande importance en théodicée : c'est qu'avec la raison seule, la notion de Dieu lui-même demeure incomplète et inachevée, puisqu'on est renfermé dans la conception sublime, mais inféconde, de ses attributs métaphysiques; on sait par ce moyen que Dieu doit être infiniment et éternellement tout ce qu'il est; mais on ne saurait dire ce qu'il est. Quelque grave que soit cette lacune aux yeux du bon sens et d'une sage philosophie, le philosophe panthéiste ne se laisse pas arrêter pour si peu : il foule aux pieds le sens commun et traite volontiers de superstition la croyance à un Dieu revêtu d'attributs moraux. Il lui suffit de concevoir l'infini, l'absolu; il est satisfait et pense connaître Dieu. A la bonne heure, quoique cette connaissance de Dieu soit imparfaite, ce n'est pas du moins une fiction; c'est un élément important de la vérité sur l'être suprême. Voilà donc, si l'on veut, un des termes de la question qui nous est donné; mais dans toute question de rapport il y a nécessairement deux termes, et si la raison était seule, il est clair qu'on n'en aurait qu'un. Aussi les métaphysiciens panthéistes, sans admettre explicitement l'expérience, lui font-ils une part, souvent à leur insu, en ajoutant à la raison un procédé qui tient de la raison et de l'expérience et qui les unit en une certaine mesure, savoir l'abstraction.

Les philosophes ne se rendent pas toujours un compte exact de toutes les idées qui entrent dans leurs systèmes; et il leur arrive aussi parfois de ne pas remarquer tel procédé qui, à leur insu, joue un rôle dans leur méthode. C'est ainsi qu'un partisan exclusif de l'expérience nie la raison, au moment où il lui emprunte ses axiômes. De même les panthéistes croient n'employer que la raison, et ils ne s'aperçoivent pas que leur procédé réel, quoique latent, est l'abstraction. Au moins est-ce le seul qui puisse leur découvrir quelque chose qui ressemble à « l'unité de Dieu et du monde. »

En effet, comment appeler l'acte par lequel on réunira à l'aide de ce qu'ils ont de commun l'être infini et les êtres finis et contingents? C'est une comparaison sans doute, mais qui serait impossible sans l'abstraction. Ce que l'on compare avec la notion de Dieu, c'est la notion des êtres contingents, considérés non d'une manière concrète, mais dans ce qu'ils ont de général et de commun, puisqu'on les rassemble dans une seule idée ; et cette idée est fournie par une abstraction assez ardue, puisqu'elle représente un genre dans lequel rentrent tous les genres et toutes les espèces de réalités observables. La contingence, voilà ce qu'il faut comparer avec l'infini et l'immuable, pour en tirer, par un dernier effort, une idée plus haute et plus générale, et qui sera le terme de la pensée en ce genre, c'est-à-dire encore de l'abstraction. Mais quelle est la valeur de cette conception et que vaut le procédé même qui nous y conduit?

Si l'abstraction consiste essentiellement à élaguer les différences des choses que l'on compare, pour ne considérer que leurs ressemblances ou caractères communs, il est incontestable que, logiquement, un tel procédé ne donne pas une réalité supérieure à celle qui s'observe, mais une réalité de plus en plus tronquée, morte et vide. Tout logicien accordera que, livré à lui-même, ce procédé ne donne à sa plus haute puissance que l'être en soi, c'est-à-dire un pur néant. En effet, qu'y a-t-il de commun entre tout ce qui est, entre Dieu et le monde, le bien et le mal, l'esprit et la matière, le fini, l'infini, le nécessaire, le contingent, le passé, le présent, l'avenir, le vrai, le faux, le possible et l'impossible ? Pour obtenir une idée assez générale et assez abstraite pour tout comprendre, il faut s'efforcer de concevoir quelque chose qui ne soit rien de tout cela et qui soit en même temps tout cela; c'est cette notion qui constitue le genre suprême, c'est-à-dire l'être en soi, dont on ne doit rien affirmer, puisqu'il n'est ni actuel, ni déterminé, mais qu'on doit affirmer de toutes choses, puisqu'il se réalise dans tout ce qui est. Voilà la seule *unité de Dieu et du monde* que l'esprit puisse concevoir ; voilà l'*un premier* dont tous les êtres sont des fractions ; voilà le principe absolu, inconditionnel, qui n'est rien et qui est tout, qui comprend tout et à qui tout revient : en un mot, voilà le Dieu du panthéisme ! Je dis qu'admettre Dieu en ces termes, c'est le nier, et que c'est une des négations les plus radicales qui se soient jamais produites ; car c'est nier Dieu dans sa perfection, dans son infinitude, dans tous ses attributs moraux, enfin dans son existence réelle et actuelle. Ainsi, par sa méthode, le panthéisme conduit à l'athéisme : il n'en est que la forme la plus subtile et la plus spécieuse.

On contestera peut-être que ce soit là la méthode des panthéistes ; on dira aussi que ces philosophes n'aspirent pas à une abstraction, et qu'ici l'intention est tout. S'il était question de porter un jugement sur tel ou tel philosophe, cette distinction entre l'intention et le fait serait excellente ; car on ne peut imputer raisonnablement à un homme des opinions qu'il rejette comme fausses ; et c'est en ce sens que Malebranche et Fénelon, par exemple, ne sont pas considérés comme des panthéistes, parce qu'ils n'ont pas voulu l'être et que, dans leur aversion pour ce système, ils auraient renoncé à leur méthode et à la philosophie plutôt que de professer une erreur aussi monstrueuse. Mais quand on veut juger d'un système, ce doit être en vertu de principes inflexibles embrassant et la doctrine et la méthode dont elle est sortie. Laissant donc de côté les intentions de tel ou tel philosophe panthéiste, nous devons, au nom de la logique, maintenir en toute rigueur cette double proposition : 1º Quiconque cherche par l'abstraction l'unité au-dessus des êtres réels, ne pourra pas ne pas aboutir à la notion de l'être en soi ; 2º Réciproquement, quiconque admet comme unité suprême l'être en soi, a dû procéder, sciemment ou non, par l'abstraction, pour arriver à un tel résultat. Donc, le panthéisme a pour méthode indispensable l'abstraction. Au reste, pour achever de s'en convaincre, on n'a qu'à consulter l'histoire : on reconnaîtra bientôt, à n'en pas douter, que tous les philosophes à qui elle donne le titre de panthéistes s'accordent à proclamer comme premier principe quelque chose d'absolument un, dont la conception exclut toute diversité, et par conséquent tout attribut que la pensée en puisse distinguer, c'est-à-dire, en d'autres termes, qu'ils divinisent ce que la logique appelle l'être en soi. Qu'est-ce que l'un premier des Pythagoriciens, des Éléates et des Alexandrins, cette unité abstraite, indicible, inénarrable, qui n'est ni finie, ni infinie, et dont on ne peut affirmer ni la puissance, ni même la pensée ?

Qu'est-ce encore que la célèbre substance que Spinoza suppose comme premier principe, et qui ne peut l'être qu'à la condition d'être essentiellement indéterminée. Qu'est-ce enfin que l'Idée de Hégel, avec son progrès logique de l'abstrait au concret? Ces diverses hypothèses ne sont autre chose que des expressions assez peu variées d'une pensée uniforme. Qu'on essaie un moment de supprimer la notion de l'être en soi, le panthéisme n'a plus de raison d'être; c'est cette notion qui le fait vivre; sans elle, il n'est plus. Toujours et partout, au Dieu personnel de l'humanité, le panthéisme substitue l'être en soi, l'être pur, abstrait, indéterminé. Il est vrai qu'il le décore ensuite d'attributs, et qu'il en fait sortir tout ce qui existe; mais c'est par une inconséquence qui dépasse tout ce qu'on peut imaginer en ce genre.

Il y a ici une équivoque contre laquelle la logique ordinaire ne nous met pas toujours en garde, et qu'il faut écarter à tout prix : je veux parler de la confusion de l'être *en soi* et de l'être *par soi*, ou de l'être universel et de l'être infini. L'être *par soi* est l'être nécessaire, éternel, infini, dont l'existence est connue avec une certitude immédiate par la raison ; c'est Dieu lui-même, cause suffisante du monde, parce qu'il est le bien absolu et qu'il a en lui-même sa raison d'être. L'être *en soi* est le résultat le plus élevé de l'abstraction procédant par la comparaison de tous les êtres réels et par une élimination graduelle de leurs caractères distinctifs et essentiels, c'est-à-dire de ce qui fait leur réalité. C'est le genre être, l'être absolument indéterminé, sans forme et sans qualité, et qui par conséquent n'est pas : car, pour être, il faut être quelque chose; ce qui n'est rien n'est pas. L'être en soi n'est donc qu'un point de vue de notre esprit. Hors de là, il n'a aucune réalité positive : il est donc sans vertu pour expliquer quoi que ce soit, et l'on n'en peut rien faire sortir.

Si, en effet, l'on redescend du genre être à ses espèces, c'est en y ajoutant des qualités qui n'y sont pas contenues, et en lui attribuant les caractères des êtres déterminés : ici, l'infinitude et la perfection, là l'imperfection et la contingence; tantôt une nature immuable, et tantôt le changement, où l'on renferme arbitrairement la vie. Ainsi, ce n'est pas par une déduction légitime, mais par une série d'hypothèses injustifiables que le panthéisme détermine l'indéterminé : mystère incompréhensible, qu'il déclare préférer à celui de la création libre. En vérité, c'était bien la peine de se récrier si fort sur l'obscurité de ce dogme! S'imagine-t-on qu'il y ait de quoi satisfaire un esprit sérieux dans cette continuelle pétition de principe? On a beau la renforcer par de belles métaphores, et vanter ensuite la fécondité, la puissance, l'harmonie et toutes les perfections prétendues de l'unité suprême : d'où lui viennent ces qualités, et à quelle faculté a-t-on emprunté la plupart de ces affirmations? À cette même expérience, que l'on avait d'abord proscrite, et qui se trouve être assez grossièrement employée, comme on le voit, et d'une manière tout à fait intempérante.

On reproche souvent au panthéisme de nier tel ou tel fait, notre liberté, par exemple, et notre existence individuelle, ou le devoir et la vertu, et l'on a raison, Spinoza lui-même en conviendrait[1]; mais on ne va pas

---

[1] Éthique, part. II, prop. 48; part. IV, préambule, etc.

assez loin : on devrait dire que sa conception fondamentale est à jamais impuissante pour expliquer aucun fait, aucun être réel.

Mais le véritable vice de cette doctrine est de fausser et de détruire la notion même de Dieu, comme être réel et parfait, en en faisant une détermination ou une espèce du genre être, et la première hypostase, c'est-à-dire la première dégradation, la première chute de ce prétendu principe, l'être en soi. La source de toute métaphysique est corrompue : tout ce qui en dérive s'en doit ressentir ; quoi d'étonnant ?

Il ne faut donc pas dire seulement que le panthéisme conduit à l'athéisme ; son point de départ est l'athéisme. J'accorde, si l'on veut, que c'est un athéisme qui s'ignore ; mais cela est vrai de tout athéisme.

En résumé, la méthode sur laquelle est fondé ce système a, suivant moi, les deux plus grands défauts que l'on puisse imaginer et qui, du reste, vont ordinairement de compagnie : une ambition excessive et une impuissance radicale. D'une part, elle aspire à résoudre une question insoluble et sans fondement, et, d'autre part, elle demeure au-dessous de sa tâche, et même au-dessous de questions plus modestes. On ne devait employer que la raison et le raisonnement ; mais, en réalité, on ne procède que par hypothèse ; on n'appuie le raisonnement que sur une abstraction immodérée et mal conduite, qui donne je ne sais quel mélange arbitraire et confus de raison et d'expérience ; et comme on n'en peut rien déduire avec rigueur, on imagine, on invente, sous prétexte de démontrer.

Pour réfuter le panthéisme, il faut donc lui demander un compte sévère de ses principes et de sa méthode. Il ne résistera pas à cette épreuve ; car il n'a que l'apparence de la profondeur et de la rigueur, et cette logique, dont il est si fier et dont il revendique la propriété exclusive, est précisément sa partie la plus vulnérable pour qui a réfléchi sur la nature de l'esprit humain et sur la portée de chacun de ses procédés. Depuis son premier principe, qui est toujours une négation plus ou moins explicite de quelque attribut de Dieu, jusqu'à la confusion impie de Dieu et du monde, qui est nécessairement son dernier mot, on n'y rencontre qu'hypothèse, erreur, contradiction.

Aux froides et stériles abstractions des philosophes du panthéisme, ou même aux images pompeuses et vides de ses poëtes et de ses écrivains, j'éprouve le besoin d'opposer, pour conclure, quelques lignes inspirées à un grand philosophe par la simple et pure beauté du spiritualisme chrétien : « Il n'y a rien de plus parfait que Dieu, ni rien de plus charmant. Pour l'aimer, il suffit d'en envisager les perfections, ce qui est aisé, parce que nous trouvons en nous leurs idées. Les perfections de Dieu sont celles de nos âmes, mais il les possède sans bornes ; il est un océan dont nous n'avons reçu que des gouttes : il y a en nous quelque puissance, quelque connoissance, quelque bonté ; mais elles sont tout entières en Dieu. L'ordre, les proportions, l'harmonie nous enchantent ; la peinture et la musique en sont des échantillons ; Dieu est tout ordre, il garde toujours la justesse des proportions, il fait l'harmonie universelle : toute la beauté est un épanchement de ses rayons (LEIBNIZ, Préface de la Théodicée). »

ESSAI IX.

DU FONDEMENT DE LA PROPRIÉTÉ[1].

Qu'est-ce que la propriété ?

La propriété n'est pas la possession, c'est-à-dire la domination plus ou moins arbitraire exercée par un homme sur le premier objet venu dont il s'est rendu maître, par quelque moyen que ce soit. Pour qu'on lui reconnaisse la propriété de cet objet, il faut non-seulement qu'il le possède et qu'il en use, mais encore qu'il en ait le droit ; et ce droit se distingue si bien du fait où il se réalise, qu'il peut exister à nos yeux sans la possession actuelle. La propriété, dont nous recherchons ici l'origine et le fondement, est donc le droit de posséder.

C'est dans le respect dû à la liberté de la personne morale que je place le premier fondement de ce droit. Mais avant d'établir directement cette doctrine, je crois devoir écarter par une réfutation préalable les opinions différentes ou contraires.

Je rencontre d'abord une théorie bien connue, celle qui fait reposer la propriété sur le désir que l'homme a naturellement de posséder et d'acquérir. Sans contredit, ce penchant existe dans chacun de nous ; il est

---

[1] Leçon faite à la Sorbonne le 1er décembre 1848, dans le concours pour l'agrégation des facultés. Voir plus loin, p. 475.

commun à tous les hommes, et, par conséquent, il peut être considéré comme leur étant naturel et inné. De plus, c'est un de nos plus puissants mobiles : « L'homme, dit Aristote, a deux mobiles de sollicitude et d'amour, la propriété et les affections [1], » et tous ceux qui se sont mêlés d'observer la nature humaine y ont rencontré et constaté l'existence de ce désir de posséder, où s'exprime essentiellement l'égoïsme et ce qu'on appelle l'intérêt. Si donc nous n'avions qu'à rendre compte d'un fait, nous dirions : l'homme possède, il s'est approprié certains objets, parce qu'il y a été porté par un instinct de sa nature. Mais la propriété n'a-t-elle à nos yeux d'autre valeur que celle qu'on attribue à un fait concret et éphémère? Ceux qui n'y veulent voir que cela se contentent (et on le comprend sans peine) de lui donner cet unique fondement. Mais d'où vient une pareille doctrine? Elle est aisée à définir : qui ne reconnaît là une application de ce déplorable système qui fait tout venir des sens ; qui, étant incapable de fonder un seul droit, n'admet que des besoins ; qui, pour satisfaire ce qu'il appelle les exigences de notre nature, ou plutôt pour flatter nos passions, déclare ne pas nier la propriété, mais la vouloir pour tous ; qui, enfin, de la justice, qu'il ne connaît pas, en appelle à une égalité qu'il suppose, sans pouvoir l'établir!

Il s'agit ici d'un droit, non d'un fait. Or, tant qu'on se borne à constater l'existence du désir de posséder, on explique tout au plus les actes où nous conduit ce penchant, mais sans les légitimer devant la morale et la société. En vain je presse cette notion : je n'en puis

[1] Politique, l. II, c. 1, trad. de M. B. Saint-Hilaire.

faire sortir l'idée d'un droit absolu, c'est-à-dire qui produise une obligation, et auquel corresponde un devoir strict. Depuis quand un désir a-t-il été un droit? Il ne sert de rien de dire qu'il y a des besoins vrais et des besoins faux, et que celui dont il est question est inné, universel, impérieux, irrésistible ; il ne s'ensuit pas de là qu'il doive être pris pour règle, et qu'il justifie à lui seul les actes qu'il inspire : sinon, il faut abolir la distinction du juste et de l'injuste, chacun de nos actes pouvant toujours être rattaché à quelqu'une de nos tendances naturelles. Personne ne s'est jamais avisé de transporter aux animaux le droit de posséder, sous prétexte qu'ils en ont le désir aussi bien que nous. L'homme, il est vrai, l'emporte sur eux en ce qu'il est insatiable : est-ce là ce qui lui confère un droit? Qui oserait soutenir qu'il suffise de convoiter un bien, pour avoir le droit de s'en emparer et de se l'approprier? Les désirs n'ont point de limites assignables, et si celui d'autrui n'arrête pas le mien, où sera la mesure, et d'après quelle règle décidera-t-on entre nous ? Le désir, encore une fois, est un principe animal, que l'on ne respecte pas ailleurs que chez l'homme, et là même il n'est l'objet du respect et la matière d'un droit que lorsqu'il est d'accord avec la raison. La raison, voilà ce qui, dans une société humaine, fonde des droits et des devoirs : c'est à elle qu'il faut s'adresser, si l'on veut retrouver, non pas seulement l'origine psychologique d'un fait, mais le principe, le fondement moral d'un devoir ou d'un droit.

Élevons-nous donc au-dessus des passions de l'homme, jusqu'à cette droite raison où les philosophes ont toujours cherché les premiers principes de la morale. Mais chez qui pourrons-nous la trouver pure et sans mélange, indépendante de tout ce qui pourrait troubler ses jugements? Il semble au premier abord que rien n'exprime mieux que la loi cette autorité inflexible et impassible de la raison. C'est parce qu'elle exprime la raison générale que la loi est la meilleure sauvegarde des individus, des sociétés et des gouvernements qui ont la sagesse de s'y soumettre, au lieu d'en faire le prétexte et l'instrument de leurs caprices. Elle oppose une digue à l'arbitraire des opinions et des passions, parce que, comme Aristote l'a dit, elle représente « la raison de l'homme sans ses passions. » Faut-il donc penser avec Mirabeau « qu'une propriété particulière est un bien acquis en vertu des lois, et que la loi seule constitue la propriété? » Mais par cela même que la loi positive exprime la raison, elle la suppose et ne vient qu'après elle : elle n'est donc pas le principe des droits qu'elle sanctionne. Il faut avouer d'ailleurs qu'elle n'a pas toujours cette noble origine que nous lui assignons volontiers. Il peut arriver parfois qu'avec les meilleures intentions, la puissance publique par qui elle est promulguée n'interprète pas fidèlement la justice et la vérité. Que sera-ce, si c'est un tyran qui l'impose, parce que tel est son bon plaisir? Le pouvoir comme tel ne fonda jamais un droit, parce que le pouvoir comme tel n'est pas par lui-même un droit, mais celui-là seulement dont l'origine est légitime et les actes conformes à la loi naturelle.

Le principe immédiat des lois positives est donc la volonté du législateur, et c'est pour cela que le droit civil est ou peut être différent dans les divers états, tandis que le droit naturel est commun à tous les hommes. La loi établie ne repose pas sur elle-même, mais sur quelques principes qui en ont suggéré l'idée, qui la maintiennent et qui l'autorisent. Ces principes sont-ils empruntés à la raison? Le droit qui en résulte n'est donc pas fondé par la loi positive, puisqu'elle ne fait que le consacrer. La loi ne fonde réellement que les droits qui, à un moment donné, sont reconnus comme des nécessités sociales ou qui tirent leur origine de certaines conventions. Mais les droits de cette sorte se distinguent aisément de ceux qui dérivent de la seule raison. Tandis que ces derniers se retrouvent à toute époque et dans toute société humaine, les autres sont variables : ils sont d'une nature transitoire et locale. C'est pour de tels droits que nous sommes embarrassés, quand il s'agit d'en indiquer l'origine. La raison ne les connaît pas ; les recherches historiques sont difficiles, et d'ailleurs une longue habitude nous porte à croire que ce sont les lois qui les constituent. Or, quelque opinion qu'on se soit faite de la propriété, il est incontestable pour tous qu'elle n'est pas un accident, mais une condition générale, un élément essentiel de toute société connue. S'il en est ainsi, il n'y a plus que deux hypothèses possibles, entre lesquelles il faut choisir : ou bien les lois qui partout consacrent la propriété en empruntent l'idée à la raison, et alors c'est un droit naturel qu'il faut expliquer autrement que par la volonté du législateur ; ou bien elles ne sont que des formes particulières d'un fait général, reconnu d'utilité publique dès les premiers jours par toute société, et dans cette seconde hypothèse, comme dans la première, la propriété a précédé les lois positives ; seulement ce n'est plus qu'un droit de convention, remontant, il est vrai, à l'origine des sociétés humaines, et fondé sur un contrat primitif qui lui aurait donné naissance en substituant, par exemple, à la communauté naturelle le régime relativement plus moderne, mais confirmé par l'usage, de la propriété individuelle.

C'est par cette dernière hypothèse que Hobbes, Rousseau et un bon nombre de philosophes du dix-huitième siècle s'efforcent de rendre raison de la propriété, considérée comme institution sociale ; et si on leur demande où est la trace de ce contrat primitif, c'est, disent-ils, la même convention qui a fait passer les hommes de l'état sauvage, où ils étaient isolés, mais libres et indépendants, à l'état de société où la civilisation et la paix sont le fruit de concessions réciproques et d'une abdication partielle de leurs libertés et de leurs droits.

Cette théorie est contraire au témoignage de l'histoire et aux faits les plus certains de la nature humaine. L'homme a toujours vécu en société : ce fait universel et permanent est le résultat nécessaire des penchants naturels qui, même à notre insu et en dehors de toute préoccupation égoïste, nous attirent vers nos semblables et nous font rechercher leur commerce. En société seulement l'homme peut agir et se développer suivant sa nature ; là seulement ses inclinations les plus puissantes trouvent un aliment et une satisfaction ; là seulement il peut acquérir la science et rencontrer le bonheur. La société est donc pour lui le véritable état de nature. On ne peut supposer, sans se contredire et sans détruire la sagesse de la Providence, qu'un être né sociable ait été placé d'abord dans un état d'isolement, d'où il serait sorti plus tard, après qu'il aurait reconnu par l'expérience que c'était son intérêt bien entendu de se rapprocher de ses semblables. Cet homme primitif dont on nous parle est à la fois trop sauvage et trop ingénieux. Il est aussi par trop invraisemblable que tout soit calcul dans cette association naturelle des hommes qu'on appelle la société.

Tout le monde connait cette phrase célèbre : « Le premier qui, ayant enclos un terrain, s'avisa de dire *ceci est à moi*, et trouva des gens assez simples pour le croire, fut le vrai fondateur de la société civile. » Paradoxe éloquent, brillante erreur : l'origine de la société est plus pure et plus sainte ; c'est dans les affections de l'homme qu'il faut la chercher, non dans ses intérêts ; car, sans aucun doute, c'est dans la famille, c'est au foyer paternel que les premiers hommes apprirent tout d'abord à vivre ensemble. Mais Rousseau lui-même nous atteste en cet endroit que, dès qu'il y a société, il y a aussi propriété. Toute la question est de savoir si cela résulte d'une convention, expresse ou tacite, imposée de force ou consentie librement. Mais qui ne voit la faiblesse de cette hypothèse ? Comment expliquer que cette convention primitive ait duré et se soit maintenue jusqu'à nos jours ? Comment surtout fonder un droit fixe, universel, absolu, sur une chose aussi variable, aussi rare, aussi capricieuse que l'accord de toutes les volontés ? On doit remarquer aussi qu'un contrat ne peut créer des droits que parce qu'il en suppose dans les parties contractantes, et que, si l'on admet que la renonciation des autres hommes ait conféré un droit au premier qui s'avisa de faire acte de propriété, on admet par conséquent un droit antérieur et supérieur à ce contrat primitif. On a donc reculé la difficulté, mais on ne l'a pas résolue, et ce n'était pas la peine de substituer à un fait certain et connu de tous une hypothèse impossible à vérifier, et qui demande elle-même une explication.

De cette histoire fantastique de la société à son berceau, revenons à l'observation de la nature humaine : c'est là sans doute que nous découvrirons la première origine de la propriété ; car, suivant les paroles d'un illustre magistrat, « le principe de ce droit est en nous ; il n'est point le résultat d'une convention humaine ou d'une loi positive. Il est dans la constitution même de notre être et dans nos différentes relations avec les objets qui nous environnent[1]. »

De nos jours, on met volontiers dans le travail le premier fondement de la propriété, parce que, dit-on, nul ne peut nous disputer, sans une injustice flagrante, la possession et l'usage de ce que nous avons produit nous-mêmes. Nés pour le travail, nous devons jouir du bénéfice qui en résulte : nous y avons un droit naturel et sacré.

Je commence par reconnaître qu'en effet la possession fondée sur un travail honnête est légitime et respectable pour tous, et qu'il y a là un droit réel, ramené à son principe immédiat, savoir un homme, une personne morale, qui accomplit son devoir et qui agit conformément à sa nature, en travaillant, c'est-à-dire en exerçant avec effort ses facultés, afin de les mettre en œuvre et d'en tirer ce qui y est contenu. Faire notre devoir est le premier de nos droits, et le travail est la loi de notre destinée ici-bas. Si donc la propriété n'avait pas d'autre origine, elle serait déjà digne de respect, et il faudrait lui faire une place parmi les droits de l'homme en société. Cependant, je l'avoue, cette expli-

---

[1] Portalis, Exposé des motifs du Code civil.

cation ne satisfait pas encore mon esprit. Elle ne me donne pas la propriété telle que je la conçois : elle me la donne incomplète, conditionnelle et dérivée d'une propriété antérieure. Si le travail seul rend légitime la possession, que deviennent ceux dont le travail est nul ou improductif au point de vue des biens de ce monde, mais que la fortune a favorisés de ses dons ? Leur contesterez-vous ce qu'ils ne tiennent pas d'eux-mêmes, mais d'autrui ? Il y aurait inhumanité à faire à un infirme, à un vieillard, à une veuve, l'application d'un tel principe, et cela suffirait pour montrer combien il est étroit et exclusif. Avec ce même principe, vous ne sauriez rendre compte du droit qu'avaient certainement les premiers habitants de la terre de s'emparer de tout ce qui était à leur portée. Que dis-je ? Ils n'avaient pas même le droit d'y travailler. On parle beaucoup des produits du travail ; mais l'homme ne crée rien : pour produire quelque chose, il lui faut des instruments et une matière première. Dieu seul peut se passer de ces conditions pour faire que ce qui n'était pas soit. Prétendre que la propriété n'existe que pour ce qu'on a créé, c'est donc retirer ce droit aux hommes, pour le réserver uniquement à Dieu, auteur tout-puissant et maître souverain de toutes choses. Mais s'il est vrai que l'homme puisse acquérir un droit de propriété par son travail, comme tout travail s'applique à une matière et suppose des instruments, il faut de toute nécessité que la propriété ait préexisté à la production, et que le droit de produire repose sur un droit antérieur, qui se résoudra en dernière analyse dans le droit du premier occupant : car il faut d'abord posséder légitimement la terre ou la matière, quelle qu'elle soit, dont on veut tirer parti ; sinon le travail lui-même n'est plus un droit, mais une usurpation.

Ainsi, cette propriété particulière, dont l'origine immédiate est le travail, dérive historiquement, comme toute autre propriété, d'une occupation primitive de la chose qu'on possède. Cette occupation, à son tour, est un fait, et pour être considérée comme un droit, elle doit remplir certaines conditions. Il faut d'abord qu'elle soit réellement première, c'est-à-dire qu'elle porte sur un bien vacant et qui ne soit pas déjà la propriété d'un autre. Puis, il faut qu'elle ne soit pas l'effet du hasard, mais qu'elle procède d'une intention manifeste de celui qui le premier prend possession d'une chose inoccupée. Enfin, pour être prise au sérieux par ceux qui, autrement, seraient exposés à la méconnaître, elle doit être elle-même sérieuse, c'est-à-dire visible, active et renfermée dans des limites précises ou faciles à retrouver et à tracer au besoin. A ces signes, on reconnaît et l'on respecte l'acte légitime d'un homme qui, sans nuire à personne, use d'un droit naturel, en s'appropriant un bien inoccupé et qu'il veut mettre à profit pour lui-même ou pour les autres.

Voilà donc un droit en action pour ainsi dire : en voilà la manifestation certaine, mais encore extérieure. Il reste à définir ce droit lui-même et à découvrir en quoi il consiste.

Jamais je n'aurais l'intention ni même l'idée de faire une chose mienne, si je ne savais auparavant ce qui est mien ; en d'autres termes, avant de connaître le mien extérieur, il faut que je connaisse le mien en moi. Comment pourrais-je sortir de moi pour ainsi dire, comment pourrais-je me développer au dehors, si je ne me possédais d'abord moi-même, et si je n'étais en état de diriger mes propres facultés vers cette chose que je veux m'approprier. Il y a donc pour moi une propriété antérieure à toute autre, celle de ma personne, puisqu'il y a une possession qui précède nécessairement toutes les autres, savoir la possession de moi-même. Il est impossible de remonter plus haut : évidemment toute autre propriété suppose celle-là ; elle est l'origine à la fois chronologique et logique de tout acte qui ajoute quelque chose à mon domaine, ou qui tend à amplifier ce qui tout d'abord est à moi. Arrivé au terme de notre analyse, nous devons étudier avec soin cette propriété intime, afin d'en pénétrer la nature, mais surtout afin de nous rendre compte du droit dont elle est, suivant nous, la forme primitive et le premier fondement.

Pour peu qu'on observe l'âme ou le moi humain, en dehors de tout système préconçu, on y découvre tout d'abord une intelligence, des passions, et un peu de puissance à leur service, et l'on ne peut s'empêcher de remarquer ce fait élémentaire, essentiel, évident, que tantôt ces facultés se développent sous l'impulsion fatale de la nature et des circonstances, sans que la volonté se mêle de leur conduite, et tantôt elles sont employées par l'homme lui-même, avec connaissance et avec liberté. Or, ce n'est pas du premier coup que ce pouvoir personnel qui est en moi, ou plutôt qui est moi-même, est arrivé à établir sa domination. Ce n'est qu'après des efforts plus ou moins prolongés, plus ou moins énergiques, que je m'empare de mes puissances naturelles, et que je parviens à les discipliner et à me les approprier si bien que je communique à leurs actes, qui à l'état involontaire ne m'étaient pas imputables, ce caractère de responsabilité qui exprime l'essence de la personne morale, c'està-dire douée de raison à la fois et de volonté. Ma volonté est la seule de mes facultés qui soit naturellement maîtresse de ses actes; c'est à elle seule que s'adressent les injonctions du devoir : aussi est-elle en moi par nature la faculté du devoir, et pour agir conformément à cette loi suprême de mon être, il faut absolument qu'elle règne dans l'âme et qu'elle en possède toutes les puissances, de manière à en faire des instruments et des moyens d'action. La volonté appliquée au gouvernement des passions, de l'intelligence, de l'âme tout entière, voilà donc en quoi consiste ce que j'appelle le premier acte de propriété.

A ce degré, je le demande, y a-t-il une possession légitime, y a-t-il un droit de posséder? Comment pourriez-vous en douter, vous tous théoriciens du droit naturel, qui proclamez l'inviolabilité de la vie humaine, le respect dû à la liberté, et la justice fondée sur une égalité réciproque? Le fondement de tout cela n'est-il pas précisément celui sur lequel repose cette propriété première, indispensable, inhérente à la nature humaine, et, après avoir élevé si haut le droit sacré de la personne morale de vivre et d'agir conformément à sa destinée, n'y aurait-il pas une contradiction des plus choquantes à venir lui contester le premier exercice de ce droit, alors que, renfermée en elle-même, et par conséquent ne pouvant nuire à qui que ce soit, elle entre en possession des forces que la nature a mises à sa portée et destinées à son service? Ou le droit naturel n'est qu'un mot, ou c'est ici le lieu de l'appliquer. Que ceux qui nient tout droit et toute règle nient la propriété, à la bonne heure; mais dès qu'on distingue entre le juste et l'injuste, dès qu'on professe le respect de la personne humaine dans ses manifestations légitimes, il faut admettre aussi la propriété, au moins sous cette forme qui vient d'être décrite. Et qu'on ne pense pas faire en cela une petite concession: on va voir tout ce qui résulte nécessairement de cette donnée première.

Il importe avant tout d'en faire ressortir le caractère essentiel. A quoi reconnaît-on la présence d'un droit dans cette disposition de soi-même? Uniquement à ce signe, qu'un être libre, voulant se constituer et se développer, s'assimile des facultés qui ne s'appartiennent pas à elles-mêmes, et qui, comparées à la volonté, sont des *choses* en présence d'une *personne*. Il y a en effet une subordination évidente de ce qui est inerte à ce qui est actif, ou de ce qui agit machinalement à ce qui agit de soi-même et avec connaissance. Il y a un empire naturel de la personne sur les choses, et lorsqu'elle les fait siennes, lorsqu'elle les tourne à son usage, c'est en vertu d'un droit inné et divin. Voilà comment se justifie à nos yeux la première propriété, celle qui est le type et le fondement de toutes les autres. Elle est fondée elle-même, on le voit, sur ce principe assuré, que nous avons droit, comme êtres libres, sur toutes les choses qui par leur nature peuvent servir à aider, à transmettre, à compléter l'action de notre volonté. Ce principe lui-même, qui aurait pu être posé *a priori* comme une donnée de la raison et du sens commun, nous l'avons appuyé sur le témoignage de notre conscience, en l'étudiant dans un fait certain, dont chacun peut expérimenter en soi-même la réalité et la portée nécessaire. Il s'agit maintenant de confirmer la vérité de cette doctrine, en la suivant dans ses conséquences, et en montrant qu'elle s'applique à toute autre propriété.

Après notre personne, notre propriété la plus intime et la plus incontestable est notre corps. Tout le monde l'admet; mais le principe qu'on vient d'établir peut seul en rendre compte. L'âme est l'essence de l'homme; mais à l'âme est joint naturellement ce système de molécules matérielles qu'on appelle le corps, et qui est disposé de telle sorte que toutes nos relations avec d'autres êtres et l'exercice même de plusieurs de nos facultés seraient impossibles sans cet intermédiaire : aussi les principales parties du corps sont-elles désignées sous le nom significatif d'organes. Ces organes sont donc, après nos facultés, la première chose qu'il nous importe d'occuper; et en vertu du même principe qui a fondé en nous le pouvoir de la volonté, nous nous rendons maîtres de notre corps.

Une fois en possession de ses premiers moyens d'action, la volonté humaine se répand au dehors, et partout où, sans nuire à personne, elle trouve une chose dont elle puisse tirer parti, elle s'en empare et se l'approprie. L'occupation de ce qui n'appartient encore à personne (res nullius) est donc un droit dérivé de la même source que la propriété première, et nul ne peut lui imposer de limites que celles qui résultent d'une occupation antérieure. Le respect dû à la personne la suit dans ses accroissements successifs; c'est encore le droit de la personne sur les choses qui est le fondement de la propriété hors de nous. Qu'on le remarque en effet, ce qu'on respecte dans la propriété, ce n'est pas la chose possédée, c'est le légitime possesseur, c'est l'être libre et moral qui y a imprimé sa marque, en la faisant sienne. Otez cette idée, je ne vois plus devant moi qu'une matière comme une autre, soumise à l'empire que j'ai le droit d'exercer sur la nature. Les choses sont si bien destinées à être la propriété de l'homme, et à participer, comme telles, du caractère de la personne morale, que là même où je ne trouve point de premier occupant, ma conscience m'avertit que je ne dois pas détruire sans raison cette chose indifférente ; j'ai le droit de me l'approprier, mais si je ne la réduis pas à mon usage, je dois la considérer comme la propriété de mes semblables.

L'occupation est pour ainsi dire provisoire et indéterminée, tant que le travail ne s'y ajoute pas pour la déclarer, en témoignant d'une volonté ferme et persévérante. Dans la propriété du premier occupant, nous respectons déjà l'intention d'une personne, d'un être moral, notre semblable et notre égal ; mais si Diogène a droit à la place qu'il occupe momentanément au soleil, à plus forte raison le droit nous paraît-il évident, quand la possession a été consacrée et comme sanctifiée par le travail. L'effort de la volonté est d'ailleurs de grande conséquence pour le prix de la chose possédée, puisqu'en la transformant il lui donne le plus souvent une valeur qu'elle n'avait pas d'abord, et c'est en quoi consiste proprement la production.

Si la propriété est le rapport naturel des personnes et des choses, on comprend que, ce droit étant contemporain de l'homme lui-même, ou, si l'on veut, de la société, on ait pu croire qu'il avait été fondé par un contrat primitif. Cette hypothèse est erronée, mais elle rend hommage à l'antiquité et à l'universalité du droit que nous étudions.

Les lois à leur tour ont partout sanctionné la propriété; si elles ne l'ont pas fondée, elles lui prêtent du moins le secours de leur autorité, et nous savons maintenant que ces lois ne sont pas arbitraires, mais qu'elles expriment véritablement un droit naturel.

Enfin, si nous nous sommes refusé à voir dans le désir d'acquérir l'unique origine de la propriété, nous devons reconnaître toute la puissance de ce mobile pour l'accroître et la développer. L'homme est appelé à exercer une domination sur la nature, afin de la transformer à son image; mais si belle que soit cette œuvre, comme elle exige du travail, des efforts, de nombreuses fatigues, autant de patience que de courage, il reculerait peut-être devant les obstacles semés sur sa route, s'il n'était soutenu par ce penchant qui le rend capable d'éprouver une jouissance dans la possession de ce qu'il a désiré. Poussé par ce mobile spécial, il travaille, il fait valoir, il acquiert sans cesse, il marche de conquêtes en conquêtes. Ainsi s'étend et se multiplie la propriété, sous tant de formes et d'aspects divers, qui étonnent l'observateur et lui donnent une si haute idée des ressources que l'homme trouve dans la nature, mais surtout dans sa propre activité.

On voit que la théorie dont je suis ici l'interprète[1]

---

[1] A peine ai-je besoin d'ajouter ce que la plupart des lecteurs auront déjà remarqué sans doute, que je n'ai guère fait jusqu'ici que reproduire, souvent dans les mêmes termes, quoique dans un autre ordre et avec plus de développement, les idées émises sur ce sujet par M. Cousin dans la 1re partie de l'écrit intitulé: *Justice et charité*.

n'exclut rien de ce que les autres contiennent de vrai ou même de plausible; mais elle a sur elles l'avantage de remonter à la racine même de la propriété, et, après l'avoir exposée sous sa forme première, d'expliquer tous ses développements ultérieurs : après la personne, le corps; après le corps, les choses extérieures, l'air et la lumière, les aliments, le vêtement et l'abri, en un mot, l'occupation innocente de ce qui était inoccupé ou de ce qui nous est abandonné par autrui. Cette occupation légitime répond à un désir naturel, mais elle ne s'achève elle-même que dans le travail dont elle a préparé les matériaux; les lois enfin, dans l'intérêt de tous, reconnaissent ces droits et les font respecter, tout en en réglant la forme selon les circonstances. Cependant tout n'est pas dit sur le principe de la propriété, et pour être en état de l'apprécier complétement, il faut l'éprouver par ses conséquences.

La propriété, telle qu'on l'a définie, est un droit inhérent à la personne, qu'elle porte partout avec elle et qui n'a d'autres limites que le même droit dans une autre personne. Le respect inviolable de la liberté d'autrui, telle est la seule barrière que l'on puisse opposer aux acquisitions successives où conduit ce principe. Toute autre condition est arbitraire, et il est facile d'en démontrer l'injustice ou le ridicule.

Quelques-uns veulent, par exemple, que l'homme se borne à ce qui lui est nécessaire pour sa subsistance et pour ses besoins du moment, et ils lui interdisent d'amasser ce qu'ils appellent le superflu. Cette restriction singulière, injustifiable, équivaut à une négation pure et simple de la propriété : car, dans ces termes, on ne la laisse subsister que pour les objets de consommation immédiate, lorsqu'elle donne satisfaction à notre instinct de conservation et aux nécessités les plus urgentes de la vie matérielle, et on ne lui fait aucune part, lorsqu'elle répond à l'instinct légitime qui nous porte non-seulement à acquérir, mais encore à conserver. Ensuite quelle situation fait-on à l'homme, en lui retirant la prévoyance et le souci de l'avenir? On le relègue au-dessous de certains animaux qui, au lieu de vivre au jour le jour, font des provisions, afin de traverser la mauvaise saison; ou, du moins, on le ramène à la triste condition de ces sauvages qui croyaient rendre service à leurs vieux parents en les mettant à mort, parce qu'il leur était trop difficile alors de chasser et de se procurer eux-mêmes les choses nécessaires à la vie. La civilisation trouve son compte, aussi bien que notre dignité naturelle, à ce que l'homme, être intelligent et prévoyant, puisse mettre de côté de quoi subvenir à ses besoins, non-seulement dans le présent, mais encore pour l'époque où les forces et la santé lui feront défaut, et où le repos dans l'aisance sera la juste récompense de son travail et de ses efforts antérieurs. Ces biens mis en réserve ne le protégent pas seulement contre les incertitudes de l'avenir; ils lui procurent en outre la chose la plus précieuse pour le développement de ce qu'il y a de meilleur en lui, je veux dire des loisirs, cette indispensable condition de l'étude et de tout progrès intellectuel.

On ne saurait même restreindre la propriété aux usages et aux prévisions personnelles de chacun. Comment ne serait-il pas permis à celui qui a une femme, des enfants, des parents infirmes à soutenir, de songer aux objets de ses premières affections, de travailler pour eux, de leur procurer, et dans le présent et dans l'avenir, les choses nécessaires, utiles, agréables, le bien-être, l'aisance, la richesse même? On ne peut raisonnablement exiger de lui qu'une chose : c'est qu'il ne viole pas la justice, c'est qu'il ne s'agrandisse pas aux dépens d'autrui, c'est qu'il respecte chez les autres le droit qu'on respecte chez lui-même.

Ainsi, la propriété n'est pas nécessairement égoïste, comme on se plaît à le dire. Elle est destinée à être l'auxiliaire de la famille, du vivant de celui qui la soutient par son travail, et même après sa mort : car si vous lui reconnaissez la faculté de disposer de son bien, comment ne respecteriez-vous pas jusqu'au bout son intention évidente d'être utile à ceux qui lui étaient chers? En vain fera-t-on cette objection, que l'on regrette de voir patronée par Montesquieu : « La loi naturelle ordonne aux pères de nourrir leurs enfants, mais elle n'oblige pas de les faire héritiers [1]. » Admettons qu'elle ne les y oblige pas : au moins le leur permet-elle, et cela suffit pour établir le droit de ceux dont le cœur n'est pas fermé à la voix de la nature. « Si je puis donner ce qui m'appartient, je puis aussi le transmettre après moi à qui il me plaît, et à plus forte raison à mes enfants.... Le droit d'héritage, si salutaire par ses conséquences, est donc sacré dans son principe : car il ne fait autre chose qu'exprimer dans les enfants le droit du père, et dans celui-ci le droit de quiconque possède de disposer de sa chose à son gré [2]. »

Ce droit de l'individu, accepté dans toute son extension, vient puissamment en aide à la société elle-même. Il est pour tous ses membres un stimulant du travail et du progrès. Il est l'aliment de la libéralité et

---

[1] Esprit des lois, l. XXVI, c. VI.

[2] V. Cousin, Justice et charité, 2ᵉ édition.

la condition des plus belles vertus de la morale sociale. Il entretient par des dons et des échanges, des prêts, des ventes et des secours mutuels, les rapports entre amis, entre voisins, entre les habitants d'une même cité, enfin, entre tous les hommes. Cette libre disposition de ce qu'on possède est donc le meilleur correctif aux inconvénients que semble offrir la propriété. Comme c'est un droit personnel et exclusif, on pourrait craindre qu'elle n'eût pour effet nécessaire de nous attacher trop fortement aux biens que nous avons acquis, et d'immobiliser entre les mains du premier possesseur des richesses qu'il eût été souhaitable de voir entrer, pour ainsi dire, dans la circulation et tomber dans l'usage commun. Eh bien, la pratique démontre que, dès que la propriété est libre et respectée, aussitôt elle se déplace, elle passe de main en main, et que cette mobilité, si favorable à une répartition plus égale des richesses et du bien-être, ne l'est pas moins aux progrès de la liberté et des lumières : tant il est vrai que tous les droits se tiennent, et que la justice envers les individus est à la fois le devoir et l'intérêt bien entendu de la société.

C'est au nom de la justice que nous avons proclamé le droit de propriété. Quand donc je parle de la propriété, quand je la déclare sacrée, inviolable, au même titre que la personne morale, il est clair que je n'entends pas légitimer l'usurpation, la possession injuste et mal fondée. Bien loin d'autoriser ces abus, la théorie que j'exposais tout à l'heure les exclut formellement : elle condamne surtout l'emploi de la force et de la violence, pour ravir à un de nos semblables ce qu'il possède à bon droit. Mais ce qui est le plus en contradiction avec les principes qu'elle suppose, ce qui doit le plus répugner à la raison et au cœur d'un homme élevé selon ces principes, c'est cette usurpation monstrueuse qu'on appelle l'esclavage. La propriété étant le droit d'une personne sur une chose, ne saurait porter jamais sur une autre personne. Une chose ne s'appartient pas : elle est donc faite pour être possédée, employée, exploitée sans scrupule et de toutes manières par celui qui s'en empare, non par le droit du plus fort, mais en vertu d'une supériorité essentielle de nature. Il n'en est pas de même d'une personne : elle s'appartient à elle-même, et nul ne peut, sans injustice, lui enlever la libre disposition de ses facultés et de ses organes. On ne peut donc pas regarder comme une propriété la possession d'un homme par un autre homme. Une volonté est absolument égale à une autre volonté : les droits de l'une sont aussi les droits de l'autre. Quiconque prétend s'assujettir son semblable, commet l'attentat le plus criminel qui se puisse concevoir dans la société : cette suppression d'une créature humaine réduite à l'état de chose ou de machine, n'est pas une simple violation de la propriété individuelle, c'est un vol fait au genre humain ; c'est la plus abominable des injustices, et l'on a peine à concevoir qu'il se rencontre encore au dix-neuvième siècle des gens qui osent en prendre la défense, au nom de la propriété, au nom des lois, au nom de l'usage, de la tradition et des droits acquis, comme si tout cela pouvait être invoqué, lorsqu'il s'agit d'un acte auquel l'homme le plus indifférent ne peut songer sans indignation. Quoi ! Dieu lui-même daigne me traiter en être libre : il s'adresse à ma volonté et ne veut me tenir que de moi-même ; il me laisse le choix et la responsabilité de mes actes, et un homme comme moi, un être dont je suis le semblable et l'égal, ferait ce que Dieu lui-même ne fait pas ! Il ne respecterait pas ce bien inaliénable, le plus précieux et le dernier de tous les biens pour moi, mon libre arbitre ! Il s'arrogerait le droit de se mettre entre moi et ma propre activité, pour en user à sa guise ; il se mettrait entre moi et mon devoir, entre moi et mes affections, entre moi et mes intérêts les plus chers ! Il suffit d'énoncer de telles énormités, pour les rendre inacceptables à quiconque a le sentiment de sa dignité. Non, jamais il n'a été vrai de dire qu'un homme eût droit sur un autre homme, à ce point de pouvoir légitimement le traiter comme une chose ou un instrument sans initiative et sans droits vis-à-vis de lui ; et si un tel asservissement est illégitime autant qu'odieux, ni l'usage, ni la tradition, ni les lois elles-mêmes ne sauraient le justifier. C'est une dérision d'en appeler ici au droit et à la justice ; ce n'est que par un indigne abus de langage ou par un étrange renversement d'idées qu'on ose assimiler à une propriété cette usurpation sacrilége, et rien n'est plus propre à nous confirmer dans notre doctrine que la réprobation absolue et sans réserve dont elle atteint manifestement une si épouvantable profanation de la personne humaine.

Aussi bien l'histoire vient-elle ajouter ses leçons à celles de la raison et de la justice, en attestant, dès l'antiquité même, mais surtout depuis la chute des sociétés païennes, une diminution graduelle de l'esclavage, d'abord adouci dans la pratique, puis combattu en principe, supprimé peu à peu dans l'ancien continent et enfin relégué dans une partie du nouveau monde, où la conscience de l'humanité, les progrès de la philosophie, l'esprit et les préceptes du vrai christianisme réussiront bientôt peut-être à le faire disparaître.

Tandis que cette fausse propriété s'en va, la vraie propriété au contraire, reconnue par tous les gouvernements, persiste à travers les révolutions des sociétés: chaque jour mieux entendue et mieux pratiquée, elle tend partout à s'accroître, et l'histoire ne nous la montre pas seulement comme un fait permanent, universel et croissant: elle en constate aussi les effets salutaires. Bien loin de ne rien laisser aux derniers venus, le droit du premier occupant a multiplié les ressources du genre humain; la liberté du travail; les dons, les échanges, les transactions de toutes sortes ont rendu la propriété de plus en plus accessible à tous. L'inégalité nécessaire des conditions est corrigée peu à peu, dans ce qu'elle avait d'odieux ou de blessant: les castes disparaissent, et l'on voit tomber les barrières qui s'élevaient autrefois entre le riche et le pauvre, si bien que celui-ci peut, du jour au lendemain, passer dans le camp de ceux dont il enviait le sort. Enfin, ce qui me touche davantage, il y a partout progrès simultané de la propriété et de la liberté, les peuples libres étant ceux qui observent le mieux la justice[1], et le respect des droits de chacun étant la meilleure garantie de la prospérité générale et de la civilisation.

Le sens commun, consulté en dehors de tout préjugé, ne parle pas moins haut que l'histoire. On a

---

[1] « Otez la liberté, la propriété perd tous ses avantages; elle n'est plus un droit: car un droit cesse d'être tel quand il y a un pouvoir qui peut enlever la liberté d'en jouir. » Troplong, De la propriété d'après le Code civil (1848, in-12), p. 7.

beaucoup discuté à différentes époques sur la nature et le fondement de la propriété ; et il s'est rencontré plus d'un esprit fort, disposé à douter qu'il y eût là un droit ou quelque chose de vraiment respectable. Cependant, je ne sache pas qu'un honnête homme, sur le terrain de la pratique, ait jamais vu dans le vol autre chose qu'un délit, quelles qu'en puissent être les circonstances. Supposons, si vous voulez, un brave artisan plongé dans la misère, et chez qui le désir naturel de posséder, accru par les privations, ait été comme exaspéré par une de ces belles déclamations qui transforment la propriété, le droit du premier occupant en une injustice criante contre ceux qui n'ont rien. Puisque cet homme est déshérité de la fortune, il va sans doute essayer de se dédommager de cette injustice, en prélevant sur le superflu de son voisin ce qui pour lui serait le nécessaire. Rien de plus légitime, à ce qu'il semble : pourquoi donc ces scrupules qui l'arrêtent ? Pourquoi cette révolte intérieure que soulève en lui la seule idée d'un tel acte ? C'est qu'il a beau se dire qu'il ne s'agit que de fouler aux pieds un préjugé : il ne peut méconnaître la voix de sa conscience qui lui crie de respecter son semblable et de ne point porter la main sur ce qui lui appartient[1]. Il sent que ce serait mal agir, et j'ose

---

[1] Quand, par un beau clair de lune, et lorsque tout dort dans le village, le paysan qui n'a de sa vie philosophé regarde avec un œil de convoitise les fruits superbes qui pendent aux arbres de son opulent voisin, il a beau se rassurer par l'absence de tout témoin, calculer le peu de tort que causerait son action, et comparant la douce vie du riche aux fatigues du pauvre, et la détresse de l'un à l'aisance de l'autre, pressentir tout ce qu'a dit Rousseau sur l'inégalité des conditions et l'excellence de la loi agraire, toute cette conspiration de passions et de sophismes échoue en

affirmer que tout homme en est là. Ainsi, en dépit des sophismes et des utopies, après tant de prédications hostiles à la propriété, il y a toujours en chacun de nous un instinct de moralité qui est d'accord avec la raison et avec l'histoire, pour proclamer à sa manière et pour maintenir le droit imprescriptible de l'homme sur les choses qu'il s'est une fois appropriées, en respectant lui-même le bien d'autrui.

Comment donc et par quels arguments a-t-on pu contester une vérité si évidente? Telle est la question qu'il nous reste à examiner.

Je passe rapidement sur une première objection tout à fait puérile, savoir, que l'homme n'a droit que sur les fruits de la terre, mais non sur la terre elle-même. « Vous êtes perdus, s'écrie Rousseau, dans le passage que je citais tout à l'heure, vous êtes perdus, si vous oubliez que les fruits sont à tous, et que la terre n'est à personne ! » Quelques écrivains, prenant au sérieux cette pensée, soutiennent que la terre n'est pas susceptible d'appropriation, que ceux qui ont tenté de s'en rendre maîtres ont été coupables d'usurpation, qu'il est temps de l'émanciper, qu'il faut enfin l'affranchir comme on a affranchi l'esclave et la femme : ainsi le veut le progrès. Singulier progrès, qui nous ramènerait à la barbarie! Je prise autant qu'un autre les beautés d'une nature sauvage, mais j'admire plus encore l'énergie de l'homme qui, à la sueur de son front, défriche une terre inculte et parvient à tirer d'un sol ingrat la nourriture de sa famille. Un poëte ou un roman-

lui contre quelque chose d'incorruptible qui persiste à appeler l'action par son nom et à juger qu'il est mal de la faire. » Jouffroy, *Mélanges* (1838), p. 354.

cier peuvent regretter les forêts vierges, et faire entendre une plainte éloquente contre les déprédations de l'homme. Ils ont pour eux l'esprit et la fantaisie, j'en conviens : mais ils n'ont pas la prétention sans doute de soustraire la nature à notre empire ; il ne peut entrer dans leur pensée de sacrifier au plaisir des yeux la sainte poésie du cœur, et de supprimer les vertus compagnes du travail, au profit de cette nature libre, mais sauvage et malfaisante.

Il est des difficultés plus sérieuses : ce sont celles qui viennent de l'homme lui-même, et des idées qu'il se fait des droits de l'individu ou de la société.

On invoque d'abord la fraternité naturelle des hommes entre eux, et l'on déclare qu'elle est incompatible avec ce droit exclusif, égoïste, qui assure à quelques-uns la richesse et la refuse à tous les autres. Faut-il montrer longuement tout ce qu'il y a de faux et d'exagéré dans ces assertions ? Est-il besoin même de faire remarquer que ce droit que l'on traite d'égoïste, apparemment parce qu'il est inhérent à la personne qui possède, est précisément ce qui lui permet d'exercer la bienfaisance ? Le droit est exclusif de sa nature, comme tout ce qui est absolu ; mais la liberté qui fonde la propriété peut en faire profiter la famille et la société elle-même : on en peut user d'une manière égoïste ; mais en soi, le droit est au-dessus de l'individu qui en participe ; il subsiste toujours, alors même que cet individu, pour son compte, en fausse l'usage et la destination. D'ailleurs, la charité ne s'impose pas, elle s'enseigne par l'exemple, et l'on devrait se souvenir que la vraie fraternité n'exclut ni la générosité dans celui qui donne, ni la reconnaissance dans celui qui reçoit.

« Mais quoi ! va-t-on me dire, recevoir comme don une chose à laquelle on a droit, être l'obligé d'autrui, quand on est son égal, cela n'est-il pas intolérable ? S'il est vrai que tous les hommes aient naturellement les mêmes droits, il est injuste que l'un possède plus que l'autre : la justice et l'égalité réclament un égal partage de la terre entre tous ceux qui l'habitent. »

Ceux qui raisonnent ainsi partent d'une fausse hypothèse et aboutissent à la plus dangereuse des utopies ; car ils se fondent sur un droit chimérique, pour demander dans la pratique l'égalité absolue des conditions et des fortunes. De nobles cœurs ont pu former ce vœu : ce fut le rêve de Platon et de Rousseau ; mais comment ne pas se défier d'une égalité qui, au lieu de s'appuyer sur la liberté, lui fait obstacle et nie les droits de la personne morale[1] ? On parle cependant de droits naturels, mais quelle idée s'en fait-on ? Il est vrai que, considérés d'une manière abstraite et théorique, les droits naturels sont les mêmes chez tous les hommes, puisqu'ils sont tous doués de liberté ; mais il se peut que dans l'application ils aient réellement des droits inégaux, suivant l'usage qu'ils ont fait de cette liberté et suivant les circonstances où ils ont été placés. Il n'y a entre eux d'égalité absolue que celle du libre arbitre : ils diffèrent pour tout le reste, et l'inégalité des facultés suffirait pour rendre inévitable l'iné-

---

[1] « Défiez-vous de l'égalité, quand elle ne marche pas d'accord avec la liberté ; je suis porté à soupçonner en elle de mauvais desseins. J'ai vu souvent l'égalité faire des pactes avec le despotisme : les hommes peuvent être égaux sous la tyrannie. Mais la liberté est l'opposé de cette chose détestable qu'on appelle despotisme, etc. » Troplong, ibid., p. 44.

galité des biens. Supposez aujourd'hui un partage égal entre tous les hommes : demain reparaîtra l'inégalité, grâce au travail des uns et à la paresse des autres. Ensuite, ce partage est irréalisable à tout jamais, puisqu'il faudrait dépouiller chacun, non-seulement de la terre ou de l'argent qu'il possède, mais de tout ce qui constitue une propriété. Au milieu de ce bouleversement général, la propriété totale subirait une telle dépréciation qu'en ruinant les anciens propriétaires, on n'aurait pas même l'avantage de contenter les nouveaux. Serait-il possible d'ailleurs de satisfaire jamais cette soif d'acquérir, qu'on aurait prise pour seule règle? Cette utopie ne date pas d'hier, elle est fort ancienne ; mais on ne voit pas que ses partisans aient jamais répondu aux objections qu'elle soulève, et en particulier à celle-ci, qu'Aristote opposait déjà aux communistes de son temps : « On parle beaucoup de niveler les propriétés ; il serait plus urgent de niveler les désirs. » Ce mot d'Aristote n'a pas cessé d'être vrai, et à cette question dictée par l'envie : « Pourquoi n'ai-je pas autant que cet homme ? » on peut répondre par une série de questions pareilles : « Pourquoi ne suis-je pas de son âge ou de sa taille? Pourquoi n'ai-je pas même force, même esprit, même talent, même caractère, même élévation de sentiments? Pourquoi n'ai-je pas reçu la même éducation, subi les mêmes influences, etc., etc. ? » Toutes ces plaintes partent d'un même sentiment ; elles sont aussi déraisonnables les unes que les autres, et quoiqu'elles puissent avoir de l'intérêt pour le moraliste, qui se demande, comme Horace, pourquoi personne n'est content de son sort, notre sujet n'exige pas que nous nous y arrêtions davantage.

Mais voici une difficulté autrement redoutable : je veux parler du droit de la société opposé à celui de l'individu. La puissance de l'état éblouit beaucoup de gens, et leur donne souvent une idée exagérée de ses véritables droits. Comme ils le voient intervenir à tout moment dans des questions d'intérêt privé, se portant arbitre et jugeant souverainement dans les différends qui s'élèvent entre les individus, réglant par des lois les formes de la propriété et le partage des successions, ils en concluent que c'est lui qui est le véritable propriétaire, et que le droit de l'individu se borne à « jouir de la portion de bien qui lui est garantie par la loi [1]. » Dans cette hypothèse, pourquoi la société, à un moment donné, ne rentrerait-elle pas dans la possession pleine et entière de ses droits, en reprenant l'administration de tout ce qu'elle a laissé jusqu'ici aux mains des particuliers ? Elle peut, d'un instant à l'autre, exproprier purement et simplement celui qui possède, par cela seul qu'elle le jugera convenable, et la propriété individuelle devient un fait précaire où l'on chercherait en vain la trace d'un droit.

Pour rétablir la vérité sur ce point, il suffira de montrer que, tout en faisant à l'état sa juste part, il n'est pas nécessaire de lui sacrifier les droits de chaque citoyen. On doit remarquer d'abord que la puissance que l'état a pu s'attribuer quelquefois, n'est pas la mesure exacte de son droit. Ensuite, lorsqu'il règle par des lois les conditions et même l'usage de la propriété, ce n'est pas en qualité de propriétaire souverain, mais uniquement au nom des droits attachés au

---

[1] Définition de la propriété, proposée par Robespierre à la Convention, qui la repoussa.

commandement politique[1]. Ce n'est pas qu'il ne puisse aussi être considéré comme propriétaire, et à ce point de vue personne assurément ne lui dénie le droit de posséder, d'acquérir, de donner, de vendre ou d'acheter; mais il importe de bien définir ce droit et de le ramener à son principe, c'est-à-dire à l'empire légitime de l'homme sur les choses. Ceux qui prennent ici en mains la cause de la société, ne contestent pas ce principe; ce qu'ils contestent, c'est le droit personnel et exclusif de l'individu; ils ne veulent entendre parler que de la propriété collective ou commune. Mais comment ne voient-ils pas que, cette propriété, qui du reste n'est pas mise en question, étant dérivée de celle de la personne, le droit de la société est ultérieur, et suppose ceux des individus, que, bien loin de les contredire, il s'y appuie et les résume, et que, par conséquent, il ne peut les violer ou les abolir sans se nier et se détruire soi-même? Il n'y a que deux modes de possession légitime : la communauté et la propriété. Or, la première n'existe et ne peut exister qu'en vertu de la seconde, et lorsqu'elle l'étouffe ou la blesse, elle constitue un état absurde, tyrannique et violent à l'excès[2]. Au reste, le système de la communauté absolue est un rêve qui n'a jamais pu être réalisé d'une manière sérieuse ou durable; il ne saurait être imposé à une réunion d'hommes qu'à la condition de les dégrader profondément, et à supposer qu'une telle servitude leur procurât la paix, la sécurité, le bien-être, je n'hésite pas à dire que mieux leur vaudrait encore la liberté

---

[1] Portalis, Exposé des motifs du Code civil.

[2] Voir l'excellent écrit de M. Franck, intitulé : Le communisme jugé par l'histoire, 2ᵉ édit., 1849, in-12.

avec tous ses dangers : « malo periculosam libertatem quam tranquillum servitium. » Considérons enfin que, dans les sociétés les mieux organisées, lorsque l'état est propriétaire, c'est toujours comme puissance politique et dans l'intérêt général. Aussi tous les citoyens contribuent-ils, chacun pour sa part, à l'entretien du trésor public et des domaines nationaux. C'est avec ces ressources que la société pourvoit à ses charges, toujours occupée de l'œuvre commune, toujours prête à venir en aide à ceux de ses membres qui souffrent, et assurant ce service comme tous les autres à l'aide d'impôts régulièrement établis, sans attenter jamais aux droits de personne, et surtout sans abuser de sa force pour dépouiller une partie des citoyens au profit des autres.

Cette dernière pensée nous ramène à la question que nous nous posions tout à l'heure : comment se fait-il qu'un droit aussi élémentaire, aussi certain que celui de la propriété soit si fort attaqué et si ardemment débattu de nos jours ? On peut assigner à ce fait plusieurs causes : les uns penseront que c'est la nature même du sujet qui prête à la discussion ; d'autres vous diront, qu'à force de considérer la propriété comme institution sociale, on en a oublié la vraie nature, pour n'y voir qu'un droit politique, et par conséquent plus ou moins conventionnel, et qu'ainsi on a été conduit à ces idées de remaniement qui agitent la société et jettent le trouble dans tous les esprits. Pour moi, je crois que la cause du mal est ailleurs que dans les spéculations des philosophes, ailleurs même que dans des préoccupations politiques. Au fond, ce ne sont pas des idées, des arguments ou des systèmes qui sont en présence, mais des intérêts et des passions, et voilà ce qui explique la violence extraordinaire de la lutte.

Jamais, vous le savez, la richesse des nations ne s'était accrue aussi rapidement que depuis le commencement de ce siècle; jamais non plus on n'avait vu sur une si grande échelle les merveilles de l'industrie, secondée par de grands capitaux. Il était donc naturel que l'on éprouvât d'abord un grand respect pour la fortune, puis une grande ambition d'en acquérir.

En France surtout, on a pu admirer les progrès de la richesse nationale qui, en un demi-siècle, a marché dix fois plus vite que la population, et l'on a dû concevoir une haute opinion du pouvoir de l'argent. Le riche a donc voulu être tout, et tout le monde a voulu être riche.

Dans une ère de jouissances matérielles, quand la société tout entière ne songe qu'aux moyens de se procurer le bien-être, la fortune tenant lieu de mérite et conférant tous les droits, il est inévitable que chacun en désire sa part, et finisse par trouver mauvais que d'autres aient la leur, et c'est alors qu'on entend sortir de tant de bouches cette question de funeste présage : « Pourquoi ne suis-je pas né propriétaire? » Murmure impie, faux et absurde! On accuse la Providence, et l'on feint d'ignorer qu'elle a sur nous d'autres vues, et qu'elle n'a pas borné ici-bas nos destinées et notre avenir. On attaque la société, dont la protection et la justice ne font cependant défaut à personne. On s'indigne d'être exclu de la propriété, comme si chacun n'avait pas eu soi-même les moyens de l'acquérir : des bras, une volonté, le travail surtout, dont un poëte a dit : « *C'est le fonds qui manque le moins.* » Ajoutez-y l'instruction que l'état nous dispense à tous les degrés, selon son droit et son devoir, avec une si généreuse libéralité : de là à la propriété, je veux dire à un honnête revenu, il n'y a qu'un pas. Il est vrai que, pour arriver à la fortune, le plus sûr moyen est de posséder déjà quelque chose ; il est vrai encore que l'esprit, beaucoup d'esprit ne rend pas millionnaire. Mais quoi ! la propriété est-elle donc le but de la vie, et ne peut-on être heureux qu'à la condition de posséder beaucoup ? Il nous faut, en finissant, dire là-dessus toute la vérité : un philosophe la doit à qui veut l'entendre ; je la dirai donc et à ceux qui possèdent beaucoup et à ceux qui possèdent peu.

La philosophie que j'ai l'honneur d'enseigner ne sait point flatter les passions. Elle n'approuve ni la jouissance égoïste, ni les folies de l'orgueil, ni les fureurs de l'envie. Elle n'admet pas non plus que nous nous abaissions à vivre comme des animaux qui seraient destinés à brouter les biens de la terre et à se les disputer misérablement. Cette philosophie est humaine : elle fait donc la part des besoins inférieurs de notre nature ; mais elle rougirait de les exalter, parce qu'au-dessus du corps elle reconnaît en chacun de nous une âme spirituelle et immortelle ; au-dessus des biens de ce monde, au-dessus de ces richesses périssables, elle place les biens et les propriétés incorruptibles de l'âme, la vertu et la science. Voilà en effet les biens qu'il convient à l'homme de souhaiter, conformément à ce qu'il y a de meilleur en lui. Les passions qui l'en détournent sont faites pour obéir à la volonté, sous l'autorité de la raison : à cette condition seulement, et grâce à ce gouvernement raisonnable de soi-même, il pourra prétendre à la possession d'un bonheur solide et impérissable. Ce bonheur, où notre âme aspire, et où Dieu nous appelle tous également, ne saurait être dans l'usage inquiet et troublé des choses de la terre. Élevons-nous donc plus haut: efforçons-nous de vivre par l'esprit et par le cœur; proposons-nous un but qui soit digne de nos efforts et qui ne trompe jamais notre attente; en un mot, ne recherchons le bonheur que par la vertu et dans la vertu.

NOTE

(AGRÉGATION DES FACULTÉS).

Rapport adressé à M. le Ministre de l'instruction publique et des cultes par M. Cousin, conseiller titulaire de l'Université, président du concours d'agrégation de philosophie [1].

Monsieur le Ministre,

Malgré le mauvais état de ma santé, je me suis empressé de répondre à l'appel que vous avez bien voulu faire à mon zèle pour l'Université et la philosophie, et le 15 novembre dernier, j'ai ouvert le concours d'agrégation de philosophie auprès des Facultés des lettres, assisté de MM. Ozaneaux, inspecteur général; Garnier, professeur à la Faculté des lettres de Paris; Barthélemy Saint-Hilaire, professeur au Collège de France; de Rémusat, membre de l'Institut.

Je dois avant tout vous remercier de m'avoir donné pour collaborateur, avec des hommes consommés dans l'enseignement, un membre éminent de l'Institut, étranger à nos écoles et à leurs habitudes, pour représenter parmi nous la libre science. M. de Rémusat a vu de près l'Université; il a pu apprécier par lui-même les doctrines qui y sont en honneur, les garanties qu'elles offrent à la société, les travaux et la valeur des jeunes maîtres qui, des différentes parties de la France, s'étaient donné rendez-vous au chef-lieu de l'Académie de Paris. Je n'ai pas besoin de vous dire aussi, Monsieur le Ministre, de quel poids a été l'opinion d'un tel juge dans toutes nos délibérations.

[1] En reproduisant ici ce rapport de M. Cousin, l'auteur n'a pas cédé à un mouvement puéril d'amour-propre, ni même au désir de se consoler des déboires qu'il a éprouvés dans sa carrière. Son but a été surtout de mettre sous les yeux du lecteur quelques pages où un grand écrivain a exprimé, avec éloquence et avec simplicité, les principes d'une philosophie sagement libérale.

Les distractions orageuses des événements politiques, l'incertitude qui régna longtemps sur toutes les institutions, et particulièrement sur nos institutions scolastiques, la suspension du concours, puis sa soudaine ouverture à une époque inusitée, au commencement de l'hiver, tous ces motifs pouvaient faire craindre que l'agrégation de cette année n'attirât pas un nombre suffisant de prétendants et n'eût point son intérêt accoutumé. Mais ces craintes ont été trouvées vaines, grâce à l'excellent esprit et à l'heureuse émulation qui animent le corps des professeurs de philosophie, et vous apprendrez avec plaisir qu'il s'est présenté devant nous autant de candidats qu'en 1843. Je rappelle les noms de ces candidats :

MM. Ferrari, agrégé des lycées de l'année 1843, docteur ès lettres de 1840, suppléant de M. Bautain à la Faculté des lettres de Strasbourg, auteur de plusieurs ouvrages connus;

Gouraud, docteur ès lettres de 1848, et qui, en 1846, a remporté à l'Académie des sciences morales et politiques la première mention très-honorable dans le concours sur *la Certitude*;

Janet, agrégé des lycées de 1844, reçu docteur ès lettres en 1848, avec une thèse sur *la Dialectique de Platon*, qui a obtenu les suffrages unanimes de la Faculté de Paris, actuellement professeur au lycée de Bourges;

Jourdain, agrégé des lycées de 1840, docteur ès lettres de 1838, qui déjà avait paru avec honneur au concours de 1843, professeur au collège Stanislas;

Waddington, agrégé des lycées de 1843, docteur de 1848, et dont la thèse sur *la Psychologie d'Aristote* a reçu l'approbation des meilleurs juges, suppléant de M. Jules Simon à l'École normale;

Rondelet, agrégé des lycées de 1844, docteur ès lettres de 1847, professeur au lycée de Rennes;

Véra, agrégé des lycées de 1844, docteur de 1846, professeur au lycée de Limoges.

Malheureusement, au milieu de la première épreuve, M. Gouraud, sur lequel nous placions tous les plus belles espérances, a été atteint d'une indisposition subite, et a dû se retirer du concours.

Restaient six candidats, tous agrégés des lycées, et qui tous ont soutenu jusqu'au bout les trois épreuves exigées, la composition, l'argumentation, la leçon.

La composition comprend deux épreuves : elle doit porter tour à tour sur un sujet dogmatique et sur un sujet historique. Pour chacune de ces compositions les concurrents n'ont pas plus de huit heures, et ils ne peuvent apporter ni livres ni notes, sous peine d'exclusion immédiate. Après avoir pris l'avis de mes collègues, j'ai dicté les deux questions suivantes, dont l'esprit à la fois philosophique et patriotique ne vous échappera pas :

1° *Question de philosophie.* Quelle est la doctrine philosophique la plus appropriée aux principes et aux mœurs d'un peuple libre ? — Les candidats sont invités à s'arrêter particulièrement sur les idées de liberté, d'égalité, de dignité, de droit et de devoir, de justice et de charité, de désintéressement et de dévouement, sur lesquels repose toute société libre, et à remonter, par l'analyse de ces idées, à la philosophie qui peut en rendre compte.

2° *Question d'histoire de la philosophie.* Quel a été le rôle de la France, en philosophie, à toutes les époques, et particulièrement au moyen âge et au dix-septième siècle ?

Sur ces deux sujets, deux concurrents se sont tour à tour disputé le premier rang, M. Janet et M. Jourdain.

M. Jourdain a été le premier dans la composition dogmatique, M. Janet, dans la composition historique. M. Jourdain possède une étendue de connaissances et une justesse qui témoignent d'un esprit plus mûr et plus exercé. M. Janet a plus de force et d'éclat, nous allions dire plus de talent, si une solidité qui ne se dément jamais n'était pas du talent aussi, et de la qualité la plus précieuse dans l'enseignement philosophique. Je vous adresse, Monsieur le Ministre, les compositions de ces deux candidats. Vous y reconnaîtrez, j'espère, avec les mérites que je viens de vous signaler, celui d'une doctrine profondément morale et profondément libérale ; et c'est bien là le double caractère dont l'Université doit marquer tous ses enseignements, pour être à la hauteur de son temps et répondre aux vœux et aux besoins de la France. Le jury me charge aussi de vous exprimer le désir que les deux compositions de M. Janet et de M. Jourdain soient imprimées dans le *Journal officiel de l'Instruction publique*, comme l'ont été, en 1843, celles de M. Saisset et de M. Jacques.

Après M. Janet et M. Jourdain, une place honorable est due encore à M. Waddington, qui joint à une grande rectitude un style simple, correct, souvent ingénieux, mais sans éclat.

Vous le savez, Monsieur le Ministre, la seconde épreuve du concours, celle de l'argumentation, est consacrée tout entière à l'histoire de la philosophie, particulièrement dans l'antiquité. Les sujets sont arrêtés par le Conseil et publiés six mois à l'avance; c'est ensuite le sort qui les distribue aux concurrents. Voici ceux qui leur sont tombés en partage :

1° Socrate, d'après Xénophon et d'après Platon : sa physique, sa métaphysique, sa morale et sa politique;

2° De la théorie platonicienne des idées : faire voir ce qui, dans cette théorie, appartient à Socrate et appartient à Platon; apprécier les mérites et les défauts de cette théorie;

3° Exposer et discuter la doctrine d'Aristote sur l'origine et la formation des idées, la liberté de l'homme, l'obligation morale, l'immortalité de l'âme et la Providence divine;

4° Exposer la querelle du réalisme et du nominalisme;

5° Exposer et discuter les mérites et les défauts de la philosophie de Locke;

6° Exposer et discuter les mérites et les défauts de la *Critique de la raison pure* de Kant.

Dans l'argumentation aussi les candidats subissent deux épreuves différentes : ils sont tour à tour argumentés et argumentants, et chacune de ces épreuves dure deux heures. MM. Janet, Jourdain et Waddington, qui avaient été les premiers dans la composition, ont soutenu leur supériorité; mais entre eux les rangs ont changé. M. Jourdain a mérité la première place; M. Waddington l'a suivi de très-près; M. Janet n'est venu qu'après eux, et même à une certaine distance.

Ici, un candidat qui avait entièrement échoué dans ses deux compositions, et pour le fond et pour la forme, M. Véra, a commencé à paraître avec avantage, et a déployé une capacité philosophique peu commune. Faible dans l'exposition et la discussion de la doctrine d'Aristote, il s'est fort relevé en argumentant contre M. Waddington sur la philosophie de Socrate. Dans cette lutte savante et animée, les deux concurrents ont fait assaut de conviction et d'énergie. M. Véra attaquait avec une grande force :

M. Waddington s'est défendu avec fermeté et à propos. Le débat a eu un moment presque dramatique, et l'auditoire, comme le jury, est demeuré partagé entre les deux rivaux.

Enfin M. Rondelet, dont nous avions distingué une composition, a montré sur la théorie des idées de Platon, et surtout sur la controverse du réalisme et du nominalisme dans la philosophie scholastique, des connaissances un peu superficielles peut-être, mais étendues, mêlées de quelques paradoxes, et soutenues par une élocution facile et élégante.

L'épreuve de la leçon a été plus remarquable encore que celle de l'argumentation. Les cinq candidats que nous avons déjà signalés s'y sont surpassés, un seul excepté, que sa voix fatiguée a trahi. Nous les plaçons dans l'ordre suivant :

1° M. Waddington, à une grande distance de tous les autres; 2° M. Janet; 3° M. Véra; 4° M. Jourdain; 5° M. Rondelet.

M. Waddington a eu deux leçons à faire : l'une sur le *fondement de la propriété*, l'autre sur la *doctrine philosophique, morale et politique de Hobbes*. Nous avons cru pouvoir proposer cette année ces deux sujets un peu politiques, pour éprouver les doctrines des candidats, et prémunir l'enseignement qui se donne au nom de l'État de tout écart dangereux. La sagesse des concurrents a répondu à nos espérances. Sur le premier point, le fondement de la propriété, M. Waddington a éclairé, intéressé, attaché l'auditoire pendant une heure et demie, par les idées les plus justes, appuyées sur une métaphysique saine et profonde, développées dans un ordre parfait, et avec une élocution facile, abondante et variée, s'élevant quelquefois avec le sujet et demeurant toujours simple. La simplicité, tel est le mérite particulier et éminent de M. Waddington. Ce n'est pas là d'ordinaire la qualité qui distingue la jeunesse, et c'est la première fois que nous la rencontrons à ce degré dans les concours que nous avons présidés. La seconde leçon de M. Waddington sur Hobbes n'a guère été au-dessous de la première. Nous y avons retrouvé une érudition choisie, une doctrine nette et bien assise, une parole assurée, fine, ingénieuse.

Les deux questions suivantes étaient échues à M. Janet : 1° Rapport de la psychologie à la théodicée, à la morale et au droit politique; 2° Faire connaître l'esprit, la méthode et les grands principes de la philosophie de Descartes; en quoi Descartes continue l'œuvre des réformateurs du seizième siècle, et en quoi il est original et mérite le titre de fondateur de la philosophie moderne. Sur ces deux questions, et surtout sur la seconde, M. Janet a fait preuve d'une bonne méthode, de connaissances qui ne sont pas vulgaires, d'une diction grave, ferme, souvent brillante. Mais il est loin de la simplicité de M. Waddington : il est tendu et un peu monotone. Le temps et l'étude des grands modèles lui apprendront à ne pas appliquer le même ton et le même style à des sujets différents, ni même à toutes les parties d'un même sujet, à régler l'accent sur le sentiment et la pensée, à monter quelquefois et à savoir descendre. Mais, après tout, M. Janet est déjà un professeur et un écrivain.

M. Véra n'est peut-être encore ni l'un ni l'autre; mais c'est incontestablement un philosophe. Il avait à traiter deux sujets magnifiques : 1° Démonstration de la personnalité de Dieu; 2° Exposer la philosophie de Platon dans ses points essentiels, en apprécier les mérites et les défauts. Sa première leçon un peu confuse, ou dont l'ordre au moins n'était pas suffisamment marqué, contenait déjà des parties très-distinguées. La seconde, plus méthodique, l'emporta aussi sur la précédente par la finesse et la profondeur des aperçus. L'élocution de M. Véra est simple, presque familière. Il ne vise point à l'éloquence, il ne cherche pas à bien dire; il n'est occupé que de sa pensée, mais il ne l'exprime pas toujours avec toute la clarté désirable. Il parle plutôt pour ceux qui savent que pour des jeunes gens qui ont besoin d'être conduits pas à pas à la science. Toutefois, sa leçon a produit sur l'auditoire l'impression la plus favorable, et que nous avons partagée.

Nous avons entendu d'excellentes leçons de M. Jourdain sur deux points délicats et difficiles : 1° Réfutation du spinosisme; 2° Que faut-il penser de cette proposition célèbre : Au delà de l'expérience il ne peut y avoir de connaissance certaine, et il n'y a lieu qu'à des croyances qui répondent à des besoins plus ou moins vifs du cœur, mais qui manquent de certitude? M. Jourdain, qui avait presque toujours occupé le premier rang dans les épreuves précédentes, n'a pas été ici au-dessous de lui-même. Ça été la même méthode, le même sens, la même élocution facile, ferme, élégante. Mais tous ces avantages ont été gâtés par un défaut qui n'avait pas paru dans l'argumentation de M. Jourdain, et que nous aimons à rapporter à la fatigue extrême qu'il éprouvait et s'efforçait de vaincre : je veux dire des gestes souvent excessifs et une voix aiguë, désagréable à l'oreille et incommode à l'esprit.

M. Rondelet a traité avec succès une question de morale et une question de métaphysique : 1° Théorie de la charité : sa nature ; ses divers degrés ; ses rapports et ses différences avec les autres vertus ; quelle faculté la révèle et la prescrit ; 2° Exposer et apprécier les antinomies de la raison dans la *Critique de la raison pure* de Kant. La doctrine de M. Rondelet ne paraît pas encore parfaitement arrêtée : sa logique dégénère quelquefois en subtilité ; mais il possède des connaissances variées, et sa parole vive et abondante excite et soutient l'attention.

Si nous n'avons pu citer dans aucune des épreuves le sixième concurrent, ce n'est point assurément qu'il soit dépourvu de mérite ; c'est, nous le savons, qu'il s'est présenté à ces luttes difficiles sans aucune préparation. M. Ferrari a de l'esprit, de l'imagination, des connaissances générales ; mais pour s'asseoir parmi les maîtres, il faut des études spéciales et approfondies, il y faut mettre sa vie tout entière.

J'ai reproduit, Monsieur le Ministre, avec une fidélité scrupuleuse, et vous connaissez maintenant les divers résultats des trois opérations dans lesquelles se partage le concours. Il suffit de rapprocher ces résultats pour en tirer cette conclusion certaine, qu'en résumé, M. Waddington a mérité le premier rang, et qu'il a les honneurs de l'agrégation de 1848, puisqu'il a été le troisième dans la composition, le second dans l'argumentation, le premier hors ligne pour la leçon. Or, d'après l'art. 17 de l'ordonnance d'institution du 31 mars 1840, le candidat placé le premier sur la liste a le droit de choisir la place la meilleure, et cette place étant celle d'agrégé près la Faculté des lettres de Paris, nous avons, à l'unanimité, décerné ce titre à M. Waddington.

Le second rang appartenait encore, sans aucune incertitude, à M. Janet qui avait réussi dans toutes les épreuves et avait été le premier dans la composition.

Il était également impossible de ne pas mettre au troisième

rang M. Jourdain, qui avait été le premier dans une des compositions, le second dans l'autre, le premier encore dans l'argumentation, et n'avait fléchi dans la leçon que par un défaut accidentel et passager. Nous n'avons donc point hésité à déclarer agrégés auprès des Facultés des départements M. Janet et M. Jourdain.

Le jury n'a pas hésité davantage à décider qu'il fallait laisser à M. Rondelet le temps de donner à sa doctrine une plus grande maturité. Ce jeune docteur est évidemment destiné à réussir dans un prochain concours, et nous le recommandons à votre bienveillance.

Jusque-là, Monsieur le Ministre, le jury n'a éprouvé aucun embarras. Il n'en a pas été de même quand nous avons eu à prononcer sur le sort de M. Véra. D'une part, il semblait impossible d'accorder le titre éminent d'agrégé à l'auteur des deux compositions qui avaient été sous nos yeux. De l'autre, comment ne pas appeler à l'enseignement supérieur celui qui avait soutenu contre M. Waddington une lutte pleine d'intérêt, et qui avait fait la savante et profonde leçon sur la philosophie platonicienne? Dans ce balancement consciencieux, l'avis le plus sévère a prévalu. Si l'Université ne nous eût demandé que des philosophes, nous lui aurions présenté M. Véra avec confiance et dans un rang élevé; mais l'Université nous demandait des professeurs, et le sentiment de nos devoirs nous a imposé une décision rigoureuse qui affligera un jeune homme distingué, et qui nous laisse à nous-mêmes de vifs regrets. Je viens vous prier de les adoucir, Monsieur le Ministre, en accordant à M. Véra une chaire de lycée plus importante que celle qu'il occupe, ou en l'essayant à titre provisoire dans une suppléance de Faculté. Il faut supprimer le concours d'agrégation pour l'instruction supérieure et rentrer dans le régime de l'arbitraire et de la faveur, ou il faut qu'un tel concours, avec ses longues et laborieuses épreuves, soit compté ce qu'il vaut; que ce soit déjà une recommandation auprès de vous d'avoir eu le courage de s'y présenter, et qu'on soit sûr au moins d'un peu d'avancement quand on y a montré, comme M. Véra, même avec des imperfections fâcheuses, de fortes études et un talent véritable.

Ce concours, Monsieur le Ministre, fait honneur à l'Université; il a mis dans une évidence manifeste la pureté des doctrines de tous ces jeunes gens dont un rare savoir a nourri et fortifié la pensée, sans l'égarer jamais hors des routes du sens commun. Pendant près de trois semaines, la Sorbonne a retenti d'argumentations et de leçons, libres et improvisées, sur les sujets les plus relevés et les plus délicats, et pas une parole n'a été prononcée qui eût affligé ceux qui jadis ont fait entendre leur voix dans cette vieille et illustre enceinte, Arnauld, Bossuet, Turgot. J'avais cru bien faire de demander aux concurrents une réfutation du spinosisme, une démonstration de la personnalité de Dieu, une théorie de la charité, un aperçu de la philosophie qui peut expliquer les idées de liberté, d'égalité, de dignité, de propriété, de droit et de devoir, de justice et de charité, de désintéressement et de dévouement, sur lesquelles repose la libre société sortie de la révolution française, enfin le rôle qui a toujours appartenu à la France en philosophie. Un public sérieux n'a pas manqué à ces exercices. Des professeurs célèbres, des membres de l'Institut, des représentants du peuple, de savants ecclésiastiques, d'anciens ministres, sont venus s'asseoir quelquefois au milieu de nous. Ils peuvent dire s'ils ont surpris, dans toutes ces improvisations, l'ombre d'une théorie qui puisse alarmer la religion et l'État. L'Université a toujours voulu consacrer dans ses écoles l'alliance féconde d'une religion éclairée, d'une saine philosophie et d'une politique véritablement libérale et conservatrice. Cette alliance que nous avons tant invoquée est aujourd'hui plus nécessaire que jamais. Je ne crains pas de vous dire, Monsieur le Ministre, que ce concours en est déjà un heureux présage. Le christianisme y a été plus d'une fois entouré des hommages qui lui sont dus. Les grands principes de la révolution française étaient rappelés à tout moment avec une conviction sérieuse, et on sentait, sous les formes les plus diverses, une foi commune et profonde à cette philosophie sublime qui se recommande par les grands noms de Socrate, de Platon, de Descartes, de Bossuet, de Fénelon, de Leibniz, qui reconnaît et proclame comme ses croyances fondamentales et en quelque sorte ses dogmes immortels la sainteté de la liberté humaine, l'obligation morale, la vertu désintéressée, la spiritualité de l'âme, et par delà les limites de ce monde un Dieu intelligent, par conséquent personnel et libre, qui seul a pu faire des êtres intelligents et libres, inexplicables sans lui, qui les a faits nécessairement dans un but digne de sa sagesse, qui veille sur eux et qui ne les abandonnera pas dans le développement mystérieux de leur destinée. La philosophie ne mérite l'intérêt et la protection de l'État qu'autant qu'elle enseigne dans les écoles nationales et inculque à la jeunesse ces grandes croyances qui ne sont pas des superstitions du cœur et des nécessités politiques, mais qui charment les cœurs comme elles consolident les sociétés, parce qu'elles sont des vérités éternelles.

Le concours de 1848 leur promet de nouveaux interprètes, savants, fermes, dévoués. Il est au moins égal à celui de 1843. Parmi les docteurs recommandés à cette époque, nul ne peut être comparé à M. Véra. MM. Janet et Jourdain sont des agrégés des Facultés de département qui ne le cèdent point à M. Jacques et à M. Lorquet; et je m'assure que M. Waddington, déjà cher à la Faculté des lettres de Paris par une thèse du premier ordre, y tiendra un jour honorablement sa place à la suite de ces agrégés de philosophie qui sont déjà des maîtres pleins d'autorité, M. Jules Simon, M. Franck, M. Saisset.

Agréez, Monsieur le Ministre, l'assurance de mon profond respect.

Le conseiller, président du concours,

VICTOR COUSIN.

En Sorbonne, ce 6 décembre 1848.

FIN.

TABLE.

	Pages.
Avant-Propos	1
ESSAI I. De l'utilité des études logiques	1
i. Utilité de la logique	3
ii. Ses rapports avec la psychologie	25
ESSAI II. De l'objet de la logique	43
ESSAI III. De la découverte du syllogisme	81
i. Défense d'Aristote	81
ii. Comment il a découvert le syllogisme	94
§ 1. Témoignage d'Aristote	98
§ 2. Parallèle entre le syllogisme et la division	103
ESSAI IV. De la nouvelle Analytique de sir W. Hamilton	117
i. De la proposition	123
ii. Du syllogisme dit inductif	137
ESSAI V. De la méthode déductive	153
i. Doctrine logique d'Aristote	156
ii. Ses défauts et ses lacunes	171
iii. La logique se réduit-elle au raisonnement?	185
ESSAI VI. De l'induction et de la méthode inductive	195
Chapitre i. De la nature de l'induction	195
§ 1. Histoire psychologique de l'induction	200
§ 2. Analyse de ce procédé	214
Chapitre ii. Théorie logique de l'induction	238
§ 1. Critique des fausses théories	240
§ 2. Exposé de la méthode baconienne	259
§ 3. Justification de cette méthode	267
§ 4. De l'usage de la méthode inductive	292

	Pages.
ESSAI VII. De la méthode en psychologie	300
INTRODUCTION. Règles générales de méthode	300
I. Nécessité d'une méthode en psychologie	305
II. De l'ordre des questions	325
III. De l'observation en psychologie	337
IV. Critique des méthodes reçues	373
V. De la vraie méthode	403
CONCLUSION	414
ESSAI VIII. De la méthode du panthéisme	419
ESSAI IX. Du fondement de la propriété	437
NOTE (Agrégation des facultés. Concours de 1848 pour les Facultés des lettres. Rapport de M. Cousin)	471

FIN DE LA TABLE.

www.ingramcontent.com/pod-product-compliance
Lightning Source LLC
Chambersburg PA
CBHW050237230426
43664CB00012B/1735